Emil Nack

ÄGYPTEN

DAS REICH DER PHARAONEN

Emil Nack

ÄGYPTEN

DAS REICH DER PHARAONEN

LAND UND VOLK

tosa

Genehmigte Lizenzausgabe für Tosa Verlag
in der Ueberreuter Print und Digimedia GmbH, Wien

Coverentwurf: Studio Höpfner-Thoma GraphicDesign,
unter Verwendung eines Bildes von Agentur Corbis
Druck: Ueberreuter Print 2004

www.tosa-verlag.com

INHALT

ÄGYPTEN

DER VORDERE ORIENT

Ägypten
Landschaft und Mensch

Schöne Göttin, Himmelstochter,
mit dem vollen Wasserkruge,
den dein Bruder dann zerschmettert,
daß es wettert Ungewitter,
Blitz und Donner!
Herder, aus den Volksliedern

Der junge Strom

Die Quelle des Nil

In der großen einsamen, lange unerforschten und unzugänglichen Wildnis vulkanischer Gebirgszüge von Äquatorialafrika liegt das geheimnisvolle Quellgebiet des *Nil.* Das gewaltige Rund der hohen Gipfel steilt in der wolkenumschleierten, firn- und gletschergekrönten Spitze des *Ruwenzori* bis zu 5.130 m. Die Schmelzwasser und Zenitalregenfluten sammeln sich zu Seen und senden Flüsse und Bäche talwärts. Der stärkste Flußlauf, der 850 km lange *Kagéra,* holt seine Wasser aus der Nachbarschaft des *Kiwusees,* windet sich in vielen Krümmungen durch ein tief eingeschnittenes Bett, reißt die Bruderquellen aus vielen kleinen Seen und Papyrussümpfen mit sich und verströmt in den *Viktoriasee*[1], das größte Binnengewässer Afrikas, den drittgrößten Binnensee der Erde. Die dem See zugeführte Wassermasse des Kagera ist so gewaltig, daß sie ihm dazu verhalf, als Quellast des Nil zu gelten.

Dieses Seenhochland unter dem Äquator ist noch ein Dorado der Tierwelt. Auf den Felsen im Wasser sonnen sich Krokodile, Nilpferde suhlen sich, Elefanten, Nashörner, Büffel und Antilopen kommen zur Tränke. Nackte, dunkelhäutige Menschen baden an den Ufern, weiden ihre Tiere auf den grünen Streifen und holen sich, im Einbaum rudernd, Fische aus den Fluten. Und darüber kreisen Vögel in bunten Scharen, große und kleine, unter den hier beheimateten auch solche, die vor der Kälte des nördlichen Winters über das Meer in diese Gegenden geflogen sind. Doch ihre Heimat ist der Norden. Hier werden sie keine Jungen ausbrüten.

Jahrtausende hindurch forschten die Menschen nach dem Quellgebiet des Nil. Schon für den Römer bedeutete der Ausdruck »caput Nili quaerere« = die Quelle des Nil suchen – soviel wie »sich um etwas Vergebliches

[1] Victoria Njansa hat eine Wasserfläche von 68.500 km². Im Vergleich dazu beträgt zum Beispiel der Flächeninhalt der Schweiz 41.295 km², der Österreichs 83.850 km².

bemühen«. Der Kirchenvater *Lactantius* kennzeichnete die Nutzlosigkeit alles weltlichen Wissens mit den Worten: »Selbst wenn ich wüßte, wo der Nil entspringt – könnte mich das selig machen?« Erst gegen Ende des vorigen Jahrhunderts drangen Entdecker bis zu den Quellen vor und zeichneten den erforschten Lauf in die Karten ein[1].

Der Kagera wandert durch den klaren, 1.134 m hoch gelegenen Victoria Njansa, bis er ihn bei *Jinja* wieder verläßt. Der See gibt den Fluß beim Abschied seinen Namen mit; als Victoria-Nil stürzt er kurz nach seinem Austritt die *Riponfälle* hinunter und macht sich nun auf die weite Reise. Mit seiner Länge von 6.500 km ist er der längste Fluß Afrikas und rückt nach dem Mississippi-Missouri mit einer Länge von 6.970 km an die zweite Stelle der Flüsse der Erde[2]. Mit starkem Gefälle durchströmt er den *Kiogasee*, quert die nördliche Spitze des *Albertsees*, der noch 621 m hoch liegt, und eilt, in seiner Wasserfülle verdoppelt, *als Bahr*[3] *el Dschebel* weiter. Nun erkämpft er sich einen Weg durch die Engen, die das Granitgestein an seinen Ufern aufbaut. Die letzten Anhöhen seiner Hochgebirgsheimat *Uganda* schwinden, bei *Nimule* empfängt ihn der *Sudan* mit einem Gewirr von Sandbänken und Inseln. Undurchlässiges Dickicht von Gras und Schilf gabelt den Strom in versumpfende Arme. Mühsam zwängt er sich durch das sumpfige Bett, tritt oft, auf der Suche nach seiner Bahn, über die Ufer. Dieses 750 km lange Sumpfgebiet, *Sudd* genannt, ließ mit seinen Pflanzenbarren und verschlammten Wasserbahnen alle Forschungsreisen zu den Nilquellen seit dem Altertum scheitern.

Der Bahr el Dschebel

Den weiteren Lauf begleiten üppig wuchernde Gräser, die bis 6 m hoch werden, unter ihnen auch Papyrusstauden. Aus deren zähen Stengeln binden noch jetzt die Neger ihre Boote wie einst die alten Ägypter, die mit solchen Fahrzeugen auf Fischfang und Vogeljagd im Schilfdickicht auszogen. In der Welt dieser Sumpfstauden hausen Lebewesen aller Art, kommen viele Tiere regelmäßig zur Tränke. Und über den Sudds kann man eine Vogelwelt von ungeheurem Artenreichtum beobachten, falls die Myriaden von Insekten einem Ruhe dazu lassen. Die Krokodile, von Mensch und Tier gefürchtet, liegen träge auf Felsvorsprüngen, gleiten aber sofort lautlos ins Wasser, wenn sie dort Beute vermuten.

Am Ende des Sumpfgebietes dreht der Strom aus seiner bisherigen nördlichen Richtung scharf nach Osten. 120 km lang bis *Malakál* fließt er in diese Richtung. Drei größere Nebenflüsse mehren seine Wasser. Auf dem Westufer schließt sich ihm der *Bahr el Ghazál*, der Gazellenfluß an, kurz darauf der *Bahr el Zeráf* oder Giraffenfluß. Dicht unter diesem mündet der *Sobát*, der aus dem Abessinischen Hochland kommt und dem Nil fruchtbringenden Schlamm zuführt. Die Zuflüsse sind lebenswichtig; denn

[1] Die Nilquellen wurden 1897/98 durch den Posener Arzt *Dr. Richard Kandt* (1867 bis 1918) entdeckt.

[2] Wollte einer von der Quelle bis zur Mündung des Nil zu Fuß wandern und täglich 20 km zurücklegen, so brauchte er dazu fast ein Jahr. Im Vergleich dazu ist die Donau 2.850 km, der Rhein 1.326 km lang.

[3] Bahr (arab.) = Fluß; Bahr el Dschebel = Bergfluß.

der Nil verliert immer wieder gewaltige Wassermassen an die glutheiße Atmosphäre durch Verdunstung, an den Boden und an die Pflanzenwelt der dschungelartigen Sümpfe. So bleibt ihm immer noch genug, um die Durststrecke der Nubischen Wüste zu durchqueren und als ansehnlicher Strom in das fast regenlose Ägypten einzuziehen.

Bei der Mündung des Sobat wendet sich der Nil wieder in seine naturgegebene Süd-Nord-Richtung. Mit dieser Schwenkung wechselt auch die Landschaft, auf die weiten ungesunden Sumpfgebiete folgen die meilenweiten sudanesischen Wüstenstriche und endlosen Grassavannen. Und wieder ändert der Victoria Nil – Bahr el Dschebel – seinen Namen: in *Bahr el Abjad* oder Weißer Nil, wie andere Flüsse, die so gewaltige Räume durchziehen. 800 km fließt er weiter, ohne einen Nebenfluß aufzunehmen, bis die große, schicksalsträchtige Begegnung mit einem anderen Strom aus dem Hochgebirge Abessiniens kommt. Vorerst sind die Ufer noch wildreich, keine Sümpfe behindern seinen Lauf, bald aber begleitet ihn die menschenarme Steppe, Vorfeld der Wüste im Norden. *Weißer Nil*

Das Flußbett ist jetzt bereits schiffbar, und im Maße, da der Strom das Land der Neger hinter sich läßt, beleben sich die Ufer. Kamele, Esel und Pferde im Dienste des Menschen tauchen auf, Handel und Verkehr regen sich, die Bahn überquert auf einer großen Eisenbahnbrücke den Strom, das erste Minarett streckt sich zum Himmel. In diesen Gegenden verbringen unübersehbare Scharen von nordischen Zugvögeln den Winter. Überall schwirrt und kreist es über dem Wasser und wetteifert mit den vielen Seglern auf dem Flusse.

Immer mehr nähert sich der Strom der Hauptstadt des Sudans, *Khartúm*. Die Stadt ist eine Hochburg europäischer Zivilisation in diesem Lande. Sie liegt am rechten Nilufer und wurde von dem Generalgouverneur Lord *Kitchener* vor fast 70 Jahren aus einem bescheidenen Zeltlager planmäßig erbaut. Sie wird von drei Seiten eng von der Wüste umschlossen und auf der vierten, grünen, vom Strom bewässert. Der Palast des Generalgouverneurs bietet eine prachtvolle Aussicht auf den Blauen Nil. Eine Eisenbahnbrücke spannt acht Bogen über den Weißen Nil und verbindet das europäisch anmutende Khartum mit dem dreimal so großen *Omdurmán* der Sudanesen am linken Ufer. Einige Kilometer weiter gelangt man zu der großen eisernen Brücke, die zum Westufer des Weißen Nil führt. Von ihr genießt man den Blick auf den in vieler Hinsicht bedeutsamsten Punkt der riesigen Wegstrecke des Stromes. Langsam naht er der Stadt und flutet während des Winters ungehemmt weiter, in den Sommermonaten aber wird er plötzlich von einer unsichtbaren Macht zurückgestaut, über die Ufer gedrängt und überschwemmt das anliegende Land. Der Blaue Nil, von rechts kommend, drängt ihn mit seiner ungebrochenen Kraft gegen das Westufer, ja er zwingt ihn für eine kurze Strecke zur Gegenströmung. *Khartúm*

Der *Blaue Nil* (arab. *Bahr el Azrak*), der zweite Quellast des Stromes, entsprungen in mehr als 2.700 m Höhe im vulkanischen Hochgebirge Abessiniens, stürmt als Abaifluß zu dem 1.800 m hoch gelegenen *Tanasee* *Der Blaue Nil* hinunter, den er auf kurzer Strecke durchfließt. Fürchterliche Gewitter und schwere Wolkenbrüche begleiten ihn. Jährlich zur selben Zeit im Frühjahr beginnt dieses grausige Schauspiel mit wunderbarer Regelmäßigkeit. Zum Weggeleit gibt ihm der See als erster von seinem vulkanischen Schlamm mit, viele kleine Zuflüsse bringen weiteren Schlamm, und die Wasser tragen diese Kraftquelle künftiger Fruchtbarkeit, den Naturdünger, hinunter zu den Feldern der Stromoase Ägyptens.

Durch schluchtenreiche Landschaft führt der Weg des Blauen Nil, er wendet sich von seiner Südrichtung gegen Westen. Lähmende Hitze brütet hier das ganze Jahr; in paradiesischer Einsamkeit, ungestört von den Menschen, leben hier die Großtiere des Urwaldes und des Wassers, Nilpferd und Krokodil und manche andere. Der Fluß verliert viel Wasser an die heiße Atmosphäre und an den trockenen Boden, Zuläufe aus den Regengüssen ersetzen knapp die verlorenen Mengen. Nur der Schlamm nimmt zu, immer mehr davon wird dem Blauen Nil auf seiner Wanderung zugetragen. Der Fluß, bei Niederwasser klar und im Widerspiegel des wolkenlosen Himmels blau, verfärbt sich durch den Schlamm ins Dunkle, wird der Bahr el Azrak im eigentlichen Sinn, der »dunkle Fluß«, wie ihn die Araber bezeichnen, und nach dem schwarzen Schwemmboden nennt ja auch der Ägypter seine Heimat *Kemet*, das schwarze Land.

Sobald der Blaue Nil die Sudansteppe erreicht, wendet er sich nach Norden. Schon hat er das steile Gefälle hinter sich, seine Wogen treiben in etwas gemäßigterem Laufe dahin, ab *Roseires* ist er sogar schiffbar. Allmählich staut sich sein Wasser durch ein Hindernis vor ihm, den Staudamm von *Sennár*, über 3.000 km lang, 1925 fertiggestellt, der eine ansehnliche Menge seines Wassers in ein Netz von Kanälen ableitet. Aber helfend schickt das Abessinische Hochland neue Nebenflüsse und mit ihnen unaufhörlich frische Schlammassen. Seit Sennar begleitet die Bahn den Strom nach Wadi Halfa hinunter. Sie transportiert vor allem Baumwolle. Diese stammt aus der *Gezíra*[1], jenem dreieckigen, sehr fruchtbaren Kulturland, dessen Spitze bei Khartum liegt, dessen Längsseiten der Weiße und Blaue Nil bilden und dessen südliche Grundlinie der Bahn von Korti nach Sennar folgt. Dieses Gebiet (20.000 km^2), halb so groß wie die Schweiz, war schon in früherer Zeit ein bescheidener Baumwollfabrikant. Aber der Feldertrag hing sehr von der Ergiebigkeit der Regenfälle ab. Als nun der Sennardamm gebaut war, wurde die Gesira durch ein ausgezeichnetes System von Bewässerungskanälen, die eine Gesamtlänge von 15.000 km haben, in den wirtschaftlich blühendsten Landstrich des Südens verwandelt, und die Baumwolle stellt nun das wichtigste Ausfuhrprodukt. Vom Assuándamm hört man in aller Welt, aber der Sennardamm ist außerhalb des Sudans ziemlich unbekannt. Über seine gigantische granitene Staumauer verkehren die Züge von El Obeíd im westlichen Sudan nach Khartum und nach Kássala an der Grenze Abessiniens. Auf der südlichen Seite des Dammes dehnt sich der riesige künstliche See, auf der Nordseite stürzt in einem

[1] Gezíra (arab.) = Insel.

gewaltigen Schauspiel das Wasser des Blauen Nil durch die Abflußöffnungen talwärts.
Energiegeladen eilt der Blaue Nil weiter, nähert sich dem großen Treffen. Schon tauchen die Türme von Khartum auf, Paläste mit Palmengärten, weiße Häuser aus Ziegeln, Grünanlagen und moderne Villen. An diesen eleganten Uferstreifen ziehen im seltsamen Widerspiel die altertümlich gebauten Lastboote, die *Felúken,* mit ihren steilen Lateinsegeln vorbei, stauen sich an den Brücken, die bei Tag gewöhnlich nur einmal zur Durchfahrt hochgezogen werden. Der Blaue Nil zwängt sich kraftvoll an den Pfeilern der Eisenbahnbrücke vorbei, da kommt ihm ein anderes mächtiges Wasser entgegen – ein Nebenfluß? – nein, sein Bruder, der Weiße Nil. In ungezügelter Bergwildheit stürzt sich der dunklere Bruder mit der dreifachen Wassermenge auf ihn, noch eine Weile treiben seine schlammschwarzen Fluten neben den lichteren des Weißen Nil, bis sie sich endlich miteinander mischen, vereinen zum gemeinsamen Lauf gegen Ägypten als einziger, gewaltiger Strom, als *Nil.*
Jeder Quellast hat an dem Segen, den der vereinte Strom spendet, seinen besonderen Anteil. Schon Aristoteles hat erkannt, daß der Blaue Nil der hauptsächlichste Erreger und Bringer des befruchtenden Schlammes ist. Denn in der Zeit vom Mai bis August fallen an den Steilflanken des Abessinischen Hochlandes gewaltige Niederschläge und wälzen zugleich abgeschwemmte vulkanische Tuffe in ihren Fluten mit. Das äquatoriale Quellgebiet des Weißen Nil hingegen empfängt Niederschläge ohne wesentliche Unterbrechungen, und daher hält der Weiße Nil auch nach dem Fallen des Blauen Nil während des Winters den Strom über Niederwasser.
Der Zusammenlauf der beiden Quelläste hat eine rüsselartige Sandbank entstehen lassen, die der Stadt den Namen Khartum, das heißt Elefantenrüssel, gegeben hat. Die Stadt reicht vom fruchtbaren Doppelnilufer bis zum Rand der Steppe und bildet durch die Verbindung tropischer Gärten mit sandiger Wüste ein Sinnbild des Stromes, der sie geschaffen.
Nach Khartum tauchen auf dem Ostufer die Ruinen von *Méroë* auf, der Hauptstadt des ehemaligen altäthiopischen Reiches mit gleichem Namen, das am Ende des ersten vorchristlichen Jahrhunderts entstand. Zum erstenmal grüßen Pyramiden den Strom, drei Gruppen von 4 bis 50 m Höhe. *Méroë*
Bevor der Nil nun den Weg durch die östliche Sahara antritt, erhält er noch einmal Hilfe aus dem Abessinischen Hochland. Die Wasser des Helfers führen auf dem 1.200 km langen Weg viel schwarzen nährenden Schlamm mit; von ihm hat er seinen Namen, die Araber benannten ihn *Átbara,* den Schwarzen. Im Winter liegt sein Bett monatelang fast trocken. Aber wenn er durch die Sommerregen anschwillt, gleicht er sein Versiegen wieder aus und spendet in der Zeit der Hochflut so viel Wasser wie die übrigen Flüsse während des ganzen Jahres. Bei seiner Mündung setzt die Bahn über sein Bett auf einer 340 m langen Brücke. Eine Seitenlinie der Wüstenbahn zweigt hier von der Hauptlinie Khartum–Wadi Halfa zum Roten-Meer-Hafen Port Sudan ab. *Der Átbara*

Nun beginnt rechts und links von den Ufern sich die Wüste zu dehnen, einsam und eintönig, bedeckt mit ockergelbem, endlosem Sand. Der Wind hält den Sand in ständiger Bewegung, formt ihn zu Hügeln und Pyramiden, dreht ihn zu Trichtern, verweht Wege, bildet neue Pfade. Kein Regen ersetzt verdunstetes Wasser, auf der gewaltigen Durststrecke von 2.700 km, von der Mündung des Atbara bis zum Mittelmeer, muß der Nil selbst seinen Wasserhaushalt regeln. Er ist der einzige Fluß der Erde, der auf so langem Weg keinen Nebenfluß aufnimmt.

Der Nil in Nubien

Der Nil betritt die Landschaft Nubien, das altägyptische Kusch. Seine Wasser furchen ein tiefes Bett in den nubischen Sandstein, doch wo Granit ist, konnten sie keine Kerbe in den Stein sägen, so daß sie in Stromschnellen darüber hinwegfließen müssen. Sechs Stromschnellen oder *Katarakte* erschweren den Lauf. Man zählt sie von Assuan an stromaufwärts, entsprechend der Erschließung des Niltales durch den Menschen. Von Khartum strömt der Nil 1.500 km durch die nubische Felstafel und sinkt von 385 m auf 106 m bei Assuan herab. Zwischen dem 6. und 5. Katarakt liegt die Mündung des Atbara. Von Khartum bis *Abu Hamed* begleitet die Wüstenexpreßlinie den Strom. Die Bahn hat Lord Kitchener in den Jahren 1896/97 mit unglaublichen Mühen, wahrhaftig mit »Schweiß, Blut und Tränen«, unter wiederholten Angriffen der feindlichen Derwische als militärische Aufmarschstraße gebaut. In Abu Hamed verläßt sie den Nil, schneidet den 1.000 km langen Strombogen mit einer Sehne von 350 km ab und erreicht in gerader Fahrt durch die Wüste Wadi Halfa. Auf freier Strecke macht der Zug halt, keine Ortschaft, keine Menschen begegnen ihm. In Wadi Halfa, einer kleinen Stadt südlich der ägyptischen Grenze, endet der Wüstenexpreß und findet Anschluß an den nach Norden fahrenden Nildampfer, der 11 km südlich von Assuan die Endstation der ägyptischen Bahn erreicht. Es fahren drei nebeneinander gekoppelte Dampfer.

Der Nil dreht bei Abu Hamed in einer gewaltigen S-Kurve nach Südwesten. Eine übermächtige Basaltbarre zwingt ihn dazu, seinen Weg fast in die Gegenrichtung zu kehren, und erst bis er dem laufsperrenden Hindernis durch Umgehung entronnen ist, biegt er wieder in die Süd-Nord-Bahn ein. Viele Inseln heben sich aus dem Strombett und bilden die gefährlichen Stromschnellen, die eine Schiffahrt unmöglich machen. Wo das strudelnde Wasser den Boden der Inseln besprüht, ist üppige Vegetation entstanden. Ansonsten bleibt hier in Nubien an beiden Ufern nur ein schmaler und unzusammenhängender Lebensraum für Siedlungen und Ackerbau. Granit und quarzhaltiger Sandstein beschränken den Anbau. Bescheiden kauern Dörfer in den Buchten, umrahmt von etwas Grün. Höchster Menschenfleiß hat hier wie weiter stromabwärts toten Wüstensand in grünende Äcker und Viehweiden verwandelt, indem er mühsam das Wasser mit vielen Schöpfeimern und Räderwerken aus dem Fluß holte und damit in eifriger Folge den Boden begoß. Die Bewohner der kleinen Städte leben von der Viehzucht. Trotzdem ist dieses Nubien seit alters ein viel begangener Durchzugsraum zwischen Ägypten und dem Sudan, zwischen den hellfarbigen Hamiten und den Negern. In dem dunkelhäutigen Mischtypus seiner Bevölkerung spiegeln sich die Wechselbeziehungen beider Landschaften. Das alles dank dem Nil, der hier die Sperrzone der Sahara, des größten Wüstengürtels der Erde, in ihrem Ostflügel durchbrochen hat.

Daher mehren sich auch an den Ufern die ersten Boten ehemaliger ägyptischer Herrschaft. Hier lag nach dem 4. Katarakt *Nápata*, nahe der heutigen Distriktshauptstadt *Merówe*[1], an strategisch wichtiger Stelle, daher auch Kitcheners Etappe auf dem Vormarsch nach Khartum. Reste alter Tempel, einzelne Säulen mit ägyptischen Kapitellen, ägyptische Götter und Könige sowie Hieroglyphen erinnern daran, daß der Pharao Thutmosis III., der eigentliche und endgültige Eroberer Nubiens, seine Herrschaft um 1450[2] bis nach Napata vorschob. Nubische Sklaven holten für die ägyptischen Könige Gold aus den Bergen, und lange Zeit beruhte die Macht der Pharaonen auf dem Edelmetall dieses Landes. Wer möchte es glauben, daß in dieser weltfernen Gegend der Marschtritt römischer Legionäre widerhallte, als der römische Statthalter Ägyptens *C. Petronius* zur Zeit des Augustus die kriegerische Königin *Kandake* besiegte und ihre Hauptstadt Napata eroberte. So weit reichte Roms Arm. Wie viele Tagesmärsche bedeutete für die Soldaten diese Strecke, die uns noch heute trotz Eisenbahn und Flugzeug endlos erscheint. Jetzt ist dieses Gebiet des Nils teilweise dem Verkehr erschlossen durch eine Bahnverbindung von Abu Hamed nach Kareima unterhalb des 4. Kataraktes. Von hier verkehrt ein Dampfer durch die *Dóngola*provinz bis *Kerma* am Südausgang des 3. Kataraktes. Das unwirtliche Land zwischen dem 2. und 3. Katarakt ist unbesiedelt und ohne Verkehr. Der Nil nähert sich immer mehr der ägyptischen Grenze. Auch im Altertum fand ungefähr hier die Herrschaft Ägyptens ihr Ende. Der Pharao Sesostris III. sperrte den Weg am 2. Katarakt durch die Festungen *Semne* und *Kumme*, um den Markt zu kontrollieren. Der Strom windet sich, verzweigt in zahlreiche Wasseradern, labyrinthisch um sehr viele Inseln, fast entschwindet er dem Blick in dem Gewirr der vulkanischen Steinblöcke.

Nápata

Die letzte größere Siedlung vor der Grenze ist *Wadi Halfa*, das noch 1890 ein nubisches Dorf war, aber sich dann als Umschlagplatz für die Dampferverbindung von Assuan und die Bahn nach Khartum rasch vergrößerte. Seit der 18. Dynastie haben die Pharaonen das Gebiet um den 2. Katarakt mehrmals erkämpft und beherrscht. Noch zeugen nahe bei Wadi Halfa Reste von Tempeln, die Ahmose I. und Amenophis II. errichtet haben, von dem Vorstoß Ägyptens nach dem Süden. Nach 30 km betritt der Nil bei *Abendan* ägyptisches Hoheitsgebiet.

Wadi Halfa

Eine kurze Strecke nordwärts befand sich am steil abfallenden Westufer-

[1] Nicht zu verwechseln mit dem schon erwähnten Meroë.

[2] Alle Jahreszahlen dieses Buches gelten, falls sie nicht offensichtlich nachchristlich sind oder als solche bezeichnet werden, für die vorchristliche Zeit. Die Jahreszahlen der ägyptischen Geschichte folgen vorwiegend den Daten bei Etienne Drioton und Jacques Vandier, L'Egypte, Paris 1952.

Abu Simbel hang die Front des großartigen Felsentempels von *Abu Simbel.* Starr blickten die vier zwanzig Meter hohen Ramsesstatuen auf den ewigen Strom hinab und hüteten den Eingang in die sich 55 m tief ins spröde Gestein zurückziehenden Tempelräume. Wegen des Baus des *Assuanhochdammes* (begonnen 1960, fertiggestellt 1971) und des damit weit über das Niveau des Felsentempels steigenden Wasserspiegels im Stauraum wurden die Tempelanlagen zerlegt und zirka 60 m höher weiter landeinwärts wieder aufgebaut. Die Kolossalfiguren des gewaltigen Herrschers geben dem Fremdling aus dem Süden gleichsam eine ehrfurchtgebietende Vorstellung von der Macht des Pharaonenreiches.

An den Ufern Unternubiens wechseln nubischer Sandstein mit dunklem Granit. In den kleinen verstreuten Dörfern mit ihren armseligen Lehmhütten wohnen dunkelhäutige Nubier, die ihr eigenes Idiom sprechen. Nach einer Ostkrümmung zieht der Strom von *Korosko* an, wo eine Karawanenstraße nach dem Süden abzweigte, wieder nordwärts.

Noch einmal – zum letztenmal – nimmt der Fluß ein Hindernis, das letzte, den 1. Katarakt, dann bricht sich seine maßlose Kraft. Bei dem Felsenpaß von Assuan zwingt der kleine Mensch mit der Riesenmacht seines Geistes die bisher ungehemmte Freiheit des selbstbewußten Elements zu Verpflichtung und Regelmaß.

Der Strom in Ägypten

... und im rollenden Triumphe ...
unaufhaltsam rauscht er weiter.
Und so trägt er seine Brüder,
seine Schätze, seine Kinder
dem erwartenden Erzeuger
freudebringend an das Herz.

Goethe

So war es vor dem Bau des Assuanhochdammes, bis zum Jahre 1971: Ewigblauer Himmel über dem Grenzland um Assuan, kein Regentropfen fiel nieder; und dennoch stieg der Wasserspiegel zur Zeit der Nilschwelle mehr und mehr, stockte der Lauf. Auf einer Stromlänge von ungefähr 300 km südwärts bis gegen Wadi Halfa wandelte sich der Fluß nach und nach zum breiten See. Da und dort ragten Reste von Fellachensiedlungen und kantige Granitklippen mit den letzten Spitzen über das Wasser, das bis zu 30 m Tiefe hatte. Die Fellachen wichen der Gewalt des Elementes, flüchteten auf die steinigen Uferhöhen und bauten neue Wohnstätten aus Nilschlamm. Das erbarmungslos steigende Wasser ließ große Strecken von Fruchtland, Klippen und kleine Eilande versinken. Nicht die Urgewalt der Natur hatte das Bild der Landschaft gewandelt, nein, der Mensch hatte dem Strom Halt geboten und seinen Lauf durch einen 2.140 m langen Staudamm, der die Hügel-

Insel Philae

wangen des Tales verbindet, gehemmt[1]. Das Wasser spülte über die Insel *Philae* hinweg und seine Wellen an die alten Heiligtümer, die in der Zeit von den Ptolemaiern bis Kaiser Hadrian entstanden sind. Der größte und vornehmste Tempel war der Göttin Isis und ihrem Sohn Harpokrates[2] geweiht. In den beiden letzten Jahrhunderten vor und den beiden ersten nach Christi Geburt erlebte die Insel ihre Glanzzeit als Ziel frommer griechischer und römischer Pilger, die in Scharen zu der großen Göttin des Orients kamen. In der Zeit vom November bis Mai ragten nur die Flachdächer der Pylone aus den Fluten. Erst im Juni, wenn die Schleusen des Staudammes geöffnet wurden, tauchte die Insel wieder auf. Die alten Ägypter vermuteten die Quellen des Nil gern an besonders heiligen Stellen. Eine solche war beim Abaton[3], dem Osirisheiligtum auf der dem Philaeeiland benachbarten Katarakteninsel *Bigge,* die wegen ihres Osiriskultes selbst Abydos an Heiligkeit übertraf.

Der Hapi

Vor 5.000 Jahren wie jetzt warteten die Bewohner des 1.100 km langen schmalen ägyptischen Niltales, der größten Stromoase[4] der Erde, alljährlich voll Sehnsucht auf das Eintreffen der Hochflut. Denn das Nilwasser ist Nahrung, Leben für Mensch, Tier und Pflanze, ohne dieses wäre das Tal dem Tod geweiht. Die Verehrung für den Fluß steigert sich im Altertum bis zur religiösen Ekstase, er wurde zu einem heiligen, segenspendenden höheren Wesen, zum *Hapi,* wie ihn die Ägypter nannten, er brachte ihnen die fruchtbare, dunkle Erde, nach der ihre alte Heimat den Namen erhielt, »Kemet« = »das schwarze Land«, im Gegensatz zur Wüste, dem »Rotland«. Noch jetzt heißt das an das »Rotland« grenzende Meer »Rotes Meer«. Die Griechen aber nannten die Gegend Αιγυπτος = Aigyptos«, und dieser Name verbreitete sich und blieb bis jetzt dem Land erhalten.

Das ägyptische Staatsgebiet

In Normalzeiten umfaßte das alte Ägypten ungefähr dasselbe Gebiet wie heute. Den Norden begrenzt das Mittelländische Meer, den Osten das Rote Meer, im Süden quert die Scheidelinie den Nil beim 1. Katarakt, und im Westen reicht das Land bis an die libysche Grenze. Wegen der endlosen, unbewohnbaren Wüstenregionen gibt er hier keine auf natürlichen geographischen Gegebenheiten beruhende Trennungslinie. Zum ägyptischen Staatsgebiet gehört auch die Halbinsel Sinai, die schon asiatischer Boden ist. Ägypten umfaßt ein Gebiet[5] von 994.300 km^2, das sich über mehr als $7^{1}/_{2}$ Breitegrade erstreckt. Davon sind aber nur 34.815 km^2, also soviel wie das Staatsgebiet der Niederlande[6], bewohntes und kultiviertes Land,

[1] Gemeint ist der 1902 gebaute Assuandamm.

[2] Harpokrates ist die hellenisierte Form für Horus.

[3] Abaton (griech.) = das Unbetretbare. Kein Mensch durfte das Heiligtum betreten oder ein lautes Wort während der heiligen Tage sprechen.

[4] Oase ist eine altägyptische Bezeichnung und bedeutet sowie viel »bewohnte Gegend« oder »fruchtbarer Ort«.

[5] Ägypten ist fast so groß wie Frankreich (551.696 km^2) und Spanien (495.788 km^2) zusammen.

[6] Der Flächeninhalt der Niederlande beträgt 34.274 km^2, Einwohner pro km^2 356.

Bevölkerungszahlen

das sind rund 3,5 Prozent. Bei einer Einwohnerzahl von 37 Millionen[1] ergibt sich eine Dichte von rund 1.000 Bewohnern auf 1 km² des Kulturlandes. So sehr müssen sich die Ägypter im Niltal und in den wenigen Oasen Kharga, Dakhla, Baharía, Farâfra, Faijúm, Siwa zusammendrängen. Ägypten ist von alters her in zwei verschiedene Landschaften aufgeteilt: in Unterägypten oder das 23.900 km² große, fruchtbare Marschland des Nildeltas von Kairo bis zur Meeresküste und in Oberägypten, das Niltal von Kairo bis Assuan. Die notvollen Verhältnisse des regenlosen Landes machen es erklärlich, daß es schon frühzeitig darauf bedacht sein mußte, die Kulturfläche zu vergrößern, um Nahrungsraum zu schaffen. Dies führte zu einer planvollen Ausnützung der alljährlichen Nilschwelle.

Die Nilschwelle

Das Wunder der Flut begann mit großer Regelmäßigkeit Anfang Juni in Assuan, einen Monat später in Unterägypten, also zu einer Zeit, in der in Europa die Flüsse sinken. Die jeweilige Stärke der Nilschwelle kann man auch jetzt noch nicht genau mit den modernen Mitteln der Technik vorausberechnen. Das Geheimnis liegt in den Monsunen, die sich am Abessinischen Hochland brechen. Niemand vermag ihre Stärke, die Verhältnisse der Wolkenbildung zu messen, noch die Fülle der Wassermassen von Schneeschmelze und äthiopischen Passatregen und die Flutwelle, die der Blaue Nil und der Atbara heranbringen. Der Weiße Nil kommt erst in zweiter Linie in Betracht mit seinen Wassermengen aus dem regenreichen Seengebiet Äquatorialafrikas, die ein schnelleres Absinken der Flut und ein Austrocknen des Nil in der wasserarmen Zeit verhindern. Über drei Monate strömen die schlammigen Wassermengen dem Meer zu und erreichen in Unterägypten Anfang Oktober ihren Höchststand. Dann fällt der Wasserspiegel und läßt die fruchtbaren Senkstoffe auf den Kulturen zurück. Der Nil hat im Mai und Juni den niedrigsten Wasserstand. Der Unterschied zwischen Hoch- und Niederwasser betrug bei Kairo durchschnittlich 8 m, später durch die modernen Verteilungsanlagen 5 m. Obwohl die Nilschwelle von großer Ergiebigkeit ist, gab es doch von Zeit zu Zeit Schwankungen. Blieb sie nur 1 m unter der Normalhöhe, so bedeutete das Dürre und Hungersnot. Stieg sie über das übliche Maß, kam es zu Dammbrüchen und Verwüstungen der Felder. Daher betete man für das richtige Maß von 16 Ellen. Das bedeuten auch die 16 Kinder der Marmorgruppe des Nil im Vatikanischen Museum. Plinius d. Ä. drückte die schicksalsvollen Pegelmaße in römischer Kürze so aus: Bei 12 Ellen Hunger, bei 13 Genüge, bei 14 Freude, bei 15 Sicherheit, bei 16 Überfluß.

Nilometer

Bei der Wichtigkeit des Wasserstandes schritt man frühzeitig zur Messung mit dem *Nilometer.* 20 solcher jahrtausendealter Meßinstrumente hat man von Assuan bis Kairo gefunden. Wir wissen von einem Nilmesser in der Festung Semne am 2. Katarakt. Durch diesen konnte man am frühesten

[1] Der offizielle Name für Ägypten lautet heute: Arabische Republik Ägypten. Die Bewohner sprechen hauptsächlich arabisch, im Süden auch nubisch. Staatssprache: Arabisch.

die Wasserstände kontrollieren und nach Unterägypten melden. Die Pegelwerte sind bis auf unsere Tage an den Felsen erhalten. Die bekanntesten Nilometer, die jetzt noch bestehen, sind auf der Insel Elephantine bei Assuan und auf der Südspitze der Insel Roda bei Kairo. Es sind Brunnen, in denen das Wasser des Nil genauso aufsteigt wie im Strombett. In die Felswand sind die Pegelmarken gehauen, an denen man die Wasserhöhe ablesen kann. Der Treppenschacht in Elephantine ist noch genauso erhalten, wie ihn einst Strabon[1] beschrieben hat, der selbst die Stufen hinunterstieg. Die Feststellung des Wasserstandes war in alter Zeit auch aus dem Grunde wichtig, weil nach der jeweiligen Nilhöhe die Bemessung der Steuern erfolgte. In den Tagen der anwachsenden Nilschwelle kontrollierten von früh bis spät Beamte die Nilmesser. Sobald sich das erste Ansteigen zeigte, kündeten Boten oder Rauchsignale der ganzen Bevölkerung das Nahen der Flut. Der größte Teil des Nilschlammes wurde bei der Überschwemmung in der Nähe des Ufers abgesetzt und bewirkte dadurch eine dauernde Erhöhung der Ränder und des eigentlichen Bettes. Die Lenkung des Wassers bestand in der Eindeichung der vor der Überflutung zu schützenden Dörfer und Gärten, im Anlegen von Sammelbecken und Kanälen zur Speicherung und Verteilung des Flutwassers.

Aber schon im Altertum begnügte man sich nicht damit, nur das Überschwemmungswasser über die Fluren zu leiten, sondern besorgte auch die Bewässerung höherer Lagen mit verschiedenen, noch jetzt für die ägyptische Landschaft charakteristischen Vorrichtungen, um auf diese Weise das Fruchtland zu vergrößern. Die einfachste Art ist der Ziehbrunnen oder das *Schadúf* (arab.). Es ist eine ebenso primitive wie sinnreiche Einrichtung. *Schadúf* Man rammt zwei Stangen in die Erde über einem Wasserlauf oder einem Grundwasserbrunnen. Jede Stütze hat oben eine Gabel, in der ein Querbalken ruht. In dessen Mitte ist ein beweglicher Hebelarm festgebunden. Das Ende des kürzeren Teiles hat eine Belastung aus getrocknetem Nilschlamm und ist so ausgewogen, daß sein Gewicht der Schwere des Wassers in dem am anderen Ende der längeren Hebelstange befestigten Sack, meist aus Ziegenfell, entspricht. Der Fellache[2] seilt den Behälter in das Wasser hinunter und, sobald er gefüllt ist, braucht er nur mit geringer Kraftanstrengung den Schwengel in Bewegung zu setzen. Der Schlammklumpen tut den Rest der Arbeit. Das gehobene Wasser entleert der Fellache in die vorbereiteten Rinnen zwischen den Feldern. Bei Niederwasser sind oft drei oder vier solcher Schadufs an einer Böschung übereinander nötig, um das Wasser bis in die gewünschte Höhe hinaufzubringen.

Die *Sákije* ist ein primitives uraltes Göpelwerk. Ein Brunnenrad mit *Sákije* hölzernen Zapfen an seiner Peripherie wird waagrecht um eine senkrechte Achse gelegt. Die Zapfen übertragen die drehende Kraft auf Zähne eines vertikal gestellten Rades, an dem ähnlich wie bei einem Bagger bauchige

[1] Strabon, griech. Geograph, um 63 v. Chr. bis 19 n. Chr., schrieb ein Werk »Geographica« in 17 Büchern; im 17. behandelte er Afrika.

[2] Fellache (arab.) = ägyptischer Bauer.

Tongefäße mit Stricken aus Palmbastfasern angebunden sind. Sie heben das Wasser und entleeren das geschöpfte oben in eine Ablaufrinne. An dem Querrad ist eine Deichsel festgesteckt; daran wird das Zugvieh gespannt, Kamel, Ochse oder Esel, die, meist mit verbundenen Augen, ununterbrochen kreisen. Auf der Deichsel des Rades sitzt gewöhnlich ein Bursche in der armseligen, zerschlissenen *Galabíje*[1] und treibt den ganzen Tag hindurch in stumpfsinniger Eintönigkeit das Zugvieh an. Diese Art der Schöpfräder fehlt noch in altägyptischer Zeit, wird erst in der griechisch-römischen Epoche eingeführt. Die melancholisch singenden Geräusche der aneinander reibenden Hölzer und die quietschenden, sich stetig wiederholenden Klagelaute der nimmermüden Schwengel der unzähligen erbarmungswürdigen primitiven Ziehbrunnen, die oft kaum einen Steinwurf voneinander entfernt sind, begleiten den Nil auf seinem Weg von Nubien bis ins Delta. Auch nachts hört man das knurrende Stöhnen, das seit Menschengedenken wie ein Leitmotiv durch die Landschaft wandert.

Eine weitere Vorrichtung zum Wasserschöpfen war die trommelförmige, innen mit einem Schneckengang versehene *archimedische Schraube,* so benannt nach dem großen Physiker Archimedes von Syrakus, der sie auf Grund eigener Beobachtungen in Ägypten beschrieb.

Das harte und angestrengte Leben des Fellachen ist vom festen Rhythmus der alljährlichen Nilschwelle bestimmt. Sein Hauptaugenmerk muß er auf sorgsame Nutzung des kostbaren Wassers richten, seine nie zur Ruhe kommende Bewässerungsarbeit an dem märchenhaft fruchtbaren, aber anspruchsvollen Boden ist ein dauernder Kampf mit der Wüste. Täte er dieses Tagewerk nicht, würde das vor dem Grünstreifen lauernde Ödland innerhalb weniger Jahre den Fruchtboden verschlingen.

Die Wasserversorgung konnte aber nicht ein einzelner vollbringen, sie forderte die Zusammenarbeit aller Nachbarn; sie hat so die Menschen frühzeitig zur Gemeinschaft erzogen, aber auch zum Frieden. Denn nur er gewährleistete die für die Bewässerung nötigen Arbeitskräfte und die unentbehrliche Regelmäßigkeit. Jede Störung bedeutete Gefährdung, wenn nicht Ausfall der Ernte. Daß das Gespenst der Hungersnot gerade in Zeiten staatlicher Zersplitterung durch die Lande zog, zeigt, wie sehr die gemeinsame Abhängigkeit von der Regelung der Überschwemmung den Drang zum Einheitsstaat förderte. Möglichst viel Land der Nilschwelle zugänglich zu machen galt als Prüfstein einer guten Verwaltung.

Der Fellache hält auch heute noch die Wasserwirtschaft mit ihren Deich- und Kanalbauten, mit ihren Schöpfwerken für etwas so Selbstverständliches in seiner Lebensarbeit, daß er sich gar nicht vorstellen kann, daß in anderen Breiten keine künstliche Bewässerung nötig ist, daß dort das Wasser als Regen von einem gnädigen Himmel fällt. Schnee ist ihm überhaupt gänzlich unbekannt.

[1] Die Galabije ist die überlieferte einheimische Tageskleidung, ein bis zu den Knöcheln herabwallendes Hemd, einfarbig oder bunt gestreift, das an die antike Tunika erinnert.

Der Anlauf der Nilschwelle trat alljährlich, von kleinen Unregelmäßigkeiten abgesehen, zum Zeitpunkt ein, da am Himmel der Sirius[1], der Fixstern im »Großen Hund«, nach längerer Unsichtbarkeit hellbläulich funkelnd zum erstenmal vor der Sonne aufging. Das Erscheinen der *Sothis*, wie die Ägypter den Sirius nannten, gab der bäuerlichen Bevölkerung einen sichtbaren Einschnitt im stetig fließenden Zeitablauf, sie machte den bemerkenswerten Tag, den 19. Juli, zum Beginn eines neuen Jahres. Zugleich war der Sothisaufgang für die im Tiefland Arbeitenden ein Warnzeichen zum Aufbruch mit Kind und Kegel, Vieh und Habe vor der kommenden Überschwemmung hinauf in die Hügeldörfer. Der Rhythmus des Stromes war also die Richtlinie für die Einteilung des Jahres, ein einzigartiges Beispiel für die völlige Abhängigkeit eines Volkes von der Natur. Mit der Einteilung des Jahres allein war es freilich noch nicht abgetan. Das erwachende geschichtliche Bewußtsein verlangte auch nach der Jahreszählung von einem bestimmten, gewählten Zeitpunkt an, wie etwa unser heutiges »nach Geburt Christi« oder das »ab urbe condita« der Römer. Eine solche Zählung hat es bei den alten Ägyptern nie gegeben. Es mußte daher erst durch vergleichende Verknüpfung von Zeitangaben bestimmter Ereignisse, durch die Königslisten und durch andere Datierungen wie zum Beispiel die in der Regel jedes zweite Jahr wiederkehrende Steuerveranlagung eine chronologische Berechnung erfolgen, die allerdings oft ungenau ist. Aus diesem Grund erklärt sich auch die Verschiedenheit der Zeitangaben, besonders der früheren Jahrtausende in den einschlägigen Werken, und wir müssen uns in solchen Fällen mit einer beiläufigen Zeitbestimmung begnügen.

Erfindung des Kalenders

Der Kalender war also ganz auf die landwirtschaftlichen Bedürfnisse eines Bauernvolkes eingestellt. Das Jahr teilte man in drei Abschnitte zu je vier Monaten, in die Zeit der Überschwemmung von Mitte Juni bis Mitte Oktober, der Aussaat (Winter) von Mitte Oktober bis Mitte Februar und der Ernte (Sommer) von Mitte Februar bis Mitte Juni. Der Monat hatte 30 Tage; durch Hinzufügen von 5 Tagen, den *Epagomenen* (griech.), am Anfang, später am Ende des Jahres, kam man auf 365 Tage. Im Laufe der Zeit erkannte man, daß das bürgerliche Niljahr um einen Vierteltag kürzer war als das Sothisjahr, das gleich unserem Sonnenjahr ist. Daher verschob sich das bürgerliche Jahr gegen das astronomische schon nach 4 Jahren um einen Tag. Einen Schalttag einzuschieben, um dieser Ungenauigkeit zu begegnen, fand man nicht nötig. Ptolemaius III. erließ zwar 238 eine diesbezügliche Verfügung, aber sie wurde nicht durchgeführt. Erst *Caesar* hat durch die Vermittlung des alexandrinischen Astronomen *Sosigenes* den ägyptischen Kalender durch Einführung des Schalttages in den durch 4 teilbaren Jahren verbessert. Dieser nach ihm benannte Julianische Kalender erfuhr, da er im Ablauf von 129 Tagen einen Tag zuviel gegenüber dem Sonnenjahr aufwies, eine weitere Berichtigung unter Papst *Gregor XIII.* im Jahre 1582 durch den Italiener *Luigi Lilio,*

[1] Sirius ist der latinisierte Name für griechisch Seirios, der Funkelnde.

der das Jahr mit 365, jedes 4. Jahr mit 366 beließ, mit Ausnahme der durch 400 teilbaren Jahrhunderte. Diese Zeitrechnung, heute Gemeingut fast aller Nationen, kommt also aus uralter ägyptischer Wurzel. Wann mag wohl der ägyptische Kalender entstanden sein? Zweifellos in einem Jahr, wo das bürgerliche Jahr mit dem Frühaufgang der Sothis zusammenfiel. Berechnungen haben die Zeit von 2772 ergeben, also in der 1. oder 2. Dynastie.

Assuan

Wir haben bei Assuan für kurze Zeit den Nil aus den Augen verloren, um einen Rückblick auf die alten Bewässerungsanlagen und die mit der alljährlichen Nilflut aufs engste verbundene Erfindung des Kalenders zu werfen. Kehren wir nun wieder zurück zu der engen Eingangspforte nach Ägypten bei *Assuan*. Die Granitwände schieben sich an das Wasser heran und pressen es in eine schmale Rinne mit vielen Klippen und Riffen. Im Flußbett ziehen sich wie Lavaströme widerstandskräftige Granitbarren hin, gegen die der Strom ohnmächtig schäumt und strudelt. Hier auch weicht die nubische Sprache der arabischen. Und hier, nachdem der Nil noch soeben die letzte Stromschnelle überwunden hat, quert ihn mit seiner granitenen Mauer der alte *Staudamm* von Assuan, die zur Zeit der Eröffnung größte Talsperre der Welt, und zwingt ihn für die 1.000 km seines Endlaufes in den Dienst des Menschen. Vor der 51 m hohen und 2 km langen Staumauer, die an der Sohle 30 m breit ist und sich nach oben zu 11 m verjüngt, kommt das Wasser völlig zur Ruhe, spiegelglatt liegt der See. An seinem Kai warten die altertümlichen Schaufeldampfer, Holzschiffe mit Doppeldeck ringsum von Schattentüchern behängt, auf die Fahrt durch Unternubien.

Der alte Staudamm von Assuan

Den uralten Gedanken, das Wasser beim Eintritt nach Ägypten zu sammeln, haben die englischen Ingenieure Sir *William Garstin* und Sir *William Willcocks* in die Tat umgesetzt. Nach Fertigstellung des Dammes im Jahre 1902 wurde er noch zweimal (1907 bis 1910 und 1932 bis 1934) erheblich vergrößert. Nun muß das Leben und Zerstörung bringende Wasser, nach dem Willen des Menschen kontrolliert und verteilt, durch die 180 Durchlässe der Stahltore mit wehenden Schleierfahnen talwärts treiben, durch ein weitverzweigtes System von Kanälen den kahlen Wüstenboden mit seinem Schlamm in Fruchtland verwandeln und die 37 Millionen Bewohner vor Hunger schützen. Hinter den Stahlschleusen ist die für uns unvorstellbare Wassermenge von $5^1/_2$ Milliarden m^3 gespeichert.

Seit der Eröffnung des Dammes gibt es keine Überschwemmung mehr. Damit hat sich die jahrtausendalte Form der Bewässerung Ägyptens gründlich geändert. Ehedem überflutete der Nil im Sommer regellos die ganze Stromoase, bis endlich die Pharaonen der 12. Dynastie begannen, durch Kriegsgefangene Kanäle und Bewässerungsbecken anzulegen. Nach und nach wurde das System erweitert und verbessert. Aber noch bis um 1800 n. Chr. dachte man nicht an die Errichtung von Stauwerken. Im 19. Jahrhundert begann man mit bescheideneren Bauten, und erst in unserem Jahrhundert ist es gelungen, durch die Zusammenarbeit von Staudamm und 4 Barragen[1], zum Beispiel der Delta-Barrage bei Kairo, den Wasserablauf so zu regeln, daß man das Wasser durch Kanäle, die wie ein Netz über das ganze Land gefurcht sind, auf das Jahr verteilen, daher das Land dauernd bewässern kann. Dadurch wurden eine drei-, öfters viermalige Ernte und eine intensive Baumwollkultur möglich.

Aber schon bald mehrten sich die Zeichen, daß auch der gewaltige Assuan-Damm nicht mehr ausreichte, um Ägyptens Baumwoll- und Zuckerrohrfelder vom Zufall der abessinischen Regenfälle unabhängig zu machen. Denn nur in wenigen Ländern der Erde bestand ein so schicksalhaftes Wettrennen zwischen Bevölkerungszuwachs und Vergrößerung der landwirtschaftlichen Nutzflächen oder Intensivierung des Anbaus wie in Ägypten. Also nahm man 7 km oberhalb des alten Dammes den Bau des neuen Hochdammes (= Sadd el Ali) in Angriff, der den Strom nach seiner Fertigstellung über 500 km bis tief in den Sudan hinein aufstaut und damit den umfangreichsten von Menschen geschaffenen See bildet. Allerdings, die Götterwohnungen von Philae und die Felstempel von Abu Simbel sind seinem Stauwasser zum Opfer gefallen. Ebenso viele Zeugnisse der nubischen Kultur. Die Erdbewegungen entsprachen dem Siebzehnfachen des Gesamtinhaltes der Cheopspyramide, der 3.500 m lange und 111 m hohe Damm staut statt der bisherigen $5^1/_2$ Milliarden m³ Wasser 130 Milliarden m³. Wo eine Granitbarriere das Niltal an seiner Sohle auf 1.000 m Breite einengt, steht der an der Basis 980 m lange Damm mit beiderseits anschließenden Flügelwangen.

Das neue Hochdamm-projekt

Assuan liegt als Pforte zwischen der innerafrikanischen Abgeschiedenheit und dem ägyptischen Stromtal: Es zeigt eine aus orientalischen und abendländischen Zügen gemischte Physiognomie. Ein Gruß aus der Millionenstadt Kairo ist die Eisenbahn mit ihren ungewöhnlichen aluminiumhellen Wagen, den blaugetönten Fenstern und gerippten Läden. Wie Fremdlinge wirken auch die vornehmen Hotels und einige elegante Geschäfte, die auf ihre ausländischen Besucher warten. Assuan ist wegen seines wunderbaren, gleichmäßigen Winterklimas ein bevorzugter Aufenthaltsort für Erholungsbedürftige. Abseits vom Fremdenviertel kommt man in das Labyrinth der orientalischen Marktstadt, in die winkeligen, von Tüchern überspannten Basargassen. Die Wärme und Enge der Schlammziegelhäuser treiben die Menschen auf die Straße, der Schuster oder der Taschner sitzen in ihrer offenen Werkstatt, in den Garküchen brutzeln die Speisen, Läden mit bunten Lampen stellen Andenken zur Schau, Skarabäen, mumienartige Figürchen u. a. m., Töpfer bieten Krüge, Schalen und Vasen an, im Café hocken Müßiggänger und saugen an ihren seltsamen Wasserpfeifen. Ein buntes Völkergemisch belebt die Straßen, dunkelfarbige und hellbraune Gestalten, Nubier, Sudanneger, Syrer, Ägypter in weißen und bunten Galabijen, gelegentlich einen Schal um den Hals geschlungen, das schwarz-

[1] Die Barrage (engl. = Wehr) hat die Aufgabe, den Flußspiegel zu erhöhen, um so das Wasser auch bei niedrigem Stand in höher gelegene Kanäle zu leiten. Im Gegensatz dazu ist es Zweck des Staudammes, das Wasser zu speichern.

haarige Haupt vom Kopftuch umwunden. Zartgliedrige Frauen mit mandelförmigen Augen, oft mit Krügen auf den Köpfen, huschen in langen schwarzen, hemdartigen Kleidern vorbei, den Kopf bis tief ins Gesicht herein mit einem schwarzen Tuch verhüllt. Sie sieht man nur an Markttagen, sonst sind sie in die Einsamkeit ihrer Lehmhütten verbannt. Auch an Europäern fehlt es nicht. Und von der Höhe des Minaretts ertönt zur festgesetzten Zeit der eintönige Ruf des Muezzins[1], der zum Gebet auffordert. Ganz gleich, wo immer sich der Gläubige befindet, wenn er die Stimme hört, betet er mit Niederknien und Körperverbeugen. Mag auch oft die Gebetsformel recht gedankenlos gesprochen sein, es ist doch stets ein Erinnern an die Allgegenwart Gottes.

Granitbrüche bei Assuan

In den antiken Steinbrüchen im Südosten von Assuan haben die Ägypter Granitblöcke für ihre Bauten, Obelisken, Statuen und Sarkophage gebrochen. Der Name des Gesteins Syenit erinnert an die alte Stadt Syene, die in der Griechenzeit auf dem Boden des jetzigen Assuan stand. Noch liegt in einem der verlassenen Steinbrüche vor der Stadt ein fast vom Felsen abgelöster, unfertiger Obelisk, 42 m lang und unten 4,20 m breit, ein beliebtes Ziel aller Fremden, die nach Assuan kommen. Spuren verraten jetzt noch, wie man solche Steine von ihrem Untergrund löste. Man bohrte rings um den Steinriesen in kurzen Abständen Löcher und trieb Holzkeile hinein. Diese wurden mit Wasser begossen, und wenn das Holz aufquoll, sprengte es durch natürliche Kraft den Block vom Muttergestein los. Auf Schlitten schleiften Ochsen oder Scharen von Sklaven diese Giganten ans Nilufer, von wo sie auf großen Booten bei Hochwasser zum Zielort geschafft wurden.

Elephantine

Der der Zwingburg des Staudammes entronnene Nil umspült viele reizende, fruchtbare Inseln, darunter *Elephantine,* die nördlichste der Kataraktinseln gegenüber von Assuan, auf die das am Ostufer gelegene moderne Cataract Hotel hinabschaut. In alter Zeit hier das Grenzgebiet gegen Nubien *»Jeb«,* das Elefantenland, nicht als Erinnerung an den vorzeitlichen Elefanten, sondern weil es Umschlagplatz des Elfenbeins ist, der stark begehrten Ware des Südhandels. Ob nicht vielleicht der Inselname mit den seltsamen elefantenähnlichen Formen der Felsblöcke zusammenhängt? Im Süden der Insel erinnern, unter Flugsand verweht, letzte Spuren an den Hauptort des nubischen Gaues. Hier wurden die nubischen Truppen gemustert und ausgebildet. Neben Elephantine träumt im Schatten breiter Tamarisken, hoher Palmen und anderer zum Teil aus Indien eingeführter Bäume das *Kitchener-Eiland* von historisch bewegten Zeiten, in denen Lord Kitchener durch seinen Sieg über die Derwische bei Omdurman den Weg für die Wiederbesetzung des Sudans durch die Engländer freimachte. Gegenüber

[1] Muezzin ist ein bei Moscheen angestellter Beamter, der die Mohammedaner zum Gebet ruft. Sein Ruf lautet: »Gott ist groß [viermal]. Ich bezeuge, daß es keinen Gott gibt außer Allah [zweimal]. Ich bezeuge, daß Mohammed der Gesandte Allahs ist [zweimal]. Kommt zum Gebet, kommt zum Heil, Gott ist groß [zweimal].«

der Kitchener-Insel grüßt auf dem Westufer die hohe Kalksteinmauer, die das festungsartige, auf einem Felsen gelegene koptische Simeonskloster aus dem 8. Jahrhundert umgibt, das wegen seiner noch gut erhaltenen und aufschlußreichen mittelalterlichen Klostereinrichtungen sehr sehenswert ist.

Mit Assuan verläßt der Nil für immer die Zone des Granits. Das Gebirge schiebt sich wiederholt so nahe an das Ufer heran, daß für die Bahnlinie Trassen und Schluchten durch die Felsen geschlagen werden mußten und oft keine Ackerbreite freigeblieben ist. Der Fluß durcheilt Szenerien von großartiger Einsamkeit und schauriger Wildheit, ausgedorrte Wadis winden sich durch zerfressenes Gestein zum Stromtal. Immer wieder schwimmen Inseln auf dem Strom, bis auf einem Hügel des Westufers der Doppeltempel von *Kom Ombo* erscheint, der den zwei Gottheiten *Haroeris* mit dem Sperberkopf, dem Gott der Morgensonne und dem krokodilköpfigen *Sobek* (Suchos) geweiht ist. Einsam liegt der Tempel, man ist dort fern dem Touristenschwarm, ohne den Lärm der Kinder, die das Bakschísch[1] erwarten. Man sieht über die Säulenstümpfe des Vorhofes auf den Nil, hält in Gängen stumme Zwiesprache mit den Geistern der Vergangenheit, mit den schönen, gut erhaltenen Reliefdarstellungen und den Kartuschen der römischen Caesaren Augustus, Tiberius und Nero an den Wänden. Nach Philae, dessen Tempel vor dem Wasser des Stausees des neuen Hochdammes in Sicherheit gebracht werden mußten, empfängt er uns mit seinen noch aufrechtstehenden herrlichen Säulen als erster Zeuge des letzten Glanzes ägyptischer Baugeschichte unter den Ptolemaiern und römischen Kaisern. Weitab auf dem rechten Ufer lag die in ptolemaiischer Zeit bedeutende Stadt Kom Ombo. Der Name Ombo bedeutet im Altägyptischen soviel wie »Goldstadt«; denn es ging von hier aus eine vielbefahrene Straße nach den großen Goldbergwerken in der Gegend des Roten Meeres. Heute schweift der Blick über weite Baumwollplantagen, Zuckerrohrfelder und Orangenhaine, die den Ort mit seinen Zuckerfabriken und Villenanlagen umgeben.

Kom Ombo

Nun tritt an die Stelle des Granits der gelbe Kalkstein der Wüstenberge, idealer Baustein der Tempel. Das Tal weitet sich, zwei Pylonen[2] werden am Westufer sichtbar, die Riesenkontur des Pharao ist über den halben Torturm geworfen, ein majestätisches Ornament königlicher Macht und Siegesgewißheit. Dazu der gewaltige gekrönte Horusfalke, der das Portal flankiert und vor der Tempelvorhalle wacht. Es ist der besterhaltene Tempel Ägyptens, *Edfu*. Der Sand hatte alles bedeckt und durch Jahrtausende gerettet in einer wunderbaren Vollständigkeit: vom Pylon bis zum innersten Kultraum.

Edfu

Ungefähr auf halbem Weg zwischen Edfu und Luxor begegnet uns die freundliche Stadt *Esna* auf dem Westufer des Nil. Vom Bahnhof führt ein weiter Weg über die 870 m lange Barrage in die Stadt, in deren Mitte der Chnumtempel liegt. *Chnum* ist eine oberägyptische Gottheit, als widder-

Esna

[1] Bakschísch (pers.) = Trinkgeld.

[2] Pylonen sind festungsartige, wuchtige, schräg geböschte Türme rechts und links vom Eingang ägyptischer Tempelanlagen und Paläste.

köpfiger Mann dargestellt. Auch dieser Tempel gehört in das erste vorchristliche Jahrhundert. Er ist nur zum Teil aus dem Schutt ausgegraben.

Das Tal erweitert sich, der Strom hat die Kalksteinfelsen breiter ausgesägt, so daß eine Talsohle von durchschnittlich 11 km Breite entstanden ist. Soweit das Wasser reicht und seinen segenbringenden Schlamm ablagert, glänzt die Landschaft in hellem Grün. Wo das Wasser fehlt, dehnt sich zu beiden Seiten die ockergelbe Wüste. Die sandbedeckten Einöden finden ihren Abschluß in Gebirgszügen in grellen Gelb- und Rottönen und bizarren dolomitenhaften Formen. Darüber aber wölbt sich die ewigblaue Glocke des Himmels. Eine traumhafte Symphonie von Licht und Farbe.

Luxor

Den ganzen Zauber der landschaftlichen Eigenart kann man in *Luxor* genießen. Eng schmiegt sich die Stadt, die Königin des ägyptischen Fremdenverkehrs, an das östliche Stromufer. Sie grüßt den Besucher mit träumenden Gärten, sattgrünen Palmen und Blumen in herrlichen Farben zu einer Zeit, in der über Europa düstere Schneewolken treiben. Hinter grauen Schlammauern hat nimmermüder Menschenfleiß aus dem zugeführten Dünger des Flusses und durch reichliche Bewässerung diese Insel des Wachstums und der Kühle hervorgezaubert.

Die heutige Stadt mit dem nördlich angrenzenden Dorf *Karnak* liegt auf dem Boden einer der reichsten Städte der Alten Welt, deren Ruhm weit über die Grenzen Ägyptens hinaus unter der gräzisierten Namensform *Theben*[1] ein Begriff war. Die Stadt hatte einen riesigen Umfang, bewies ihre große Vergangenheit durch Ruinen von gewaltigen Tempeln, gigantischen Säulen, Obelisken, Statuen und in einer ausgedehnten Totenstadt am Westufer und rechtfertigte dadurch das Sprachdenkmal, das Homer dieser stolzen Residenz der Herrscher von Ober- und Unterägypten in seiner Ilias setzte:

> Thebai, Aigyptos Stadt, wie reich sind die Häuser an Schätzen;
> hundert hat sie der Tore, es ziehen aus jedem zweihundert
> rüstige Männer zum Streit mit Rossen daher und Geschirren.

Karnak
Deir el Bahri

Die Ruinen des Luxortempels spiegeln sich in den grüngelben Wellen des Nil, ein mit Hieroglyphen übersäter Obelisk ragt über den Säulenwald hinaus. Ein kleines Stück weiter nach Norden folgt der noch mächtigere Amuntempel von Karnak, schon nicht mehr Tempel, sondern eine Götterstadt von kolossalen Ausmaßen, mit einer verwirrenden Zahl von Tempeln, Kapellen und Säulenwäldern. Gegenüber auf dem Westufer dehnt sich in einem gegen Osten offenen Felskessel die Stätte der Toten, *Deir el Bahri*[2]. Es ist eine größere Stadt mit mehr Einwohnern als jene andere auf dem Ostufer, aber eine des ewigen Schweigens. In diesem vor Hitze glühenden Kessel schläft der Tod, es ist der große Friedhof der Pharaonen, der vornehmen Höflinge und der armen Bürger der Stadt. Das Wüstengebirge

[1] Die ägyptische Benennung für diese Stadt hieß Weset.

[2] Deir el Bahri = Nordkloster, benannt nach einem heute wieder verfallenen Kloster, das ehedem koptische Mönche in die Ruinen hineingebaut hatten.

säumt mit seinem braungelben, von der Sonne verbrannten und durch die Wüstenstürme der Jahrtausende zernagten Gestein das Halbrund. Am Rande des Kulturlandes stehen vier große Bauten. Der gestufte Terrassentempel der *Hatschepsut,* das ebenfalls terrassenförmig angelegte, aber schon sehr zerstörte Heiligtum des *Mentuhótep,* der von *Ramses II.* erbaute gewaltige Totentempel, dem Gott Amun geweiht, das *Ramesseum* mit seinen gewaltigen Pfeilerstatuen des Pharao und am äußersten Südende der thebanischen Nekropole der Tempelbezirk von *Medínet Hábu.* Dahinter, schon im Grün des Kulturlandes, sitzen zwei 18 m hohe, aus je einem Felsstück gemeißelte Statuen des Königs *Amenophis III.*, die sogenannten *Memnonskolosse.* Die Königskronen sind verloren. Welch gigantische Maße die Figuren haben, dafür nur ein Beispiel: Der Mittelfinger mißt 1,40 m. Einstmals thronte der prachtliebende Pharao bewachend vor seinem Totentempel. Von diesem sind alle Spuren verwischt, das Material von späteren Königen zu anderen Bauten verwendet. Auch den Namen hat der König verloren und damit seine Unsterblichkeit. In der Zeit der Flut stehen die Pharaofiguren mit dem Unterteil im Wasser. Die Stimme des Königs ist verstummt. Der nördliche Koloß soll nämlich bei Sonnenaufgang geheimnisvoll getönt haben. Viele antike Besucher, darunter *Germanicus*[1], der Kaiser *Hadrian,* der hier vier Nächte lang gerastet haben soll, um den tönenden Stein zu hören, bezeugten den zarten klingenden Ton. In der Griechenzeit hielt man die Statuen für Abbilder *Memnons,* des sagenhaften Königs Äthiopiens, der, von Priamos im Kampfe um Troja zu Hilfe gerufen, durch Achilleus fiel. Der morgendliche Klageton des einen Kolosses, der durch ein Erdbeben im Jahre 27 beschädigt worden war, wurde als Gruß Memnons an seine Mutter Eos (= Morgenröte) gedeutet. Als Kaiser Septimius Severus um 200 n. Chr. den Koloß wiederherstellte, soll der Ton weggeblieben sein. Man erklärt sich das akustische Phänomen damit, daß durch die Temperaturunterschiede zwischen Tag und Nacht die im brüchigen Gestein sich ausdehnende Luft Geräusche hervorbrachte. Heute klagt nur noch in der Nähe der Kolosse eine fleißige Sakije im Schatten einer alten Akazie.

Die Fahrt geht von Luxor weiter talwärts. Der Nil ist ein träge dahingleitendes Wasser geworden. Zwischen Assuan und Kairo hat er nur noch ein Gefälle von 9 cm pro km. Seit die Bahn sein Ufer begleitet, ist der Personenverkehr auf der Wasserstraße zurückgegangen. Der Nil trägt fast nur mehr Lastboote, die urtümlich geformten, oft mit hohen Segeln ausgestatteten Feluken.

Noch einmal streift der Blick das Westgebirge mit seiner Naturpyramide *El Korn* (500 m hoch) und die Ruinen der Götterburgen von Luxor und Karnak. Wieder schieben sich die Wüstenberge Arabiens näher ans Ufer, drängen sich öfters bis unmittelbar an den Strom. Dämme halten den Schlamm zurück, so daß das Flußbett immer wieder ausgebaggert werden muß. Wo das Gebirge den Strom zu einer großen Westschleife zwingt,

[1] Tacitus, Annalen II, 61.

Kena liegt die Hauptstadt der gleichnamigen Provinz *Kena.* Sie ist durch ihre Tonkrügeerzeugung bekannt. Anlaß dazu hat das dortige Vorkommen von Ton mit seinem hohen Prozentsatz von Kalziumkarbonat gegeben, der ein vorzügliches Material für die porösen Wasserkrüge *(Kullen)* liefert. Die Einwohner formen in zahllosen Hütten auf der mit Hand und Fuß betriebenen Töpferscheibe die Gefäße, die, in Gemeinschaftsöfen gebrannt, auf dem Nil nach ganz Ägypten verschickt werden. Schon in früher Zeit sann der Ägypter darauf, das Wasser in seinem Hause möglichst kühl zu halten. Diesem Zweck dienten sehr hohe, unten spitz zulaufende Tonbehälter. Sie steckten im Sand oder ruhten auf einem hölzernen Bock. Das Wasser klärte sich durch das Stehen, Unreinigkeiten sammelten sich in der Bodenspitze. Die poröse Außenseite bildete eine Feuchtigkeitsschicht, die durch dauernde Verdunstung das Gefäß samt Inhalt kühl hielt. Vielfach holen noch heute die Frauen das Wasser in großen Krügen heim, die sie auf dem Kopfe tragen. Begegnet man einem solchen Weibe mit dem schwarzen Umhangtuch, so dünkt es einem wie ein Bild aus biblischer Zeit.

Vom Nilknie, wo es am nächsten zum Roten Meer ist, zweigt ein Karawanenweg ab. Von *Kuft* aus (dem alten *Kóptos*) konnte man durch das *Wadi Hammamát*[1] über die 800 m hohe Wasserscheide in 5 bis 6 Tagen das 173 km entfernte Meer erreichen. Daher wurde diese alte Wüstenstraße oft benützt für die Handelsbeziehungen mit dem reichen, am afrikanischen Ostgestade gelegenen, sagenhaften Lande *Punt.* Außerdem lockten an diesem Wege Steinbrüche zur Ausbeutung. Wenn auch der Fundort für den Transport der Blöcke zu dem weitentfernten Nil nicht günstig war, so entschädigten dafür die kostbaren Gesteinsarten von schwarzem und grünem Basalt sowie von Porphyr. Dazu kam noch das Vorkommen von Halbedelsteinen wie Amethyst, Karneol u. a. Man rüstete zu diesem Zweck regelrechte Expeditionen von mehr als 1.000 Mann aus, die man unter militärischer Bedeckung losschickte. Ihre Lebensmittelversorgung stellte höchste Anforderungen an das Organisationstalent der alten Ägypter.

Dendéra

Ein Nilboot bringt den Reisenden von Kena an das Westufer zum Besuch des noch gut erhaltenen Hathorheiligtums in Dendéra. Von der Anlegestelle sind es noch 5 bis 6 km bis zum Tempel, der wie Kom Ombo und Edfu aus der Ptolemaierzeit stammt. Er ist reich an hübschen Reliefs und schönen Säulen, die durchwegs mit Hathorköpfen geschmückt sind. Das Tempeldach bietet eine herrliche Aussicht auf das Niltal und die Wüstenberge.

Das Reisen und der Nil als Verkehrsweg

Immer mehr belebt sich die Landschaft. Esel und Kamele schleppen oder ziehen Lasten. Dazwischen hasten Autos dahin. Auf den Feldern arbeiten Bauern mit sonnengebräunten Körpern, fleißig wie eh und je. Boote und Dampfer furchen den Fluß. Auch im alten Ägypten herrschte im Gegensatz zu der landläufigen Meinung ein ständig reger Verkehr zwischen den

[1] Wadi bedeutet ein gewöhnlich ausgetrocknetes Flußtal, das nur bei Regengüssen Wasser führt.

Dörfern und Städten. Schon die religiösen Feste brachten Pilger aus dem ganzen Reich in Bewegung. Während des ganzen Jahres belebten Reisende und Fuhrwerke die Wege zu den Nachbarorten, zu den großen Städten, zu den Bergwerken, Steinbrüchen, Oasen und nach dem Ausland im Norden und Süden. Vornehme ließen sich für kleinere Entfernungen in Sänften tragen, weitere Strecken legte man im Wagen zurück, der von Pferden gezogen wurde. Auch zur Jagd fuhr man im Wagen. Brücken über den Nil gab es keine, man überquerte das Wasser auf Fährschiffen oder schwamm auch über den Strom. Zur Flutzeit waren Boote unentbehrlich. Den Fährdienst in großen Städten, wie zum Beispiel in Theben, besorgte ein eigenes Gewerbe. Der einfache Mann ging zu Fuß. Die Wanderausrüstung war der Stab, ein Schurz und Sandalen. Die Straßen liefen neben den Kanälen her. Der Erdaushub bei der Anlage der Wasserläufe wurde zu Dämmen aufgeschüttet, die gleichzeitig als Wege dienten. Eigentliche Straßen gab es nicht.

Ein Wagnis waren Reisen durch die Wüste. Neben Hunger und Durst bedrohten den Reisenden wilde Tiere, vor allem Schlangen. Und gelegentlich kam es auch vor, daß sich Reisende in der Wüste verirrten. Für solche Wüstendurchquerungen gab es damals auch schon Landkarten. Solche besitzt das Museum in Turin. Sie sind die ältesten Karten der Welt und wurden hauptsächlich für die Gegenden der Steinbrüche und Goldminen angefertigt.

Das Hauptverkehrsmittel im alten Ägypten war das Schiff. Strömung und Ruder trieben das Fahrzeug talwärts, stromauf treidelten schwarze Büffel, in späteren Zeiten auch Kamele, gelegentlich selbst Sklaven abwechselnd die Lastkähne. Bei günstigem Nordwind fuhr man mit mächtigen lateinischen Segeln. Der Schiffsführer kletterte in das Takelwerk hinauf, um bessere Sicht zu haben. Der Bedarf an Ware war groß, der zu Wasser befördert werden mußte. Luxusgegenstände für die Pharaonen und Vornehmen, allerlei Lebensnotwendiges für die ganze Bevölkerung, vom Herrscher bis hinab zum letzten Fellachen. Die wechselnde Wasserhöhe verbot die Anlage von Häfen. Man zog einfach das Boot auf den Ufersand und vertaute es vorn und hinten an Pflöcken. Die Verladearbeiten erfolgten über Verladerampen, die an die Schiffe herangeschoben wurden. In uralter Technik verfertigte man leichte Boote aus zusammengeschnürten Papyrusbündeln. Jäger, Fischer und Vogelfänger benützten sie zur Fahrt durch das Schilfdickicht, Höflinge für ihre Lustfahrten auf ihren Teichen und den Kanälen ihrer Güter. Die schweren Schleppkähne bauten die Ägypter aus Holz, das allerdings sehr rar war. Sykomoren und die knorrigen und krummen Akazien lieferten Balken und Planken. Man verlegte sich daher sehr bald auf die Einfuhr von geeigneten Holzsorten, vor allem von Zedernholz aus dem Libanon. Der Hauptausfuhrhafen war Byblos in Syrien. Nach ihm nannten die Ägypter ihre Seeschiffe ganz allgemein *Byblosfahrer* und behielten diese Bezeichnung in die späte Zeit bei. Einen Vorteil hatte die merkwürdige Schiffsbautechnik des Zusammensetzens und Zusammenbindens der Schiffe. Die Boote konnten in Teilen über weite Strecken transportiert werden. Sie wurden zerlegt, auf Wagen geladen und von Rindern weitergeschafft.

Abydos Als der Ort höchster Verehrung und Ziel ungezählter Wallfahrten von mehr als 50 Generationen galt *Abydos* auf dem Westufer des Nil, 12 km entfernt von der jetzigen kleinen Stadt El Baljana. Wenn es auch an Ausdehnung und Einwohnerzahl unbedeutender war als Theben und Memphis, so verknüpfte sich mit ihm die Vorstellung des Volkes, hier sei der Totengott Osiris bestattet. Daher trieb die Ägypter die Sehnsucht, wenigstens einmal im Leben dahin zu pilgern und nach dem Tode in der Nähe des Gottes ihr Grab zu finden. Wenn dies aber nicht der Fall sein konnte, so wollten sie wenigstens durch ein Kenotaph oder eine Grabstele[1] an der Prozessionsstraße der Gunst des Totenrichters teilhaftig werden. Zu einem historisch wichtigen Ort machen Abydos die großen Nekropolen, sowohl die Gräber des Neuen Reichs als auch vor allem die Königsgräber der ältesten Dynastien des Alten Reiches, die die Begründer des ägyptischen Staatswesens waren. Diese Herrscher stammten aus der nahe gelegenen Stadt Thi(ni)s. Das Grab eines dieser Thinitenkönige, Djer, galt seit der 18. Dynastie, als die Ägypter es nach mehr als tausendjähriger Vergessenheit wieder entdeckt hatten, als »Osirisgrab«. Bei Ausgrabungen stieß man auf einen größeren Schutthügel über der ehedem heiligsten Stätte von Abydos. Er bestand aus den Scherben der unzähligen Tongefäße, in denen Wallfahrer ihre Totenopfer gebracht hatten. In Abydos laden auch zwei Tempel zur Besichtigung ein, die für Sethos I. und Ramses II. gebaut wurden. Jeder Ägyptenreisende sollte sie besuchen. Die Farben des Tempelreliefs sind von einer Leuchtkraft, wie man sie sonst nirgends in Ägypten findet.

Die Eisenbahn, die seit Schellal den Strom auf seinem Ostufer begleitet hat, setzt nun auf einer 400 m langen Brücke über den Nil, sobald er nach der großen Schleife wieder nordwärts eingebogen ist. Eine weitere Brücke, erst 1952/53 von deutschen Firmen gebaut, die größte Ägyptens mit einer

Assiút Länge von 665 m, zieht bei Sohág über den Strom. In Assiút, dem Ausgangspunkt der Karawanenstraße zu den Oasen, quert zum drittenmal eine Barrage den Flußlauf. Das erste Hindernis war in Esna hinter Edfu, das zweite bei *Nag Hamádi* in der großen Nilbeuge gewesen. Diese in den letzten 60 Jahren entstandenen Barragen haben einer Reihe von Provinzen Wasser für das ganze Jahr gesichert und dadurch die Fruchtbarkeit besonders der Baumwollfelder und der Zuckerrohrplantagen sehr erhöht.

Der Nil hat, wie schon erwähnt, seit der Mündung des Atbara keine Nebenflüsse mehr aufgenommen. Nun vollbringt er die Wundertat und

Bahr el Jússuf schickt selbst einen Sohn in wichtiger Sendung aus, den *Bahr el Jússuf* oder Josefskanal, der nördlich von Assiut abzweigt und in vielfachen Windungen zur Oase *Faijúm* zieht, die eigentlich keine richtige Oase ist, da sie nicht dem Grund- und Oberflächenwasser ihre Vegetation verdankt,

[1] Eine Stele ist eine aufrecht stehende Steinplatte, die als Grabstein, Weihegeschenk oder zur Bekanntmachung einer Urkunde dient und außer der Inschrift oft Reliefbildschmuck trägt.

sondern der künstlichen Bewässerung. Mitten in der Libyschen Wüste liegend, ist sie ein wunderbares Fruchtland mit reichen Gartenkulturen, Oliven, Wein, Orangen und Getreide. Schon antike Schriftsteller erzählen von diesem gesegneten Eiland in der steinigen Öde. Könige der 12. Dynastie schufen es, indem sie ursprüngliches Sumpfgebiet durch ein umfangreiches Kanalnetz regulierten. Im Faijum ließ sich auch der Pharao Amenemhet III. seinen Totentempel bauen, der wegen seiner vielen Höfe, Säle und Säulengänge von griechischen Schriftstellern als »Labyrinth« bezeichnet wurde, in dem ein Rundgang nur mit einem ortskundigen Führer möglich sei.

Ungefähr 70 km nördlich von Assiut liegen auf dem Ostufer am Rande des Kulturlandes im Wüstenboden die halbbegrabenen Ruinen der heiligen Stadt König Echnatons, *Achetáton* oder *Amárna*. Der König ließ sie *Amárna* in kurzer Zeit auf neuem jungfräulichem Grund zwischen Fluß und dem Halbrund der Wüstenberge für sich und seinen Gott Aton errichten. Aber so rasch die Stadt entstand, so rasch erlosch sie wieder. Sie blühte nur eine Generation lang. Den Ausgräbern bot sich hier die seltene Gelegenheit, eine im Laufe der Jahrtausende nie mehr besiedelte, von einer späteren Überbauung völlig unberührte Stadtanlage zu erschließen und ein ungetrübtes Bild der damaligen Zeit erstehen zu lassen. Dieses Stück Erde schenkte der Nachwelt die wunderbar erhaltene, allbekannte und berühmte Büste der Königin Nofretéte.

Hügel schieben sich an den Fluß und weichen wieder zurück, Engen drängen ihn zusammen, Inseln teilen ihn. Sobald die Hügel Raum geben, weitet sich der Fluß, einmal sogar bis auf 1.000 m Breite. Ungefähr auf der Höhe von Faijum beginnt auf dem Westufer ein seltsamer Zug von Bauwerken, verschieden in der Art des Aufbaues, in ihrer Höhe und ihrem Bauzustand, in ihrem Alter, ungewohnt unserem Anblick, dem Strom in immer dichterer Folge bis nach Kairo zu begleiten. Es sind die *Pyramiden*, die von Lahún bis Abu Roasch anzutreffen sind. Gegenüber von der eigenartigen Stufenmastaba des Königs Djoser in Sakkara lag auf der Westseite des Nil, rund 20 km südlich von Kairo, die blühende Residenzstadt des Alten Reiches, die »Waage der Länder«, die Stadt mit der »Weißen Mauer«, *Memphis*, *Memphis* deren Gründung auf Menes zurückgehen soll. Sie breitete sich am Beginn des Deltas aus und beherrschte den Zugang zum oberen Niltal, ferner den Übergang über den noch ungeteilten Strom zum Verbindungsweg nach Vorderasien, schließlich nach Westen den Verkehr über die Stützpunkte des Faijum, der Oasen des Natrontales und der Oase Siwa nach den Syrtenländern. Dadurch besaß Memphis ungleich größere wirtschaftliche und verkehrsgeographische Vorteile als die Hauptstadt Oberägyptens, Theben. Hier vollzog sich der Beginn der ägyptischen Geschichte, von hier aus wurde 500 Jahre lang das Alte Reich regiert. Hier erfand man eine Schrift, um jene Gedanken festzuhalten, die Fortschritt in Handwerk und Kunst verhießen. Memphis hat in den späteren Jahrhunderten der Fremdherrschaft immer noch eine bedeutende Rolle gespielt. Erst unter den Heerscharen Mohammeds mußte es dem aufstrebenden Kairo weichen und viel Baumaterial für seine Moscheen und Paläste liefern. Jetzt hat der Ort die

Erinnerung an seine große Vergangenheit gänzlich verloren, seine Ruinen liegen in einem malerischen weitläufigen Palmenwald, armselige Bauernhäuser und weidendes Vieh begegnen dem Fremden. Nur eine riesige beschädigte Ramsesstatue kündet noch von einstigem Glanz. Sie liegt in einer zu ihrem Schutz errichteten Halle und kann von einer Galerie aus besichtigt werden. Um eine beiläufige Vorstellung von der Größe der Figur zu geben, sei erwähnt, daß das Ohr des Königs allein 50 cm lang ist. Eine Parallelstatue des Ramses, die man ebendort im Jahre 1888 n. Chr. fand, hat man nach Kairo geschafft und als größtes Denkmal der Stadt auf dem Bahnhofsplatz aufgestellt. Dort schaut der 65 t schwere Koloß nach seinem auch für die heutige Technik schwierigen Transport auf den flutenden orientalischen Verkehr hinab und steht am Abend im Flutlicht der Scheinwerfer.

In der nächsten Nähe des Ramsesstandbildes zu Memphis schimmert durch die Bäume ein 8 m langer Alabastersphinx, der von einem der ersten Könige des Neuen Reiches herstammen soll.

Die Pyramiden von Gíza

Kurz vor der Hauptstadt ragen auf dem Wüstenplateau von *Gíza* die drei größten Pyramiden auf, das uns schon von Fotografien her wohlbekannte Trio. Man kann sie alle drei von einem günstigen Platz mit einem einzigen Blick erfassen, sie sind zu einem augenfälligen Wahrzeichen Ägyptens geworden, das vor dem geistigen Blick eines jeden auftaucht, der von diesem Land spricht. Es sind dies die Pyramiden des Mykerinos, des Chephren und als allergrößte, eines der Sieben Weltwunder[1] der Antike und heute das einzig erhaltene, die des Cheops (ursprünglich 146,6 m, jetzt 137,2 m). Unwillkürlich steigt bei diesem überwältigenden Anblick die Frage in uns auf, wie sich irgendein Bauwerk aus unserer Heimat oder ein von unseren Reisen vertrautes daneben ausnehmen würde. Nun, das eine oder andere schaut wohl auf den Riesen von Giza hinab, z. B. der Fernsehturm von Stuttgart (211 m), der Münsterturm von Ulm (161 m), die Kölner Domtürme (158 m), die Tour Centrale der Kathedrale von Rouen (151 m). Der Turm des Straßburger Münsters (143 m) überragt die jetzige Pyramidenhöhe, der Wiener Stephansturm (137 m) ist von gleicher Größe, dagegen sind niedriger die Peterskirche in Rom (136 m), die Paulskirche von London (123 m), das Freiburger Münster im Breisgau (116 m), die Frauenkirche in München (98 m), um einige Beispiele zu nennen.

Der Sphinx

Bescheiden mit seinen nur 20 m Höhe ruht zwischen diesen gewaltigen Grabbauten der *Sphinx*, aus dem natürlichen Felsen herausgemeißelt. Aber wenn die kleinen Menschlein dem Königslöwen aus der Nähe in das

[1] Nach der gewöhnlichen Überlieferung des Altertums zählten folgende berühmte Bau- und Kunstgewerbe zu den *Sieben Weltwundern:* Die ägyptischen Pyramiden, die Hängenden Gärten der Sermiramis in Babylon, der Tempel der Artemis in Ephesos, den bekanntlich *Heróstratos* 356 anzündete, um dadurch zu einer schändlichen Berühmtheit zu gelangen, der Pharos (Leuchtturm) von Alexandrien, der Koloß (Apollonstatue von 34 m Höhe) zu Rhodos, die Zeusstatue des Pheidias in Olympia und das Grab des Mausolos (Mausoleum) in Halikarnassos.

seltsame, zerschlagene Antlitz schauen, dann wird er zu einem gewaltigen Urweltriesen, der Staunen und Gruseln zugleich weckt. Wer kennt nicht wenigstens aus Bildern dieses unheimlich rätselhafte Gesicht, in das gleichsam die Lebensfrage geschrieben ist nach dem Sinn und Zweck unseres Seins.

Von Giza aus reicht das Auge bis zu den kahlen Flanken der *Mokáttam*-Höhen, die sich wie eine schützende Kulisse hinter Kairo aufbauen. In der Pharaonenzeit wurden dort die Steinquadern für den Pyramidenbau gebrochen. In der vorgeschichtlichen Epoche reichte eine Bucht des Mittelmeeres bis Kairo, aber der Nil hat im Laufe der Jahrtausende durch die jährlichen Überflutungen das Gebiet mit seinem schweren Schlamm ausgefüllt und eine Landmasse von 23.900 km² vorgeschoben. In königlicher Breite und Gelassenheit strömt er die letzte Strecke seines Laufes dahin und naht sich *Kairo*, arabisch *Masr »el Káhira«*, »die Siegreiche«, kurz Masr *Kairo*
genannt. Kairo ist die Metropole Ägyptens und die größte Stadt des dunklen Erdteils und der islamitischen Welt. Es hat in seinem explosionsartigen Wachstum, was die Einwohner betrifft, die 4-Millionen-Marke längst überschritten. Der Nil, so mächtig er nun ist, kann diese Macht nicht zeigen, denn die Inseln *Roda* und *Gezíra* zerschneiden ihn in schmälere Arme. Wunderschöne Wohnviertel in üppigem Grün, weite Plätze und Springbrunnen grüßen von den Ufern und den Inseln. Breite Geschäftsstraßen führen ins Stadtzentrum, elegante Läden mit geschmackvollen Schaufenstern zeigen Waren des In- und Auslandes. Eine Flut von Menschen aller Zungen und verschiedener Trachten, auch Männer in ihren Galabíjen, Frauen gelegentlich noch mit verschleiertem Gesicht. Auf den Straßen ein verwirrendes Gewühl von Fahrzeugen aller Art, Autos vom neuesten bis zum ältesten Modell, die durch die Engpässe des Verkehrs jonglieren, dazwischen Esel, beladen oder einen Reiter auf dem Rücken. Weicht der Fremde von den breiten Straßen ab, dann verstrickt er sich bald in ein Geflecht von kleinen Gassen und Seitenpfaden. Hier findet er noch echtes Ägypten, echten Orient in Gestalten und Kleidung. Man riecht gleichsam die Atmosphäre altorientalischer Wohnungen und ahnt vielleicht auch, wieviel Not und Elend sich hinter den Mauern birgt. In diesen Vierteln liegt der Khan el Khalíli, der berühmte alte Basar, arabisch »Suk« genannt, mit seinen eingedeckten engen Gäßchen, jenen Läden und Buden, die einen unwiderstehlichen Anziehungspunkt für jeden Besucher Kairos bilden. In Häusernischen, dämmrigen Gelassen, aber auch am Straßenrand auf Gestellen liegen die Waren, gute orientalische Handarbeit, Goldschmuck, Kupferwaren, Webereien, geschnitzte Elfenbeinfigürchen, Teppiche, aber auch armselige billige Massenartikel, aus Europa eingeführt. Die Menschen schreien und feilschen. Das gehört mit zum Kauf. Es ist ein Spiel, oft geht es nur um einen halben Piaster; aber es macht Freude, ist Zeitvertreib. Und Zeit hat man im Orient noch genug.

Vom Basarviertel kommt man gegen Norden zu einem alten Bauwerk, dem letzten Stück der aus dem 11. Jahrhundert stammenden Stadtumwallung mit dem gewaltigen, zinnengekrönten Mauerwerk und den großen und kleinen Türmen.

Die Ägypter haben zweimal ihren Glauben gewechselt; von der altägyptischen Religion traten sie als erstes Volk der Erde in ihrer Gesamtheit zum Christentum über, nach der Unterwerfung durch die Araber (640 n. Chr.), durch die auch die bis dahin noch lebende altägyptische Sprache allmählich ausstarb, wurde der weitaus größte Teil der Bewohner mohammedanisch. Diese Glaubensänderung gab auch der Stadt das Gepräge, das sie bis heute behalten hat. Aus dem Straßengewühl stechen die vielen schlanken Minarette wie Lanzen zum Himmel, wölben sich die wuchtigen Kuppeln der rund 400 Moscheen. Hier sei nur auf vier besonders erwähnenswerte hingewiesen. Das älteste, völlig erhaltene arabische Bauwerk ist die Ibn-Tulún-Moschee aus dem 9. Jahrhundert. Gebetshaus und zugleich älteste und angesehenste Universität des ganzen Islams ist die Al-Azhar-Moschee, an der rund 2.000 Professoren lehren. Als großartigste Schöpfung arabischer Baukunst gilt die Sultan-Hassan-Moschee mit ihrem 81 m hohen Minarett, dem höchsten von Kairo. Als Wahrzeichen Kairos leuchtet von der Höhe der Zitadelle, die 1176 unter Sultan Saladin erbaut worden ist, die prunkvolle, weißschimmernde Alabastermoschee des Mohammed Ali, 1857 vollendet. Von der an sie anschließenden Terrasse bietet sich die berühmte Aussicht auf die Stadt bis weit hinaus in die Wüste mit den Pyramiden.

Unterägypten

Vorbei an Luxushotels, wie dem »Shepheard's«, »Sheraton« und »Hilton«, fließt der Nil durch die Stadt und weiter durch *Unterägypten,* dem Meer zu. 25 km unterhalb von Kairo muß er noch eine bedeutende Schleuse überwinden, die Delta-Barrage, die der dauernden Bewässerung des ganzen Deltas dient und von Gartenanlagen umgeben ist. Etwas über 150 km vor dem Meer gabelt sich nun der 1 km breite Fluß in zwei Arme — im Altertum waren es sogar sieben —, in den *Rosette*-Arm im Westen und den *Damiette*-Arm im Osten. Das Land, das die beiden Arme umfangen, ist das Nildelta, ein großes Landdreieck, das die Griechen mit ihrem Buchstaben Δ (= D) verglichen und es daher Delta nannten. Die Laufrichtung von Süden nach Norden war für den Ägypten so selbstverständlich, daß er den Euphrat, der von Norden nach Süden fließt, das »verkehrte Wasser« nannte. Nun kommen wir aus dem regenlosen Lande in den Bereich der mediterranen Winterregen, besonders im nördlichen Teil des Deltas. Dazu überspannt ein Geflecht von vielverästelten Kanälen das Marschland. Das Delta gleicht einer holländischen Landschaft. Hauptprodukt ist die Baumwolle, daneben Weizen, Zuckerrohr, Orangen und Oliven. Reiher und Möwen beleben den Himmel, Schwalben rasten im Delta von ihrer Reise aus den Gegenden der Nilquellen vor ihrem Weiterzug übers Mittelmeer. Nahe dem Saum des Meeres haben sich vier Brackwasser-Seen von Westen nach Osten gebildet: der Mariút-, Edku-, Borollos- und Menzálesee.

An der Meeresküste liegen zwei bedeutende Städte: *Alexandria* im Westen und *Port Saíd* im Osten. Einstmals war das Delta kein Fruchtland, sondern weithin von Sümpfen bedeckt. Ausgedehnte Papyrusdickichte boten einem reichen Tierleben willkommene Schlupfwinkel, Jägern und Fischern aber ein gern aufgesuchtes Jagdrevier. Die Küste selbst hatte nur bescheidene

Anlegeplätze für die Schiffe. Erst durch Alexander den Großen erhielt sie einen brauchbaren Hafen, der sich bald in den Weltverkehr eingliederte.

Alexandria wurde von Alexander im Jahre 331 gegründet. Es wuchs dann unter dem Pharaonengeschlecht der Ptolemaier in den 300 Jahren Herrschaft zu einem glanzvollen Zentrum der Wissenschaft und Kunst heran. Als es hernach unter die Römer kam, blieb es weiterhin durch die riesige Bibliothek und die hochangesehene Schule des Museions ein berühmter Sitz der Gelehrsamkeit. Auch Kaiser Hadrian und Marc Aurel kamen hierher, hörten Vorlesungen und nahmen an den wissenschaftlichen Disputationen teil. Im Römerreich war Alexandria nach Rom die zweitgrößte Stadt. Jetzt ist es die zweitgrößte Stadt Ägyptens mit über 1,600.000 Einwohnern, die als einzige große ihren Namen seit der Antike behalten hat. Mit Beginn des vorigen Jahrhunderts hat sie sich aus einem bescheidenen Hafenplatz mit bloß 6.000 Einwohnern zu einer internationalen Mittlerin zwischen Orient und Okzident entwickelt. Die Stadt macht heute durchaus den Eindruck einer europäischen Metropole. Besonders prächtig ist die 25 km lange »Corniche«, eine Promenadenstraße längs des Meerufers. *Alexandria*

Im Gegensatz zu dem althistorischen Alexandria ist *Port Said* auf der Ostseite des Deltas am Eingang des Suezkanals eine sehr junge Gründung, die mit dem Kanalbau zusammenhängt. In seiner Nähe lag im Altertum das strategisch wichtige *Pelusium,* wo 525 Kambyses die Ägypter besiegte. Heute sind von dieser Stadt nur dunkle Reste geblieben, die der Wüstensand eifersüchtig verbirgt. Auf Schilf- und Marschgrund ist eine sehr moderne Stadt erwachsen, die infolge des ununterbrochenen Verkehrs durch den Kanal bei Tag und Nacht ein belebtes Bild bietet. *Port Said*

Der schleusenlose Suezkanal verbindet Port Said mit *Suéz.* Der Gedanke, das Mittelländische Meer und das Rote Meer durch eine Wasserstraße zu verbinden, ist schon 4.000 Jahre alt. Als erster ließ der Pharao Sesostris I. (um 1970) einen Kanal anlegen. Da dieser im Laufe der Zeit versandete, wollte ihn der Pharao Necho (um 600) wiederherstellen, aber die Ausführung blieb Dareios vorbehalten. In späteren Jahren wurde die Fahrstraße von den Ptolemaiern und Römern erneuert, bis sie endlich gänzlich verfiel. Erst im Jahre 1869 n. Chr. fuhr das erste Schiff durch den neuerbauten Kanal, von dem ein Drittel auf den natürlichen Wasserweg durch Menzale- und Timsáhsee und die beiden Bitterseen entfällt. Der Suezkanal bildet nach heutiger wissenschaftlicher Anschauung die Grenze zwischen Afrika und Asien. Die antiken Geographen waren sich in der Abgrenzung der beiden Erdteile nicht einig. Die Italiker bezeichneten mit Afrika die der Apenninenhalbinsel gegenüberliegende Küste und nach Eroberung Karthagos und später Numidiens die dem römischen Imperium einverleibte Provinz, erst in späterer Zeit auch den ganzen Erdteil. Die Griechen gebrauchten dafür die Bezeichnung Λιβύη = Libyen, nach dem westlich an Ägypten grenzenden Land, das von seinen Bewohnern *Libu* genannt wurde. Ägypten reihte man zu Asien und hielt den Nil für den asiatisch-libyschen Grenzstrom. In hellenistischer Zeit schob man die Grenze an die Landenge von Suez, eine Entscheidung, die bis heute besteht. *Suezkanal*

Ägypten in vorgeschichtlicher Zeit

Nun will ich noch weitläufiger von Ägypten sprechen, weil es sehr viele Wunder enthält.

Herodot II, 35

Wir sind den weiten Weg von den Nilquellen in der Äquatorzone bis zur Mündung des Stroms gewandert und haben uns auf diese Weise etwas mit dem Land vertraut gemacht. Von grundlegender Bedeutung für alle Zeiten sind zwei Dinge: Einerseits die Zweiteilung Ägyptens in einen langen, schmalen und von Wüstenrändern gesäumten Fruchtlandstreifen und in das alluviale Schwemmland des Deltas; anderseits der Jahresrhythmus der Nilschwemme. Beide haben die geschichtliche und kulturelle Entwicklung sowie die Lebens- und Wirtschaftsformen maßgebend beeinflußt.

Die Altsteinzeit

In der *Altsteinzeit* hauste der Mensch noch nicht in der großen Kulturoase, sondern, nach den Funden von Feuersteinwerkzeugen zu schließen, auf dem Wüstenplateau beiderseits des Niltales. Denn das Stromtal war noch stark versumpft und unbewohnbar. Voraussetzung hiefür war natürlich, daß die Talränder, die jetzt bis auf wenige Restoasen westlich des Nil völlig ausgetrocknet und kahl sind, infolge der ausreichenden Feuchtigkeit der Regenperioden, die zeitlich mit den europäischen Eiszeiten zusammenfallen, den Charakter von Savannensteppen hatten und dem Jäger noch genügend Beute an Jagdtieren boten. Der Strom füllte die ganze Talsohle. Als mit zunehmender Trockenheit der Wasserspiegel sank, der Strom sich aus dem Kalkstein ein tiefes Bett ausgegraben und den bei den jährlichen Überschwemmungen mitgeführten Schlamm in der Nähe der Ufer gleichsam als natürliche Dämme abgesetzt hatte, folgte der Mensch dem sinkenden Wasser, und wir können seinen Weg bis in die Jungsteinzeit aus den Funden an Faustkeilen, Schaber u. a. verfolgen. Auch die Täler der Nebenflüsse des Nil, die jetzt ausgetrocknete Wadis sind, nützte der Altsteinzeitmensch als Siedlungsgebiet und Nahrungsquelle.

Die Nilschwelle brachte den Bewohnern des Tales alljährlich den fruchtbaren Schlamm. Es ist daher nicht verwunderlich, daß sich der streifende Jäger das ertragfähige Tal zum Bleiben erwählte und Ackerbauer wurde.

Die Jungsteinzeit

Dies dürfte zu Beginn der *Jungsteinzeit,* um etwa 5000, geschehen sein. Eine sich höher entwickelnde Bauernkultur verdrängte bald die Jäger. Man wohnte in Hütten aus Schilfrohr oder aus aufgestellten Lehmbrocken, mit Schilfmatten abgedeckt, und züchtete außer dem Hund als Gehilfen Ziegen, Schafe und Schweine. Auch das Rind findet sich als Haustier. Es wurde wahrscheinlich aus Asien eingeführt. Vom ursprünglichen Hackbau ging man nach und nach zu einer primitiven Pflugwirtschaft über und säte Weizen und Gerste. Die Feuersteintechnik ermöglichte die Erzeugung von polierten Beilen, Harpunen und Pfeilspitzen. Man schnitzte aus Knochen Pfriemen und Nadeln, flocht Körbe und formte Gefäße.

Bei der raschen Kulturentwicklung in Ägypten begann man um 4000 herum neben dem polierten Stein auch schon das Kupfer in immer größerem Ausmaß zur Herstellung von Werkzeugen zu verwenden, das man bisher nur zu Schmuck verarbeitet hatte. Die Prähistoriker bezeichnen diese Epoche als *Kupfersteinzeit (Chalkolithikum)*[1]. Die Technik der Kupferbearbeitung wurde aus Asien übernommen. Fundstätten der Kupfersteinzeit liegen vorwiegend in Oberägypten, die ersten Funde machte man in *Badári*, etwas südlich von Asiut, wonach dieser Kulturkreis mit dem Namen *Badarikultur* bezeichnet wurde. In dieser Zeit wurden die Leichen in Hockerstellung, in Fellen oder Matten eingewickelt, auf Friedhöfen bestattet, die abgelegen von der Siedlung waren. Dieser Umstand bedingte die Beigabe von Speisen und Geräten. Dadurch ergibt sich ein wesentlicher Unterschied von den Gräbern in Unterägypten. Dort begrub man die Toten innerhalb der Siedlung und daher ohne besondere Beigaben. Denn man konnte ja den Verstorbenen von den Mahlzeiten der Lebenden etwas spenden. In Oberägypten zwang die Entfernung der Totenstätte von der Siedlung dazu, den Toten Speise und Gerät mit in das Grab zu legen. Daher brachte diese Bestattungsart den Ausgräbern reiche Funde an Gefäßen, Werkzeugen, Waffen und sogar an Schminkpaletten.

Die Kupfersteinzeit

Auf die Badarikultur folgte eine andere, die nach dem um 1890 n. Chr. aufgefundenen Gräberfeld von *Negáde* nördlich von Luxor benannt ist.

Die Keramik

Einen besonderen Höhepunkt in vorgeschichtlicher Zeit erreichte die *Keramik*. Besonders schöne Krüge, Gefäße und Schalen sowie Vasen, verschieden nach Form, Farbe und Musterung, wurden mit der Hand, ohne Töpferscheibe, geformt. Nach ihrer Entwicklung teilte man die vorgeschichtlichen Kulturen ein. Die Töpferei begann mit rohen, einfachen Tongefäßen und schwarzer Ware, die oft weiße Ritzmuster trug, es folgten in der Badarikultur rot polierte Gefäße mit schwarz geschmauchtem Rand und in der Negadezeit rot polierte Keramik mit gestricheltem Muster in weißer oder gelblicher Verzierung. Als erste Muster des jungsteinzeitlichen Bauerntums begegnen uns geometrische, die vom Gefäßrand, der »Lippe«, ausgehen und den ganzen Gefäßkörper überziehen. Dreiecke, deren Flächeninhalt von Parallelstrichen oder Fischgrätmustern ausgefüllt sind, herrschen vor. In der Kupfersteinzeit wurde der geometrische Stil von figürlicher Darstellung verdrängt. Die Motive wurden nicht mehr eingeritzt, sondern in heller Farbe aufgetragen, die Gestalten in Umrissen gezeichnet und die Flächen durch Linien ausgefüllt. Doch knüpft die Gefäßdekoration trotz ihrer figürlichen Darstellungen noch an die alte Zeit der geometrischen Ornamentik an. Die Figuren sind meist Tiere, mit denen der Mensch Umgang hat, vor allem Jagdtiere wie Nilpferde, Krokodile u. a. Auf einer späteren Stufe finden sich um das ganze Vasenrund gezogene Bänder und Tiergestalten (wie in unserem Beispiel Flamingos). Beliebt sind Darstellungen gebogener, vielrudriger Schiffe mit Deckaufbauten und Standarten. Der Nil als Lebenselement des Volkes erscheint in der Kunst. Die unregelmäßig über den Gefäßbauch verstreuten Figuren

[1] Von griech. Χαλχός = chalkos = Kupfer; λίδος = lithos = Stein.

Krokodile und Nilpferde, Malerei auf einem vorgeschichtlichen Tongefäß

sollen wohl andeuten, was man vom Schiffe aus sehen kann: Ziegen, Steinböcke, Reiher und eine tanzende Frau mit idolartig vereinfachtem Unterleib, die Arme über den Kopf geschlungen.

Die Schminkpaletten

Einen wesentlichen Beitrag dieser Zeit zur Kunst des Reliefs bieten die *Schminkpaletten.* Es ist uns eine so große Anzahl aus den Gräbern überliefert, daß wir deren Stilentwicklung verfolgen können. Sie verdanken ihre Anfertigung der Sitte, den Toten Paletten zum Anreiben der Augenschminke ins Grab mitzugeben. Es waren meist Platten aus graugrünem Schiefer, die in der Mitte eine napfförmige Vertiefung zum Zurichten der Schminkfarben hatten. Rauten- oder Scheibenformen waren üblich, die späteren ähnelten einer Malerpalette. Die Fläche war von einer untereinander beziehungslos hingestreuten Figurenfülle überdeckt. Die Scheu vor der Leere des Raumes lockte wohl zu so teppichhafter Dichte. In den Abbildungen spüren wir allerdings schon ein gewisses Streben nach Ordnung. Schakale, die sich die Pfoten reichen, passen sich geschickt dem Rand der Palette an, zwei Fabeltiere mit Löwenkörpern, Schlangenhälsen und Raubtierköpfen umrahmen die Napfrundung, und die übrige Vielfalt von

Flamingos, vorgeschichtliche Vasenmalerei

Ruderschiff, Malerei auf einem vorgeschichtlichen Tongefäß

Tierkörpern steht nicht im Gegensatz zu diesen ordnenden Elementen, sondern vervollständigt diese. Zu welchem Höhepunkt der Raumgestaltung die Entwicklung der Relieffelder führt, wird uns die kunstvolle Narmerplatte vor Augen führen.

Die vordynastische Bevölkerung

Um welche Menschen handelte es sich nun, die im 5. und 4. Jahrtausend in Ägypten lebten? In Oberägypten waren es urhamitische Nomadenstämme, von denen wir nicht sagen können, auf welchem Wege sie ins Niltal gelangten. Weniger einheitlich ist das Bauerntum, das in Unterägypten seßhaft war. Hier dürften sich afrikanische Stämme mit Einwanderern aus Palästina und Syrien vermischt haben.

Diese Verbindung spiegelt sich schon in dem ältesten Bestand der ägyptischen Sprache, die im Wortschatz und in den Sprachformen einen hamitischen Grundstock mit semitischen Elementen vereint.

Das gesellschaftliche Werden

Der zwar sehr fruchtbare, aber versumpfte und verwachsene Boden des Niltales zwang sehr früh zum Zusammenschluß der Bewohner. Um Ackerland zu schaffen, mußten sie Deiche und Kanäle anlegen, die Wasserwirtschaft einvernehmlich regeln, die Felder nach dem Rückgang der Flut alljährlich neu abgrenzen und gerecht verteilen. Daher war ein Siedeln in weit auseinanderliegenden Einzelhöfen unmöglich. Aus den Familienverbänden entwickelten sich die für Ägypten so charakteristischen Dörfer. Sie schlossen sich, wieder unter dem Druck der Notwendigkeit, zu größeren Einheiten, zu den *Gaugemeinschaften* zusammen. In späterer Zeit umfaßte das Nilland 42 Gaue, 22 oberägyptische und 20 unterägyptische. Die so entstandenen Gaue spielten in der weiteren Geschichte Ägyptens eine bedeutende Rolle. Sie gaben Anlaß zu einer gesellschaftlichen Gliederung der Bevölkerung, an deren Spitze die Häuptlinge der Gaue traten.

Auch auf die religiöse Entwicklung des Gesamtreiches hatte die Gaubildung Einfluß. Jeder kleine Stammesverband besaß in der Regel seine eigene Gaugottheit. Die spätere Göttervielheit in der ägyptischen Religion hat in den zahlreichen Gaugottheiten ihren Ursprung. Aber allmählich führten die wirtschaftlichen Verhältnisse und vor allem die dauernde Bewässerungsobsorge dazu, die Kleinstaaterei zu überwinden. Es entstanden am Anfang der geschichtlichen Zeit zwei große Reiche, *Ober-* und *Unterägypten.* Den Anlaß zu einer Zweiteilung scheinen die voneinander verschiedenen Lebensformen gegeben zu haben. In Oberägypten behielten die

Auf dem Weg zum Einheitsstaat

Nomaden die Oberhand. Man begnügte sich mit bescheidener Saat und Ernte nach dem Abfluß der Überschwemmung und durchwanderte in der übrigen Zeit die Steppen mit großen Herden von Rindern und Schafen. Im Norden aber, im überaus wasserreichen und fruchtbaren Delta, kam es zu festen Niederlassungen, die durch die Meeresküste und durch Sümpfe sowie durch Flußarme gegen feindliche Plünderungen geschützt waren. Selbstverständlich erforderte das ungewisse Nomadenleben mehr Einsatzbereitschaft und Wagemut als das gesicherte Dasein des Deltabauern. Daher wuchs mit der Härte des Lebens auch ein gewisses Machtbewußtsein und führte schließlich dazu, daß der Süden immer mehr ein Übergewicht über den bäuerlichen Norden gewann und diesen schließlich unterwarf. Bei der Bildung des ägyptischen Einheitsstaates lag also die politische Führung bei Oberägypten; dieses stellte den König und den Adel, der während der Pyramidenzeit Träger der Kultur war. Dieses von einem Einzelherrscher geführte Gesamtreich bestand unabhängig über gute und schlechte Zeiten hinweg rund zweiundeinviertel Jahrtausende.

Manetho und die Dynastien

Die Wissenschafter der ganzen Welt pflegen noch jetzt nach dem Vorbild des ägyptischen Priesters *Manetho* aus Sebennytos im Delta der Epoche der Pharaonen in *Dynastien,* das heißt Königshäuser, zu gliedern. Manetho verfaßte als Hoherpriester zu Heliopolis um das Jahr 280, also rund 150 Jahre nach Herodots Tod, in griechischer Sprache eine heute leider nur in wenigen Auszügen erhaltene Geschichte Ägyptens und teilte die Zeit vom König Menes bis zur Wiedereroberung Ägyptens durch den Perserkönig Artaxerxes III. »Ochos« im Jahre 343 in 30 Dynastien ein. Die zweite Perserzeit bis zu Alexander dem Großen wurde nachträglich als 31. Dynastie hinzugefügt. Manetho hat alte Königslisten benützt, die in den Kanzleien über die verstorbenen Pharaonen angelegt worden waren und die Namen sowie die Regierungsdauer enthielten. Nach den heutigen Forschungsergebnissen wissen wir, daß der geschichtsbeflissene Priester, der ohne Gewährsmänner eine Zeit von fast 3.000 Jahren überblicken mußte, die Folge der Herrscherhäuser etwas willkürlich eingeteilt hat und daß vor allem seine den Regierungszeiten der einzelnen Herrscher beigefügten Jahreszahlen meist zu hoch sind. Erst weitere Entdeckungen von Königstafeln in Tempeln und Gräbern, verstreute Jahreszahlen von Regierungszeiten einzelner Pharaonen, Datierungen von Feldzügen und Bauten, Berechnungen von astronomischen Hinweisen und endlich Vergleichsdaten aus der babylonisch-assyrischen, persischen, jüdischen und griechischen Geschichte lieferten feste historische Marken. Von ihnen aus konnten die Ägyptologen in geduldreicher Kleinarbeit nach und nach eine ziemlich zuverlässige Zeittafel der ägyptischen Geschichte zusammenstellen. Dabei wurde die mühselige Arbeit sehr fördernd durch die Entzifferung diesbezüglicher Papyri unterstützt. Unter ihnen ist besonders der in der reichen Turiner Sammlung befindliche sogenannte »Turiner Königspapyrus« zu nennen. Er wurde in der Ramessidenzeit geschrieben und enthielt, solange er noch vollständig war, die Namen aller Könige von Menes bis zu Ramses II. unter Beisetzung der Jahresangaben für jede Regierungszeit.

Er ist aber bedauerlicherweise so arg zerstört, daß es notwendig ist, immer wieder die obgenannten Behelfe zum Aufbau eines stichhältigen Gerippes der ägyptischen Chronologie heranzuziehen.
Für den praktischen Gebrauch faßte die moderne Wissenschaft einzelne Dynastien zu größeren Perioden zusammen und nannte sie *Reiche*. Die 1. bis 6. Dynastie, die auch die Thinitenzeit (1. und 2. Dynastie) mit einschließt, gilt als das »Alte Reich« (abgekürzt AR), das »Mittlere Reich« (MR) umfaßt die 11. bis 13. Dynastie und das »Neue Reich« (NR) die 18. bis 20. Dynastie. Die Spätzeit (Sp) reicht von der 21. bis zur 30. Dynastie. Die 7. bis 10. Dynastie bildet die 1. Zwischenzeit, die 14. bis 17. Dynastie die 2. Zwischenzeit oder die Hyksoszeit. Manetho schrieb die ägyptischen Königsnamen in griechischer Form nieder, also z. B. Cheops statt ägyptisch Chufu, Mykerinos statt Menkaure, Amenophis statt Amenhótep usw.; da die griechische Schreibweise die gebräuchlichere und geläufigere wurde, ist sie auch in diesem Buch beibehalten.

Altes Reich

Mein Vater Allgott in der Finsternis!
Hole mich an deine Seite, damit ich
— zum Stern geworden —
dir ein Lichtlein anzünde und dich hüte.
Aus dem Begräbnisritual

Die Frühzeit unter der Doppelkrone

Menes

Als Begründer des geeinten Staates beim ersten Schritt Ägyptens in die Geschichte nennen die Königslisten den König *Menes*, eine sicherlich machtvolle Persönlichkeit, unter dessen Namen aber die Überlieferung anscheinend die Leistungen des einen und anderen Königs nach einer langen, wechselvollen Kampfperiode zwischen Ober- und Unterägypten zusammengefaßt hat. Von etlichen wird er dem König *Narmer* gleichgesetzt, von dem uns eine herrliche Prunkpalette erhalten ist. Menes, der unter der Doppelkrone die beiden Länder Ober- und Unterägypten zu einem Staat vereint hat, gilt zugleich als erster König der 1. Dynastie. Die Reichseinigung setzt man ungefähr in das Jahr 2900. Genauere Daten für diese längst dahingeschwundene Epoche zu nennen ist unmöglich, da die Spaten der Ausgräber nur wenige beweisende Fundstücke für diese Zeit ans Licht befördert haben.

König Menes stammte nach Manetho aus *Thi(ni)s*, der ehemaligen Hauptstadt des 8. oberägyptischen Gaues. Dieser wurde durch die späteren ausgedehnten Tempel und Gräber unter dem Namen *Abydos* bekannt. Während die Ausgrabungen in Sakkara, der Totenstadt von Memphis, mit ziemlicher Sicherheit das Grab des Reichsgründers feststellen konnten, fanden sich die Gräber der übrigen Könige der 1. und der 2. Hälfte der 2. Dynastie bei Abydos. Dies gab den Anlaß, die Zeit der beiden ersten Dynastien als Thinitenzeit zu bezeichnen. Die Thiniten dürften mit der Wahl der Begräbnisstätte ihre oberägyptische Abstammung entsprechend betont haben. Es geht auch in allen Doppelbezeichnungen stets Oberägypten dem Unterägypten voraus. Das gleiche gilt von den Symbolzeichen, die die Erinnerung an die zwei ehemaligen Reiche durch den ganzen Lauf der ägyptischen Geschichte bewahren. Am königlichen Diadem steht der oberägyptische weiße Geier Nechbet vor der unterägyptischen Uräusschlange; das südliche Wappenzeichen, der Lotos, steht vor dem nördlichen Papyrus, die weiße zylindrische Krone des oberägyptischen Herrschers vor der unterägyptischen roten flachen Kappe, deren hinteres Ende steil in eine Spitze auslief und vorn eine Drahtspirale hatte. Neben den beiden Kronen gab es noch eine Verbindung aus beiden Kronen als Sinnbild der Macht über beide

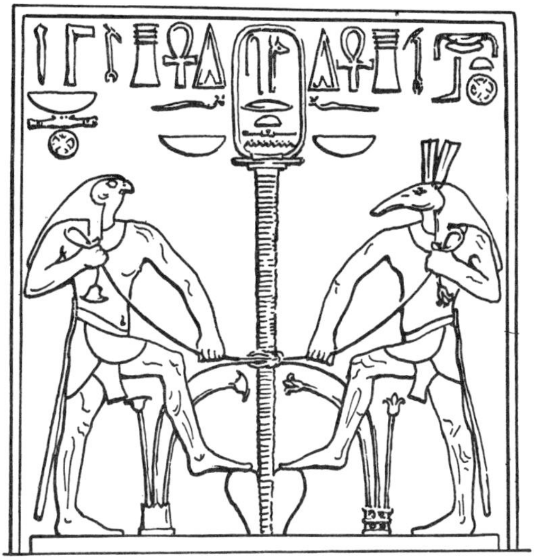

Horus und Seth vereinigen Unter- und Oberägypten

Länder: die hohe weiße Krone in die rote hineingeschoben, *Pschent* genannt. Menes ist die erste historisch erfaßbare Herrscherpersönlichkeit der Weltgeschichte. Unter ihm wurde Ägypten zu einer ansehnlichen Großmacht. Die chaotischen Gemeinschaftsbildungen der Vorzeit wurden in ein einheitliches ägyptisches Volkstum umgewandelt. Der König trieb keine Eroberungspolitik, schützte aber die Stromoase gegen jeden feindlichen Zugriff. Er wies die vorstoßenden Libyer im Westen ab. Aus seiner Zeit haben wir auch Nachricht von Zusammenstößen mit den Beduinen auf Sinai. Die Ägypter kamen dorthin, um die Kupfer- und Malachitgruben zur Gewinnung des äußerst wichtigen Kupfers auszubeuten. Er wehrte aber auch die Nubier im Süden ab. Nach Herodot hat Menes auf dem Westufer des Nil etwas südlich vom jetzigen Kairo die Hauptstadt des AR, *Memphis* mit dem Heiligtum des Ptah, gegründet. Durch eine große »Weiße Mauer« schützte er es gegen allfällige Angriffe des noch nicht lange unterworfenen Unterägyptens. Die neue Residenz lag unweit der Gabelung des Nil und damit an dem natürlichen und strategischen Schwerpunkt des Landes. Die Weiße Mauer wurde als Gauzeichen zum Symbol für den ersten unterägyptischen Gau. Die Residenzstadt und das ihr zugehörige Verwaltungsgebiet gehörten also in alter Zeit zu Unterägypten.
Die neue Herrschaft über Gesamtägypten erschien den Bewohnern als eine göttliche Einrichtung, in der der König Gott war. Die Gottheit wohnte im König wie in einem Kultbild. Nach dem Tode des Herrschers ging das himmlische Wesen auf dessen Nachfolger über. Die im Pharao verehrte Gottheit war der Falkengott Horus.

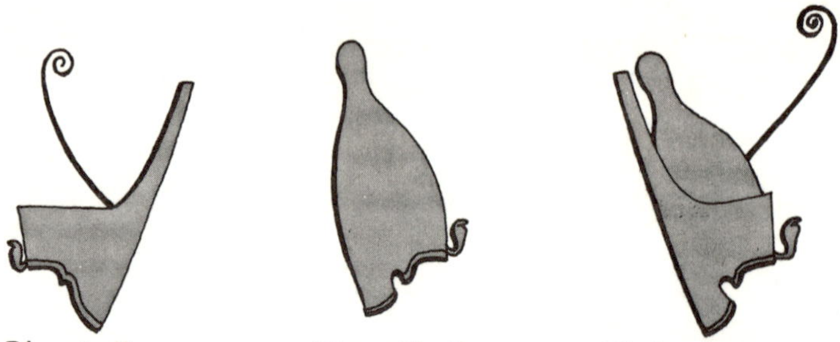

Die rote Krone Unterägyptens *Die weiße Krone Oberägyptens* *Die kombinierte Krone der beiden Länder*

Die entstehende Großmacht setzte eine große geistesgeschichtliche Leistung der Menschheit: die Erfindung der *Hieroglyphenschrift.*

Gab die Schrift die Möglichkeit, das geschichtliche Geschehen der Vergänglichkeit zu entreißen und für künftige Jahrtausende zu verewigen, so war sie zugleich auch mittelbar Anlaß zur Erfindung des *Kalenders,* um die Ereignisse in den Fluß der Zeit einzuordnen. Es ist daher nicht verwunderlich, daß in der Zeit, in der uns die ersten schriftlichen Aufzeichnungen begegnen, auch der Kalender schon bekannt war. Mit der Schrift und dem Kalender tritt der Mensch in sein historisches Dasein, und es vermählt sich in der Geschichte Ägyptens durch diese Erfindungen das große politische Ereignis der Reichseinigung mit dem wichtigen Wendepunkt in der geistigen Verfassung.

Die Folgezeit bis Chasechemui

Die Folgezeit nach Menes liegt für uns stark im dunklen. Unter den Königen sind manche unbedeutend, gewiß aber ist, daß der machtvolle Einsatz zur Zeit der Reichseinigung in dieser Epoche planvoll fortgeführt und die Kräfte auf allen Gebieten der Staatsverwaltung und der kulturellen Aufgaben zielstrebig zusammengefaßt wurden. In kluger Erkenntnis begrenzte man jeden übertriebenen Erweiterungsdrang, hielt aber das ägyptische Gebiet mit sicherer Hand fest. Freilich fehlte es nicht an Spannungen und selbst kriegerischen Verwicklungen zwischen Ober- und Unterägypten, die sogar die Reichseinheit vorübergehend gefährdeten.

In damaliger Zeit trieben die Ägypter schon Handel über das Mittelmeer. Sie machten Fahrten nach Byblos an der phönikischen Küste in der Nähe des heutigen Beirut und holten von dort das kostbare und für den Bau ihrer Häuser und Schiffe äußerst notwendige Zedernholz. Auch unterhielten sie Verbindung mit Kreta. Die Hauptsorge der Regierung galt der Speicherung von Getreidevorräten für solche Jahre, in denen die Erträge schlecht sein oder politische Unruhen zu Hungersnöten führen würden. Die Verwaltung regelte das Leben am Hofe und überwachte die Tätigkeit der einzelnen Untertanen. Über die Grundstücke wurden Listen geführt und schon damals Steuerabgaben festgesetzt. Die Steuern wurden bei der ausschließlichen Naturalwirtschaft in Vieh und vor allem in Getreide abgeliefert. Der Wunsch der Könige, sich nach dem Tode eine dauernde und feste Ruhestätte zu schaffen, begünstigte schon frühzeitig die Entwicklung der Baukunst. Das Grab des letzten Herrschers der Thinitenzeit, *Chase-*

chemui, zeigt erstmals statt des damals üblichen Ziegelbaus eine aus Kalksteinquadern aufgeführte Hauptkammer. Es ist der erste Steinbau, der aus Ägypten bekannt ist.
Der Übergang von König Chasechemui zu der neuen Dynastie ist nicht klar überliefert. Vermutlich vermählte sich Chasechemui mit einer Unterägypterin, die einen Sohn, Djoser, aus einer früheren Ehe mitbrachte. Dieser eröffnete als erster und zugleich bedeutendster König die 3. Dynastie, die nur rund 50 Jahre an der Regierung blieb.

König Djoser und seine Stufenmastaba

Keiner kann sein Leben auf Erden verlängern;
Es ist keiner, der nicht zum Jenseits gehen muß.
Die Dauer des irdischen Daseins
ist nicht länger als ein Traum.

Harfnerlied

König Djoser

Zu Beginn der 3. Dynastie (2750—2700) steht die Persönlichkeit des Königs Djoser. So wenig wir auch über sein Leben aussagen können, so hat er doch in der Kunstgeschichte des alten Ägypten seinen unvergänglichen Platz, da er als erster den damals völlig neuartigen Bau eines monumentalen und ganz aus Stein aufgeführten Grabmales gewagt hat. Es ist die Stufenmástaba[1], ein die Jahrtausende überdauerndes Sinnbild des königlichen Machtgefühls der damaligen Zeit und das Wahrzeichen der Totenstadt bei Sakkara, einem Ort westlich von Memphis. Der König verdankt dieses Riesengrabmal seinem genialen Baumeister und weisen Kanzler *Imhótep,* der noch in griechischer Überlieferung als mächtiger Magier, geschickter Arzt, Erfinder des Steinbaues und als göttlich verehrter Schutzherr der Schreiber fortlebt. Er leitete die Zeit der Pyramidenerbauer ein.
Imhótep ließ ohne vorherige Anregung ein Spiegelbild der königlichen Residenz von Memphis mit ihren wichtigen Gebäuden für die Benützung des toten Königs im Jenseits in Form von Scheinbauten mit Blendfassaden erstehen. Aus dem Holzbau setzte er alles, im Hinblick auf die ewige Dauer, in Stein um, die Tür, die Deckenbalken, den Zaun. Bisher hatte man aus Schilf, Lehm, gelegentlich aus Holz gebaut; Hütten und Grabmale waren also aus vergänglichem Material. Noch hatten die Baumeister nicht gelernt, die dem Stein eigenen architektonischen Formen zu entwickeln. Daher ertastete sich Imhotep, noch unerfahren, seinen neuen Weg durch Nachbildung der früheren Holzbauweise.
Den Friedhofsbereich umzieht eine leuchtend weiße, ursprünglich 10 m hohe Kalksteinmauer in Vor- und Rücksprüngen, sie allein schon ein Wunder der Baukunst. Sie entspricht der Ziegelmauer, die Djosers Residenz in

[1] Mástaba (arab.) = Bank.

Memphis umgibt. Ihre Steine sitzen fast fugenlos aufeinander, kein Mörtel bindet sie. 14 Scheintüren zieren die Außenmauer, ein einziges Portal führt an der Ostseite durch die Eingangshalle (5) auf den großen Hof (4). In seiner Südostecke lehnt sich an die Umfassungsmauer eine Grabanlage (10) mit einem Fries von Uräusschlangen, und drei als Türen geformte Nischen zeigen Reliefbilder des Königs bei kultischen Handlungen, überschattet von dem fliegenden Horusfalken mit dem Lebenszeichen. Das Grab mag mög-

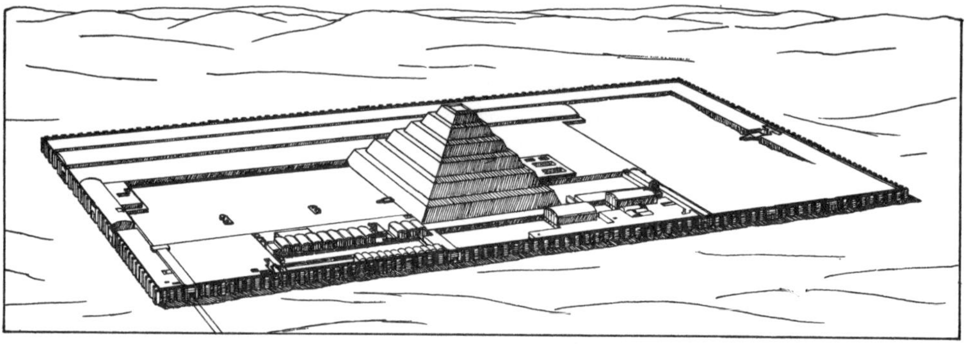

Die Stufenmastaba des Königs Djoser mit ihrem Grabbezirk aus der Vogelschau. Rekonstruktion

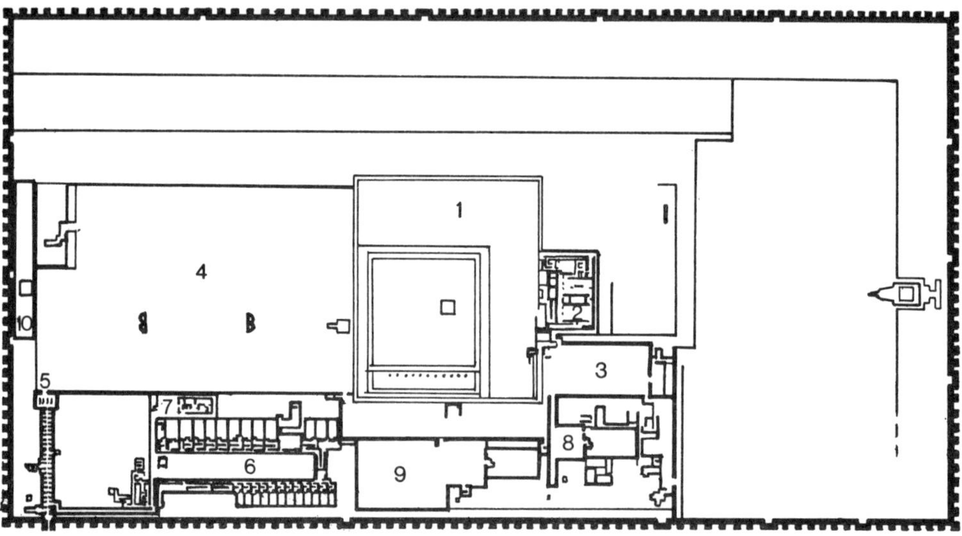

Plan des Grabbezirkes des Königs Djoser bei Sakkara
1. Stufenmastaba, 2. Totentempel, 3. Hof mit Serdab und Königsstatue, 4. Großer Hof, 5. Eingangshalle, 6. Kapellenhof, 7. Restaurierte Säulen eines Tempels, 8. Nordpalast, 9. Südpalast, 10. Grabanlage. Ganz rechts in der Mauer ein Altar

licherweise die Balsamierungsstätte gewesen sein, wo die Leiche des Herrschers hergerichtet wurde für die endgültige Bestattung in der Sargkammer unter der Mastaba. In der Mitte des Hofes liegen B-förmige Steine, die wohl als Zielzeichen für den Sedlauf des Königs dienten. Das Fest wurde als Jubiläumsfeier 30 Jahre nach der Thronbesteigung des Herrschers begangen und dann alle drei Jahre wiederholt. Der König sollte dabei beweisen, daß er noch genug Kraft habe, sein Volk zu lenken. Es sollte also der Hof symbolisch für die immerwährende Wiederholung des Festes nach dem Tode des Königs bestimmt sein, wobei ausgewählte Personen die Rolle des Königs spielten. An der Ostseite des großen Hofes stehen drei erst vor einigen Jahren restaurierte Säulen eines Tempels (7). Die endgültige Einigung Ägyptens symbolisieren an einer Ecke des Hofes die Thronestrade mit zwei Treppen, auf denen der König beziehungsweise der ihn ersetzende Spieler hinaufstieg, um die Kronen Ober- und Unterägyptens in Empfang zu nehmen, sowie die Kapellen (6), die den Reichsheiligtümern der beiden Länder nachgebildet waren, und schließlich der Süd- (9) und Nordpalast (8), in denen der König vermutlich Verwaltungs- und Rechtsfragen erledigte.

Die Stufenmastaba

Den Mittelpunkt der Anlage bildet die 60 m hohe, sechsstufige Mastaba. Ursprünglich war es eine einfache Mastaba, die über dem 28 m tiefen Schacht, der zur Grabkammer des Königs führte, aufgebaut war. Sie hatte eine quadratische Basis (m) mit einer Seitenlänge von 63 m und eine Höhe von 8 m. Längs der Ostseite schlossen sich Gräber der Königinnen und der frühverstorbenen Kinder an. Daher wurde im Zuge der Erweiterung der Grabstätte die Mastaba aus ihrer quadratischen Grundfläche in die eines Rechteckes verlängert. (1) Dieser Grundriß blieb für den späteren Aufbau maßgebend. Es ist also eine *Stufenmastaba* und wird meist fälschlich Stufenpyramide genannt. Über einem rechtwinkeligen Grundriß hätte nie eine regelmäßige Pyramide errichtet werden können. Die kastenförmige Mastaba hat auf allen vier Seiten geböscht ansteigende Wände. Da die Mastaba, niedriger als die Umfassungsmauer, von außen nicht sichtbar war, brachte dieser Umstand den Baumeister Imhotep auf den Gedanken, sie im stufenförmigen Aufsteigen durch sechs übereinandergetürmte, sich verjüngende Mastabas zum weithin sichtbaren Denkmal zu machen und so gleichsam durch die himmelwärts strebende Höhe die Seele des Königs zur Sonne, dem Vater Re, emporzuführen. Diese Vorstellung blieb auch weiterhin der Leitgedanke der späteren Pyramidenbauer.

Das Rundbild des Königs Djoser

Der Pharao amtiert und wacht immerwährend über sein Volk als Standbild in einem zugemauerten Raum, *Serdáb* (3) genannt, der der Stufenmastaba an ihrer nordöstlichen Seite vorgelagert ist. Nur zwei Löcher in Augenhöhe ermöglichen, die steinerne Statue, unheimlich fern und doch nahe, zu schauen und ihr mit Weihrauch und Gebet zu huldigen. Wenn man heute durch die Augenschlitze auf das Bild des Pharao – es ist das älteste uns bekannte – blickt, so zieht der Kopf mit der abgeschlagenen Nase und seltsamen Haube magisch die Blicke auf sich. Die einst eingelegten glänzenden Augen fehlen. Wir haben eine getreue Nachbildung vor uns; das fast lebensgroße Original ist in der Hut des Ägyptischen Museums zu Kairo. Der König sitzt aufrecht auf seinem Thronsessel in jener blockhaften Stellung, die lange Zeit für alle bildhaften Darstellungen vorgeschrieben war, den rechten Arm vor der Brust gewinkelt, ein knapp anliegendes, von den Schultern bis zu den Füßen reichendes Gewand zwingt die Arme eng an den Körper und hält die Beine knapp aneinander. Den Kopf umrahmt eine wulstige Perücke mit gerieften Seitenlängen, die über die Schultern auf die Brust hinunterreichen. Sie gemahnt an einen Löwen mit mächtiger Mähne, weckt den Gedanken an übermenschliche Stärke und an die Geisterwelt der tierköpfigen Symbolgestalten. Die tiefliegenden Augenhöhlen, die eckigen Backenknochen, die aufgestülpten Lippen und der lange quergerippte Kinnbart geben dem Gesicht eine unheimliche, dämonische Wirkung.

Wir sehen also, Djosers Grabbezirk ist in seiner Raumfolge eine Nachbildung seiner irdischen Residenz in Memphis – die Eingangshalle, der Krönungsplatz, Tempel, Kapellen, Paläste und öffentliche Gebäude, ober- und unterägyptische Reichsheiligtümer, die Umfassungsmauer –, aber es wäre falsch, sich den Bau als eine Huldigung für das Geltungs- und Machtbedürfnis des Pharao vorzustellen. Dieser erste Steinbau der Antike verewigt vielmehr die Ordnung, die der König während seiner Regierung dem religiösen und staatlichen Leben gegeben hat. Er als Gottheit wirkt nun weiter, zum Segen des Landes und zur Weitererhaltung der gegebenen Ordnung.

Änderung der Staatsform

Imhotep, einer der bedeutendsten Baumeister des Altertums, war auch der oberste Beamte des Königs, sein *Wesir*. Das Wesiramt läßt erkennen, daß sich schon unter Djosers Regierung die Staatsform zu wandeln begann. In der Thinitenzeit war die Herrschaft eine patriarchalische. Der König verwaltete mit seinen Angehörigen, Söhnen, Neffen und Enkeln, den Staat wie einen Privatbesitz. Mit der räumlichen Vergrößerung und dem Anwachsen der Verwaltung mußte das Staatsgebiet in kleinere Landbezirke, Gaue, aufgeteilt werden, an deren Spitze Gaufürsten mit einem Stab von Beamten standen. Es wandelte sich also die Staatsform aus der patriarchalischen zu einer für das AR gültigen *bürokratischen*. Aber noch blieb die zentralistische Leitung unter einem Wesir. Dieser höchste Beamte vereinigte in sich die Ämter eines Kanzlers, Kriegs- und Kultusministers und obersten Richters. Beim Amtsantritt verpflichtete ihn der Pharao zu unerschütterlicher Gerechtigkeit. Er galt als Hort und gütiger Anwalt der Armen. Auf seinen Dienstreisen zu den *Nomarchen*[1], den Gaustatthaltern, hatte er Besteuerungsfragen zu besprechen, Erpressungen und Amtsübergriffe zu verhindern, den Zustand des Landes und der Bewässerung zu prüfen und Rechtsstreitigkeiten beizulegen.

Die gesicherte Lage des Landes durch die angrenzenden weiten Wüsten und die geistige und materielle Überlegenheit der Ägypter über ihre Nachbarn bewahrten das Land vor der Not des Krieges. Außer wenigen be-

[1] Nomarch von griech. νομός = nomos = Gau, und ἄρχειν = archein = herrschen.

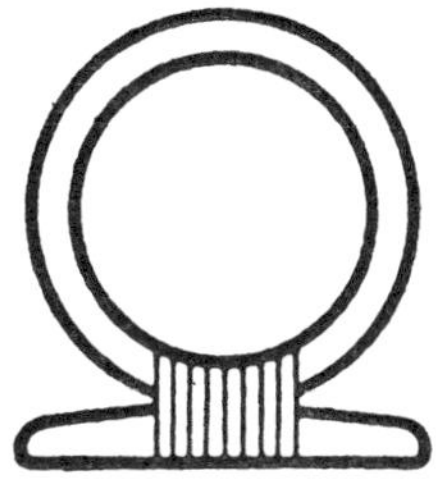

Zeichen für Unendlichkeit (Ewigkeit)

deutungslosen Feldzügen herrschte Ruhe. Alle Kräfte, die andere Völker auf kriegerische Raubzüge verwendeten, widmeten die Ägypter der Ausnutzung des Nil. Er machte aus ihnen ein fleißiges Bauernvolk, so daß in der regenlosen Stromoase eine dicht zusammengedrängte Bevölkerung sich zu ernähren vermochte. Er förderte aber auch technische Fähigkeiten, wie zum Beispiel die Kunst des Anlegens von Bewässerungsanlagen, und wissenschaftliche Erkenntnisse, wie Sternenkunde, Mathematik, Kalenderwesen, Feldvermessung, und erzog zu Gemeinschaftsgefühl und Hilfsbereitschaft, zu Unterordnung unter eine oberste Leitung, kurz zu Recht und Gesetz in einer Zeit, da andere Völker noch nichts davon wußten.

Der Pharao

Der *Pharao*[1] hatte die höchste Macht in der Zeit des AR. Schon äußerlich entrückte ihn sein Königsornat, voll von magischer Bedeutung, der Menge. Außer den Kronen durfte er ein rechteckiges Tuch tragen. Es bedeckte die Stirn, lag auf dem Haupt und fiel in zwei gefältelten Streifen auf die Schultern herab. Über der Stirn bäumte sich der Kopf der Uräusschlange und wehrte jeden Widersacher ab. Der König erschien niemals mit bloßem Haupt in der Öffentlichkeit, selbst zu Hause trug er fast immer eine Kopfbedeckung. Das Haar war kurz geschnitten und erleichterte so das Wechseln der verschiedenen Kopfbedeckungen. Backen- und Schnurrbart ließ der Pharao gewöhnlich rasieren. Zur Festkleidung trug er einen künstlichen Kinnbart, der mit zwei Bändern an der Kopfbedeckung befestigt war. Die Lenden hüllte ein gefältelter Schurz ein. Er wurde mit einem breiten Gürtel gehalten. Die Kartusche[2] mit dem Namen des Königs in zierlichen Hieroglyphen zierte die metallene Gürtelschließe. Hinten am Gürtel baumelte der Tierschwanz, eine Art Jagdzauber, der an die Vorzeit des libyschen Jägers erinnerte, in den Händen hielt er den Krummstab[3] und die

[1] Pharao heißt »das große Haus«. Das Wort bezeichnete zuerst den königlichen Palast, dann die Person des Königs selbst.
[2] Die Kartusche geht auf eine kreisförmige Schnur mit Knoten zurück, die das Zeichen für Unendlichkeit war. Legt man die Kreisschleife um den länglichen Königsnamen, so wird sie zu ovaler Form gedehnt. Sie soll symbolisch die unendliche Macht des Pharao ausdrücken. Den Namen Kartusche gebrauchte zum erstenmal Champollion.
[3] Der Krummstab geht auf den Stock des Schafhirten zurück, mit dem er ein Schaf an den Beinen aus der Herde holte.

sogenannte »Geißel«, einen Fliegenwedel. Zum Opfer und zu Staatsfeierlichkeiten ging er barfuß, ein Diener trug ihm die vergoldeten Sandalen nach. Hals, Brust, Arme und Knöchel zierten kostbare Schmuckstücke. Über den Königsornat zog er bisweilen ein langes durchsichtiges Mantelkleid mit kurzen Ärmeln. Bei allen Festlichkeiten wurde seine Göttlichkeit zum Ausdruck gebracht. Unter Vorantritt gefangener Sklaven und Priester wurde der König von 12 Soldaten in einer Sänfte getragen, umgeben von Wedelträgern. Voraus eilten Läufer, die die Menge mit Stockhieben zurückdrängten. Ihm folgten die Wagen und Sänften der Frauen des Hofstaates. Auf dem Nil fuhr er in seiner Barke unter einem riesigen Segel. Der König spendete dem Land Fruchtbarkeit, im Falle des Krieges sorgte er für Schutz und Sieg über die Feinde. Seine Aufgabe wurde immer wieder auf seine göttliche Macht bezogen, die in ihrer Güte dem Menschen die Welt als Lebensraum gegeben hat und alle Urgewalten abwehrt, die das menschliche Sein bedrohen. Wie die Ordnung in der Natur so ist auch die Ordnung in der Gesellschaft ein Werk der Gottheit. Wenn der Mensch Mißerfolg hat, trägt er die Schuld, weil er gegen göttliche und menschliche Gebote gefehlt hat. Aufgabe des Königs als des einzigen Vertreters des Volkes gegenüber der Gottheit war es, die Wünsche der Menschen den Göttern zu vermitteln, aber auch den göttlichen Willen auf Erden zu verwirklichen, Recht zu sprechen und die Kulthandlungen zu vollziehen oder die in seinem Auftrag handelnden Priester zu leiten.

Die Organisation der Verwaltung

Durch die Vorrangstellung des Königs war der einst sehr einflußreiche Adel zurückgedrängt worden und mußte sich unterordnen. Diese Unterordnung zeigte sich schon bei der Erziehung, wenn Söhne Vornehmer zusammen mit den Prinzen aufwuchsen. Und auch in der Gräberordnung fand die Abhängigkeit ihren Ausdruck. Die Grabstätten der Adeligen umsäumten ehrfurchtsvoll den Ruheplatz des Königs, damit sie ihm auch im Jenseits dienen könnten, wie sie es im irdischen Leben getan hatten. Die wichtigsten Verwaltungsstellen und die höchsten Priesterwürden blieben der königlichen Familie vorbehalten, die an der magischen Kraft des Königs Anteil hatte. Die übrigen Beamten wurden durch den König ernannt oder erbten ihre Ämter vom Vater, selten wurden sie erwählt. Die Bezahlung erfolgte durch Naturalien, abgestuft nach Rangklassen. Als Naturalwaren galten auch die Edelmetalle. Das alte Ägypten kannte nur die Naturalwirtschaft, die sich, durch die Struktur des Landes bedingt, bis in spätere Zeiten erhielt. Es gab wohl keinen Staat der damaligen Welt, dessen Verwaltung so gut organisiert war. Sie blieb richtungweisend für die weitere Entwicklung, wurde von der makedonischen Dynastie übernommen und beeinflußte schließlich entscheidend das Römische Reich. Eine solche Verwaltung war nötig. Denn Ägyptens Reichtum beruhte neben den Goldminen und der Beute aus Eroberungszügen auf der Arbeitskraft seines Volkes und der Fruchtbarkeit seines Bodens. Dieser war wieder abhängig von den jährlichen Nilüberschwemmungen. Aufgabe der Beamten war es, die Arbeitskraft zu organisieren, nutzbringend einzusetzen, Zeit und Grad der Nilschwelle so genau wie möglich vorauszusagen, durch Bewässerungsanlagen das Hochwasser zu regeln und auszuwerten und den Feldertrag durch Steuern dem Land nutzbar zu machen.

Jeder *Beamte* hatte seinen Titel, viele besaßen mehrere, einige konnten sich sogar einiger Dutzend rühmen. Schon zur Zeit der 1. Dynastie drückten die königlichen Beamten ihre Namen und Titel mit dem Rollsiegel auf die Verschlüsse der Vorratskrüge. Jedem hohen Beamten war wieder zahlreiches Personal zugeteilt.

Die Beamten

Die Beamten wurden in Schulen herangebildet, die gewöhnlich dem Tempel angeschlossen waren. Sehr jung schon begannen die Kinder mit der Erlernung der Schrift. Mühsam schrieben sie auf sorgsam geglättete und mit Linien versehene Kalksteinplatten Musterbuchstaben der Hieroglyphen und Zeichen der Kursivschrift. Im Laufe ihrer Ausbildung schrieben sie immer längere Textstellen ab. Von diesen »Übungsheften« sind uns einige erhalten. Sobald der Schüler eine hinreichende Übung im Abschreiben erlangt hatte, durfte er ein größeres Werk auf einen ungebrauchten Papyrus übertragen. Er saß dabei, wie es uns eine große Zahl erhaltener Schreiberfiguren zeigt, in Hockerstellung, rollte den Papyrus vor sich über den Knien seiner gekreuzten Beine auf und beschrieb ihn mit roter und schwarzer Tinte, die er sich selbst bereitet hatte. Als Schreibgriffel benützte er ein geeignetes Schreibrohr. Er vollendete seine Ausbildung durch Abschreiben immer umfangreicherer literarischer Werke. Aber die Kenntnis der Schrift und der Grammatik allein genügte noch nicht. Dazu kamen Übungen in technischen Fertigkeiten, Kenntnis der Gesetze, Zeichenunterricht. Denn vom Beamten verlangte man große Vielseitigkeit. Er wurde in wechselnden Stellungen eingesetzt, als Richter und im Sicherheitsdienst, als Steuerkontrollor, im Aufsichtsdienst der Bewässerungsanlagen, als Schreiber der königlichen Bibliothek, als Schreiber am Hof des Pharao und dergleichen mehr. Zur weiteren Ausbildung wurden die jungen Leute einem der vielen Verwaltungszweige zugeteilt und einem höheren Beamten als deren Gehilfen beigegeben. Bei ihm erlernten sie die laufenden Amtsgeschäfte und besonders die Abfassung stilgerechter Briefe. Dies bereitete keine geringen Schwierigkeiten, weil darin viele genau vorgeschriebene Höflichkeitswendungen eingefügt werden mußten. War die Lernzeit zu Ende, so wurde der angehende Schreiber von seinem einführenden Lehrmeister einer genauen Prüfung unterzogen. Erst wenn diese bestanden war, hatte der junge Mensch seine Ausbildungszeit abgeschlossen. Entsprechend seinem Eifer, seinem Talent und der Förderung durch seine Gönner stieg er in seinem Berufszweig zu höheren Stellungen auf. Manchmal waren es auch Königssöhne, die die schwierige Kunst des Schreibens erlernten und dann wahrscheinlich als Privatsekretäre des Pharao fungierten. Die Schreiber waren im Organismus des Staates unentbehrlich bei der Landvermessung, der Steuereinhebung, in den königlichen Kanzleien, im Dienst bei den Tempeln. Sie erfreuten sich wegen ihrer Schreibkenntnisse besonderer Wertschätzung.

Die Fellachen

Ein schweres Leben führten die unteren Schichten, die Handwerker, Arbeiter und vor allem die Bauern, die *Fellachen*. Sie arbeiteten hart beim

Schaduf, in den Steinbrüchen, beim Transport der Baublöcke und Obelisken auf den Wüstenstraßen, fronten als Leibeigene auf den großen Gütern und an den Bewässerungsanlagen. Aus Furcht vor den Steuerbeamten, die nicht nur den Bodenertrag erfaßten, sondern auch den Viehstand zählten, trieben sie ihre Tiere ins Wüstengebirge, um so der Zählung zu entgehen. Das Leben dieser Menschen, die die Stütze der ganzen Wirtschaft Ägyptens waren, bestand nur aus Mühsal, bis ihnen ein namenloses Grab am Wüstensaum die Ruhe gab. Aber trotz Plage und Fron verbürgten die auf die Erfordernisse des Lebens der arbeitenden Schichten bedachte Verwaltung, die unantastbare Rechtspflege, die geregelte Wasserwirtschaft und schließlich die durch feste Besatzungen und Grenzburgen gewährleistete Sicherheit des Staates Ruhe und Gehorsam. Jeder Beamte, der sich irgendwelcher Erpressungen oder Unterschlagungen schuldig machte, erfuhr die vollste Strenge des Königs. Denn dieser wollte eine Herrschaft des Friedens und der Wohlfahrt, verlangte dafür die Mitarbeit aller an den Aufgaben des Staates, nicht zuletzt auch an dem Bau seines Totenmales. Die größten Könige der Folgezeit errichteten sich nach dem Vorbild von Djosers Stufenmastaba in den Pyramiden Monumente ihrer Herrschermacht.

Das Rätsel der Hieroglyphen und ihre Entzifferung

Je tiens l'affaire.
Ich hab's.
Jean François Champollion, 1822

Die Schrift gehört keineswegs zu den ersten Erfindungen in der Menschheitsgeschichte, aber wohl zu den umwälzenden Neuerungen, die der Mensch geschaffen hat. Sie erfüllt ihm den Wunsch, sich über die engen Grenzen der Zeit und des Raumes zu erheben. »Körper und Stimme leiht die Schrift dem stummen Gedanken; durch der Jahrhunderte Strom trägt ihn das redende Blatt[1].«

Die Alten wußten schon in frühester Zeit den Wert der Schrift zu schätzen, und diese Würdigung erkennen wir noch aus Mythen, die den Ursprung der Schrift in göttlichen Zusammenhang bringen. So ist der ägyptische Gott *Thot* Schutzpatron der Schrift, des Rechnens sowie des Wissens überhaupt. Er schreibt »mit dem Griffel des Geschickes« die menschlichen Schicksale.

Die Erfindung der Schrift ist in Ägypten in der Zeit zwischen der 1. und 2. Dynastie unabhängig von der im Zweistromland erfolgt. Die Schriftzeichen Ägyptens haben nichts mit den mesopotamischen gemein. Sie sind Bilder aus dem heimischen Lebensbereich. Mit der Schrift besiegten die Be-

[1] Schiller: »Der Spaziergang«.

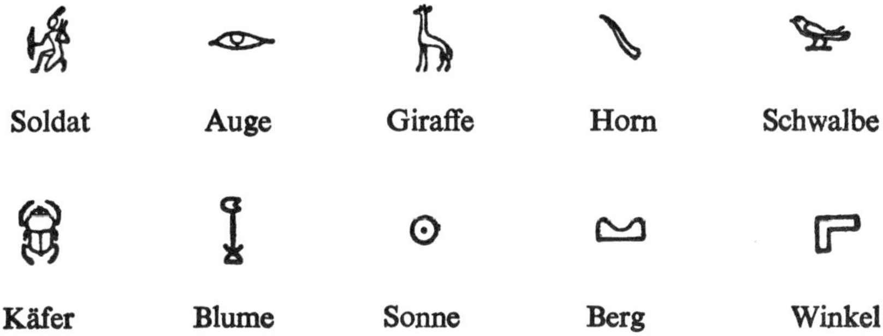

Ägyptische Wortzeichen für sichtbare Gegenstände

wohner des Niltales die Vergänglichkeit, hielten Erinnerungen an Gewesenes für die Nachwelt fest. Namen, Worte und Taten meißelten sie in Stein, ritzten sie in weiches Material, zeichneten sie auf Fels- und Höhlenwände. Was vorher geschah, fiel gleichsam in den leeren Raum zurück, wurde von der nachströmenden Zeit verschluckt. Nun hielten sie alles durch die Schrift fest, bewahrten es für kommende Geschlechter. Damit erhielt auch das Leben einen tieferen sittlichen Untergrund. Es galt, sich nicht nur in Worten und Handlungen vor der Mitwelt zu bewähren, sondern sich auch vor späteren Nachkommen zu rechtfertigen, fortzuleben im Nachruhm. Das weckte Ansporn und Verantwortungsgefühl.

Die Hieroglyphen

Als erste Schriftzeichen begegnen uns bei den Ägyptern die *Hieroglyphen*[1]. Mit Verwunderung schauen wir, wenn wir vor einem ägyptischen Denkmal stehen, auf die seltsamen sitzenden oder stehenden Männlein, auf Frauen, Giraffen, Vögel und Käfer und auf viele andere Figuren, die wir nicht deuten können. Was sagen uns diese geheimnisvollen Zeichen? Sind es Buchstaben? Bald kommen wir dahinter, es gibt so viele Figuren, daß sie kaum Buchstaben entsprechen können. Sind es Wörter? Da würde ihre Zahl wiederum nicht zureichen.

Narmers Schminkpalette

Um einigermaßen dem Verständnis dieser Schrift näherzukommen, sei uns ein frühes Beispiel aus der Zeit der 1. Dynastie ein bescheidener Wegweiser: die *Schminkpalette* des Königs *Narmer*. Sie ist eine jener Schminktafeln, die man als Weihegeschenk an die Götter widmete. Auf der Napfseite sowie auf der Gegenseite läuft ein Giebelstreifen mit den Köpfen der Hathorkuh, die wappenhaft rechts und links die Felder zieren. Dazwischen steht in Hieroglyphen der Name des Königs Narmer, den man auch dem Reichseiniger Menes gleichsetzte. Unter der Randleiste finden wir auf der Vorderseite drei zonenhaft gegliederte Bildstreifen. Der oberste zeigt den Pharao, durch seine überragende Größe als Herrscher hervorgehoben, mit der errungenen Krone Unterägyptens, Kinnbart, Prunkschurz und Tier-

[1] Der Ausdruck Hieroglyphen stammt von dem Kirchenvater Clemens von Alexandria (um 200 n. Chr.). Hieroglyphen (griech.) = heilige Eingrabungen, von ἱερός = hieros = heilig, und γλύφειν = glyphein = einschneiden.

schwanz, auf seinem Triumphzug. Hinter dem König folgt sein Leibdiener mit Waschkrug und Sandalen. Der König ging wohl aus kultischen Gründen bei der Siegesfeier barfuß. Vor ihm ein Würdenträger mit Perücke und vier Männer im Gleichschritt mit Standarten. Der König geht auf eine Doppelreihe mit je fünf hingerichteten Feinden zu, denen man die Köpfe zwischen die Füße gelegt hat. Zwischenräume sind mit Schrift ausgelegt. Im großen Mittelfeld das Salbegrübchen, eingeschlossen von den langen Hälsen zweier Fabeltiere. Zwei bärtige, gebückte Männer halten sie an Halftern. Wahrscheinlich soll dies die Vereinigung von Ober- und Unterägypten versinnbildlichen. Unten stößte der König als Wildstier die Mauer einer Befestigung ein und tritt auf den Arm des Besiegten. Die Gegenseite der Palette zeigt die Monumentalgestalt des Königs mit der oberägyptischen Krone, ebenfalls mit Kinnbart, Prunkschurz und Tierschweif, den ganzen Körper majestätisch gestrafft; mit weit ausholendem Arm schlägt er die Keule nieder auf den beim Schopf gepackten Feind, ein Triumphschema, das erhalten bleibt und in allen Epochen zum gültigen Bestandteil ägyptischer Symbolik gehört[1]. Hinter dem König wieder der Diener mit Sandalen und Gefäß, klein, auf eigener Standlinie in sinngemäßer Verteilung. In der rechten oberen Ecke hält der Falke, der Gott Horus, vermenschlicht durch einen Arm an Stelle der Klaue, einen Strick, der durch die Nase eines Gefangenen gezogen ist. Der Kopf des Gefangenen ruht auf dem symbolischen Zeichen für Papyrusland. Unter dem König liegen zwei besiegte Männer schlaff und haltlos, was das Fehlen der Standlinie noch besonders andeutet. Soweit können wir uns also aus den Bildern den historischen Vorgang klarmachen. Der König feiert Triumph über ein besiegtes Land. Wer war nun dieser König? Wer war der Gegner, welches Land hat er bezwungen? Hier muß also zu den Bildern noch die Schrift hinzutreten, will man ein vollständiges historisches Dokument schaffen. Was erschließen wir also aus der Narmerplatte bezüglich der Schrift? Sie zeigt uns: Die Ägypter erzählten in Bildern, entweder in solchen, die Begriffe unmittelbar wiedergeben, in *Piktogrammen* (der König im Triumphzug), oder in solchen, die nur symbolisch Gegenstände oder Handlungen andeuten, in *Ideogrammen*[2] (das Land mit den sechs Pflanzenstielen ist das damals als Papyrusland bekannte Unterägypten). Und was mit Bildern nicht gesagt werden konnte, wie zum Beispiel Namen und Titel, ergänzten sie durch Zeichen mit bestimmtem Lautwert.

[1] Vergleiche zum Beispiel Relief im Totentempel von Abu Simbel, Ramses II. erschlägt einen Feind mit der Keule.

[2] Man unterscheidet Piktogramme und Ideogramme. Piktogramme sind wirklichkeitsgetreue Bilder, Ideogramme symbolische Bilder. Am deutlichsten dürften dies Beispiele aus den Verkehrszeichen erhellen: Eine gekrümmte Linie im Dreieck weist auf eine Kurve, ein Kreuz im Dreieck auf eine Straßenkreuzung hin. Das sind Piktogramme. Ideogramme sind zum Beispiel eine Lokomotive im Dreieck, die auf einen unabgeschrankten Bahnübergang hinweist, ein Auto im Kreis, das Kraftwagenverbot bedeutet.

Ägyptische Wortzeichen für sinnlich wahrnehmbare Handlungen

Die Ideogramme oder Wortzeichen

Die ägyptische Schrift bedient sich also in der Frühzeit: 1. der Ideogramme oder Wortzeichen und 2. der Lautzeichen. Die Ideogramme geben den Begriff des dargestellten sichtbaren Gegenstandes nur symbolisch wieder. Wir müssen es uns vergleichsweise so vorstellen: Wir zeichnen eine Kanne und weisen damit auf ein Wirtshaus hin; wir zeichnen einen Schlüssel und meinen den Schlosser. Soll das Bild »Schlüssel« tatsächlich einen Schlüssel bedeuten, so haben wir es mit einem Piktogramm zu tun. In unserem Schriftbeispiel finden wir ein kniendes Männlein mit dem Bogen für Soldat, einen Kreis mit Mittelpunkt für Sonne. Dasselbe gilt von Wortzeichen sinnlich wahrnehmbarer Handlungen: Ein Männlein mit erhobenem Stock bedeutete »schlagen«, ein Vogel mit ausgebreiteten Flügeln »fliegen«. Schwieriger war es schon, sinnlich nicht wahrnehmbare (abstrakte) Begriffe und Handlungen durch ein umschreibendes Bild auszudrücken. Hier half man sich jedoch mit Bildern, die in einem sinngemäßen Zusammenhang mit dem darzustellenden Begriffe standen, also: »Alter« verdeutlichte man durch ein auf einen Stock gestütztes Männlein, »Süden« durch die für Oberägypten charakteristische Lilie, »herrschen« durch den Krummstab der Pharaonen, »finden« durch den die Felder absuchenden Ibis.

Mit diesem Bildersystem lassen sich bereits viele Begriffe und Tätigkeiten wiedergeben, aber es ist damit nicht genug, daß wir die Zeichen nur sehen, wir müssen sie auch aussprechen und neben dem Wort auch grammatische Funktionen (zum Beispiel Mehrzahl, Zeitwortformen, Fürwörter) angeben können. Bei diesem Bestreben treten die Bilder zugunsten ihres Lautwertes zurück, wir erhalten auf solche Weise *Lautzeichen.* Es verlieren also gewisse Zeichen den Zusammenhang mit dem Gegenstand, den das Bild klar dargestellt hat, gänzlich, und es bleibt nur noch das Wort als lautliche Ent-

Die Lautzeichen

Bilder für sinnlich nicht wahrnehmbare Begriffe und Handlungen

sprechung des früheren Bildes mit den Schriftzeichen verbunden. Diese werden zum Ausdruck eines bestimmten Lautes oder einer Lautgruppe und können in weiterer Entwicklung zur Schreibung anderer lautlich ähnlich klingender, inhaltlich jedoch verschiedener Begriffe benützt werden. Es ist der Vorgang so, als würden wir im Deutschen das Tor zur Bezeichnung für einen törichten Menschen (Tor) gebrauchen. So zeichnet der Ägypter einen Skarabäus (ägypt. cheper) und kann damit auch das Zeitwort »werden« (ägypt. cheper) meinen. Der Vorgang wird dadurch erleichtert, daß der Ägypter die Vokale nicht schrieb, für ihn also, wenn wir das gleiche Beispiel heranziehen, Tor, Tier, Tür, Tour, Teer dasselbe konsonantische Schriftbild geboten hätten. Dadurch ergab sich auch die Möglichkeit, Wortzeichen mit nur einem Konsonanten zur Schreibung dieses Konsonanten zu verwenden, zum Beispiel das Wortzeichen Sitz[1] = pe für den Konsonanten p, das Wortzeichen Mund[2] = ro für den Buchstaben r. Aus solchen Wortzeichen, die nur aus einem einzelnen Konsonanten bestanden, trafen die Ägypter in griechisch-römischer Zeit nach dem Vorbild euro-

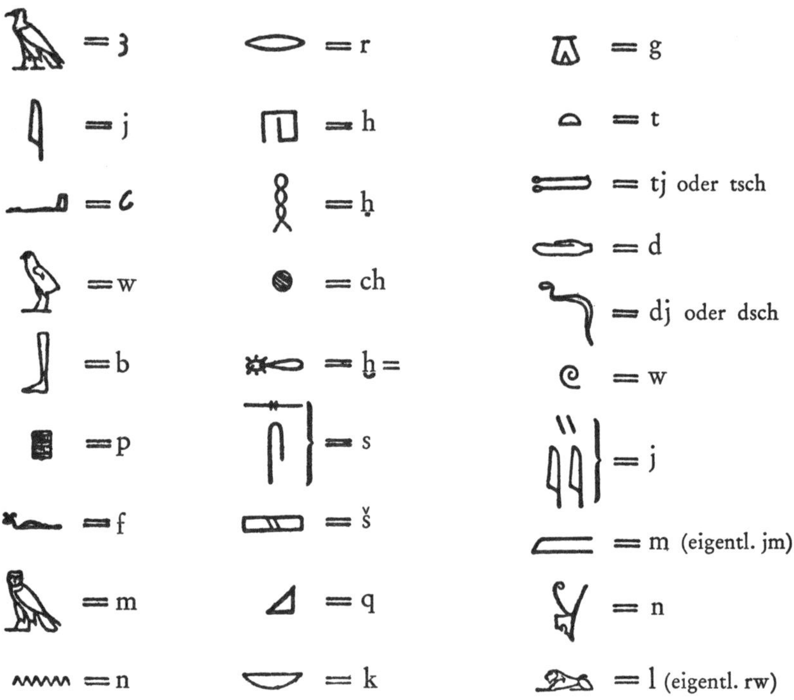

Das ägyptische Alphabet

[1] Siehe den 6. Buchstaben in der 1. senkrechten Reihe.
[2] Siehe den 1. Buchstaben in der 2. senkrechten Reihe.

Das ägyptische Alphabet

päischer Schriftsysteme eine Auswahl von 24 Zeichen und schufen damit ein *Alphabet.* Zu diesem ist erklärend hinzuzufügen: Der erste Buchstabe links oben bezeichnet den Vokaleinsatz, der dritte in der ersten senkrechten Reihe bedeutet ein rauhes h, der fünfte Laut ein starkes ch, der siebente Laut ein sch, das dritte Zeichen in der dritten senkrechten Reihe ein tsch und das fünfte ein dsch. Mit diesem Alphabet hätte die Möglichkeit zur Einführung einer Buchstabenschrift bestanden, aber die Ägypter haben nie daran gedacht, diese Zeichen für sich allein zu verwenden, es sei denn für nichtägyptische Eigennamen, wie zum Beispiel Kleopatra. Es wären auch im Satz Unklarheiten bei Wörtern entstanden, die sich nur durch den Vokal unterscheiden. Man denke zum Vergleich nur an unsere Wörter wund, Wand, Wind. Auch kam bei den Ägyptern ein am alten festhaltender Zug dazu, das einmal geprägte Schriftbild beizubehalten. Man setzte weiterhin zu dem Lautzeichen noch das ursprüngliche Wortzeichen.

Deutzeichen

Aber auch diese umständliche, uns schwierig dünkende Schreibweise schien dem Ägypter noch nicht genügend Deutlichkeit zu geben. Daher fügte er vielen Wörtern außerdem Zeichen an, die stumm sind und nur die Aufgaben haben, gleichlautende, begrifflich verschiedene Wörter zu unterscheiden. Dies war bei der vokallosen Schrift besonders nötig. Man nennt diese Lesehilfen Deutzeichen oder Determinative. Es gibt über 100 solcher Deutzeichen, von denen unsere Tafel einige Beispiele zeigt. Wir sehen leichtverständliche Bilder wie das eines sitzenden Mannes oder einer Frau, die das Geschlecht der Person angeben, oder einer Pflanze, aber auch, wenigstens für uns, nicht so einfach erklärbare wie die eines Tierfelles mit Schwanz für Säugetiere, eines Grabens für bewässertes Land, einer ummauerten Siedlung mit sich einander kreuzenden Strichen (Straßen) für Städte. Hinter abstrakte Dinge setzte man das Deutzeichen »Buchrolle«. Diese Lesehilfen kannte man in der Frühzeit noch nicht, sie gelangten erst im Mittleren Reich zur vollen Ausbildung und rundeten das ganze System der ägyptischen Schrift ab. Zusammenfassend sei also nochmals gesagt, die Ägypter gebrauchten die auf uns verwirrend wirkenden drei Arten von Schriftzeichen, Wort-, Laut- und stumme Deutzeichen, nebeneinander. Diese umständliche Art ist wohl eine Erklärung dafür, daß es so lange dauerte, bis die Schwierigkeiten der Entzifferung überwunden und die Gesetze dieses Systems entdeckt waren.

Einige gebräuchliche Deutzeichen oder Determinativa

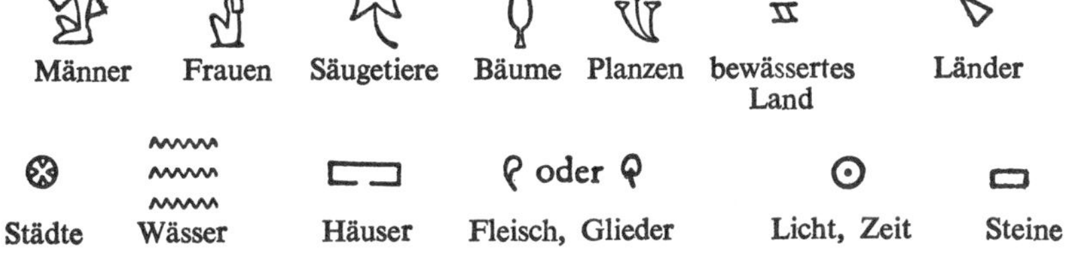

Das Fehlen der Selbstlaute

Das Fehlen der Selbstlaute, auf die auch andere Völker der hamitosemitischen Sprachfamilie keinen besonderen Wert legten, scheint den Ägyptern kein Kopfzerbrechen bereitet zu haben, sie konnten die Vokale, soweit sie nicht mit Hilfe der sogenannten schwachen Konsonanten j und w angedeutet wurden, im allgemeinen aus ihrer Vertrautheit mit der Sprache leicht ergänzen. Um dies zu verstehen, brauchen wir nur an unsere Abkürzungen zu denken, von denen etliche auch vokallos geschrieben und doch von uns sofort gelesen werden, wie z. B. dzt., hl., vgl. Für die Sprachforscher allerdings bedeutete das Fehlen der Selbstlaute eine Erschwerung. Die Ägyptologen haben meist nur auf dem Umweg babylonischer und griechischer Schreibungen ägyptischer Wörter sowie mit Hilfe des Koptischen, das ja mit griechischen Buchstaben geschrieben wurde, die Vokale wenigstens zum Teil erschlossen. In vielen Fällen sind wir bei der Ergänzung der Selbstlaute auf reinen Zufall angewiesen. Wir finden in der allgemeinen Literatur über Ägypten recht unterschiedliche Schreibungen, besonders bei Eigennamen[1].

Die Hieroglyphen zeigen in der Herausarbeitung des Wesenhaften des Bildes eine beachtliche Fertigkeit. Wie der Name dieser Schriftart schon besagt, wurde sie vor allem an Tempelwänden, auf Pfeilern und Obelisken eingemeißelt, betonte den dekorativen Zweck, diente der Mitteilung bebesonders denkwürdiger Ereignisse und Namen und bildete mit dem Denkmal ein Gesamtkunstwerk. Sie wurde mehr als 3.000 Jahre hindurch als heilige Schmuckform in der bildenden Kunst verwendet, und man begegnet ihr auch über Ägypten hinaus in den libyschen Oasen, im Sudan und in Gebieten Vorderasiens. Monumentale Wirkung haben auch die mit Pinsel geschriebenen oder gemalten Kursivhieroglyphen auf Holz oder Papyrus, eine Buchschrift für Sargtexte und Totenbücher.

Die hieratische Schrift

Im Verkehr des alltäglichen Lebens konnte man natürlich beim Schreiben auf Papyrus die Zeichen nicht so sorgfältig gestalten, wie es der Meißel bei Inschriften tat. Man begnügte sich, nur die charakteristischen Linien zu bewahren, schrieb flüchtiger, gekürzter, verband auch gelegentlich die Zeichen miteinander (Ligaturen), so daß die ursprüngliche Bildhaftigkeit durch die Vereinfachung nicht mehr zu erkennen war. Diese Schriftart verhielt sich zu den Hieroglyphen ungefähr so wie unsere Schreibschrift zu gedruckten Buchstaben. Sie ist keine Denkmalschrift, sondern wird für Berichte aus der Verwaltung, dem Gerichtswesen, für Abrechnungen, Steuereinschätzungen, im Neuen Reich vor allem für religiöse Texte auf Papyrus verwendet. Deshalb nannten die Griechen sie die *hieratische* Schrift = heilige Schrift.

Die demotische Schrift

Die jüngste Schriftform ist das *Demotische*[2] = Volksschrift. Sie ist durch

[1] Dieses Werk hält sich vorwiegend an die Schreibweise des »Kleinen Wörterbuches der Ägyptologie« von W. Helck - E. Otto, Wiesbaden 1956.

[2] Der Name stammt von Herodot. Er hat das erste bedeutende Geschichtswerk der Menschheit verfaßt. Um 450 bereiste er Ägypten, kam bis nach Elephantine und berichtete darüber in seinem 2. Buch. Es bildet für den Ägyptologen trotz mancher Unzulänglichkeiten auch jetzt noch eine wertvolle Quelle.

1 2 3

Beispiel für die verschiedene Schreibung desselben Buchstabens (M = die Eule) in hieroglyphischer (1), hieratischer (2) und demotischer (3) Schrift

noch weitere Vereinfachungen, Kürzungen und Zusammenziehungen gekennzeichnet. Ihrer bediente sich meist schon in griechisch-römischer Zeit das Volk für Briefe, Urkunden, literarische Werke, Erzählungen, Weisheitstexte. Sie wurde fast durchwegs auf Papier geschrieben, nur selten in Stein gemeißelt, wie auf der später zu erwähnenden Platte von Rosette. Sie läßt sich vielleicht am ehesten mit unserer Kurrentschrift vergleichen. Die Priester hielten an den Hieroglyphen und der hieratischen Schrift fest. Die Übernahme des griechischen Alphabets für die Wiedergabe der aus dem Altägyptischen stammenden Volksdialekte der christianisierten Ägypter, der Kopten, bedeutete zugleich das Ende der ägyptischen Schrift. Man nennt dieses Schriftsystem das *koptische,* und es diente seit dem 3. Jahrhundert n. Chr. zur Aufzeichnung der aus dem Griechischen übersetzten Bibeltexte. Die altägyptische Sprache der Kopten wird heute noch in deren Liturgie verwendet.

Die koptische Schrift

Der griechisch-römischen Welt galten die Ägypter als ein Volk weiser Priester und ihre Schriftzeichen als heilige Geheimnisse. Obwohl die Hieroglyphen nur einfache Zeichen darstellten, so vermutete man doch, daß sich etwas Rätselhaftes dahinter verberge und die gelehrten Gottesdiener darin ihre Weisheit versteckt hätten, um sie den Laien unzugänglich zu machen. In Wahrheit konnte sie von allen Schriftkundigen, und das waren nicht nur die Priester, gelesen werden. Daraus mag in der übrigen Welt die Meinung entstanden sein, die Hieroglyphen seien nicht entzifferbar. Die arabische Eroberung im Jahre 640 n. Chr. breitete dann über Ägypten und seine Sprache und Schrift den Schleier des Vergessens.

Trotz einigen schüchternen und unzureichenden Versuchen wendete sich erst im Anschluß an *Napoleons* Feldzug in Ägypten das allgemeine Interesse den alten Denkmälern und auch der Entzifferung der Schrift zu, der man allerorts in Tempeln und Gräbern begegnete. Einen besonderen Anlaß gab eine große schwarze Basalttafel, eingebaut in die Mauer eines arabischen Forts, auf die ein französischer Soldat in *Rosette* 1799 mit seinem Spaten stieß, als er mit dem Aufwerfen von Schanzen gegen die Engländer beschäftigt war. Sein Offizier, der Generalstäbler Boussard, machte davon dem General Menou Meldung, der den Stein nach Alexandria schaffen ließ.

Der Stein von Rosette

Die Stele trug eine dreisprachige Inschrift, eine sogenannte *Trilinguis,* von der allerdings in jeder Sprache Teile fehlten. Oben enthielt die Tafel 14 Zeilen in Hieroglyphen, in der Mitte 32 Zeilen in einer zunächst noch unbekannten Schrift und unten 54 Zeilen in griechischer Sprache. Der griechische Text wurde von den Gelehrten im Gefolge Napoleons bald übersetzt und bezog sich auf folgendes Ereignis: Die Priester von ganz Ägypten hatten bei einer Zusammenkunft in Memphis im Jahre 196 beraten, welche Ehrung man dem Pharao *Ptolemaios V. Epiphanes* erweisen sollte für all die Wohltaten, die er dem Volk, den heiligen Stätten und den Priestern erwiesen hatte. Man kam überein, in jedem Tempel ein Standbild des Königs und daneben eine Steintafel aufzustellen, die diesen Beschluß verkünde. Diese Aufforderung sollte in Hieroglyphen, in der Volkssprache (dem Demotischen) und in der Sprache des Herrscherhauses, also in Griechisch, abgefaßt sein. Napoleon selbst zeigte viel Interesse für den Stein und veranlaßte, daß Abschriften davon an die Gelehrten Europas geschickt würden.

Der von einem Franzosen gemachte Fund mußte nach der Kapitulation der Franzosen mit anderen ägyptischen Altertümern an die Engländer als Kriegsbeute ausgeliefert werden. Der »Stein von Rosette« kam nach London und zählt bis heute zu den kostbarsten Schätzen des Britischen Museums. Nun war der Stein zwar in englischem Besitz, doch vorläufig konnte niemand die beiden ägyptischen Inschriften entziffern. Wem würde dieses Meisterstück gelingen?

Um uns eine Vorstellung von der mühevollen Arbeit, die eine Schriftentzifferung erfordert, zu machen, wollen wir den Ablauf der Entschlüsselung der ägyptischen Schrift an dem Beispiel des Steines von Rosette kurz verfolgen. Den ersten Vorstoß machte der englische Gelehrte und Arzt *Thomas Young* (1773–1829), der sich in der Freizeit mit linguistischen Studien befaßte. Er nahm zuerst die von den Kartuschen umrahmten Königsnamen der Rosetteinschrift vor, von denen er vermutete, daß sie sich mit den griechischen Eigennamen deckten. Man wußte bereits, daß es bei Inschriften üblich war, die Zeichengruppen der Königsnamen mit einem ovalen Ring zu umschließen. Diese Erkenntnis trug wesentlich zur Entzifferung der Hieroglyphen bei. Young machte sich an die Aufschlüsselung des hieroglyphischen Königsnamens Ptolemaius, kam aber nur teilweise weiter, weil ihm die philologische Schulung fehlte. Bis er an den Punkt gelangte, wo er keinen Ausweg mehr wußte und aufgeben mußte.

Thomas Young

Inzwischen war ein neuer Mann auf den Plan getreten, der die Lorbeeren, als der unbestrittene Entzifferer der Hieroglyphen zu gelten, ernten sollte. Es war der Franzose *François Champollion*, ein Buchhändlerssohn, geboren in Figeac 1790. Schon früh zeigte der hochbegabte Knabe ein unermüdliches Interesse für Altägypten, das durch die Expedition Napoleons (1798–1801) die Aufmerksamkeit der ganzen Welt auf sich lenkte. Leicht erlernte er fremde Sprachen, bereit mit 11 Jahren beherrschte er Latein, Griechisch, Hebräisch und Syrisch. Im Laufe der späteren Jahre lernte er noch Arabisch, Persisch, Sanskrit und Chaldäisch hinzu. Mit dem Koptischen beschäftigte er sich in der richtigen Erkenntnis, daß es die in griechischer Schrift geschriebene altägyptische Sprache sei. Champollion vertiefte sich in dieses letzte und einzige Glied in der langen Kette der ägyptischen sprachlichen Haupttypen, das in lesbarer Schrift vorlag, mit so leidenschaftlichem Eifer,

François Champollion

daß es ihm gleichsam zur zweiten Muttersprache wurde. Er war überzeugt, daß man nur auf dem Weg der Kenntnis des Koptischen zur Erschließung der altägyptischen Sprache und Schrift gelangen könne und daß es auch ein Schlüssel für die Aussprache des Ägyptischen sei. Durch sein Sprachstudium war er besser gerüstet als Young. Er sammelte Reproduktionen ägyptischer Inschriften und Papyri und stellte daraus alle Hieroglyphen zusammen, ohne sich noch vorläufig an die Lesung zu wagen.

Als er mit 16 Jahren nach Paris kam, fand er hier ausgezeichnete Lehrer für seine orientalischen Studien vor und pflegte viel Verkehr mit Ausländern aus dem Osten, wodurch er mit dem Morgenland so vertraut wurde, als ob er es schon ausreichend bereist hätte. Drei Jahre später erlangte er einen Lehrstuhl für Geschichte an der Akademie in Grenoble. Daneben gingen aber seine Bemühungen um die Entschlüsselung der ägyptischen Schrift weiter. Sehr förderlich war es für ihn, als er eine Kopie des Steins von Rosette erhielt. Er kam zur Überzeugung, daß es nicht zwei, sondern drei ägyptische Schriftarten gebe, deren Verschiedenheit vor allem durch das Material, das beschrieben wurde, und den Verwendungszweck bedingt sei. Nur irrte er anfangs in der Reihenfolge ihrer Entstehung und hielt das Hieratische für die jüngste Entwicklungsstufe. Aber er erkannte bald, daß die drei Schriftarten nicht voneinander unabhängig, sondern das Hieratische und Demotische nur kursive Weiterbildungen der Hieroglyphen seien. Daher genügte nach seiner Meinung das Studium der vom Geheimnis der Jahrtausende am meisten umwitterten Schriftart, der Hieroglyphen, zur Erschließung der weiteren Typen.

Ein glücklicher Einfall Champollions war es, alle Zeichen beziehungsweise Wörter des hieroglyphischen und des griechischen Textes der Rosettana zu zählen. Er stellte 1.419 Hieroglyphen und 486 griechische Wörter fest. Bei diesem zahlenmäßigen Übergewicht der Hieroglyphen konnte nicht jede ein ganzes Wort bedeuten, vielmehr mußte es in dieser Schrift auch lautliche Zeichen geben. Diese Erkenntnis führte ihn endlich von der früher herrschenden Meinung vom Symbolcharakter der Schriftzeichen weg unaufhaltsam und zielbewußt auf den Weg zur Entzifferung. Wie Young nahm er den Namensring von Ptolemaius vor und übertrug die demotischen Zeichen, deren Lautwert er aus dem griechischen Eigennamen kannte, über das Hieratische in Hieroglyphen, kam dabei auf die alte Schreibweise mit den acht Hieroglyphenzeichen, die die Kartusche auf dem Stein zeigte, und den Lautgesetzen des Ägyptischen gemäß auf das Wort Ptolmis mit

Der Name des Königs Ptolemaios (Ptolmis), demotisch und hieroglyphisch

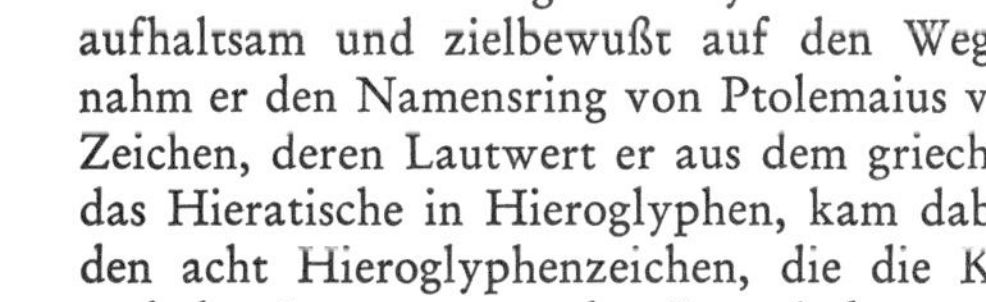

Der Name der Königin Kleopatra in Hieroglyphen

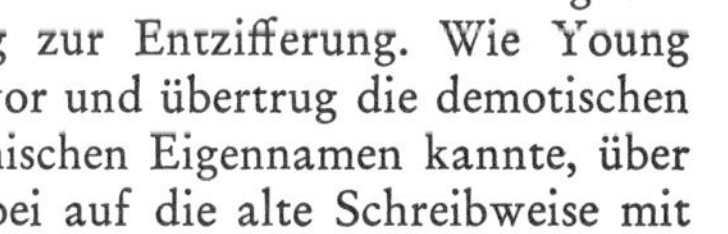

1 = p, 2 = t, 3 = w(o), 4 = l, 5 = m, 6 = j(i), 7 = s

sieben Buchstaben, da ja das j (= i) im Auslaut mit zwei jj geschrieben wird. Nun lag ihm natürlich auch daran, die Richtigkeit seines Ergebnisses zu überprüfen. Champollion kannte den Namen Kleopatra in demotischer Schreibweise aus einem Papyrus. Er hatte oft diesen Namen ins Hieratische und Hieroglyphische übertragen, hatte also schon eine bestimmte Vorstellung, wie das Königinnenschild ausschauen müßte. Ein glücklicher Zufall bot bald Bestätigung. Champollion entdeckte auf einer Lithographie der hieroglyphischen Inschrift des Obelisken von Philae den Namen Ptolemaios und eine zweite Kartusche, die Zeichen für Zeichen seiner Umformung des Wortes Kleopatra entsprach. Er bemerkte auch, daß im Namen Ptolmis das 4. (l), 3. (o) und 1. (p) Zeichen mit dem 2. (l), 4. (o) und 5. (p) im Namen der Kleopatra übereinstimmten. Damit war der Anfang gemacht, nun reihte sich Entdeckung an Entdeckung. Vor ihm lag der Weg zur Entzifferung der ägyptischen Denkmäler.

Den Ägyptern dankt die Menschheit die geniale Schöpfung der Einkonsonantenzeichen. Champollion aber dankt sie es, daß die durch Jahrtausende stummen Denkmäler plötzlich zu reden anfingen, daß er damit den Weg zur Wiederentdeckung der altägyptischen Kultur freilegte. Er hat bereits klar festgestellt, daß die ägyptische Schrift weder eine Bilder- noch eine Buchstabenschrift ist, sondern aus Wortzeichen, Lautzeichen und stummen Deutzeichen bestehe. Als Champollion sich in einer glückhaften Stunde seines Lebens der ganzen Tragweite seiner Forscherarbeit bewußt wurde, da erfaßte ihn eine solche überwältigende freudige Erregung, daß er zu seinem Bruder in die Bibliothek stürzte mit dem Ausruf: »Je tiens l'affaire!« Dann brach er zusammen und brauchte einige Tage, bis er wieder arbeitsfähig war. Er verfaßte als erste seiner diesbezüglichen Arbeiten 1822 die berühmte »Lettre à M. Dacier relative à l'alphabet des hiéroglyphes phonétiques«, mit der er der Pariser Akademie die Entzifferung der Hieroglyphen mitteilte. Es war Jubel in ganz Frankreich, daß Champollion dieser Erfolg beschieden war. Somit hatte der Gelehrte den Stein, wenn auch nicht in seiner Materie, so doch in seiner geistigen Bedeutung seinem Vaterland zurückgewonnen. Auch im Ausland fand seine große Forschertat ein zustimmendes Echo, in Deutschland bei Wilhelm von Humboldt, in Österreich bei dem Orientalisten Freiherrn von Hammer-Purgstall.

Die höchste Belohnung für sein langjähriges Suchen wurde ihm zuteil, als er endlich in seinem 38. Lebensjahr das Land, das ihm zu seiner geistigen Heimat geworden war, sehen sollte. Seine Reise durch Ägypten glich einem wahren Triumphzug, die Fellachen kamen in Scharen und wollten den Mann sehen, der die Inschriften ihrer alten Denkmäler lesen konnte. Doch schon vier Jahre darauf, am 4. März 1832, erlag er einem Schlaganfall. Auf dem Friedhof Père Lachaise zu Paris begrub man ihn, die Spitzen der gelehrten Welt, darunter Alexander von Humboldt, hielten die Zipfel seines Bahrtuches. Seine Forschertätigkeit war bahnbrechend; daß seinem Werk noch Fehler und Mängel anhafteten, ist das Geschick jedes genialen Vorstoßes ins Neuland.

Erst seine Nachfolger haben seine wissenschaftlichen Ergebnisse sorgsam abgewogen, in klare Regeln gebracht, das System ausgebaut und damit die ägyptische Philologie auf ein gesichertes Fundament gestellt. Nun wurden Denkmal um Denkmal, Papyrus um Papyrus entziffert. So ist eine Sprache und Schrift, die anscheinend schon für immer verstummt war, wieder zum Leben erweckt worden. Zahllose Einzelheiten des ägyptischen Lebens, Götterlehre, Lebensweisheit, Gebete, Totenbücher, Gesetze, Verwaltungsakten, medizinische Erkenntnisse, Übungen der Schuljugend, Briefe Liebender, Romane, Gedichte, Zeitgeschichte, all die vielfachen Äußerungen der Menschen sind uns in einer verwirrenden Fülle erhalten geblieben.
Aus der großen Zahl der Fortsetzer seien nur zwei bedeutende Männer herausgegriffen. Richard Lepsius (1810–1884) hat neben seinem umfangreichen Tafelwerk »Denkmäler aus Ägypten und Nubien« das Werk Champollions methodisch ergänzt und verbessert, aber den systematischen Aufbau des Franzosen vollkommen bestätigt. Adolf Erman (1854–1937) hat eine »Ägyptische Grammatik« verfaßt, mit dem Werk »Die Hieroglyphen« alles über die Schrift ausgesagt und mit dem »Wörterbuch der ägyptischen Sprache« die lexikalische Forschung begründet. Heute können die Forscher das Ägyptische lesen wie ihre Muttersprache. Sie wissen trotz der weiten Zeitspanne, die sie von dem alten Nilland trennt, mehr über seine Bewohner als die Römer. Diese hatten sie bewundert, unterworfen, ihre Säulen, Standbilder und Obelisken weggeschleppt, aber von ihrer Kultur war ihnen wenig bekannt.

Das Schreibmaterial

Am Schluß dieses Abschnittes noch ein paar Worte über das Schreibmaterial, das uns neben dem Stein, den Knochen und den Tontafeln die Schrift bis in die heutigen Tage bewahrt hat. Die Ägypter gewannen ihre Schreibunterlage aus dem Mark der *Papyrusstaude (Cýperus papyrus)*, die vor allem in der sumpfigen nördlichen Landeshälfte sehr verbreitet war und die auch eigens für die Papyruserzeugung angepflanzt wurde. Die Araber brachten sie im 7. Jahrhundert n. Chr. auch an die Flüsse Anapo und Kyane auf Sizilien. Jetzt ist diese Schilfpflanze infolge der Trockenlegung der Sümpfe fast gänzlich aus dem Landschaftsbild verschwunden. Die Papyruspflanze, deren Stengel die beachtenswerte Höhe von 6 m erreichen konnte, fand bei den alten Ägyptern verschiedene Verwendung. Sie aßen die fleischige Wurzel, fertigten aus zusammengebundenen Stengeln leichte Boote, flochten aus dem Bast Taue und Sandalen, Matten, Körbe, Segel und Fackeldochte. Die dreikantigen Stiele, zu Bündeln vereint, waren Vorbild für die Papyrussäule. Seine größte Bedeutung erlangte es, als das Mark des Papyrusschilfes als Material für weiße, biegsame, saugfähige Schreibblätter verwendet wurde. Noch heute erinnert unser Name Papier an dessen Herkunft. Man löste aus den starken Stielen das Mark und schnitt es der Länge nach in dünne Streifen. Diese wurden mit einem Hammer geklopft, auf Tische gelegt, daß sie einander mit den Rändern ein wenig überdeckten. Auf eine solche Lage wurde eine zweite quer darübergelegt, mit Wasser benetzt und längere Zeit kräftig geschlagen. Dann wurden die beiden Schichten gepreßt und an der Sonne getrocknet. Eine Ver-

Isis, die Große, Mutter des Gottes, Herrin des Geburtshauses,

Herrin des Abaton, Fürstin der Göttinnen, an der Spitze von Bigge,

deren Sitz auf Philä schön ist, Herrin der südlichen Länder

Titel der Göttin Isis

leimung war in den meisten Fällen nicht nötig, weil das Mark genug bindenden Saft enthielt. Die sorgfältig beschnittenen Ränder der gewonnenen Bogen klebte man aneinander und bewahrte die so entstandenen Streifen in Rollenform (griech. bilos, lat. charta) auf. Die längste uns bekannte Papyrusrolle mißt 40 m.

Die Papyrusrolle

Den Papyrus beschrieb man mit einer zerfaserten Binse, Als Schreibflüssigkeit diente eine aus Ruß mit etwas Gummiwasser hergestellte schwarze Tinte. Die Anfangsbuchstaben malte man mit roter Farbe. Satzzeichen und Worttrennungen waren unbekannt. Man schrieb besonders in älterer Zeit von oben nach unten, wobei innerhalb der Zeilen die Zeichen von rechts nach links folgten, aber auch waagrecht, doch auch hier von rechts nach links. Nur bei dekorativer Verwendung der Schrift war die rechtsläufige Zeilenführung üblich. Ob eine Schrift rechts- oder linksläufig zu lesen ist, erkennt man leicht an den Menschen und Tierfiguren, die immer nach dem Anfang der Zeile schauen und gehen.
Der trockene Sandboden Afrikas hat unglaublich viele Papyrushandschriften erhalten. Dadurch sind uns die alten Schriftzeichen, die im 3. Jahrhundert n. Chr. durch die griechische Schrift abgelöst wurden und bis ins 19. Jahrhundert den Schlaf der Vergessenheit schliefen, erhalten geblieben und liefern uns wertvolle Anhaltspunkte über Kultur und Lebensweise der Ägypter.

Die Pyramiden von Giza

Alles Vergängliche
ist nur ein Gleichnis.
Das Unzulängliche,
hier wird's Ereignis.
Goethe

König Snófru

Die 4. Dynastie (2700–2550) hat König *Snófru* eröffnet. Er stammte aller Wahrscheinlichkeit nach aus dem Delta. Mit ihm begann die Zeit der großen Pyramiden, die der ganzen Periode zum wesentlichen Symbol und für uns Heutige zum Hauptmerkmal der ägyptischen Kultur geworden sind. Drei Pyramiden von ansehnlichen Ausmaßen aus der gleichen Zeit streiten um das Vorrecht, die Mumie des Pharao Snofru unter ihrem Steinmantel beherbergt zu haben. Ursprünglich hatte der König beabsichtigt, sein Grabmal dort aufzurichten, wo jetzt die Ortschaft Meidúm liegt, etwa 75 km südlich von Kairo. Sie wurde als Stufenpyramide begonnen, aber dann füllte man die Zwischenräume mit Steinen aus und umkleidete den Bau, so daß sie als erste den reinen Pyramidentyp veranschaulicht. Schon im NR wurde sie teilweise abgebrochen und erhielt dadurch ihre dreistufige, turmartige Form. Sie ist jetzt, halb zerstört, über 60 m hoch. Im Umkreis der Pyramide ließen einige Würdenträger ihre großen Ziegelmastabas mit den steinernen Kultkammern erbauen, und aus diesen Gräbern stammen bekannte und berühmte Kunstdenkmäler wie die auf Verputz gemalten sechs Gänge oder die Kalksteinsitzbilder von Rahótep, einem Sohn Snofrus, und von Nófret.

Kartusche des Königs Snofru

Unter König Snofru vollzog sich also der Übergang zur reinen Pyramidenform. Er ließ noch zwei weitere Grabdenkmäler bei Dahschúr, südlich von Sakkara, aufführen. Das südlichere ist die sogenannte *Knickpyramide*, das nördlichere führt den Namen *Rote Pyramide*. Sie erhebt sich 104 m hoch majestätisch in weiter Öde. Ihr Name kommt von dem rötlichen Baustein. Die Knickpyramide ist das erste Königsgrab, das von Anfang an in Pyramidenform angelegt war. Sie erhielt ihren Namen, weil ihr Böschungswin-

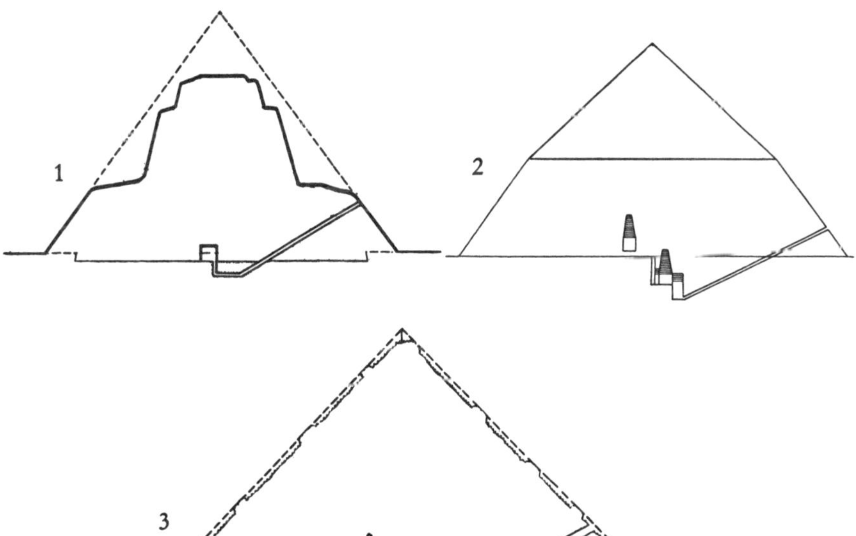

Die drei Pyramiden des Königs Snofru: 1. Die Pyramide in Meidum, 2. die Knickpyramide und 3. die Rote Pyramide bei Dahschur

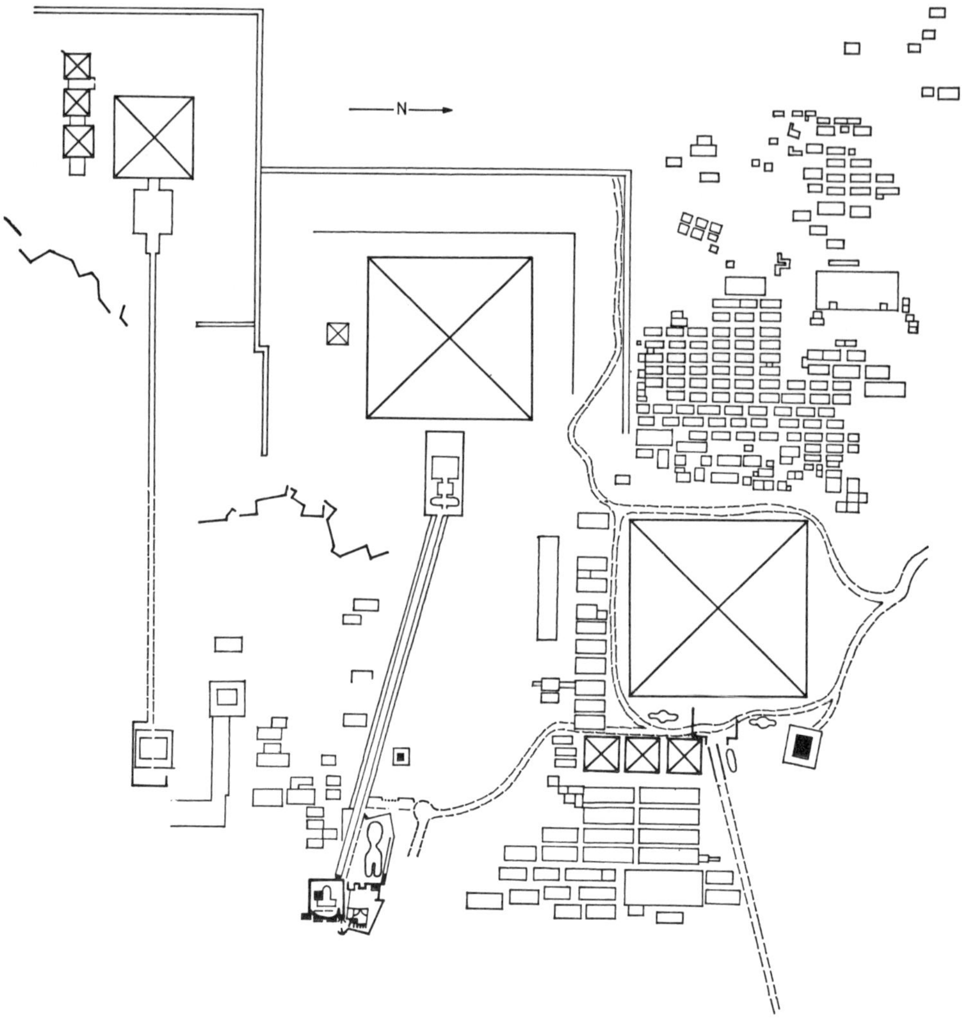

Das Pyramidenfeld von Giza mit den Pyramiden des Cheops, Chefren und Mykerinos (von rechts nach links), dem großen Sphinx (Mitte unten) und Mastaba-anlagen

kel im unteren Teil 54° beträgt, im oberen in einen von 45° übergeht. Es gibt verschiedene Begründungen für diese Ungleichförmigkeit. Am zwingendsten ist wohl die, daß man um einer schnelleren Fertigstellung willen die ursprünglich geplante Höhe aufgab. Dafür spricht auch der Umstand, daß der obere Teil weit weniger sorgfältig gebaut ist als der untere. Die Pyramide ist 99 m hoch und ist noch bedeckt von ihrem alten glatten Steinmantel, der einstmals alle Pyramiden umhüllte.

Die Pyramiden von Giza

Wenn man von den Pyramiden Ägyptens spricht, so hat man immer wieder die drei gewaltigen Bauten auf der Wüstentafel von *Giza* vor Augen. Sie sind die bekanntesten von ungefähr 140 Pyramiden, die, von sehr unterschiedlicher Höhe und zum Teil auch schon stark zerstört, von Abu Roasch im Norden bis nach Lahun im Süden auf mehr als 100 km Strecke verteilt stehen. Viele wissen überhaupt nicht, daß es außer diesen dreien noch andere Pyramiden gibt.

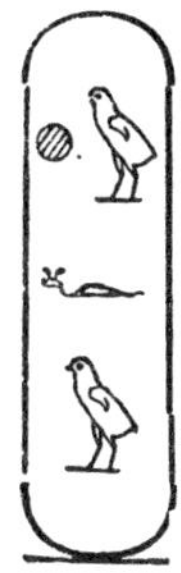

Kartusche des Königs Cheops

Die größte Pyramide ist die des *Chéops* mit ursprünglich 146,6 m. Jetzt ist das Grabmal, nachdem die Spitze abgebröckelt ist und der Gipfel eine Plattform bildet, nur noch 137 m hoch, also, wie schon früher erwähnt, gleich dem Turm der Stephanskirche in Wien. Die Cheopspyramide, vor rund 4.600 Jahren errichtet, ist mit ihrer riesigen Masse an Baustoff unbestritten das gewaltigste und altehrwürdigste der berühmten Sieben Weltwunder. Die anderen sechs sind etwa 2.000 Jahre später entstanden und alle im Laufe der Zeit dahingeschwunden; das älteste ist geblieben. Schon von ferne grüßen die drei Riesenkristalle, in Schräglinie nebeneinandergereiht, den Besucher, je näher man kommt, desto gewaltiger wachsen sie aus dem Boden, mit ihren stufenförmig getürmten mächtigen Steinblöcken wie ungeheure Treppen wirkend. Die Grundkanten der quadratischen Basis der Cheopspyramide sind rund 230 m lang und zeigen genau nach Norden, Süden, Osten und Westen. Die Seitenflächen sind 173 m hoch, ihr Neigungswinkel beträgt 51° 52′. Der Schwindelfreie kann an den Kanten über die Steinkaskaden aus kyklopischen Stufen von durchschnittlich 1 m Höhe hinaufkriechen. Die Mithilfe eines Dragomans[1] ist dabei dringendst zu empfehlen. Er steigt voran, reicht dem Fremden die Hände und zieht ihn so hinauf. Man blickt beim Aufstieg auf die von Narben zerrissenen, ausgezahnten und oft von meterlangen Lücken eingetieften Seitenwände, die doch von der Ferne so strichgerade scheinen. Aber neben den Altersfurchen sieht man auch Spuren von Steinräubern, die die fertig behauenen Quadern und ihren blankpolierten Steinmantel ins nahe Kairo zum Aufbau von Palästen und Moscheen schafften. Auf der Höhe bietet die Bruchfläche der Spitze dem Emporgekletterten ein Plateau von 10 m² zur Rast. Der Fernblick schweift über das Niltal mit seinen smaragdgrünen Äckern, Gärten und Palmenhainen, daneben dehnt sich die sandgraue Öde der Wüste und ragen die Nachbarpyramiden. Nirgends berühren einander Leben und Tod so unmittelbar wie hier. Am Fuße der Pyramide gruppieren sich die kleinen Pyramiden der Familienangehörigen des Pharao und die Gräber der Paladine. Der Hofstaat sollte, wie im Leben so auch im Tode, der ja nur als eine andere Form des Lebens galt, um seinen Herrscher versammelt bleiben. Auch die *Sonnenboote,* auf denen der König den Sonnen-

Aufstieg auf die Cheopspyramide

[1] Dragoman, von dem arabischen Wort turgumán, bedeutet »einer der übersetzt«. Ein Dragoman ist also ein Übersetzer, ein Dolmetsch. Aber in der Tat ist er ein in allen Lagen helfender Fremdenführer.

gott Re auf seiner Fahrt begleitete oder auf denen er, nach einer anderen Auffassung, zur Teilnahme an den Götterfesten des Landes reiste, lagen neben der Pyramide bereit. Zwei dieser Sonnenschiffe, aus erlesenem Zedernholz vom Libanon erbaut, entdeckte man in 52 m langen, gemauerten Gruben auf der Südseite der Cheopspyramide im Frühjahr 1954 bei Straßenbauarbeiten. Sie sind um Jahrtausende älter als die Wikingerschiffe in Oslo. Nur eines ist bisher freigelegt worden. Es ist 16 m lang, gut erhalten und hat einen Bug von der Form einer Lotosblume.

Der Bau der Pyramiden

Auf der Höhe der Pyramide hat einst der junge Napoleon sein Déjeuner eingenommen. Unwillkürlich kommt dem oben Sitzenden der Gedanke, wie wohl diese Riesenwerke zustande gekommen sind. Die großen Pyramiden selbst geben darauf keine Antwort, die Kammern, die Tempel sind stumm. Das einzige, was man fand, war der Name Cheops in dem Entlastungshohlraum über der Sargkammer. Was wir dennoch von der Art der Bauführung wissen, wurde in mühevoller Kleinarbeit der Wissenschafter zusammengetragen. Der Stein für das Kernmauerwerk stammt aus der nächsten Umgebung, das Material der äußeren Decke, der feinkörnige Kalkstein, wurde im Mokattamgebirge bei Kairo, jenseits des Nil, gebrochen. Die Zufahrtsstraßen nach Giza wurden mit polierten Granitplatten belegt, und auf diesen Gleitbahnen zogen große Scharen von Sklaven und Fellachen, die während der Überschwemmungszeit keine Feldarbeit verrichten konnten, die kubikmetergroßen Steine mit riesigen auf Walzen rollenden Schlitten zur Baustelle. Auf gewaltigen Booten setzte man die Last über den angeschwollenen Strom. Um die Steinblöcke in die jeweilige Bauhöhe zu befördern, errichtete man zur Pyramide eine lange schräge Rampe aus Stein und Erde, über die die Steine für die nächsthöhere Schicht auf Schlitten hinaufgeschleift wurden. Wenn diese Baustufe ausgelegt war, wurde die Schrägrampe erhöht, um für die nächste Lage bereit zu sein. Hiebei blieb der Neigungswinkel immer gleich, so daß bei fortschreitender Arbeit die schiefe Ebene immer länger und länger wurde. Bei der Cheopspyramide arbeiteten die Ägypter allein 10 Jahre an der Aufführung des Zufahrtsweges. Der Aufbau der Pyramide dauerte nach Herodots Bericht weitere 20 Jahre. Bei der primitiven Technik war es geradezu eine Wunderleistung. Denn die damaligen Arbeiter kannten nur Taue, Rollen und Schlitten, Hebel und Kippen. Flaschenzug und Kran waren unbekannt. 100.000 Menschen leisteten die Arbeit. Block um Block wurde von Menschenhand gebrochen und behauen — jeder Stein wog ungefähr 2.500 kg —, mit Menschenkraft auf Kufen und Rollen gezerrt und auf die immer höher gesetzten Terrassen befördert.

Aber es war nicht nur eine technische Höchstleistung, sondern auch eine organisatorische, die ein wohlgefügtes Staatswesen und ein mächtiges Königtum voraussetzte. Man muß nun bedenken, welch riesige Menschenmenge — Herodot nennt, wie schon erwähnt, die Zahl von 100.000 Arbeitern — im Umkreis der Baustelle zusammengezogen werden mußte. Wie konnte man solche Massen verpflegen, unterbringen? Und wie konnte man sie nach einem großen, einheitlichen Plan zu den verschiedenen Arbeiten

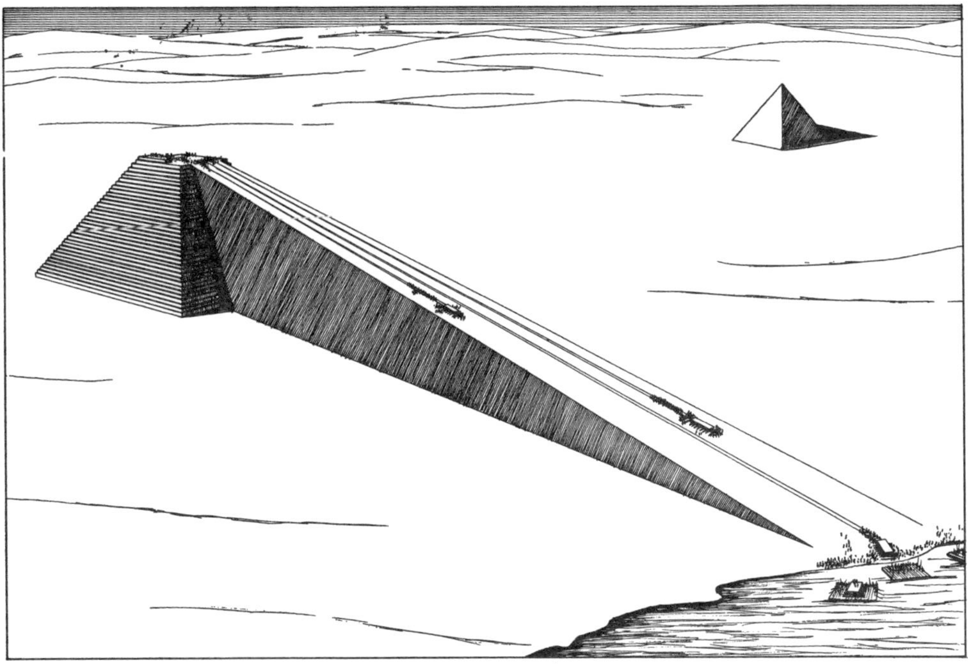

Materialrampe für den Pyramidenbau

zweckmäßig einsetzen? Welches Heer von Aufsehern gehörte dazu, die richtigen Leute auf den richtigen Platz zu stellen, sie zur Arbeit anzuhalten und zugleich den Fortgang des Werkes insgesamt zu überprüfen! Und endlich, welchem Zweck diente dieser Riesenaufwand an Menschen und Material? Um aus schnödem Eigennutz die Grabesruhe und das Jenseitsglück eines einzigen Herrschers in seiner verhältnismäßig kleinen, niemandem zugänglichen Kammer sicherzustellen? Unwillkürlich kommt uns der Gedanke an despotische Gewalt, an brutalen Zwang, mit denen man die Leute zum schweren, martervollen Frondienst in der Glut der Sonne antrieb, an die großen finanziellen Opfer, die ein ganzes Volk bringen mußte. Solche Erwägungen beschäftigten schon Herodot, und bis auf den heutigen Tag bezichtigt man in diesem oder jenem Werk die Pharaonen der tyrannischen Willkür. Es ist sicher, daß solche gigantischen Werke nicht immer ohne Härte und Schweiß eines fronenden Volkes zu vollbringen waren. Aber gegen die Vorwürfe eines grausamen Despotismus erheben sich die Äußerungen namhafter Gelehrter und erfahrener Kenner des altägyptischen Lebens, die uns auf Grund von Quellen, etwa der Gerichtsurteile des Königs, von der hohen Ethik und von der sozialen Umsicht der Regierenden gegenüber dem einfachen Volk zu überzeugen suchen. Schon die eine Tatsache gibt zu denken, daß in jenen Zeiten das Volk von den Schrecknissen des Krieges verschont blieb. Die Rücksicht auf die innerstaatlichen Aufgaben ließ keine Zeit für Eroberungsgelüste, die die Leistungskraft gerade der wertvollsten Arbeiter beansprucht hätte. Auch die Sorgfalt der Arbeitsleistung, die genaue Durchführung der Bauten läßt nicht auf Menschen schließen, die nur mit höchstem Widerwillen ihre Arbeit verrichteten. Es müssen also doch Schaffensfreude und Eifer als Helfer Pate gestanden haben. Vielleicht war es sogar religiöse Begeisterung, die diese Leute im Innersten spürten, wie sie die Menschen des Mittelalters zur Mitarbeit beim Bau ihrer großen Kathedralen antrieb. Man muß auch überlegen, daß bei einer Bevölkerung von vermutlich 7 Millionen ja nur 100.000 im Arbeitseinsatz standen. Weiters, daß innerhalb der 30 Jahre Bauzeit bei einer jährlichen Arbeitsleistung von 3 Monaten nur 7½ Jahre erforderlich waren, um die Pyramiden fertigzustellen. Da die dreimonatige Arbeit in die Überschwemmungszeit fiel, so war es für die 100.000 Fellachen und Sklaven eine günstige Gelegenheit, sich einen Verdienst zu schaffen. Dazu kommt die uns heute schwer verständliche Vorstellung der alten Ägypter: Wenn sie die Mumie des Königs durch einen solchen gewaltigen Bau vor Vergänglichkeit und räuberischem Zugriff schützten, so erhielten sie dem Land und damit jedem seiner Bewohner die wunderbaren und schirmenden Heilkräfte, die von dem toten vergotteten König, dem Unterpfand der Weltordnung, für alle ausstrahlten. Sie glaubten daher, mit jedem Pyramidenblock nicht nur zur Unsterblichkeit ihres Pharao, sondern auch zu ihrem eigenen Segen mitzuwirken.

Kartusche des Königs Chephren

In der Schräglinie der Cheopspyramide stehen gegen Südwesten die beiden anderen bedeutenden Gizapyramiden, die des Chephren und die des Mykerinos. Keiner der Nachfolger hat mit seinem Grabdenkmal das des Cheops erreicht. Die Chephrenpyramide, erbaut um 2550, erlangte zwar nicht die Ausmaße der »großen Pyramide«, doch erscheint sie wegen ihrer höheren Lage größer. Sie ist jetzt 136 m hoch, die Seitenlänge der Grundfläche beträgt 210 m, die Höhe der Seitenflächen 172 m. An der Spitze trägt sie noch einen guten Teil ihres ehemaligen Mantels von polierten hellen Kalkplatten.

Kartusche des Königs Mykerinos

Verfolgt man die Diagonale weiter nach Südwesten, so gelangt man zur kleinsten der drei Gizapyramiden, der des Menkaure (griech. Mykerinos), erbaut um 2500. Ihre Höhe beträgt 62 m, die Länge der Grundflächenseite 108 m und die Höhe der Seitenflächen 80 m. Beide Pyramiden können im Gegensatz zur Cheopspyramide weder bestiegen noch im Inneren besucht werden.

Der Besuch der Grabkammer der Cheopspyramide

Um so mehr benützen daher die Fremden die Gelegenheit, das Innere der Cheopspyramide zu besichtigen. Ausgetretene Stufen führen auf der nordöstlichen Seite der Pyramide zu einem schmalen, unansehnlichen Spalt, 15 m über der Basis, der aus den Quadern gebrochen ist. Er bildet den Eingang in die Pyramide. Ein roh gehauener enger Stollen führt bergab, immer weiter entschwindet der Eingang; wie ein letzter Gruß des Lebens blinzelt noch durch das kleine Steinfenster das Licht des Tages, dann hält uns das Reich des Todes umfangen. Die elektrische Beleuchtung wird unser Wegweiser. Wir kommen zur ersten Wegkreuzung. Ein schmaler abschüssiger Pfad führt hinunter zu einer alten, nicht vollendeten Grabanlage im gewachsenen Untergrund. Der Besucher aber, geleitet vom Neonlicht, biegt in einem stumpfen Winkel nach oben und klettert mühsam auf einer Art Hühnerleiter steil 38 m empor. Der bedrückend schmale und niedere Gang zwingt zu gebückter Haltung. Endlich ist der enge Steig überwunden, kommt der Augenblick, wo der Körper sich wieder aufrichten darf. Zur Linken zweigt ein waagrechter Stollen ab, der zu der leeren »Kammer der Königin« führt, wie sie genannt wird. Die Augen schauen plötzlich empor. Eine über 8 m hohe, steil ansteigende Galerie von 47 m hat sich aufgetan. Die polierten Kalksteinplatten an den Wänden sind so eng aneinandergefügt, daß keine Nadel durch die Zwischenräume zu stechen vermag: ein Meisterwerk präziser Steinmetzkunst. Wieder geht es über eine sehr unbequeme Stufenleiter. Die Hand am Geländer stützt den unsicheren Tritt. Aber es geht wenigstens in gerader Haltung aufwärts. Doch noch ist das Ende des notvollen Fortbewegens nicht gekommen. Wo die hohe Halle aufhört, erwartet uns eine 83 cm hohe Schlupföffnung. Sie war ehedem durch einen schweren Sperrstein verschlossen. Wieder muß der Besucher in eine unbequeme Hockstellung nieder und schiebt sich durch den 6,70 m langen Durchlaß. Auch in der Pharaonenzeit gab es keinen anderen Weg. Durch diesen Höhlengang mußten damals auch die Priester und hohen Beamten des Königs mit ihren Grabbeigaben und der mit allem Schmuck

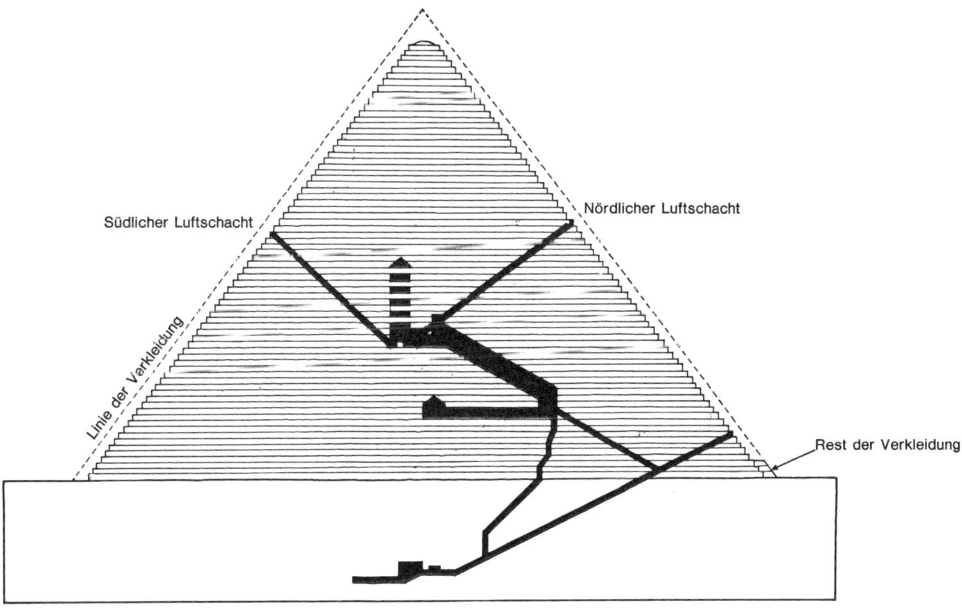

Längsschnitt Süd—Nord durch die Cheopspyramide

umkleideten Mumie das Pharao kriechen zu der granitenen letzten Begräbniskammer, in das dunkle, ewige Reich des Osiris. Nur der Sarkophag wurde von oben her während des Baues in die Königskammer eingelassen, und dann erst wuchsen die granitenen Wände der Kammer um ihn herum Schicht für Schicht auf. Wieder sind die Platten glatt geschliffen und passen fugenlos aneinander. Schwarze Granitbalken tragen die Decke. Wir sind in der Kammer 42 m hoch über der Grundfläche der Pyramide, und es ist ein beklemmendes Gefühl, wenn man bedenkt, welch ungeheure Steinlast noch über der Kammer lagert. Wir finden über der Decke 4 Hohlräume und ein Gabeldach zur Entlastung des Druckes des Pyramidenscheitels, der ja immerhin noch an die 100 m über uns aufragt. Die Kammer mißt 5,2 m in der Breite, 10,43 m in der Länge und 5,81 m in der Höhe. Zaghaft und voll Unbehagens streift der Blick des Besuchers durch die Öde der Halle, deren Granitboden Schutt deckt, haftet an dem deckellosen schwarzen Sarg aus edelstem Syenit, der keinen Schmuck, keine Inschrift, keine Namenskartusche trägt. Er ist beschädigt und bis zur Hälfte mit Geröll gefüllt. Sonst ist der Raum völlig leer. Zwei Öffnungen in den gegenüberliegenden Wandseiten, Mündungen von Luftkanälen, führen aus der Totengruft schräg nach oben ins Freie.

Wo ist der Deckel des Sarkophags, wo ist die Mumie des Pharao? Weder hier noch anderswo haben die Forscher den Leib des Königs gefunden. Haben trotz der vielen Sicherungen Räuber den Weg zum Grab gefunden und die Mumie geraubt? Es war nämlich üblich, nach Beisetzung der Königsleiche den Zugang zu verschließen. Zu diesem Zweck riß man die Stege von den Fallgruben, ließ die tonnenschweren Blöcke, die man über dem langen Gang sehr sinnreich aufgehängt hatte, herunter, sobald der letzte Trauergast die Grabkammer verlassen hatte. Den äußeren Eingang machte man unkenntlich, und außerdem verbarg ihn der Kalksteinmantel. Die Sklaven, die die Schlußarbeit verrichtet hatten, brachte man in die Wüste und tötete sie dort, um so die Wegsicherung geheimzuhalten.

Oder ist der tote König überhaupt nicht in seiner Pyramide begraben worden? Hätten 100.000 Menschen 30 Jahre lang an einem gigantischen Symbol gebaut, dessen heimlichster Sinn verborgen bleiben mußte? Was hat von Cheops die Jahrtausende überdauert? Nur die kleine Elfenbeinstatuette im Museum von Kairo?

Auf dem Rückweg begegnen uns dieselben Widerwärtigkeiten des Weges, der steile Abstieg, das Durchschlüpfen durch die niederen Engen. Reitkamele mit rot und blau gemusterten Troddelgeflechten, verzierten Kopfnetzen und Sätteln, von bunten Decken überbreitet, warten auf die Fremden. Das Kamel gehört jetzt zum Bild Ägyptens, den alten Zeiten im Niltal war es unbekannt, man begegnet nirgends einer Darstellung von ihm im Gegensatz zu Esel und Pferd. Eine breite, 8 km lange Straße führt schnurgerade von der Wüstentafel in die Hauptstadt, unten schließt sich an die weite Öde das sattgrüne Band, das der fruchtsegnende Nil durch das Land zieht.

Zu den drei Pyramiden gehörten Grabbauten, deren Lage vom Weg abhing, auf dem die königliche Leiche bei ihrer Bestattung von dem Landeplatz der Barke am Nilarm bis zum eigentlichen Begräbnisplatz geleitet wurde. Unten am Fluß war ein Torbau oder der Taltempel. Er war für Balsamierungs- und andere Riten bestimmt. Bei der Chephrenpyramide ist er jetzt noch gut erhalten. Roter Granit in monolithen Blöcken bildet den Baustein. Zwei monumentale Tore führen in die Halle, wo Königsstatuen ringsum den abgestellten Sarg des Pharao umgaben. Von hier bewegte sich der Leichenzug den rund 500 m langen, einst überdeckten, durch Lichtschlitze erhellten Aufweg zu dem jetzt sehr stark zerstörten sogenannten Totentempel vor der Pyramide, in dem das Opfer vollzogen und der König in fünf Kapellen unter je einem seiner fünf Namen vor seinen Standbildern verehrt wurde. Zuletzt bildete die Pyramide selbst mit dem Pyramidenhof den monumentalen Abschluß des Grabbezirkes, stand also einst nicht so isoliert wie jetzt. Die Gesamtanlage vom Taltempel bis hinauf zur Pyramide ist gleichzeitig ein Symbol für die Wanderung der Seele nach dem Tode vom Diesseits durch die Regionen des Zwischenstadiums bis in den Bereich des Dunklen, vom Licht des Ostens bis zu den Schatten des Westens.

Der Aufweg von Chephrens Taltempel zu seiner Pyramide

Im Brunnenschacht des Taltempels fand der Ägyptologe Auguste Mariette, der Begründer des Ägyptischen Museums in Kairo, neun mehr oder minder beschädigte Statuen des Chephren, darunter das bekannte 1,68 m hohe Sitzbild aus grünem Diorit, jetzt im Kairoer Ägyptischen Museum. Es stand einst in der großen Halle mit ihren 16 Pfeilern aus Rosengranit; auf die Statue fiel gebrochen das Licht durch Schrägluken unterhalb der Decke und wurde von dem spiegelblanken weißen Alabasterfußboden reflektiert. In dieser Plastik hat die Pyramidenzeit ihren gültigsten Ausdruck gefunden. Der König sitzt auf seinem Thronsessel. Den Thron tragen Löwenbeine, auf den Seiten prangen die Symbole der Wiedervereinigung der Länder mit den Wappenpflanzen in Relief. Auf der Rücklehne hockt das Königstier, der Horusfalke, der schützend seine Schwingen um das Hinterhaupt des Pharao legt. Das gefältelte Königskopftuch, Nemes genannt, umrahmt feierlich das Gesicht, die Enden fallen auf die Schultern. Die heilige Schlange, der Uräus, ruht auf der Stirn. Stutzbart und Schurz unterstreichen als Abzeichen die königliche Würde. Die blockhafte Geschlossenheit der ganzen Figur erinnert an Michelangelos bekannte Äußerung, ein Bildnis müsse so organisch in sich gerundet sein, daß es beim Hinunterrollen von einem Hang keinen Schaden erleide. Dieses »organische Gerundetsein« hat die Figur bei ihrem Sturz in den Brunnenschacht erwiesen, sie ist uns, nur wenig beschädigt, als die bedeutendste Plastik aus der Zeit der 4. Dynastie erhalten.

Die Chephrenstatue

Die Pyramiden blieben durch alle Zeiten für die Nachwelt Wunderbauten, und besonders das Riesenmaß des Cheopsgrabmals lockte zu allerlei mathematischen Berechnungen. So ergibt sein Gesamtgewicht aus der Multiplikation des Volumens mit dem spezifischen Gewicht des Baumaterials 5,955.000 t. Damit könnte man 5 Lastzüge beladen, jeder von ihnen so lang wie die Strecke Wien—Paris. Die Zahl der Steinblöcke schätzt man auf 2,300.000. Wäre der Cheopsbau hohl, so könnte man in ihn bequem die Peterskirche von Rom stellen, sie würde nirgends hinausragen oder auch nur die Oberfläche berühren. Napoleon errechnete, daß aus den Steinen eine Mauer, 3 m hoch, um ganz Frankreich gezogen werden könnte.

Mit der 4. Dynastie erreichte der Pyramidenbau seinen Höhepunkt. In späteren Zeiten legte man weniger Sorgfalt an den Tag, baute nicht mehr so hoch. Auch die Bauführung war minder dauerhaft. Man begnügte sich, das Grabdenkmal aus Ziegeln aufzurichten oder einen Steinmantel mit Geröll und Erde auszufüllen. An die einstige religiöse Endabsicht gemahnt noch einer der erhaltenen *Pyramidentexte*. Er lautet: »Eine Treppe zum Himmel ist für den Pharao gebaut worden, auf daß er auf ihr zum Himmel emporsteigen möge.« Solche Texte wie diesen fand man in den Sargkammern und Gängen einiger Pyramiden der 5. und 6. Dynastie. Die bekanntesten sind die im Grabbau des Königs *Unas* in Sakkara, unter dessen Regierung die Sitte aufkam, im Innern der Pyramiden, die bisher weder in den Grabkammern noch an Tempelwänden Inschriften aufwiesen, religiöse Sprüche anzubringen. Die königlichen Ritualtexte, die früher in Verbindung mit den kultischen Handlungen bei der Aufbahrung und Beisetzung nur vorgetragen wurden, meißelte man nun in die Wände und füllte die Schriftzeichen mit Farbteig aus. Aus ihnen können wir den ganzen Ablauf der Leichenfeierlichkeiten erfahren. Die Sprüche sollten durch ihre magische Kraft den Gottkönig zum glücklichsten Bestehen der Prüfung vor dem Totengericht und zur Auferstehung und einem seligen Leben im Jenseits führen.

Pyramidentexte

Grabräuber

Die Pyramiden sollten nicht bloß ein gewaltiges Totenmal für den verstorbenen König sein, sondern auch ein Schutz gegen räuberische Anschläge. Doch trotz den wuchtigen Baumassen und den umfassenden Sicherungen konnten die Pyramiden ihren stummen Schläfern nicht die ewige Grabesruhe bewahren. Überall lockte gemeine Habgier, aber auch politische und religiöse Gegnerschaft, zur Grabeskammer vorzudringen und dort die Mumie und den Sarg ihrer Kostbarkeiten zu berauben. Die Baumeister hatten mit solchen Möglichkeiten gerechnet und dem Zugriff der Räuber unüberwindlich scheinende Hindernisse entgegengesetzt. Außer dem dicken Mauerwerk aus widerstandsfähigem Gestein, einem engen, verdeckten Einlaß wurden die Gänge mit schwersten, härtesten Granitblöcken in raffiniertester Weise verrammelt, die Wege durch heimtückische Fallgruben unterbrochen, der Zugang durch Irrwege und Scheintüren verheimlicht. Vergeblich. Neben den Granitklötzen bohrten die Räuber Schlupfwege durch das weichere Gestein, deckten die Gräben zu, bahnten sich durch Geröll und Schlamm ihren Weg. Sie müssen sich Wochen, Monate, vielleicht Jahre abgemüht haben. Dazu kam die Furcht vor den Wächtern, vor der schweren Strafe. Meist dürfte es gar nicht möglich gewesen sein, unbemerkt in das Grab einzudringen. Dann suchten die Plünderer wohl Verbindung mit dem Aufsichtspersonal und stahlen im Bunde mit diesem.

Pioniere der Wissenschaft

Daß kostbare Zeugnisse der ägyptischen Kultur Räubern zum Opfer gefallen sind, haben viele Wissenschafter schmerzlich zur Kenntnis nehmen müssen, wenn sie zu den Grabkammern vordrangen. Welcher Mut, welche Entschlußkraft von diesen Forschern verlangt wurde, läßt sich erahnen, wenn man ihre Grabungsberichte liest. In Finsternis und schlechter Luft krochen sie, oft auf allen vieren, durch Engen und Löcher, ließen sich an Seilen in Schächte hinunter, stets in Lebensgefahr, daß herunterfallende Steinbrocken sie erschlagen könnten. Sie suchten mühsam Gänge ab, die sich zum Schluß als Sackgassen erwiesen, tasteten sich in Schutt und Schlammwasser weiter, mußten Hieroglyphen im Flackerscheine der Laternen entziffern, standen vor Steinsärgen, deren schwere Deckel sie allein nicht wegschieben und wegen der Enge des Raumes nur mit äußerster Mühe im Verein mit Helfern heben konnten. Und wenn sie sich endlich am Ziele dünkten, waren lange vor ihnen schon Plünderer dagewesen, hatten die Mumien aus den Särgen gerissen, ihrer Schmuckstücke beraubt, kostbares Gerät, das sie nicht mitschleppen konnten, zerschlagen. Der Granitsarg des Cheops war beschädigt und leer, ohne Deckel, den Sarkophag des Chephren fand sein Entdecker mit zerbrochener Deckplatte und mit Schutt angefüllt. Der Verschlußstein des reich ornamentierten Basaltsarkophags des Mykerinos war bei Auffindung der Grabkammer schon verschwunden, Holzstücke des Innensarges lagen verstreut zwischen Teilen der Königsmumie. Die Leiche sollte mit einem Schiff nach England gebracht werden, aber dieses versank vor der spanischen Küste.

Es haben also die Steinmassen der Pyramiden die Leichname der Könige nicht vor der List und Verschlagenheit der Plünderer geschützt. Im Gegenteil, gerade ihre Größe ließ unvorstellbar reiche Schätze in ihrem Inneren vermuten, die den Banden als Lohn für ihren Frevelsinn und ihre Totenschändung winkten. Es ist daher verständlich, daß man nach und nach von der Idee abkam, Grabdenkmäler in Pyramidenform zu bauen, und nach anderen Wegen suchte, um der Leiche die nötige Sicherheit im Grabe zu geben.

Angesichts der Größe der Pyramiden hat sich um die Namen ihrer Bauherren sehr bald viel Legendenstoff gebildet. Es scheint, als ob die Verehrung für dieses Heldenzeitalter der Ägypter auch die Herrscher in mythische Fernen gerückt hätte. Sicherlich hatte das ägyptische Königtum damals seine höchste Machtstellung erlangt.

Der Sphinx

Als gewaltiger Ausdruck dieser Zeit liegt im Totenbereich der Pyramiden die Kolossalfigur eines *Sphinx*[1]. Das Felsenbildnis ist aus dem gewachsenen Kern eines Kalksteinbruches herausgeschlagen, von dem Cheops sein Baumaterial holte. Wer es geformt hat, für wen es geschaffen wurde, kann niemand mehr sagen. Stellt es Chephren, stellt es Cheops dar? Der königliche Kopf mit der sich bäumenden Uräusschlange vor der Stirn und dem

[1] Im Gegensatz zur Sphinx der griechischen Sage, die vor Theben in Böotien hauste und als sitzende Löwin mit dem Oberkörper und Kopf einer Frau dargestellt wurde, ist das ägyptische Fabelwesen ein Löwe mit dem Pharaonenhaupt, für das Herodot auch den Ausdruck androsphinx = männerköpfiger Sphinx verwendet.

Kopftuch ruht auf einem Tierleib in Löwengestalt. Vorn an den Felsen sind zwei Löwentatzen gemauert. Das Monument ist 20 m hoch, der etwas unproportionierte Leib vom vorderen Prankenende bis zum Schwanzansatz 73,5 m lang. Damit ist es das größte Sphinxbildnis. Es ist ein namenloses, überwältigendes Gleichnis ägyptischer Gestaltungskraft. Der Wind der Libyschen Wüste und die Jahrtausende haben dem Denkmal empfindlich zugesetzt, der wandernde Sand hat es immer wieder überweht. Schon Thutmosis IV. ließ es, wie es heißt, zum erstenmal freischaufeln. Als Napoleon vor ihm stand, ragte nur noch der Kopf aus dem Sandmeer. Menschlicher Übermut hat sein Antlitz verstümmelt. Die letzte dieser Freilegungen wurde 1925/26 vorgenommen und dabei der gefährlich schmal gewordene Hals durch Zementstützen unter dem Kopftuch gesichert. Nun schaut das rätselhafte Gesicht weiterhin, unberührt von allem Wandel, mit dem leisen Anflug eines Lächelns über die schweigsame Wüste.

Wandel der Königsidee

Die Pyramidenbauer und die Nachfolger der 5. Dynastie erweiterten die Macht des Reiches nach Norden gegen Palästina und Libyen und schoben die Südgrenze auch über den ersten Katarakt hinaus, indem sie die nubischen Stämme unter das Joch beugten. Aber der Staat schien in eine Krise zu kommen. Die Idee des Königtums wandelte sich nach und nach durch geänderte religiöse Vorstellungen. Der Sonnengott Re, der schon in vordynastischer Zeit in Heliopolis (dem biblischen On) verehrt worden war, verdrängte Horus. Da sich der Sonnengott unmittelbar in den sinnlichen Erscheinungen der Natur offenbarte, sein Wesen daher auch für die große Menge leicht faßlich war, wurde er bald von weiten Kreisen willig aufgenommen. Diese Gottesvorstellung hob den Pharao aus seiner Stellung als gewaltigen Gottkönig. Er wurde zum »Sohn der Sonne, des Re«. Schon der Name Chephren deutet auf das Sohnverhältnis hin, und von der 5. Dynastie an begegnet uns öfters die Namensverbindung mit Re, wie Sahure Neferirkare. Ein Abstand schob sich zwischen die ewige Gottheit und die irdische Erscheinung des sterblichen Königs. Thronstreitigkeiten beim Dynastiewechsel verdunkelten den Glanz der Göttlichkeit des Königtums. Nicht mehr sollte der Riesenbau eines Grabmals die überpersönliche Idee des Herrschertums zum Ausdruck bringen. Die Könige der 5. Dynastie bauten zwar noch Pyramiden, aber diese sind in ihren Ausmaßen bescheidener. Die Ehrfurcht vor der über dem König waltenden Gottheit wandte sich dem Bau der raumweiten Tempel, der *»Sonnenheiligtümer«* zu, in deren Hof als Kultmittelpunkt auf mächtigem Unterbau ein riesiger gemauerter Obelisk stand. Er sollte die Verbindung mit der Sonne vermitteln, die man sich auf der vergoldeten Spitze ruhend dachte. Was die Könige an Macht verloren, gewann die Priesterschaft durch reiche Schenkungen an die Götter. Und die wachsende Macht der Priesterschaft war eine Gefahr, wenn die Zentralgewalt des Königs ins Wanken geriet.

Übergang zum Feudalstaat

Der König mußte seine hohen Beamten für ihre Treue und Mitarbeit mit Landlehen belohnen. Mit der Zeit wurde es üblich, daß Amt und Lehen erblich an die Söhne übergingen. Früher wurden die Statthalter ernannt und waren versetzbar. Jetzt waren sie erblich belehnte Gaugrafen, die, je ferner sie der Residenz waren, desto selbständiger regierten. Am weitesten ging die Loslösung der Gaufürsten von der Zentralgewalt an der südlichen Ausgangspforte nahe dem ersten Katarakt. Diese erbeigenen und mächtigen Dynastien ließen sich nicht mehr neben dem König ihre Mastaba errichten, sondern legten ihre Felsgräber in ihrer Heimat an. Ein deutliches Zeichen für die Ablösung des zentralistischen Beamtenstaates durch den dezentralisierten *Feudalstaat*. Außer dem Adel und der Priesterschaft, die das Königtum immer mehr einengten, erhob sich auch aus dem mächtig aufblühenden Handwerk ein neuer Stand: das Bürgertum. Es suchte als politischer Stand im Verein mit den Bauern seine Stellung zu sichern und seinen Interessen Geltung zu verschaffen. Dadurch kam ein gegensätzliches Element in die bisherige Ordnung. Die soziale Umwälzung im Verein mit dem Wechsel der Staatsform und der Umstellung des Königsdogmas führte zu einem völligen Wandel des Denkens und damit im weiteren zum Untergang des AR.

Der Zusammenbruch des AR vollzog sich unter großen Erschütterungen. Nach dem Ende der 6. Dynastie war Niedergang auf der ganzen Linie. Recht und Ordnung lösten sich auf, durch rund vier Generationen währten die schrecklichsten Wirren. Gaufürsten rissen die Macht an sich, konnten aber nicht die Herrschaft über das Gesamtreich gewinnen, das geeinte und erstarkte Reich zerbrach unter dem Streit nebeneinander regierender Schattenkönige, das religiöse Denken artete in einen wirren Aberglauben aus, der wirtschaftliche Wohlstand fand ein Ende, Wüste und Sumpf eroberten kostbaren Fruchtboden zurück, Not und Hunger hielten Einzug, und die Nachbarvölker drängten über Ägyptens Grenzen.

Die Rundplastik

Gleichlaufend mit dem religiösen und politischen Geschehen erfährt auch die Kunst ihre innere Wandlung. In der Pyramidenzeit suchten alle geistigen Kräfte ihren Ausdruck in der Monumentalisierung des Königsgedankens. Dies begegnet uns nicht nur in den Riesenschöpfungen der Grabbauten, sondern ebenso in der Plastik, wie zum Beispiel in den schon erwähnten Sitzbildern des Djoser und Chephren oder dem Sphinx, mit denen die ägyptische Kunst eine einsame Höhe erreichte, die sie später nie mehr gewinnen sollte.

Aus der königlichen Familie stammt *Rahótep*, dessen lebensgroßes Kalksteinbildnis und das seiner Gemahlin *Nófret* in der Statuenkammer seiner Mastaba bei der Pyramide von Meidum gefunden wurden. Die beiden Figuren sind zwar getrennt gearbeitet, aber ihre Thronsessel, auf denen sie in gleichartiger frontaler Haltung sitzen, waren im Grab so aufgestellt, daß man daraus schließen kann, daß sie als Gruppe konzipiert wurden. Der bäuerlich-derbe Zug des Mannes läßt den Menschenschlag erkennen, aus dem die damaligen Könige stammten. Er steht in starkem Gegensatz zu der zarten Schönheit der Frau mit der feinen Hand und dem kostbaren Halsschmuck. Die Figuren weisen eine noch sehr gut erhaltene Bemalung auf und geben uns damit eine Vorstellung von der Gepflogenheit der Ägypter, die Wirkung der Plastiken, seien sie aus Kalkstein oder anderem Gestein, durch Bemalung zu erhöhen.

In vielen Exemplaren sind uns die *Schreiberfiguren* erhalten. Sie hocken auf dem Boden und halten über den gekreuzten Beinen ihre Schriftrolle entfaltet. Im Laufe der Zeit werden die Gestalten immer mehr dem Naturvorbild angenähert, die Oberarme vom Körper gelöst und die Füllungen herausgemeißelt. Ein wunderbares Beispiel, wie die blockhaft-feierliche Ruhe der bewegten, wirklichkeitsnahen Gelöstheit zu weichen beginnt, ist die Holzfigur des *Ka-aper*. Er war Priester und hoher Staatsbeamter. Als die Arbeiter seine Holzstatue aus seinem Grab bei Sakkara schafften, glaubten sie in dem lebensgroßen Standbild ihren eigenen Dorfschulzen wiederzuerkennen. Seither geht die Holzfigur unter diesem Namen durch die Kunstgeschichte. Es ist ein wohlbeleibter Herr. Mit behäbiger Würde schreitet er einher, das linke Bein ist weit vorgestreckt, der rechte Arm liegt am Körper an, die Linke hält einen Stock: eine lebensnahe, sprechende Plastik.

Die Reliefs

Eine besondere Eigentümlichkeit zeigen die *Reliefbilder* des Alten Reiches. Es seien hier aus der Menge nur zwei Beispiele herausgegriffen.

Die Mastaba des Ptahhótep

Bei Sakkara hat man die Mastaba des *Ptahhótep,* eines obersten Priesters, gefunden. Im Inneren zeigt die Westwand ein bemaltes Kalksteinrelief. *Ptahhotep* sitzt in Lebensgröße, seiner Würde bewußt, auf einem löwenbeinigen Sessel. Außer dem Schulterkragen und dem Schurz trägt er noch ein Leopardenfell um die Lenden, wie es einem Oberpriester zukommt. Seine Rechte streckt er nach dem Tisch aus, der vor ihm steht. Viele Brote sind darauf gereiht, und darüber gibt es noch allerlei leckere Speisen, Gänse, Fische, Schinken und verdeckte Schüsseln. Die Linke führt ein Salbgefäß mit dem »allerfeinsten Festgeruchsöl« zur Nase. Unter dem Tisch sind weitere Kostbarkeiten, auch Früchte und Blumen bereit. Wenn die Gaben der Angehörigen einmal aussetzten, sollten die im Relief dargestellten Opfergaben den Verstorbenen in seinem jenseitigen Leben versorgen, meinte man. Die Figur des Mannes ist charakteristisch für die Menschendarstellung der alten Ägypter. Die Grundform des Menschen ist immer der einfach Stehende oder Sitzende. Die Gesten zu ändern, den Menschen im Spiel der Muskeln, der Arme und Beine bei einer beliebigen sportlichen Bewegung darzustellen, wie es die Griechen gern taten, lag dem Ägypter fern. Im Gegenteil: die Arme werden meist dicht an den Körper gepreßt, der Kopf bleibt immer als Profil in der Bildebene, wendet sich nicht in Schräg- oder Frontalansicht dem Beschauer zu. Trotzdem wird das Auge in voller Länge auf der einen Gesichtshälfte eingezeichnet. Die Schultern und die Brust zeigen sich in breiter Frontalausdehnung meist mit beiden Schlüsselbeinen. Der Schurz verdeckt geschickt den Übergang von der Frontalstellung zur neuerlichen Seitenansicht der Beine. Seltsam ist in unserem Bild die Stellung des Daumens an der nach den Broten greifenden Hand, der unten angefügt ist. Diese menschliche Darstellung im Wechsel von Vorder- und Seitenansicht ist nicht eine Verzerrung, nicht Unvermögen, sondern eine andere Grundauffassung der Erscheinungen der Umwelt. Während wir die Dinge durch Verkürzungen, Verjüngungen, Winkelverschiebungen so darstellen, wie sie dem Besucher von seinem jeweiligen Standpunkt aus erscheinen, zeichnet sie der Ägypter so, wie sie wirklich sind, also einen Tisch etwa mit vier rechten Winkeln, nicht mit stumpfen und spitzen, wie es die Perspektive fordert. Um dies zu ermöglichen, wird zum Beispiel die Tischplatte hochgestellt, als ob sie an die Wand gelehnt wäre, Räume, die hintereinander liegen, werden übereinander gezeichnet. Könige und bedeutende Herren werden in viel größerem Maßstab wiedergegeben als ihre Umgebung. Wir machen es allerdings auch so, nur mit einem geschickten Kunstkniff, indem wir unwichtige Personen in den Bildhintergrund schieben, wo sie ebenfalls klein erscheinen.

Das Grab des Ti

Zweites Beispiel sei das Grab des *Ti*, eines hohen Beamten und Großgrundbesitzers, der um 2480 gelebt hat. Seine Mastaba verdankt ihre Berühmtheit den Künstlern, die die Wände mit einer Fülle von Reliefs geziert haben. Es war damals Sitte, Gänge und Kammern mit Bildern zu schmücken, auf denen das irdische Dasein des Grabherrn geschildert wurde, der ja nach dem religiösen Glauben in seiner Mastaba wie bisher weiterlebte. Daher finden wir da auch keine Darstellungen schwermütiger Totenklage, sondern friedliche Bilder des gewohnten Tageslaufes, das Landleben mit Säen und Ernten, das Weiden der Tiere, ein Hirt trägt ein Kälbchen, während das Muttertier aus dem Rudel seinem Jungen ängstlich nachschaut, der Geflügelhof, wo Gänse gemästet werden, Bäuerinnen, die ihrem Herrn Enten, Hühner und Feldfrüchte bringen, Bilder der Jagd auf Vögel und Nilpferde, Fischfang. Aufrecht steht Herr Ti im Boot und schaut der dramatischen Szene zu, wie seine Leute die Harpune nach dem Nilpferd werfen, das sich in wilder Abwehr aufbäumt. Ein anderer Kahnfahrer neben der Barke des Ti fängt in stillvergnügter Ruhe Fische. Dieses Relief nimmt die größte Fläche ein und dürfte wohl das Lieblingsmotiv des Herrn gewesen sein. Die hohen Stengel der Papyrusstauden ziehen sich wie ein Vorhang über die Wand und wölben sich oben mit ihren Blüten und Knospen in

Mastaba des Ti zu Sakkara, Grundriß

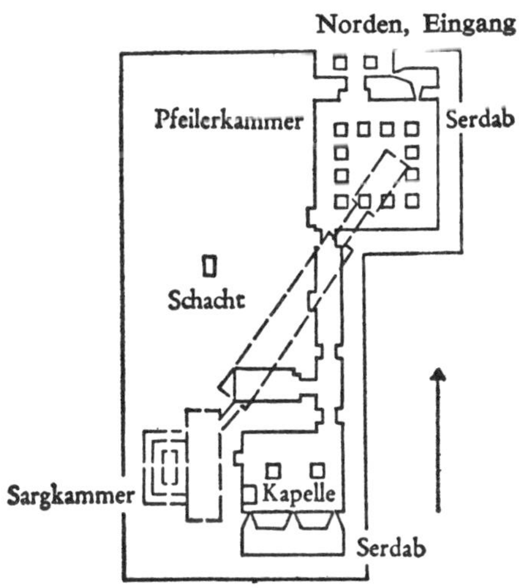

musterhafter Komposition wie ein Baldachin, in dem sich Ichneumons an ängstlich flatternde Vögel heranschleichen. Solche Themen und manche andere, wie die Tätigkeit der Handwerker, Tischler, Schiffsbauer, die Abrechnungen der Bauern vor den Steuerbeamten, lassen uns in ihrer Lebensnähe vergessen, daß wir bei einem Toten zu Gaste sind.
In Ägypten waren die Künstler auch Handwerker, die außer ihrer schöpferischen Tätigkeit Geräte herstellten, zum Beispiel Möbel. Sie schufen stets als Namenlose, kein Werk ist signiert. Und welchen Zweck hatten ihre Kunstwerke? Sie waren nicht dazu erkoren, auf öffentlichen Plätzen oder in Museen Menschen zu beglücken. Die Statuen waren Sitz der Götter und der Seelen der Verstorbenen. Man stellte sie in der stummen Einsamkeit der nur den Priestern zugänglichen Tempel oder im Dunkel des Grabes auf. Ebenso erging es den Reliefbildern. Sie sollten mit den Darstellungen aus der Fülle des Daseins dem Toten das Weiterleben im Jenseits sichern oder die geweihten Bauten zieren, damit sich die Gottheit darin niederlasse und für die Menschen ansprechbar werde. Nicht Menschenbeifall wollten die Kunstwerke erringen, sondern im höheren Sinne großen metaphysischen Forderungen genügen. Daher bleiben die ägyptischen Kunstwerke wenigstens in ihren hauptsächlichsten Wesenszügen durch die Jahrtausende unverändert, alles Lebende und Vergängliche versteinert zur festen Form mit Ewigkeitscharakter.

Die Götterwelt der Ägypter

Nicht die Pläne der Menschen
sind es, die sich verwirklichen,
sondern der Wille Gottes.
Ptahhotep

Im religiösen Leben der Ägypter begegnet uns eine verwirrende Vielfalt von Namen und Gestalten der Gottheiten. Dies erklärt sich daraus, daß vor der Einigung des Reiches jeder der Stämme, die die Niloase bewohnten, seinen eigenen Schutzgott hatte und daß die ägyptische Religion als Erbe eines allbeseelenden Animismus[1] eine Vielheit göttlicher Mächte übernommen hatte. Träger dieser Mächte waren Tiere oder Mischwesen zwischen Mensch und Tier, Pflanzen, Naturkräfte, wie die Sonne, der Sturm, das Wasser, oder endlich gar nur Dinge wie der *Djedpfeiler,* das stilisierte Garbenbündel oder das Zepter. Die Umkleidung des göttlichen Wesens mit irdischen Zügen bringt dieses aus seiner ewigen Ferne in die Nähe menschlichen Gefühls,

[1] Animismus ist der bei primitiven Völkern stark verbreitete Glaube an die vom Stofflichen getrennte Seele, die als Lenkerin des organischen Lebens wirksam ist. Solche Seelen leben in allen Dingen und Lebewesen und bewirken das Geschehen in der Natur.

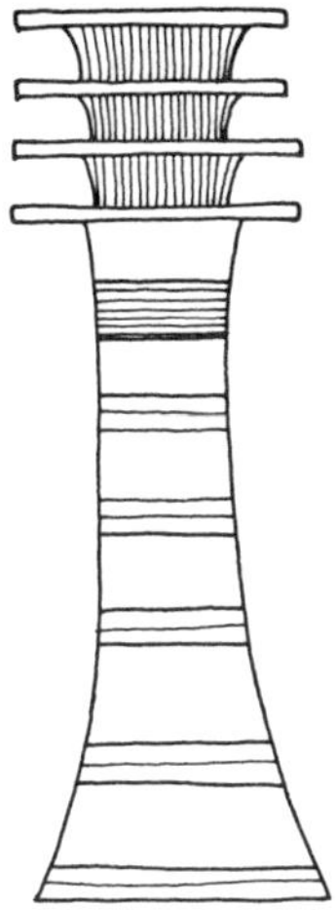

Der Djed-Pfeiler, das Zeichen für »Dauer«

je mehr sich der Mensch auf eine höhere Bewußtseinsstufe erhob und sich aus seiner Naturverflochtenheit löste, desto mehr vermenschlichte er die Götterwelt, kleidete die Götter wie ägyptische Männer oder Frauen und erhöhte sie durch Krone und Zepter. Die Vermenschlichung ist die Voraussetzung für die Mythenbildung. Die Anschaulichmachung der dunklen Mächte in den Gestalten der Mythen befreit von Dumpfheit und Weltangst. Von den dämonischen Mächten blieb nur ein Rest in der bildlichen Darstellung, zumeist ein Tierkopf, der durch irgendeine Kopfbedeckung mit dem menschlichen Körper zu einer möglichen Mischgestalt verbunden wurde. Eine göttliche Macht brauchte nicht nur in einer Form Gestalt zu werden. So konnte zum Beispiel die Fruchtbarkeit sich im Korn, im Überschwemmungswasser des Nil, im Krokodil, in den Strahlen der Sonne offenbaren.

Im Laufe der Zeit wurde es immer mehr üblich, neben den Lokalgöttern bestimmte große Gottheiten der Stadt oder der Provinz, aus der die Herrscherfamilie stammte, als Hauptgötter in ganz Ägypten zu verehren. Es waren dies vor allem die großen Naturmächte, wie Sonne, Mond, Himmel und Erde. So verbreitete sich vom alten *On,* dem griechischen *Heliopolis,* aus der Kult des Sonnengottes *Re,* der den Urgott *Atum* ablöst und mit seiner Tochter *Maat,* der Göttin der Gerechtigkeit und der Wahrheit, in seiner Sonnenbarke des Tags den Himmel von Osten nach Westen und des Nachts die Unterwelt durchfährt. Sein genau bestimmter Auf- und Untergang, sein unbeeinflußbarer Jahresablauf macht ihn zum Sinnbild der Weltordnung, zum Hüter des Rechtes und der zwischenmenschlichen Beziehungen. Er verdrängt die geheimnisvoll aus der Tiefe wirkenden Kräfte der alten Zeit, die den Menschen furchtsame Verehrung abnötigten, die Mächte der Nacht und der Unterwelt. Die Priesterschaft des Re gewann immer größeren Einfluß auf den Königshof, bis es in der 5. Dynastie üblich wurde, den Namen des Pharao mit dem des Gottes zu

Sonnengott Re

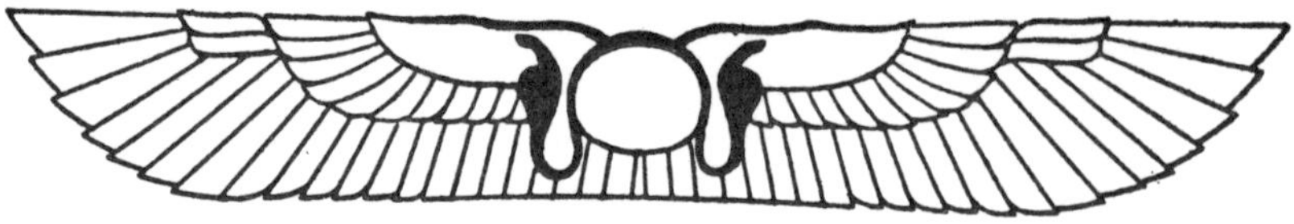

Die Flügelsonne

Atum

Re

Maat

verbinden, zum Beispiel Sahure, Neuserre. Nach einer Legende stammten die Herrscher von Re ab und führten deshalb den Königstitel »Sohn des Re«. In den Tempelanlagen des Re wurden *Obelisken*[1] aufgestellt. Der wunderbar geglättete und vollkommen polierte Stein stieg unter stetem Verlust seiner Materialschwere weit hinauf in die Himmelsbläue, seine goldglänzende Spitze suchte gleichsam den Sonnengott, und sein wandernder und im Jahreslauf sich in seiner Länge ändernder Schatten auf der Erde war wie eine Zwiesprache über das rätselhafte Himmelsgeschehen

[1] Der griechische Name ὀβελίδφος = obeliskos = Obelisk bedeutet »Spießchen« und war ursprünglich nichts anderes als ein im Boden senkrecht aufgerichteter Stock.

Amun *Mut* *Chons*

zwischen Gott und den Menschen, die den Schattenweg beobachteten. Was von diesem rituellen Geheimnis wußten all die Herrscher, die die Obelisken aus ihren Weihebezirken wegschleppten und sie als prunkvolle Symbole ihrer Macht und als dekorative Embleme mißbrauchten[1]?

Die Obelisken der Frühzeit waren völlig bildlos, später erhielten sie Inschriften, die sich räumlich maßvoll auf die Mitte beschränkten, und erst im NR ließ man alle Flächen mit Hieroglyphen überziehen.

Reichsgott Amun

Von Theben ging unter der 11. Dynastie der frühere Fruchtbarkeitsgott *Amun* aus. Er wird als Mensch dargestellt und trägt die Federkrone mit den zwei aufrechtstehenden Straußenfedern als Kopfschmuck. Die Thebaner errichteten ihm eine Kultstätte, den Reichstempel von Karnak, der im Lauf der Jahrhunderte durch Zubauten zum größten und reichsten Ägyptens wurde. In Theben wurde Amun auch mit seiner Gattin, der Lokalgöttin *Mut*, und seinem Sohn *Chons*, dem Mondgott, zur thebanischen Triade verbunden. Amun galt als der »Hauch des Lebens für alle Dinge«,

[1] Hier seien einige Städte erwähnt, in denen Obelisken aus Ägypten aufgestellt sind: Istanbul, Rom, Paris, London, New York.

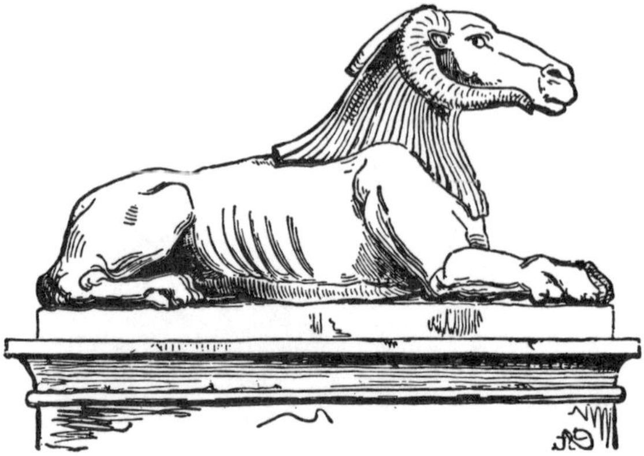

Amun in Widdergestalt

gleich dem Pneuma (πνεῦμα) der Griechen, als der unsichtbare Wind vom säuselnden Lüftchen bis zum gewaltigen Sturm, der Allesbeweger, die beseelende Kraft, die dem Küken im Ei, dem mächtigen Raubtier, den Fischen im Wasser, den Sternen am Firmament, den Menschen das Leben gab. Dieser Steigerung der Wesensdeutung Amuns in eine rein geistige Lehre konnte das einfache Volk nicht folgen. Daher brachte es in seiner Alltagsfrömmigkeit nach dem Vorbild des alten tierischen Kultes Amun in den leicht erreichbaren Zusammenhang mit dem Widder und stellte ihn auch manchmal mit einem Widderkopf dar. Die weitherzige Priesterschaft kam diesem primitiven Kult nach und besetzte die Zugangswege zu seinem Tempel mit Widderfiguren. Später verschmolz die Gestalt Amuns mit der großen Sonnengottheit Re zu einem göttlichen Wesen, zum Reichsgott Amun-Re. In der Amunmaske herrschte Re bis ans Ende der Pharaonenzeit. Erst mit der Zerstörung Thebens durch die Assyrer im Jahre 663 erlitt der Kult seinen Niedergang, und Osiris stieg zum Hauptgott auf.
Neben der Verehrung der großen Götter beteten die Ägypter weiterhin zu ihren lokalen Gottheiten, die ihnen in ihrer altvertrauten Mittlergestalt des Tieres nahe waren. Die Griechen und Römer empfanden es als etwas Seltsames, Unverständliches, daß die Ägypter ihre Götter mit Tierkopf und Menschenleib oder überhaupt in Tiergestalt abbildeten, die heiligen Tiere verehrten, nach ihrem Tod einbalsamierten und feierlich in eigens dazu errichteten Felsengräbern bestatteten. Das ist vielleicht nur so zu erklären: Der Ägypter sah in dem Tier eine geheimnisvolle Macht, die dessen Handlungsweise ohne menschliche Hilfe zwecksicher mit List und Findigkeit lenkt, seine Kräfte über das gewohnte Regelmaß der Natur hinaus steigert und es so mit einer außermenschlichen Welt in Verbindung bringt. Daher gab er dem Göttlichen die Tiergestalt. Man denke nur zum Beispiel an den *Horusfalken,* der in einer ergreifenden Weise seine Schwingen beschirmend um das Haupt Chephrens legt. Der Falke wurde als der kühne Beherrscher des dem Menschen unzugänglichen Luftraumes zu einem

Uräus

verehrungswürdigen Wesen, zu einem Gott, der auch dann, als sich der Mensch schon durchgerungen hatte, das Göttliche in Menschengestalt zu erkennen, zwar mit Menschenleib dargestellt wurde, aber noch den Falkenkopf behielt. Durch diese Mischform sollte der Gottheit das Symbol des Kämpferischen und Schutzspendens bewahrt bleiben. Auch die Göttin *Nechbet* fliegt als Geier mit gebreiteten Flügeln schirmend über dem König und hält das Zeichen der Unendlichkeit in den Klauen. Geierkopf und Uräusschlange, die Schutzgottheit des Südens und die Schlangengöttin des Nordens, erscheinen auf dem Stirnband des Pharao. Friese von Uräusschlangen schmückten die Tempel. Auch Götter, ja selbst der Sonnengott, tragen an der Sonnenscheibe das Schlangensymbol. Es gehört zu den gefährlichen Machtzeichen. Gnädig und hilfreich ist die Schlange nur ihrem rechtmäßigen Herrn. Wenn der König mit der Krone erscheint, schreitet ein Priester voran, um das gefährliche Tier, »die sich Aufbäumende«, durch Beräucherung zu besänftigen und ihrem Träger geneigt zu machen. Der *Stier* ist das bevorzugte Sinnbild der Herdenfruchtbarkeit und der Stärke, er zertrampelt die Feinde. Die Verehrung erklärt sich daraus, daß die Rinderzucht früh verbreitet war und die Wildstiere als beliebte Jagdtiere galten. Stiere wurden als Inkarnation männlicher Schöpfungskraft an ver-

Horus

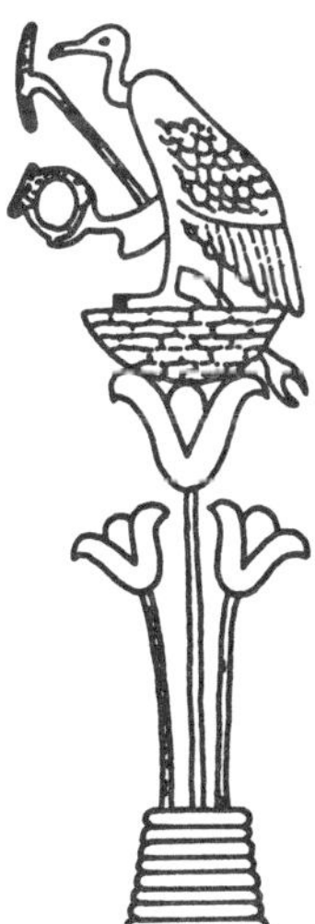

Nechbet

Apis

Nefertem *Sachmet* *Ptah*

schiedenen Orten, Ur, Babylon, Kreta, als göttliche Wesen verehrt. Am bekanntesten war der Kult des *Apis* in Memphis. Der Stier, den die Priester auf den Weideplätzen aussuchten, mußte von schwarzer Farbe mit weißen Flecken sein und eine dreieckige Blesse auf der Stirn haben. Die Standbilder des Apis tragen eine uräusbewehrte Sonnenscheibe zwischen den Hörnern. Apis war das dem Gott Ptah geweihte Tier. Daher wurde der Stier im festlichen Zug in den Tempel des Gottes geführt, von Priestern umsorgt und ihm ausgesuchtes Futter gereicht. Nach seinem Tod wurde er einbalsamiert und in einem schwarzen Granitsarkophag feierlich bestattet.

Apis

Ptha

Ptah (sprich Ptach), der Stadtgott von Memphis, wurde stets sinnbildhaft dargestellt, ungegliedert und mumienähnlich, mit spitzem Bart, einer Kappe und mit Halsschmuck auf dem Rücken. Er wurde als Schutzpatron der Künstler und Handwerker verehrt, entwarf für sie Pläne und Zeichnungen. Götter und Menschen lebten zuerst als Gedanke in seinem Geist und verwandelten sich durch sein gesprochenes Wort in die Wirklichkeit des Lebens, der Form. Er galt auch als Heilgott, die Kranken brachten ihm künstliche Ohren als Bittgeschenke, denen sie ihre Seufzer um Genesung anvertrauten. Daher setzten die Griechen ihn ihrem eigenen Heilgott Asklepios gleich. Mit seiner Gemahlin, der löwenköpfigen *Sachmet*, und

Anubis *Hathor* *Sobek*

seinem Sohn *Nefertem,* dem Lotosgott, bildete er die Triade von Memphis. Mit zunehmender Vermenschlichung wurden die Götter in menschliche Bindungen hineingestellt, voran in die Urbeziehung von Eltern und Kind. Beispiele dafür sind auch Amun mit der Gattin Mut und dem Sohn Chons sowie Osiris, Isis und Horus.

Dem *Krokodil* gegenüber zeigten die Ägypter Furcht, ebenso wie auch Verehrung, letztere wohl deshalb, um das bösartige Tier, das wasserholende Frauen, Badende und Schiffbrüchige, Wäscher bei der Arbeit angriff, versöhnlich zu stimmen. Die Kultorte lagen hauptsächlich dort, wo Inseln im Strom, Marschen mit Seen, wie das Faijum (Krokodilopolis) oder Kom Ombo, ein Zusammentreffen des Menschen mit diesem Tier wahrscheinlich machten. Der Name des Krokodilgottes war *Sobek* (griech. Suchos). *Sobek* Fischer und Schiffer hatten besondere Ursache, das Tier für sich gnädig zu stimmen und seine Kraft zu eigenem Schutz zu nützen. Man hielt Krokodile als heilige Tiere in Gehegen und mumifizierte sie.

Als Himmelsgöttin und Gottheit der Liebe und Freude, aber auch als Schutzheilige der thebanischen Nekropole und als Amme des Königs galt *Hathor.* Zudem verbarg sich hinter ihr eine Kuhgöttin, weshalb sie frauen- *Hathor* gestaltig mit Kuhohren oder Kuhhörnern oder überhaupt als heilige Kuh

Thot

dargestellt wurde. Berühmt ist die 2,25 m lange Kuhstatue von Deir el Bahri[1]. Die Göttin tritt in Kuhgestalt mit hohem Federschmuck und der Sonnenscheibe zwischen den Hörnern aus dem Papyrusdickicht hervor. Neben der Göttin kniet der König und preßt mit beiden Händen ihr Euter an seinen Mund. Die sogenannte *Hathorsäule* trägt ein Kapitell mit zwei gegeneinandergestellten Köpfen der Göttin, deren Gesicht von den Flechten ihrer Frisur umrahmt ist. Hauptkultort der Hathor war Dendera, wo uns noch heute ihr sehr gut erhaltener Tempel grüßt.

Anubis

In liegender Tiergestalt oder wenigstens mit einem Hundekopf erschien der Totengott *Anubis.* Ihm war der Hund heilig, der treuhütende Wächter. Daher trug das Tier stets ein Band um den Hals. Im Totenkult betreute er die Balsamierung der Leiche; Totenpriester trugen seine Maske, wenn sie amtierten. Er zählte zu den großen Göttern des Jenseits, wirkte zusammen mit Thot beim Gericht über die Verstorbenen mit und bewachte die Friedhöfe.

Thot

Thot galt als Gott der Weisheit, der Zeiteinteilung und von ihm hieß es, daß er, als Ägypten unter der 18. Dynastie zu einer Weltmacht heranwuchs,

[1] Die Statue stammt aus der Zeit der 18. Dynastie und steht in einer bemalten Sandsteinkapelle im Ägyptischen Museum von Kairo.

im Totenreich die Rolle eines Übersetzers spielte, wenn Verstorbene einer fremden Zunge dort ankamen. Er war der schriftkundige Schutzpatron der Beamten und der heiligen Schriften. In Menschengestalt erschien er aber mit dem Kopf eines Ibisses. Denn diesem auf den überschwemmten Feldern eifrig suchenden Vogel traute man eine besondere Geschicklichkeit und Findigkeit zu. Dem Thot als Schutzpatron der Schreiber wurde auch gern der Mantelpavian zugesellt. Dieser Affe, auf einer Platte aufrecht hockend, erscheint als das älteste Kultbild in Tiergestalt schon zur Zeit des Königs Narmer.

Skarabäus

Das als Siegel und Amulett verbreitetste und vielleicht bekannteste Symbol im alten Ägypten war der *Skarabäus*. Diese weißgrauen, 1—10 cm großen Steine finden wir heute noch in Tausenden Exemplaren in den großen Museen der ganzen Welt. Der seltsame Käferstein wird auch jetzt noch gern entweder als echtes altägyptisches Heilsymbol oder als modernes kostbares Schmuckstück am Hals oder am Finger der Dame getragen und ist eine bis in alle Einzelheiten genaue Wiedergabe des zu den Mistkäfern gehörenden, ebenholzschwarzen Pillendrehers (Ateuchus sacer). Er legt seine Eier in Misthaufen. Das Weibchen bildet mit seinem schaufelförmigen Kopf und dem rechenartigen vorderen Beinpaar aus dem Unrat eine Kugel und bedeckt sie mit Erde. Während der Käfer stirbt, findet in dem sich zersetzenden Dung die Brut Wärme und Nahrung, und aus dem Ei erwächst ein junger Käfer. Die Kugel wird zum Sinnbild des Sonnenballs, das ständig sich erneuernde Leben zum Symbol des ewigen Werdens und Vergehens, wie es die Sonne uns täglich am Himmel vorführt. So wird der Käfer ein Ebenbild des Sonnengottes und des aus seiner alten Gestalt wiedererstehenden Menschen. Daher legte man solche Käfersteine in die Mumienbinden der Toten und ein besonders kunstvolles Stück an jene Stelle, aus der das Herz herausgenommen war. Es würde von den Richtern des Schattenreiches gegen eine Vogelfeder auf der Waage nachgewogen, sagte man. Deshalb gab man dem Herzskarabäus die innige Bitte mit: »O du mein Herz, wende dich nicht gegen mich als Zeuge!« So heißt es in dem Totenbuch, einer Sammlung von magischen Anrufen, die ein glückliches Dasein im Jenseits gewährleisten sollten und von denen man daher eine Abschrift dem Toten ins Grab mitgab. Der Skarabäus heißt im Ägyptischen cheper, »der aus der Erde erstand«. Damit ist die sinnbildliche Vorstellung des Werdens schon durch den Namen gegeben. Der Käfer hat ein großes Denkmal an der Nordwestecke des heiligen Sees in Karnak; sein Bild meißelte man in Obelisken und schnitt es in Gemmen.

Die Weltschöpfung

Aufs engste mit der Götterlehre war der Mythos von der *Weltschöpfung* verknüpft. Wie die meisten primitiven Völker versuchten auch die Ägypter, sich ursprünglich die Entstehung der Welt folgendermaßen zu erklären: Am Anfang gibt es nur den Ozean. Aus dem Chaos des unendlichen Wassers entsteht die gestaltige Welt. Ein Ei taucht auf dem Meere auf, und daraus wird der Sonnengott geboren. Er hat vier Kinder: *Schu* und *Tefnut*, *Geb* und *Nut*. Schu ist der Luftgott, Tefnut, seine Gemahlin, ist die Göttin der Feuchtigkeit. Die Kraft des Schu trennt das Gattenpaar Geb und Nut.

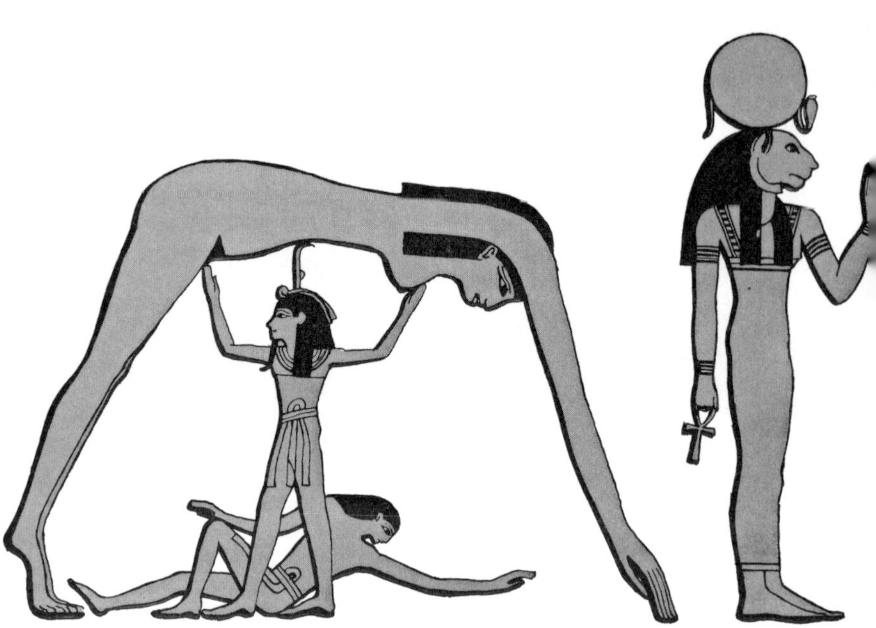

Schu hält den Körper der Nut über Geb *Tefnut*

Geb, der Erdgott, erscheint als ein ausgestreckter Mann, entsprechend dem schmalen und langen Niltal, auf seinem Rücken wachsen Pflanzen. Die Nut wird über ihren Gatten in die Höhe gehoben und wird die Göttin des Himmels, die sich über die Erde beugt. Wiederholt sieht man ihr Bildnis auf der Innenseite des Sargdeckels. Geb und Nut werden die Eltern der beiden Götterpaare *Osiris* und *Isis, Seth* und *Nephthys.* Der Mythos der Weltschöpfung erzählt also nicht von einer Erschaffung der Welt aus dem Nichts, sondern von einer Trennung und Ordnung des Chaos. In

Osiris

Osiris verkörperte sich ursprünglich der bäuerliche Gedanke der in der Natur durch stete Erneuerung verbürgten Fortdauer alles pflanzlichen Lebens. Das Symbol dafür war das Korn, das, in die Erde gesenkt, im Dunklen weiterlebt und wieder als Kornähre Leben gewinnt. Die Auferstehungsvorstellung durchzieht auch den späteren Osirismythos.

Osiris, wohl die bekannteste ägyptische Gottheit, war dem Sonnengott als Herrscher auf Erden gefolgt, regierte die Welt weise und gerecht und wurde als Kulturbringer der größte Wohltäter der Menschheit. Seine Schwestergattin Isis half ihm dabei. Beide verbreiteten Gesittung unter den Menschen und machten das Leben schöner. Aber Seth, der seinem Bruder den Thron nicht gönnte, verschwor sich gegen ihn, tötete ihn und ließ die zerstückelte Leiche verstreuen. Die Königin suchte unter vieler Mühe die Teile, der hundsköpfige Anubis half die Überreste zusammensetzen und einbalsa-

Isis

mieren. Durch zauberkräftige Sprüche erweckte Isis die Leiche wieder zum Leben. Es war zwar Osiris nicht möglich, in sein Herrscheramt auf Erden

Isis

Osiris

zurückzukehren, aber er wurde zum Herrn der Unterwelt und zum Richter über die Seelen der Verstorbenen. Isis gebar einen Sohn namens Horus, den sie in einem Sumpfgebiet des Deltas heimlich zum Rächer seines Vaters erzog. Zum Mann herangewachsen, nahm er Rache an seinem Oheim Seth, dem Thronräuber, besiegte ihn und gewann die Herrschaft seines Vaters zurück. Diese Legende war von allen ägyptischen Volksmythen die verbreitetste. Wegen des rührend Menschlichen verlor sie nie ihre Wirkung auf die große Menge. Man achtete und verehrte die Vorsorge und Güte des Osiris, die hingebende Treue der Gattin und die aufopfernde Kindesliebe des Sohnes, nahm aber auch Anteil an dem Schicksal des Osiris, der auf Erden Verrat und Verlust seines Lebens erfahren mußte. Die Überwindung des Todes durch die Liebe der Gemahlin gab allen Sterblichen die berechtigte Hoffnung auf ein ewiges Fortleben. Sein Schicksal brachte den Gott den Herzen der Ägypter nahe und drängte den Kult des unnahbaren Sonnengottes in den Hintergrund. Des Osiris Sterben und Auferstehen barg in sich das uralte Sinnbild des Ackerbodens, der in der Überschwemmung versinkt und wieder auftaucht zu neuer Fruchtbarkeit. Im MR entwickelte sich dieser Mythos zu einem führenden Kult. *Abydos,* das als die Grabstätte des Hauptes des Osiris galt, wurde zu einem Wallfahrtsort. Alljährlich strömten Tausende nach Abydos, um dort die dramatische Aufführung der Osiris-Legende anzusehen und an der Prozession teilzunehmen. Abydos wurde eine der heiligsten Stätten der Ägypter.

Mit der Verehrung des Osiris als Totenrichter trat auch zum erstenmal die

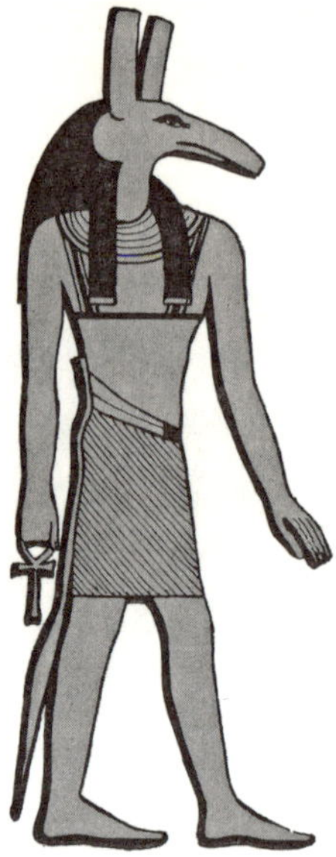

Seth

Nephthys

Vorstellung auf, daß der Mensch sich nach seinem Tode für seine auf Erden begangenen Taten verantworten müsse.

Das Bild des Osiris begegnet uns menschengestaltig, gleichsam wie mit Binden umwunden, der Mumie genähert. Die Hände halten die Insignien des Königtums, das Haupt ist geschmückt von der eigentümlichen, beiderseits mit Straußenfedern ausgestatteten sogenannten *Atefkrone.*

Im Bereich des thebanischen Göttersystems spielte Osiris nur eine untergeordnete Rolle. Er wurde durch Amun verdrängt. Doch seit dem späten NR wurden Osiris und Isis von einer breiten Glaubensbewegung wieder zu hohen Ehren emporgetragen. Das Zurücktreten der himmlischen Gottheit und das Vordringen der Unterweltsgötter dürften mit einem stark pessimistischen Zug in der Spätzeit zusammenhängen, in der die Werte der Welt von den Geheimnissen des Jenseits überschattet wurden. In hellenistischer Zeit wächst Isis als das Idol einer Frau und Mutter über Osiris zu einer führenden Göttergestalt des Landes empor, und ihr Kult wirkt weit hinaus ins Römische Reich. Sie wird als weibliche Figur dargestellt, auf ihrem Kopf trägt sie das Zeichen des königlichen Thrones, das zugleich das Schriftzeichen ihres Namens ist.

Horus Der Falkengott *Horus* erreichte schon in der ersten Königszeit eine Vorrangstellung. Sein Höhenflug fand in dem Namen Horus, das ist »der in der Höhe«, seine Entsprechung und führte zur Wesenheit eines Himmelgottes. Das am Firmament schwebende Flügelpaar war der Vorläufer für das später so häufige Sinnbild der Flügelsonne, Sonne und Mond waren die Augen des Gottes. Die alte Überlieferung besagte, daß der jeweilige König als die irdische Inkarnation des Gottes gelte und der Horusname zur

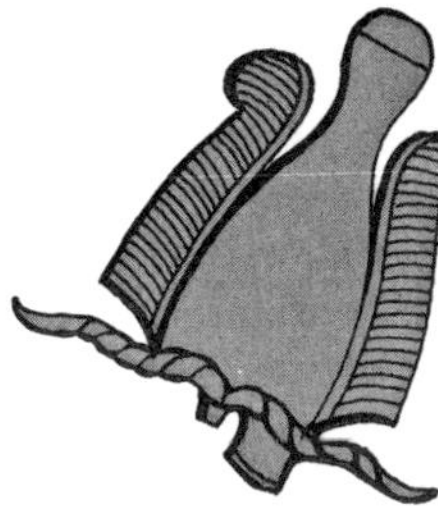

Die Atefkrone

königlichen Titulatur gehöre. Die geflügelte Sonne wurde eine Art Reichssymbol des geeinten Ägypten. Es ist erklärlich, daß dieser bedeutende Gott an vielen Orten seine Kultstätten hatte, unter denen besonders Edfu hervorzuheben ist, wo noch heute die riesige Falkenstatue vor dem Tempelhaus aufragt.

Trotz bildlicher Darstellung der Gottheiten bewahrte ihre Vorstellung von Gott als einer Kraft, einem geistigen Prinzip die alten Ägypter vor dem Irrtum eines reinen Bilderdienstes. Die verschiedenen Götterfiguren sollten nur eine sinnlich wahrnehmbare Ansicht Gottes vor Augen führen. Hinter allen greifbaren, materiellen kultischen Abbildungen stand der Geist. Je mehr sich das religiöse Leben durch Gedankenarbeit verdichtete, desto tiefer stieß es zur Mitte vor, zur Erkenntnis, daß die Namen der einzelnen Gottheiten letzten Endes nur den einen namenlosen, ewigen Gott meinten. Diese unpersönliche, unbegrenzte göttliche Kraft war über all die sichtbaren Formen erhaben, aus ihr schöpften alle Götter und in ihr fanden sie sich. Daher begegnet uns in den »Weisheitslehren« immer wieder die allgemeine Bezeichnung *Gott* ohne jeden weiteren Hinweis auf eine einzelne Gottheit. Es bestand also neben einer Vielgötterei mit gestaltigen Wesen, die teilweise ihren Zusammenhang mit den verschiedenen Tierkulten erkennen ließen, der Glaube an einen einzigen Weltenlenker ohne Gestalt und Namen. Welche Gründe es waren, daß diese religiöse Idee in der Amarnazeit auf heftigsten Widerstand stieß, soll später noch erläutert werden.

Die Herakleopolitenzeit

Re muß von neuem mit der Schöpfung beginnen.
Aus den Weisheitslehren

Der Wechsel vom Alten Reich zum Mittleren Reich wurde, wie schon erwähnt, durch verschiedene Veränderungen bedingt. Mit der neuen Weltgeltung des Sonnengottes Re wandelte sich auch die Idee des Königtums, der Herrscher verlor seine Stellung als Gottkönig, und das aufkommende

Lehnswesen gab den Gaufürsten mächtigen Auftrieb. Durch die Befreiung der adeligen Grundbesitzer und der Tempelpriesterschaft von der Verpflichtung zu Abgaben und Fronarbeiten sanken die Staatseinnahmen und mehrten sich die Lasten des verbleibenden Teiles der Bevölkerung. Daher führten diese Zustände mit dem Ende der 6. Dynastie zu einer Verarmung und übermäßigen Beanspruchung der anderen Bevölkerungsschichten und der vom Staat bewirtschafteten Ländereien. Nach der schon legendär gewordenen Regierung eines der letzten Könige der 6. Dynastie, *Phiops' II.*, der mit 6 Jahren den Thron bestieg und 100 Jahre alt wurde, löste sich um 2190 das vereinigte Reich auf.

Phiops II.

Mit dem Ende der alten religiösen und staatlichen Bindungen verloren die Menschen in der allzulangen Regierungszeit des schwachen Herrschers ihre Sicherheit, die auf dem Glauben an die Macht der überkommenen gesellschaftlichen Ordnung und der bewunderswerten Planwirtschaft beruht hatte. Die sich mehrenden Lasten und die als unerträglich empfundenen Verpflichtungen, in deren Gefolge Hunger, Armut und soziale Spannungen, führten mit schicksalhafter Notwendigkeit zu Umschichtungen, Unruhen und Aufruhr. Zweifel und Fragen drängten sich auf, der altersgeheiligte Nimbus des Gottkönigtums schwand. Tüchtige Gaukönige suchten die ungewisse Lage des Reiches zu selbstherrlicher Erweiterung ihrer Macht zu nützen. Die Epoche zwischen dem Alten Reich und dem Mittleren Reich (2190–2040) führt den Namen *Erste Zwischenzeit.* Sie umfaßt die Zeitspanne der 7. bis 10. Dynastie. Von der 7. Dynastie, die in Memphis regierte, erzählt Manetho, daß sie 70 Könige zählte, die 70 Tage regierten. Mag dieser Bericht auch nicht der historischen Wahrheit entsprechen, so deutet doch das Spiel mit der Siebenzahl auf die Wirren hin und auf die wechselnden Versuche, sich der Herrschaft zu bemächtigen. Wahrscheinlich verbirgt sich dahinter eine furchtbare Katastrophe. Auch über die 8. Dynastie, die nur ein kurzes Interregnum von ein paar Jahrzehnten gewesen sein mag, ist das Dunkel revolutionären Unfriedens gebreitet. Es ist daher verständlich, daß es einem tatkräftigen Gaufürstentum leicht gelingen konnte, den Schattenkönigen von Memphis die Krone zu entreißen und selbst den Thron zu besetzen. Das neue Königshaus stammte aus Herakleopolis, einer Stadt am Eingang zum Faijum, blieb durch zwei Dynastien, die 9. und 10., an der Macht und gab der Epoche den Namen *Herakleopolitenzeit.* Es dürfte eine sehr kriegerische Herrschaft gewesen sein, viele Fremde, wie Libyer, Semiten und Nubier, traten in die Dienste der Herakleopoliten. Wie haßerfüllt diese Zeit war, zeigt der Zustand der alten Gräber. Die Kartuschen der früheren Könige sind ausgekratzt, ihre Särge geöffnet, ihre Standbilder zerstört. Auch vor dem Tode machte die Vernichtung nicht halt.

Die erste Zwischenzeit

Die Gaufürsten von Herakleopolis

Eine große Leistung vollbrachte diese Dynastie mit der Wiedereroberung des Deltas, das an eingedrungene Beduinenstämme verlorengegangen war. Ein wichtiges literarisches Werk, das auf diese recht überlieferungsarme Zeit ein charakteristisches Licht wirft, ist die *»Lehre für König Merikare«.* In die Zeit der beiden vorletzten Könige der 10. Dynastie, Achthóes III.

Lehre für König Merikare

und Merikare, fällt die Auseinandersetzung mit dem erstarkenden thebanischen Gaufürstentum, das sich vom Süden her anschickte, wieder die Herrschaft über das Gesamtreich zu erobern. Die didaktische Schrift für Merikare, die als wichtigste Grundlagen für eine dauerhafte Herrschaft Klugheit, Verantwortungsgefühl, Gerechtigkeit und Einhalten der religiösen Vorschriften nennt, dürfte aus dem Zwiespalt zwischen den aus dem AR überkommenen sittlichen Forderungen und dem Ansturm der mit solchen Weisungen unvereinbaren eigenen Erfahrungen entstanden sein. In dieser Zeit entwickelte sich immer klarer die Vorstellung von einem prüfenden Totengericht, das alles menschliche Handeln unter die ausgleichende Gerechtigkeit stellte und ohne dessen Zustimmung keiner das dunkle Tor zu einem glücklichen Jenseits durchschreiten durfte.
»Die Richter, die die Sünder richten, du weißt, daß sie nicht milde sind an jenem Tag, da sie die Elenden richten, in der Stunde, wo sie ihr Amt ausüben. Schlimm ist der Ankläger. Spiele nicht den Klugen und vertraue nicht auf die Länge der Jahre; denn die Richter sehen die Lebenszeit wie eine Stunde an. Der Mensch bleibt nach dem Sterben übrig, und seine Taten werden zu Haufen neben ihn gelegt. Es währt aber eine Ewigkeit, daß man dort ist, und ein Tor ist, wer sich dagegen auflehnt. Wer aber zu den Totenrichtern gelangt, ohne daß er gesündigt hat, der wird dort sein wie ein Gott, frei schreitend wie die Herren der Ewigkeit.«
Dieser Glaube schenkte in den unheilvollen Zeiten allen denen, die nach einer Stütze suchten, den Trost einer vergeltenden Gerechtigkeit und schloß zugleich zwangsläufig die Forderung nach einem sittlich geführten irdischen Leben in sich. Es ist bewunderswert, daß sich inmitten einer noch barbarischen Umwelt, wenn auch nicht in breiten Schichten des Volkes, so doch in kleinen, erlesenen Kreisen, schon so früh hohe sittliche Anschauungen von Gerechtigkeit, Güte und Einordnung in die Gemeinschaft entwickelten. »Tue das Rechte, solange du auf Erden weilst; beruhige den Weinenden, verdränge keinen Mann von dem Besitz seiner Väter, hüte dich davor, ungerecht zu strafen.«
Der Einsturz der Welt des AR führte nicht nur zur Auseinandersetzung mit den Erscheinungen der staatlichen und gesellschaftlichen Ordnung, sondern auch mit den Formen der Religion und des Jenseitsglaubens. Mit der Vorstellung von dem strengen, aber auch gerechten Totenrichter verband sich die von dem gütigen und fürsorglichen Gott: »Wohlgeordnet sind die Menschen, das Vieh Gottes. Er hat Himmel und Erde um ihretwillen erschaffen. Er hat für sie das dunkle Chaos beseitigt. Er hat die Luft erschaffen, damit ihre Nasen leben können. Seine Ebenbilder sind sie, aus seinem Leibe hervorgegangen. Er geht am Himmel auf um ihretwillen. Er hat die Pflanzen für sie geschaffen und die Tiere, Vögel und Fische, um sie zu ernähren. Er tötete seine Feinde. Er hat das Licht ihrethalben erschaffen und hat auch seine Kapelle hinter ihnen errichtet; wenn sie weinen, hört er es. Er hat ihnen Herrscher erschaffen, um den Rücken des Schwachen zu stützen. Er hat ihnen Zauber erschaffen als Waffen, um abzuwehren den Arm der Ereignisse, und Träume kündigen an das Zukünf-

tige am Tage wie in der Nacht. Er hat die Frevler unter ihnen getötet, wie ein Mann seinen Sohn um dessen Bruder willen schlägt. Gott kennt jeden Namen.«

Der geistige Umbruch hob die Einzelpersönlichkeit als verantwortliches Wesen aus der namenlosen Masse und unterstellte ihr Tun und Lassen einer sittlichen Bewertung. Trotz allen Wirren der Zeit hatten sich Kräfte aus dem AR erhalten, die den Staat zu neuer Blüte weisen sollten. Die Ägypter selbst hielten die zwei Jahrhunderte der 11. und 12. Dynastie unter den aufstrebenden Fürsten von Theben für die klassische Zeit ihrer Geschichte.

Mittleres Reich

Mache dein Haus in der Totenstadt herrlich durch Rechtschaffenheit und Rechttun. Das ist es, worauf das Herz der Menschen sich verlassen kann. Die Tugend des Rechtschaffenen wird von Gott lieber entgegengenommen als das Opferrind des, der Sünde tat.

Lehre für Merikare

Das hunderttorige Theben

Mit Beginn der 11. Dynastie trat der Hauptort des 4. oberägyptischen Gaues »*Weset*« in das Rampenlicht der ägyptischen Geschichte. Wir nennen heute die Stadt nach dem Brauch der Griechen »*Theben*«, wie die böotische Stadt. Denn die Griechen pflegten Ortsnamen fremder Sprachen mit Vorliebe der ihnen geläufigeren eigenen Ortsbezeichnungen anzupassen. Von dieser Stadt, also wiederum vom Süden, ging der Anstoß zur Wiedervereinigung des Reiches aus. Dies erklärt sich wohl aus der geschlossenen und abgeschiedenen Lage des oberen Niltales, das im Gegensatz zum Norden nicht den Gefahren fremder Einflüsse ausgesetzt war. Der Gaugraf von Theben, *Antef I.*, der sich bereits als König bezeichnete, begründete die 11. Dynastie, und er sowie seine Nachfolger schufen die Vorbedingungen für die künftige Größe der »hunderttorigen« Stadt, die damit zum erstenmal die politische Führung übernahm. Es galt, die immer noch mächtigen Herakleopoliten gegen die anderen Gaufürsten und diese wieder gegeneinander durch kluge Diplomatie auszuspielen, die einflußreichsten für sich zu gewinnen, um sich selbst zum Herrn der Lage zu machen. Die Erinnerung an das ruhmlose Ende des Königtums lebte im Volk weiter. Hatte im AR der unbeirrbare Glaube dem Gottkönig seine unumschränkte Macht zugetragen, so mußte nun eine Reihe bedeutender Herrschaftspersönlichkeiten durch ihre Leistung um das Vertrauen des Volkes werben. Die Sorge um den Gesamtstaat war jetzt die erste Pflicht der Pharaonen. Als daher ein Nachfolger aus der Antef-Familie, *Mentuhótep,* die alte Reichseinheit von Ober- und Unterägypten wiederherstellte und zum eigentlichen Begründer des MR wurde, wartete auf ihn eine Unzahl von Aufgaben. Vor allem galt es, nach den schrecklichen Notzeiten der Bevölkerung ihren früheren Wohlstand zurückzugeben. Äußere Feinde, die die inneren politischen Erschütterungen ausgenützt hatten, waren nahe an die Grenzen gerückt und mußten auf allen Seiten abgewehrt werden. Zwar konnten die Könige die übermächtigen Feudalfürsten noch nicht ausschalten, aber sie wurden unter die Macht der Krone gezwungen, und damit kehrten straffe Ordnung und Gedeihen wieder ein. Schließlich brachte der frische Auftrieb auch neues Leben in die künstlerische Tätigkeit, die eine Zeit des Verfalls hinter sich hatte.

Theben

Mentuhótep

Wie das Symbol einer gewandelten Epoche und Baugesinnung kennzeichnet das einzige große Baudenkmal der 11. Dynastie, der *Mentuhoteptempel* von Deir el Bahri, den Anfang des MR. Er wurde auf dem Westufer gegenüber

Der Grabtempel des Mentuhotep

Der Totentempel des Königs Mentuhotep (Rekonstruktion) im Talkessel von Deir el Bahri bei Theben

von Karnak in einen weiten Talkessel hineingestellt, mit der wuchtigen, steil abfallenden Kulisse des Wüstengebirges im Hintergrund. Diesem Grabmal folgten später weitere, und bald entstand in dieser halbkreisförmigen Ebene die berühmte Nekropole der Reichshauptstadt Theben, die mit ihren vielen Privatgräbern und den Grüften der Könige sowie den Wohnsiedlungen der für den Totendienst tätigen Priester, Beamten und Handwerker zu einer der ehrwürdigsten Stätten Ägyptens wurde. Der monumentale Totentempel mischte in seinen Formen Altes und Neues in einer eigenartigen und einmaligen Weise zu einem völlig neuen Grabtyp. Die ganze Anlage wuchs pyramidenförmig in die Höhe. Auf einem quadratischen Unterbau mit einer vorgelagerten Pfeilerhalle stand ein Oberbau von geringerem Umfang, der eigentliche Kulttempel, der eine umlaufende Terrasse freiließ. Aus der Mitte ragte eine Pyramide empor, der gewandelten Königsidee entsprechend von bescheideneren Ausmaßen und aus vergänglichen Lehmziegeln gebaut: nicht mehr eine »ewige Wohnung«. Das alte Pyramidenwegmotiv des Ansteigens aus dem Tal fand hier Fortsetzung durch die Rampe, die auf die erste Terrasse und zum Portal des Oberbaues führte. Durch die Stützenreihen des Unterstockes und an den drei Seiten des oberen Baues mit den weißen Kalksteinpfeilern und den dunkleren, sich öffnenden Zwischenräumen entstand ein bewegtes Spiel von Licht und Schatten. Durch Rampe und Pfeilergruppierung bekam das Grabmal im Gegensatz zu den völlig seitengleichen, vom einheitlichen Mantel umschlossenen und daher bewegungs- und richtungslosen Pyramiden eine betonte Vorderfront, die auf die Stadt der Lebenden, auf Theben, hinabblickte. Ein wunderbarer Baugedanke voll tiefer Symbolik.

Die Pyramidenanlage selbst war nicht Grab, sondern Kulttempel. Das eigentliche Königsgrab wurde hinter dem Terrassenbau tief in die aufsteigende Felsenwand verlegt, wahrscheinlich zur besonderen Sicherung des Leichnams. Von einem hinter der Pyramide befindlichen Hof führte ein Schacht zu einer unterirdischen Grabkammer mit einem leeren Sarkophag und einer in Mumienbinden gewickelten Sitzstatue des Königs mit der Krone Unterägyptens. Diese Tatsache deutet auf den alten Brauch des doppelten Königsgrabes hin. Leider sind uns von dem Tempel, der als der älteste von Theben gilt, bloß Trümmer erhalten, die den Gelehrten eine nur mühsame Rekonstruktion ermöglichten. Daher lohnt sich auch ein Besuch dieser Ruinenstätte heute nicht mehr.

Sitzbild König Mentuhoteps

Das *Sandsteinbildnis* Mentuhoteps im Museum von Kairo ist 1,83 m hoch. Schwer hockt der Körper auf dem würfeligen Sitz, die Arme sind auf der Brust gekreuzt, die Hände zu Fäusten geballt, die Füße geschlossen, ein wulstiger Bart hängt in den Halsausschnitt des bis zu den Knien reichenden weißen Kleides, das stark von dem olivschwarzen Körper absticht. Das Haupt deckt die düsterrote Krone Unterägyptens, deren hinterer Aufbau sich steil zur Höhe streckt. Der wenig gegliederte Körper, die Beschränkung auf das Wesentliche schaffen den Eindruck der Blockhaftigkeit und rufen Erinnerungen an Ähnliches in den Werken des AR wach.

Die 12. Dynastie

Über das Ende der 11. Dynastie herrscht keine geschichtliche Gewißheit, es besteht nur die Vermutung, daß *Amenemhét* (1991–1962)[1], der Wesir des letzten Königs, sich gewaltsam des Thrones bemächtigte und damit die 12. Dynastie an die Macht brachte. Wir sind über die Zeitfolge dieser Herrscherreihe genau unterrichtet, so daß wir sie mit Zahlenangaben zureichend in den chronologischen Ablauf einordnen können. Die Dynastie herrschte von 1991–1786, also 205 Jahre lang.

Kartusche des Königs Amenemhét I.

Mit Amenemhet, dessen Name »Amun ist an der Spitze« bedeutet, kam die thebanische Gottheit Amun rasch zur Würde eines Reichsgottes und verschmolz mit dem Sonnengott zu Amun-Re. Dadurch stieg der Tempel des Amun beim heutigen Karnak zu immer größerem Ansehen. Obwohl Theben als Heimat der beiden Dynastien des MR das Zentrum des Landes wurde,

[1] Amenemhet = griech. Ammenemes.

verlegte man doch, sicherlich aus Gründen einer übersichtlichen Verwaltung, den Regierungssitz an den gegebenen Schwerpunkt des Reiches nahe dem alten Memphis, nach *Lischt,* wo noch heute die Reste der Pyramiden Amenemhets I. und seines Sohnes Sesostris I. davon künden.

Die Pharaonen der 12. Dynastie, die alle Amenemhet und Sesostris hießen, waren hochbedeutende, tatkräftige Herrscher, die fast alle lange regierten und das ihnen anvertraute Königsamt mit großer Verantwortung und zum Segen des Reiches führten. Um die Thronfolge zu sichern und der Staatslenkung eine gradlinige Entwicklung zu wahren, ernannten sie, kennzeichnend für dieses Herrscherhaus, ihre Söhne zu Mitregenten und Thronfolgern. Diese Vorsorge machte sich auch dahin bemerkbar, daß die Innen- und Außenpolitik bei allen Königen in der Generallinie gleichblieb. Im Inneren mußte das noch unzulängliche Werk der früheren Dynastie fortgesetzt werden. Unter schweren Kämpfen wurde die Ausschaltung der Feudalherren und ihre Unterordnung unter die Zentralgewalt des Pharao erzwungen und die Neuorganisation des Staates mit Hilfe einer dem König treu ergebenen Beamtenschaft durchgeführt. Das Amt des Wesirs fiel wieder an den Thronfolger zurück, und dessen Pflichtenbereich wurde nach den Forderungen strengster, vorurteilsfreier Gerechtigkeit und verantwortungsbewußter, vielseitiger Verwaltungskenntnis festgesetzt. Die Ausbeutung der Steinbrüche und der Bergwerke, die Erschließung der versumpften Seelandschaft des Faijum durch eine zielbewußte Kanalisierung brachten Arbeit und Vergrößerung des Fruchtlandes. Die Sicherung gegen Einfälle von Asien und eine feste Grenzwehr gegen Nubien beruhigten die Verhältnisse und öffneten einem friedlichen und regen Handelsverkehr die Tore, vor allem in das reiche *Punt* am Roten Meer und nach Nubien, woher Ägypten sein Gold bezog als Tauschmittel für seine Handelsbeziehungen und als Stütze seiner politischen Einflußnahme auf die Nachbarländer.

Amenemhet I., der sich durch Gewalt des Thrones bemächtigt hatte, zog sich in seinen späteren Jahren in seinen Palast zurück und überließ dem Sohn Sesostris die Verteidigung nach außen. Als sich der Prinz auf einem Zuge gegen die Libyer befand, fiel der Pharao einem Aufstand zum Opfer. Eilboten riefen Sesostris zurück, der sofort den Thron bestieg und damit seinem Hause die Herrschaft erhielt. Das düstere Ende des Amenemhet spiegelt sich in seinen Weisheitssprüchen wider, in denen er im Rückblick auf sein ganzes Leben seinem Sohne Verhaltungsmaßregeln voll tiefer Weisheit und erfüllt mit der Bitterkeit enttäuschter Hoffnungen übergab:

Höre auf das, was ich dir sage,
damit du König seiest auf Erden.
Kenne keinen Freund
und mach dir keinen Vertrauten –
es ist nichts Vollkommenes dabei.
Wenn du schläfst, bewache selbst dein Herz,
denn ein Mensch hat niemanden
am Tage des Unglücks.

Ich ließ den Niedrigen zu mir
wie den, der angesehen war,
aber die mein Brot aßen, empörten sich;
dem ich die Hand reichte, der erregte Schrecken.

Sesóstris

Sesóstris I. (1971—1928) suchte nach dem gewaltsamen Tod seines Vaters die allgemeine Aufmerksamkeit auf außenpolitische Fragen zu lenken, um rasch über den Aufstand hinwegzukommen. Er schickte seine Heere bis zum 2. Katarakt hinauf und befestigte die Grenze. So weit war vor ihm kein König vorgedrungen. Mit den westlichen Oasen, die damals noch nicht zu Ägypten gehörten, nahm er Verbindung auf. Das Niltal schmückte er mit einer Reihe von Baudenkmälern. In *Heliópolis,* 12 km nordöstlich von Kairo, erinnert noch der einsame, 20,27 m hohe, beschriftete *Obelisk* als einziger Rest an die ehemalige Tempelstadt, in der auch später Herodot, Platon und andere berühmte Männer geweilt haben. Er ist der erste wirklich monolithische Obelisk mit einer kleinen Pyramide, einem sogenannten *Pyramidion,* an der Spitze. Sesostris ließ ihn aufstellen mit dem Wunsch:

Kartusche des Königs Sesostris I.

Meiner Schönheit wird man in diesem Hause gedenken,
mein Name ist Pyramidion, und mein Denkmal ist der See.

Die Stadt mit ihren Heiligtümern[1] wurde durch Eisen und Feuer ausgetilgt, mit ihr ist auch der heilige See verschwunden, aber der Obelisk mit der Kartusche Sesostris' I. schaut noch heute stolz ins Land. Wie Amenemhet ließ auch er sich in Lischt eine Pyramide aufführen. Aber sie sowie die Gräber der späteren Könige in Dahschur, Hawara und Illahún sind als vergängliche Ziegelbauten mit Kalksteinverkleidung zu formlosen Hügeln zusammengesunken. Von den vielen Orten sind uns Statuen des Pharao erhalten. Die schönsten, die zehn Sitzfiguren aus seinem Totentempel in Lischt, jetzt im Museum von Kairo, alle etwa 2 m hoch, sind ganz im Stil des MR gestaltet. Die Gestalt sitzt frei, die Hände ruhen auf den Oberschenkeln, der Oberkörper ist nackt, Schulterhaube, Bart und Lendenschurz dürfen nicht fehlen.

Der Königsplastik erwuchs im MR eine neue Aufgabe. Sie sollte nicht mehr in der Grabkammer verschlossen als ein rein kultischer Gegenstand dem Fortleben des Grabherrn im Jenseits dienen, sondern als ein allen zugängliches Denk-Mal die Staatsidee sichtbar vor Augen führen.

Der Tod Amenemhets und die Regierungsübernahme Sesostris' bilden den Ausgangspunkt für die Novelle *Sinuhe*[2] von einem unbekannten Verfasser.

[1] Die einstige Größe des Tempelbereiches von Heliopolis beweist die Tatsache, daß von hier allein fünf Obelisken nach Europa und Amerika gebracht wurden: Drei nach Rom (je einer vor der Peterskirche, vor S. Giovanni in Laterano, auf der Piazza del Popolo) und je eine »Nadel der Kleopatra« nach London und New York.

[2] Der finnische Schriftsteller Mika Waltari veröffentlichte unter Verwendung dieses Stoffes 1945 den Roman »Sinuhe, der Ägypter«.

Sinuhe Sinuhe, ein Adeliger am Hofe Amenemhets, ist im Gefolge der Königin Nefru, der Gemahlin Sesostris. Er begleitet den jungen Thronfolger auf seinem Kriegszug gegen die Libyer und hält sich zufällig im Königszelt auf, als die Nachricht vom Tode Amenemhets eintrifft. Sesostris eilt, ohne das Heer von seiner Abreise zu verständigen, mit seinen nächsten Begleitern in die Heimat, wo man einen Gegenkönig aufgestellt hat. Die Ereignisse bringen Sinuhe völlig in Verwirrung. Wir erfahren allerdings keine Begründung dafür. Mag Sinuhe vielleicht fürchten, er könnte irgendwie mit der Verschwörung in Zusammenhang gebracht werden oder daß seine durch einen Zufall bedingte Kenntnis des Staatsgeheimnisses allein schon Grund genug zu einer Besorgnis sei? Sinuhe selbst kann sich seine Angstzustände nicht erklären. Er flieht in hastender Eile unter Umgehung der Hauptstadt am Rande des Deltas nach Osten an Ägyptens Grenze. Es gelingt ihm, die Grenzposten in der Nacht zu täuschen und über Suez in die Wüste zu entkommen. Dort bricht er vor Erschöpfung und Durst im Sande zusammen und erwartet den Tod. Da labt ihn ein mitleidiger Scheich eines vorüberziehenden Beduinenstammes mit Milch, so daß er seinen Weg über Byblos nach Osten fortsetzen kann. Endlich nimmt ihn ein asiatischer Beduinenstamm bei sich auf. Dessen Scheich, der die Verhältnisse in Ägypten sehr gut kennt, gibt ihm seine Tochter zur Frau, dazu fruchtbares Land und Herden. Hier lebt er viele Jahre, seine Kinder wachsen heran, und er ist allen, die sich an ihn wenden, ein hilfreicher Wohltäter. Aber sein Glück und die Gunst des Scheichs wecken Neider. Sie schicken einen riesenhaften Menschen vor, der schon weite Landstriche bezwungen hat. Er fordert Sinuhe zum Zweikampf heraus. Sinuhe sucht Pfeil und Bogen hervor und steckt sich einen Dolch in den Gürtel. Die innige Anteilnahme seiner Leute begleitet ihn zum Kampfplatz. Sinuhe erringt den Sieg, der Gegner fällt, von einem Pfeil im Nacken getroffen.

Das Schicksal hat Sinuhe zu Ruhm und Reichtum emporgetragen, aber im Herzen wohnt unstillbar das Heimweh. Jetzt, da er älter geworden ist, da die ersten Todesgedanken aufsteigen, will er in seine Heimat und nahe seinem König im Schutze der heimischen Götter seine letzte Ruhestatt finden. Da erhält er einen Brief seines ägyptischen Herrn mit kostbaren Geschenken. Er lädt ihn zur Rückfahrt ein, nur in Ägypten könne er ein seinem religiösen Empfinden entsprechendes Begräbnis erhalten. Seine Unschuld sei klar erwiesen, all die Schreckgespenster, die ihn zur Flucht bewogen haben, seien nur ein böser Traum gewesen. So verläßt Sinuhe seine beduinischen Angehörigen, verteilt seinen Besitz unter seine Kinder und kehrt heim. Mit allen Ehren wird er empfangen, König und Königin begrüßen ihn feierlich. Die seelische Erregung der Wiederkehr ist so groß, daß sie ihm die Besinnung raubt, er nicht mehr weiß, ob er lebt oder tot ist. Aber die gütige Aufnahme durch die Königsfamilie läßt ihn zu sich selbst zurückfinden. Er wird Kammerherr und Mitglied des Hofstaates bis zum Tage seines Abscheidens. In seinem Steinsarkophag auf dem königlichen Friedhof geht er ein in das ewige Leben seines ägyptischen Glaubens.

Die Novelle läßt uns in ihrer farbigen, lebensvollen Schilderung in die damalige Zeit hineinschauen, zeichnet in feiner Weise die verschiedenen Seelenlagen des Menschen, die merkwürdige Furcht, das Leben in der Fremde, im »Elend«, die Sehnsucht nach der Heimat, die alles irdische Glück, Reichtum und Ehre, vergessen läßt, die Geborgenheit in der Hut der heimischen Götter, in der Gunst des Königs.

Es ist begreiflich, daß diese Novelle zur Lieblingslektüre der alten Ägypter gehörte. In den Schreiberschulen ließ man daraus Abschnitte als Übungsbeispiele abschreiben, ja sogar den Toten legte man die Erzählung zur Unterhaltung in ihr Grab.

Sesostris berief in dankbarer Erinnerung an die Vorteile, die ihm als Mitregenten die väterliche Einführung in das Herrscheramt gebracht hatte, seinen Sohn *Amenemhét II.* ebenfalls in die Regierung, der nach dem Tode des Vaters die Herrschaft ohne Schwierigkeit weiterführte (1929–1895). Auch er nahm seinen Sohn *Sesóstris II.* als Mitregenten (1897–1879). Unter beiden Königen herrschte viel Wohlstand im Reich, der Handel nach Punt blühte, die Kupferminen auf der Sinaihalbinsel wurden eröffnet, nubische Goldminen blieben eine Quelle des Reichtums für das königliche Haus. Amenemhet II. ließ seine Pyramide in Dahschur, südlich von Sakkara, errichten, wo sich auch die schon erwähnte Knickpyramide erhebt; Sesostris II. die seine in Illahún bei Herakleopolis.

Der Löwensphinx Amenemhéts II.

Von Amenemhet II. haben wir kein Rundbild überliefert, aber wir haben zwei Sphingen in Kairo und im Louvre zu Paris, die uns die Züge seines Gesichtes erhalten haben. Die Plastiken sind aus rotem Assuangranit, 5 m lang und bis zu 2 m hoch.

Sesóstris III.

Auf Sesostris II. folgte *Sesóstris III.* (1878–1843), wohl der bedeutendste Herrscher seiner Dynastie, der große Krieger und staatskluge Organisator, in dessen Gestalt sich vielleicht die hervorragendsten Taten des MR verdichtet haben.

Seine erste Aufgabe war es, die Südgrenze zu sichern. Dazu war eine ununterbrochene Wasserverbindung nötig. Er ließ also den Kanal durch den 1. Katarakt, der in der 6. Dynastie gegraben, aber vom Strom wieder verlegt worden war, neuerlich frei machen und setzte die Grenzsteine an der strategisch wichtigen Stelle bei den Festungen Kumme und Semne. Die Grenzwachen hatten dafür zu sorgen, daß kein Nubier die Grenze überschritt, außer zur Aufrechterhaltung des Marktverkehrs oder als beauftragter Gesandter seines Landes. In einigen weiteren Zügen zwang er die zu Einfällen stets bereiten nubischen Stämme zu Ruhe und Frieden und galt den kommenden Dynastien als der eigentliche und endgültige Eroberer des Landes bis zum 2. Katarakt. Ein Einfall in Syrien führte im weiteren Verlauf zu einem verstärkten Handelsverkehr mit Syrien und Palästina; auch Wechselbeziehungen zu Kreta, das damals seine höchste Blüte erlebte, können in dieser Zeit festgestellt werden. Der Name Sesostris gewann im Ausland immer mehr Ansehen und Ruhm, bald bemächtigte sich des Namensträgers die Sage und schmückte seine Kriegstaten mit märchenhaften Zügen aus.

Mit den außenpolitischen Auseinandersetzungen wurde der König fertig.

Es waren allerdings keine großen, umfangreichen Kriege, wie sie später im NR geführt wurden, sondern eher bewaffnete Expeditionen. Das eigentliche Kriegshandwerk war vor dem NR in Ägypten noch unbekannt. Viel schwieriger war es, dem Königtum wieder zu seiner alten Machtstellung zu verhelfen, die es durch das Emporkommen der Adelsgeschlechter verloren hatte. Zwar hatten schon die Vorgänger den Einfluß der Lehensherren zurückgedrängt, aber erst Sesostris III. gelang es, das Übergewicht der auf ihre alten Vorrechte pochenden und in den Provinzen fast unabhängig schaltenden Gaufürsten zu beseitigen und einen reinen Beamtenstaat aufzubauen. Trotzdem glich die Stellung eines Pharao nicht mehr der eines Königs im AR. Die politische Entwicklung der letzten Jahrhunderte ließ sich nicht mehr rückgängig machen.

Daß es dem Königtum dennoch möglich war, den Adel niederzuzwingen, erklärt sich daraus, daß ihm eine neue Macht zu Hilfe gekommen war: das *Bürgertum*. Diese Gesellschaftsschicht machte sich am Ende des AR erstmals bemerkbar. Sie setzte sich hauptsächlich aus den Bewohnern größerer Städte zusammen und gelangte im Laufe der Zeit zu beachtlichem Wohlstand und politischer Geltung. Wir erkennen dies daraus, daß uns in dieser Epoche auf den Friedhöfen, zum Beispiel in Abydos, eine große Anzahl von Grabstelen nichtadeliger Privatleute, Handwerker, Kaufleute, Grundbesitzer begegnet, von Leuten also, die kein öffentliches Amt ausübten. Das wäre im AR nicht möglich gewesen, auf dessen Denkmälern nur Adelige, deren Angehörige und Beamte mit Rang und Amt erscheinen. Je mehr die Gaufürsten an Macht verloren, desto stärker schob sich das Bürgertum in den Vordergrund. Darüber stand der König in einsamer Höhe. Die Kluft zwischen ihm und den zur Seite gedrängten und daher unzufriedenen Feudalherren vergrößerte sich immer mehr. Unwillkürlich suchte Sesostris der gewaltigen inneren Spannung zu steuern, indem er die adeligen Söhne frühzeitig in den Kreis der königlichen Familie einführte, sie mit seinen Angehörigen ausbilden ließ, um sie zur Königstreue zu erziehen. Solange der König das Zepter fest in der Hand hielt, hielten die Bindungen.

Das Bürgertum

Der Ruhm eines großen Herrschers umleuchtete den dritten Sesostris, und in der begeisterten Verehrung und im Fluß der Jahre verwischten sich die Unterschiede zwischen den drei Sesostrisgestalten, und übrig blieb nur ein einziger Sesostris, ein – in starker Übertreibung – mythischer Heldenkönig, den Lieder und Hymnen priesen:

> Wie groß ist der König seiner Stadt, über Millionen Waffen: die anderen Herrscher der Menschen sind nur gewöhnliches Volk.
> Wie groß ist der König seiner Stadt: es ist wie ein Fels, der den Wind fernhält zur Zeit des Unwetters ...

Amenemhét III.

Amenemhét III. (1842–1797), dessen Regierungszeit die aller anderen Könige dieser Dynastie übertraf, trug die Krone als absoluter Herrscher. Dank der segensreichen Regierung seines Vorgängers übernahm er ein gesichertes und geordnetes Staatswesen und konnte sich daher ganz den Werken des

Friedens zuwenden. Es glückte ihm, in wahrhaft genialer Weise durch Vollendung einer Bewässerungsanlage, die die früheren Könige begonnen hatten, die Ertragfähigkeit eines Gaues seines Landes in einem vorher nicht erreichten Ausmaß zu steigern. Es war dies die in einer Niederung westlich von Mittelägypten gelegene Fruchtlandschaft des *Faijum* mit dem großen See. Die vielfach als Oase bezeichnete Provinz ist, wie schon früher erwähnt, keine wirkliche Oase, sondern ist mit dem Nil durch einen natürlichen Flußarm verbunden, den Josefskanal. In vorgeschichtlicher Zeit verwandelte sich das ganze Faijum bei der Nilschwelle in einen See. Man ging daher zur Zeit des MR daran, die Bewässerung zu regeln und sie für das Land nutzbar zu machen. Amenemhet ließ eine Schutzmauer von 40 km Länge anlegen und gewann dadurch rund 11.000 km² neuen Ackerboden. Das Wunder des Schleusenwerkes und der Kanäle bestaunten viele Reisende und vor allem Gelehrte der griechisch-römischen Welt, darunter der berühmte Historiker und Geograph Strabon, der im Jahre 24 vom Schwarzen Meer bis Südägypten gereist war und die Dammanlagen gesehen und beschrieben hatte.

Die neu erblühende Provinz war ein Lieblingsaufenthalt der Herrscher, die hier ihr Hoflager aufschlugen und *Krokodilópolis* zu einem politischen und kulturellen Mittelpunkt für ganz Ägypten machten. Hier fanden sie in den Sumpfdickichten eine Unmenge von Tieren und Vögeln, die sie jagten. Es wimmelte von Krokodilen. Das war für die Ägypter Anlaß, um die Gefahr eines Angriffes des Tieres abzuwenden, es als heilige Gottheit *Sobek*, griech. Suchos, zu verehren. In der rasch sich entfaltenden Stadt *Krokodilopolis*, der einstigen Kultstätte des Gottes Sobek, hielt man dem Sobek geweihte Tiere mit aller Sorgfalt, balsamierte sie nach dem Tod ein und setzte sie in Grüften bei. Die Stadt hieß später *Arsínoë*, nach einer Königin aus dem Hause der Ptolemaier. Jetzt ist von der alten Siedlung nichts mehr erhalten. Den Westen bedeckt der sehr flache *Karúnsee*, dessen Wasserspiegel 45 m unter dem Meeresspiegel liegt. Er war im Altertum viel größer und hieß nach Herodots Bezeichnung *Moirissee*. Im Faijum errichtete sich Amenemhet III. seinen gewaltigen Totentempel. Nach Herodot war er wegen seiner vielen Höfe, Säle und Säulengänge »großartiger als alle griechischen Bauwerke zusammen« und soll noch die Pyramiden an Weltruf überragt haben. Strabon erzählt, der Tempel habe eine so verwirrende Zahl von Gängen, »daß kein Fremder ohne Führer in die Säulengänge hinein oder aus ihnen herausfinden könnte«. Wegen der Ähnlichkeit der verwickelten, vielgliedrigen Tempelanlage mit dem kretischen Palast in Knossos nannte man sie das *Labyrinth*. Sie scheint bis in die nachchristliche Zeit unversehrt geblieben zu sein, und noch Kaiser *Sevérus* soll sie besucht haben.

Fast ein halbes Jahrhundert lang schenkte der dritte Amenemhet dem Reiche den Frieden und unterhielt rege Handelsbeziehungen nicht nur nach Syrien, sondern auch zur Insel Kreta und nach Babylonien hin. Ägyptische Funde in den Ruinen des Palastes von Knossos und bemalte kretische *Kamáresvasen*, die man wiederum in Ägypten entdeckt hat, sowie babylonische Rollsiegel zeugen davon.

Amenemhet III. ließ sich auf der von ihm dem Sandmeer abgerungenen grünen Faijuminsel seine letzte Ruhestätte, die Pyramide von *Hawára*, errichten. In der ausgehenden Zeit des MR wurden die letzten großen Pyramiden gebaut, daneben kamen schon Felsengräber in Gebrauch. Im NR gab es keine Königspyramiden mehr, nur in Nubien fanden sie sich noch bis in die römische Zeit. Das Volk behielt seinen großen König in dankbarer Erinnerung, erwies ihm noch zweitausend Jahre lang im Faijum göttliche Ehren und pries ihn in Liedern:

> Er macht Ägypten grünen mehr als der Nil,
> er hat die beiden Länder mit Stärke erfüllt...
> er nährt die, die seinen Pfad betreten.
> Der König ist Nahrung, und sein Mund ist Überfluß.

Die große Persönlichkeit des Pharao lebt noch in etlichen plastischen Werken bis auf unsere Tage weiter. Am merkwürdigsten sind für uns die Steinsphingen. Solche Rundbilder ließen sich viele Könige des MR errichten.

Der Löwensphinx Amenemhéts III.

Im Kairoer Museum steht der überwältigende *Sphinx Amenemhets III.* aus schwarzem Granit. Die Figur ist rund 1 m hoch und 2,25 m lang. Ein wuchtiger Löwenkörper, bei dem jeder Muskel urtümliche Wehrhaftigkeit und sprungbereite Angriffslust des königlichen Tieres verrät, verbindet sich mit einem wunderbar heroisierten Menschengesicht. Wie eine edle Maske ist das granitene Antlitz, vom Stirnband abgeschlossen, in der stilisierte Löwenmähne zu einer unlöslichen, überzeugenden Einheit hineingesetzt.

Die Herrscher der Fremdländer

Unerwartet zogen aus dem Osten
Menschen unbekannter Rasse
siegesbewußt gegen das Land und
leicht eroberten sie es mit Gewalt.
Manetho

Die günstige Lage Ägyptens bewahrte das Reich seit seinem Bestehen vor fremden Eindringlingen. Mit Amenemhet III. erreichte es einen Höhepunkt friedlichen Dahinlebens und inneren Aufbaues. Aber mit den beiden Herrschern *Amenemhét IV.* und mit *Sebekneferure*, vermutlich dessen Schwester, endete die 12. Dynastie und damit auch die Glanzzeit des Reiches.
Über der folgenden 13. Dynastie liegt ein seltsames Dunkel, die große Zahl der Königsnamen deutet auf einen Zerfall des Reiches in einzelne Gaufürstentümer, deren Herrscher sich gegenseitig bekämpften, wohl auch mitunter gleichzeitig regierten. Dem politischen Niedergang folgte ein wirtschaftlicher. Das Fehlen einer einheitlichen Verwaltung hatte auch eine Beeinträchtigung der Wasserversorgung und damit einen landwirtschaftlichen Rückgang zur Folge.

Diese Zeit der Ohnmacht des Pharaonenreiches fällt zusammen mit einer weiträumigen Völkerbewegung im vorderen Asien, die letzte Ausläufer fremder Völkerstämme als unglückbringendes Strandgut an Ägyptens Gestade spülte. Die Geschichte bezeichnet diese wilden Horden als *Hyksos.* Manetho deutet den Namen – wohl fälschlich – als Hirtenvölker. Jetzt neigt man zur Bezeichnung »Häuptlinge der Fremdvölker«. Die Hyksos sind also kein bestimmtes Volk, noch stammen ihre Könige aus einer einzigen Volksgruppe, sondern es sind Angehörige verschiedener asiatischer Stämme, die, auf ihren Wanderwegen zusammengewürfelt, infolge der staatlichen Zersplitterung Ägyptens leicht ins Land eindringen und hier vorübergehend ein Reich aufrichten konnten. Wahrscheinlich ist eine allmähliche Unterwanderung durch einzelne Volksgruppen vorausgegangen, bevor die fremden Hyksoshäuptlinge ihre Herrschaft angetreten haben (um 1730). Aus ägyptischen Quellen erfahren wir über Dauer und Art ihrer Regierung sehr wenig, wohl weil man sich befleißigte, die Erinnerung an die erniedrigenden Jahrzehnte der Fremdherrschaft möglichst auszulöschen. Manetho faßte die Zeit als 14. bis 16. Dynastie zusammen. Die ungestümen Reiterhorden errichteten im Ostdelta als Mittelpunkt ihres kurzlebigen Reiches die Zwingburg *Auaris,* wohl an der Stelle, wo später die Stadt *Tanis* entstand. Von dort hielten sie Ägypten und Palästina zugleich unter ihrer Macht. Die genaue Lage der Stadt ist jetzt nicht mehr angegeben, da sie nach Vertreibung der Hyksos völlig dem Erdboden gleichgemacht wurde. Unter ihren Königen ragen die Namen *Chian* und *Apophis* heraus. Sie werden gewöhnlich unter der Bezeichnung »die großen Hyksos« zusammengefaßt, bilden die 15. Dynastie und scheinen über ganz Ägypten ihre Obergewalt ausgeübt zu haben. Auf sie folgten die sogenannten »klei-

Die Hyksos

Kampfwagen und Bogenschütze des ägyptischen Heeres

nen Hyksos«, die ihren Herrschaftsbereich nur auf den Norden beschränkten. Dadurch bekam der Süden freie Hand, seine Unabhängigkeit vorzubereiten.

Die Besetzung durch die Hyksos bedeutete einen entscheidenden Einschnitt in die Entwicklung des Landes. Die unglücklichen, leidgeprüften Bewohner litten schwer darunter. Die Eroberer brandschatzten in barbarischer Weise die Städte, zerstörten die Heiligtümer, behandelten das Volk aufs feindseligste, trieben Tribute ein und schleppten manche Krankheiten unter die Bevölkerung. Das geschlossene Weltbild der Ägypter verzerrte sich, das selbstsichere Bauernland wurde in das Kraftfeld überstaatlicher Mächte hineingezogen. In den bisher friedfertigen Bewohnern wurden Kriegsbegeisterung und Eroberungslust geweckt. Durch die Hyksos lernten sie verbesserte und fremde Waffen, den Kampfwagen und vor allem das *Pferd* kennen, das mit seiner Schnelligkeit und Wendigkeit im Stromland Aufsehen und Entsetzen erregte. Damit taucht in der Bildkunst die Darstellung der auf ihren Kampfwagen dahinjagenden und alle Feinde niedermetzelnden Könige auf.

Vertreibung der Hyksos

Aber zum Segen des Landes brach das schreckliche Reich, dem die Basis eines geschlossenen Volkstums sowie eine einheitliche Kultur und daher auch die festigende Bindung fehlte, nach anderthalb Jahrhunderten wieder zusammen. Die Gegenbewegung, genährt vom dauernden offenen und geheimen Widerstand von Volk, Adel und Priesterschaft, erhob sich wieder wie in der ersten Zwischenzeit vom Süden des Reiches aus, von Theben. Zuerst gewann der Gedanke der Befreiung im eigenen Gau immer festere Formen, griff nach weiteren Bereichen aus, bis endlich ein König mit Namen *Sekenenre Ta'a* versuchte, das drückende Joch abzuschütteln. Er fiel im Kampfe, seine Mumie ist von tödlichen Wunden gezeichnet. Sein Sohn

Ahmose

Kamose setzte den Befreiungskrieg fort, aber erst dessen Bruder *Ahmose* (1562–1537) drängte die Hyksos aus dem Delta, nahm Auaris und fiel zu einem Gegenschlag in Palästina ein, von wo der Angriff der Hyksos seinen Ausgang genommen hatte. Nach diesem erfolgreichen Zuge wendete er sich nach Süden gegen die Nubier, die während der Hyksoszeit das bis zum 2. Katarakt besetzte Gebiet zurückgewonnen hatten. Mit der Unterwerfung Nubiens hatte Ahmose kurz vor seinem Tode die alten Grenzen wiederhergestellt und gesichert und so die Voraussetzung für die Aufrichtung der ägyptischen Weltmacht geschaffen.

Neues Reich

Du bist im Himmel,
scheinst für die Erde;
er ist auf Erden,
verwaltend dein Königtum.
Aus einem Kultlied an Amun

Die Dynastie der Weltherrschaft

Was Ahmose mit angespannter Kraft begonnen, setzte sein Sohn *Amenophis I.* (1536–1517), der erste König der 18. Dynastie, zielbewußt fort. Durch die Tore, die die Fremden in die friedsame Niloase aufgesprengt hatten, brachen jetzt die Ägypter selbst, ohne Zwang, nur von einem ungewohnten Drang nach Weite beseelt, erobernd zum Gegenstoß in andere Länder auf. Die früheren Epochen hatten sich damit begnügt, durch Kriegszüge den Zugang zu unbedingt notwendigen Rohstoffgebieten zu sichern. Unter dem schicksalträchtigen Erlebnis der fremden Besetzung verloren die Ägypter die maßvolle Mitte, die sie bisher über alle Hindernisse geführt hatte. Amenophis I. dehnte den Bereich seines Landes im Norden bis zum Euphrat und im Süden bis über das nördliche Nubien aus. Er war der erste, der seine Grabstätte räumlich getrennt von seinem Totentempel anlegte. Der Kultraum lag vor dem Thebanischen Wüstengebirge, und an ihn haben sich später auf dem schmalen Wüstenstreifen zwischen Fruchtland und dem Gebirge die anderen Tempel im Halbkreis angereiht. Das Grab selbst aber lag in den Bergen dahinter, wohl um es vor Plünderern zu verbergen. Mit der Vertreibung der Hyksos rückte Amun an die Stelle des Reichsgottes, und der Amuntempel von Karnak wurde der sichtbare Mittelpunkt für seine Verehrung. Das früher unter der 11. Dynastie begonnene Heiligtum wurde nach und nach zu einem riesenhaften Komplex ausgeweitet, zum größten Tempel Ägyptens. Seit Amenophis I. haben alle Könige der 18. Dynastie daran gebaut.

Nach Amenophis folgte sein Sohn *Thutmósis I.*, der die Außenpolitik seines Vaters in vergrößertem Umfang fortsetzte, bis zum 3. Katarakt vorstieß und jenseits des Euphrat seinen Grenzstein aufstellte. Von den Hyksos hatten die Ägypter den Kampf mit den Schrecken einjagenden Pferden und den furchtbaren Kriegswagen gelernt. Thutmosis verwendete sie bereits, errang mit ihnen die schnellen Siege und wurde selbst zum Bedrücker der Fremdvölker. *Thutmósis I.*

Als der kriegerische Thutmosis I. sein Ende nahen fühlte, wählte er als erster seinen Grabplatz in der tiefsten Einsamkeit jenseits der wilden und steilen Felsgrate von Deir el Bahri, in dem kahlen, von Hitze glühenden

Tal der Könige. Tief ins Gestein hinunter führt ein dunkler Gang in die Kammer des ewigen Schlafes.

Thutmosis II.

Den Pharao überlebte ein einziges legitimes Kind, seine Tochter Hatschépsut. Der Vater zog sie schon früh zur Mitregentschaft heran und verheiratete sie mit ihrem Halbbruder *Thutmosis II.* Er erhielt durch diese Ehe das Königtum. Auch er mußte Feldzüge nach Asien und Nubien unternehmen. Denn trotz der Siege führten die kriegerischen Einfälle zu keinem dauernden Erfolg, da man nicht das eroberte Land besetzt hielt und in Verwaltung übernahm, sondern sich nur mit dem Wegschleppen von Beute begnügte und in der Hoffnung lebte, der Feind würde sich, durch den Fehlschlag eingeschüchtert, nicht mehr erheben.

Hatschépsut

Thutmosis II., der ein kränklicher Mann gewesen zu sein scheint, starb nach kurzer Regierungszeit. Nach seinem Tode entstanden Thronfolgestreitigkeiten. Gestützt auf eine starke Partei am Hofe, setzte sich die Erbtochter Thutmosis' I., *Hatschépsut,* durch (etwa 1503—1490). Sie ist die erste bedeutende Frau, der wir als Herrscherin in der Menschheitsgeschichte begegnen. Die Quellen erzählen von ihrer bezaubernden Persönlichkeit, ihrer Schönheit und ihrer ranken Gestalt; die uns erhaltenen Rundbilder bestätigen dies.

Nach dem Tode ihres Gatten führte sie die Regierung allein mit sicherer Hand. Sie übernahm die Vormundschaft über den noch minderjährigen Thutmosis III., den Sohn Thutmosis' II. und seiner Nebenfrau. Später gewann er die Hand der schönen Königin und dadurch zugleich den Anspruch auf den Thron. Aber Hatschepsut drängte ihren zweiten Gemahl, der nach Vollherrschaft verlangte, in den Hintergrund und hielt ihn mit weiblichem Geschick Jahre hindurch nieder. Bei feierlichen Anlässen erschien sie in Betonung ihrer Herrscherwürde mit Kopftuch, Schurz und dem Umhängebart des männlichen Königsornates. Aber aus ihrem Regierungsprogramm sprach ihr frauenhaftes Wesen. Sie hütete mit menschlichem Bangen den Frieden und richtete ihr Hauptaugenmerk auf die Geschicke ihres Vaterlandes.

Ihre Flotten schickte sie an fremde Küsten, nicht um zu zerstören, sondern um Handelsbeziehungen anzuknüpfen. Die Seeleute unternahmen eine große Fahrt in das Weihrauchland Punt am Roten Meer. Mit Proviant und erlesenen Geschenken, mit Kisten und Krügen wurden die Schiffe beladen. Als sie in Punt landeten, wurden sie von den Bewohnern der bienenkorbförmigen Pfahlbauten mit Staunen empfangen und vom Fürsten und seiner Gemahlin begrüßt. Der Handel kam zustande, und alles wurde auf die Schiffe hinaufgeschafft, was Punt an Kostbarkeiten bieten konnte: Weihrauch, Ebenholz, Elfenbein, Felle, Straußenfedern, Affen, Geparde, Giraffen und Weihrauchbäume. Man setzte die Bäume vor den Terrassen des Totentempels Hatschepsuts ein. Bald waren sie eingewurzelt und zauberten in das einförmige Grau der Sandwüste einen herrlichen Garten, wie Theben einen solchen noch nie gesehen hatte. Hatschepsuts Baumeister war Senmut, der bald auch ihr engster Berater und vertrautester Freund wurde. Er durfte daher sein Bild an den Wänden des königlichen Tempels anbringen.

Senmut hat neben dem 500 Jahre älteren Totentempel Mentuhoteps den

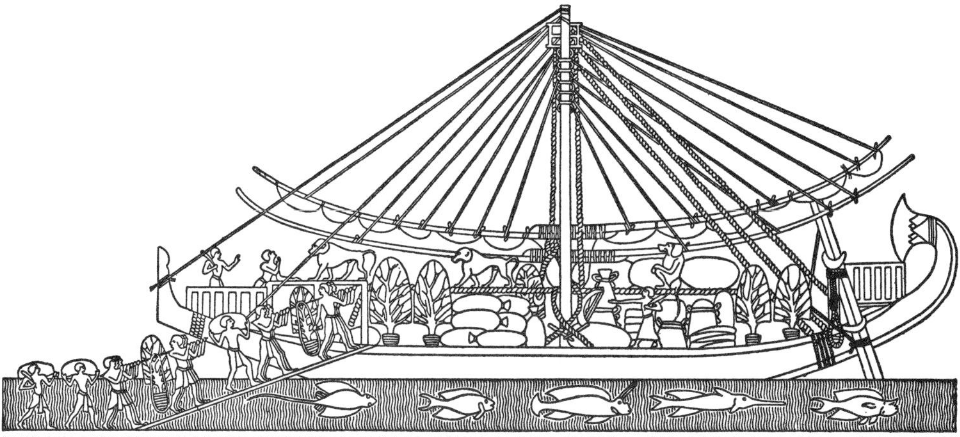

Beladen eines Schiffes vor der Abfahrt von Punt (Wandrelief aus dem Hatschepsut-Tempel in Deir el Bahri)

Der Tempel der Königin Hatschepsut

herrlichsten Tempelbau der 18. Dynastie errichtet. Der Tempel schiebt sich aus dem Schoß der steilen Felswand gleichsam als ein gewaltiges Naturtheater heraus. Zwei sanft ansteigende Rampen leiten zur unteren und oberen Terrasse hinauf, deren Pfeilerhallen an den Vorderfronten sich dem Ankömmling einladend öffnen. Einst führte eine Allee von 200 Sphingen wegweisend zum Totentempel durch einen duftenden Garten mit Blumenbeeten und weither aus dem Paradies von Punt geholten Bäumen. Sie sollten eine Vorstellung des fernen Reiches vermitteln. Von der Reise in dieses Land erzählen die Reliefs der linken Pfeilerhalle der Oberterrasse mit großer Genauigkeit und Bildkraft. Die rechte Halle suchte als ein steingehauenes Lebensbuch die göttliche Abkunft der Königin zu erweisen, augenscheinlich um ihr Herrscherrecht gegenüber ihrem Nebenbuhler zu behaupten. An Stelle der Pyramide wird der Weggedanke durch die Sphingenallee und deren Fortführung über die beiden Rampen zum symmetrischen Element der Gliederung. Erfreulicherweise ist der Tempel mit amerikanischer Finanzhilfe weitgehend wiederhergestellt worden und bietet dem Besucher in einzigartiges Beispiel ägyptischer Baukunst.
Spuren der Bautätigkeit unter Hatschepsut finden wir auch an anderen Orten. Im Mittelfeld des Heiligtums zu Karnak ließ sie zwei riesige Obelisken aus rotem Assuangranit errichten. Einer davon steht noch am ursprünglichen Platz und ist mit 29,50 m nach dem Obelisken vor dem Lateran in Rom der größte, den wir kennen. Die Königin selbst hielt die Gewinnung der Obelisken aus dem Steinbruch in 7 Monaten, ihre Beförderung nebeneinander auf einem Frachtboot den Nil abwärts und die Aufstellung im Tempel für eine so hervorragende technische Leistung, daß sie den Vorgang auf einem Relief der Tempelwand zu Deir el Bahri darstellen ließ.

Der Totentempel der Königin Hatschepsut in Deir el Bahri (Rekonstruktion). Im Hintergrund der Totentempel des Königs Mentuhotep

Zerwürfnis zwischen Hatschepsut und Thutmosis III.

Der Machtkampf der beiden Rivalen, der von Selbstbewußtsein und Ehrgeiz erfüllten Frau und des tatendurstigen, starken *Thutmósis III.* wurde immer schonungsloser. Sie machten einander das Leben zur Qual. Sie suchte Vergessenheit in der Welt der Götterverehrung, des Schönheitskultes und einer auf das Monumentale gerichteten Kunstbegeisterung, er speicherte immer mehr Haß und Groll in seinem Innern, sah als nüchterner, streitbarer Machtmensch sich selbst zur Untätigkeit verurteilt, erkannte, wie die Politik der Königin das Reich um seine Weltgeltung brachte und die unter Thutmosis I. eroberten Gebiete nach und nach verlorengingen. Schließlich schlug er zu. Senmut, der Günstling der Königin, fand mit allen seinen Angehörigen, ja samt dem Gesinde und den Haustieren den Tod. Der zum Herrschen Geborene stürzte die Königin; man weiß nicht, wie sie starb. Dann wütete er gegen alles, was an sie erinnerte. Die Reliefbilder und Kartuschen der Verhaßten wurden von den Katarakten bis zum Delta ausgemeißelt; die geschändeten Tempelwände zeugen noch jetzt vom Rasen des Wütenden. Nach ägyptischer Vorstellung löschte die Tilgung der Bilder eines Toten auch sein Fortleben im Jenseits aus.

Hatschepsuts Grabstätte

Hatschepsut hatte zwei Gräber für sich vorbereiten lassen. Das eine lag, wie schon erwähnt, an einer versteckten, unzugänglichen Stelle in der steilen Felswand, zu der sich die Werkleute abseilen mußten. Eines Tages drang zu *Carter*[1], der die Oberaufsicht über die Grabungen bei Deir el

[1] Howard Carter, geb. 1873 in Swaffham, Norfolk, gest. 1939 in London, ist der berühmte Entdecker des Grabes Tutanchamuns.

Tempelwand mit den Spuren eines ausgemeißelten Reliefs und der Schrift (rechts) und einer abgeänderten Figur (links)

Bahri führte, die Nachricht, in der Gebirgswand seien Grabräuber am Werk. Mit einigen Helfern kletterte er bei Mondschein auf die Felsenhöhe und fand in einer Gesteinsrinne ein Seil befestigt. Er schnitt es ab und ließ sich an seinem eigenen Seil an der steilen Wand hinab. In einem in den Felsen führenden Gang sah er acht Männer, die ein Grab aufgespürt hatten. Dem unerschrockenen Forscher gelang es, die Leute zu vertreiben. Das Grab, das man gefunden hatte, war für Hatschepsut begonnen, aber nicht vollendet worden. Es barg keinerlei Schätze, nur einen unvollendeten, leeren Steinsarg. Die eigentliche Ruhestätte Hatschepsuts, die nahe beim Grab ihres Vaters lag, hatte Carters glückhafter Spürsinn schon früher entdeckt. Sie war ebenfalls leer. Vielleicht hätte in der verborgenen Felswand die Leiche leidliche Aussicht gehabt, der Ruhestörung zu entgehen. Aber Hatschepsut wollte ein König sein und sich im Tal der Könige bestatten lassen. So teilte sie auch das Schicksal eines Königs: gesucht, gefunden und beraubt zu werden. Wo kam ihre Mumie hin? Fiel sie dem Haß ihres Rivalen zum Opfer? Oder ist sie unter jenen unbekannter und namenloser Königinnen, die man in den wildbewegten Zeiten der 21. Dynastie in der Grabkammer Amenophis' II. geborgen hatte?

Ihre Obelisken in Karnak ließ Thutmosis III. ummauern; sie zu stürzen, mag er sich aus Furcht vor den Göttern nicht getraut haben. Ihre Standbilder ließ er durch die wechselnde Einwirkung von Feuer und Wasser sprengen und umstürzen. Ganz ist ihm das Zerstörungswerk nicht gelungen. Mühsam, aber erfolgreich haben die Archäologen die Trümmer aus dem Steinbruch, in den Thutmosis III. sie hatte werfen lassen, geborgen und aus ihnen die Statuen wieder zusammengesetzt. Sie führen uns das Bild der seltsamen schönen Frau vor Augen. Ein Marmorsitzbild solcher Art ist aus dem vorher im Besitz der Staatlichen Museen in Berlin befindlichen Körper und dem bei amerikanischen Ausgrabungen in Deir el Bahri entdeckten Kopf zusammengefügt, und die Beschädigungen wurden ergänzt[1]. Wir sehen die Herrscherin auf dem Thron mit Königshaube und Lendenschurz. So ist das Bild der Frau in den wenigen Reliefs, die den Bildersturm ihres Nachfolgers überdauert haben, und in mühselig zusammengefügten Statuen auch heute noch lebendig, und der einzigartige, in das felsige Halbrund eingefügte Totentempel sowie der von seinem Steinmantel entkleidete Obelisk zu Theben künden der modernen Zeit den Ruhm der bedeutenden Herrscherin.

Die Friedenszeit unter Hatschepsut war nur ein kurzes Atemholen. Sobald

Thutmosis III.

der streitbare Thutmosis III. seine Alleinherrschaft begann, setzte er die Politik der Ausweitung der Macht Ägyptens fort, die bereits seine Vorväter begonnen hatten. Als oberster Befehlshaber seiner Krieger baute er das

Das Heer

Heer neu auf. Es setzte sich aus den lokalen Truppenkörpern der einzelnen Adelsgeschlechter zusammen, die vermutlich vorher schon eine militärische Ausbildung mitgemacht hatten. In Friedenszeiten wurden die Krieger zu

[1] Das lebensgroße Sitzbild befindet sich jetzt im Metropolitan Museum of Art in New York.

bestimmten Zeiten, wenn die Feldarbeit ruhte, zu öffentlichen Arbeiten, z. B. in den Steinbrüchen, einberufen. Eine wichtige Aufgabe war es, die Festungen und Blockhäuser, die die Straßen nach Asien und Nubien sicherten, besetzt zu halten. In späteren Zeiten blieben auch in den unterworfenen Ländern starke Garnisonen zur Aufrechterhaltung der Ordnung zurück. Das Heer setzte sich aus Ägyptern und nubischen Söldnern zusammen. Die Aufnahme fremder Kontingente, wie etwa Syrer und Libyer, wurde in den kommenden Jahrhunderten zur größten Gefahr für das Königtum. Thutmosis III. faßte die einzelnen Truppeneinheiten zu großen Verbänden zusammen, die nach den bedeutendsten Gottheiten des Landes Amun, Re und Ptah benannt wurden. Die Hauptstärke lag in den Wagenkämpfern, die von einem königlichen Prinzen geführt wurden. Mit großer Schnelligkeit konnten sie umgruppiert und an entscheidenden Punkten überraschend eingesetzt werden. Sie benützten leichte Fahrzeuge, mit zwei Pferden bespannt und mit einem Fahrer und einem Krieger besetzt, der mit Bogen, Speeren und einem Schild ausgerüstet war. Von ihnen wurde der erste Angriff geführt, dann folgte die Masse des Fußvolkes.

Die Eroberungszüge Thutmosis' III.

Mit solchen Heeren wurde Thutmosis III. der fähigste Feldherr, den Ägypten hervorgebracht hat, der endgültige Bezwinger Nubiens. Er dehnte das Reich weit über die südliche Grenzmark bis zum 4. Katarakt aus. Um das Land zum bleibenden Besitz zu machen, richtete er eine Art Kolonie ein und stellte sie unter die Oberaufsicht eines mit großen Befugnissen ausgestatteten Gouverneurs, des »Königssohnes von Kusch«. Zum erstenmal wurden ägyptische Beamte in einem besetzten Land angesiedelt, um dort dauernd die Verwaltung zu überwachen. In dem nachmaligen *Napata* erwuchs der Kolonie an ihrem südlichsten Punkt eine neue Residenzstadt. Nubien war für den Herrscher eine unentbehrliche Hilfe, er holte sich von dort Soldaten und Gold, um seine Waffen auch gegen Norden zu tragen. Dort lagen die Verhältnisse nicht so günstig. Thutmosis III. hatte erkannt, daß alle früheren Eroberungen nur von kurzer Dauer gewesen waren und er daher andere Wege der Politik einschlagen mußte. Er wollte zum Euphrat vorstoßen, aber zwei starke Gegner bedrohten seinen Vormarsch. Der eine war das Königreich der Mitanni, die am Oberlauf des Euphrat und Tigris saßen und ihre Herrschaft nach Westen ausbreiteten. Der andere war der Fürst von *Kadesch* am mittleren Orontes, der immer wieder Zusammenschlüsse syrischer Kleinstaaten errichtete. In einer Reihe erfolgreicher Feldzüge, die in dem Sieg bei *Meggido* am Karmelgebirge in Nordpalästina gipfelten, stellte Thutmosis III. das Ansehen Ägyptens in Syrien wieder her und bekämpfte die Mitanni in ihrem eigenen Land. Die wiederholten Kriegszüge hatten gezeigt, daß keine Macht Vorderasiens dem von seinem König ausgezeichnet geschulten und trefflich geführten ägyptischen Heer widerstehen konnte. Durch Palästina und Syrien kam Ägypten auch mit Babylonien und Assyrien, mit dem Reich der Mitanni und den Hethitern in Berührung. Die kriegerischen Auseinandersetzungen schufen die Grundlage für eine Anbahnung freundlicher Beziehungen Ägyptens zu Vorderasien. Die Mächte schickten als Anerkennung Ägypten reiche Geschenke.

Von den Kriegszügen hatte Thutmosis III. riesige Beute heimgebracht, die Schatzkammern der Paläste und Tempel füllten sich mit Gold. Theben wurde die größte Stadt der damaligen Welt, an ihren Ufermauern drängten sich Schiffe mit Waren vieler Völker. Die ägyptische Herrschaft in Vorderasien hatte während der langen Regierungszeit Thutmosis' III. (1491 bis 1436) ihren Höhepunkt erreicht, Ägypten wurde das erste Imperium der Weltgeschichte.

Thutmosis III. hat sich auch als Bauherr im großen Amuntempel von Karnak verewigt. Von ihm stammt vor allem die Festhalle, deren Säulen mit ihrer Zeltstangenform auf den Zweck des Raumes als Festzelt hinweisen.

Amenophis II.

Sein Sohn und Nachfolger *Amenophis II.* (1436–1410) war ein Riese an Körperkräften und stolz auf seine sportlichen Leistungen. Nur er konnte seinen gewaltigen Bogen spannen. Er durchschoß vom fahrenden Streitwagen vier Kupferscheiben und brachte die Barke allein ans Ziel, wenn seine Ruderer erschöpft waren. Er war gleich seinem Vater ein gewaltiger Held auf dem Schlachtfeld und brachte viele Gefangene, Gold und Kostbarkeiten als Beute heim.

Die heilige Hathorkuh

Von Amenophis II. ist uns eine stattliche bemalte Sandsteingruppe erhalten. Man fand sie in einer mit farbigen Reliefs geschmückten Kapelle beim Tempel von Deir el Bahri. Die 2,25 m lange kuhgestaltige *Hathorgöttin* mit der schlangenbesetzten Sonnenscheibe zwischen den Hörnern und zwei darüber aufragenden Federn tritt aus dem Papyrusgebüsch, das durch einige Stengel und Dolden angedeutet ist. Sie legen sich an die Vorderbeine, den Hals und Kopfschmuck des Tieres an. Unter dem Haupt steht der König gleichfalls wie unter ihrem Schutz. Ein zweites Mal erscheint er im Relief auf der Zwischenwand unter der Kuh, wie er kniend an ihrem Euter die Milch des Lebens trinkt.

Die Totenstätte Amenophis' II.

Amenophis II. ließ sich sein Grab nach dem Vorbild seines Vaters im Tal der Könige anlegen. Steile Stufen und eine Brücke über einem Schacht, der vor dem als Schutz gegen Grabräuber angelegt worden war, führen in die auf sechs Pfeilern ruhende Totenkammer. Eine blaue, von gelben Sternen übersäte Decke wölbt sich darüber. In dem Raum umfängt uns der wundersame Hauch des durch Jahrtausende fast unveränderten Totenreiches der alten Ägypter. Hier entdeckte im Jahre 1898 n. Chr. der Direktor der ägyptischen Altertümerverwaltung den rotgefärbten Steinsarkophag mit der unversehrten Mumie Amenophis' II. Noch immer deckten Blumengewinde seinen Leib. Die ganze Einrichtung der Gruft war allerdings schon in ältester Zeit geraubt oder zerbrochen worden. Eine genauere Untersuchung der Totenstätte brachte eine Überraschung. In einer vermauerten Kammer lagen dreizehn weitere königliche Mumien, darunter die Leichen von Thutmosis IV. und dessen berühmten Sohn Amenophis III. Als alle Abwehrmaßnahmen gegen die Grabräuber zwecklos schienen, retteten pietätvolle Priester und Beamte die Mumien in dieses Grab, das ihnen als sicheres Versteck dünkte. Hier ruhten sie ungestört und unentdeckt von den Dieben durch die Jahrtausende, bis sie endlich von den Forschern gefunden und in die schützende Hut des Ägyptischen Museums gebracht wurden.

Eine neue Wendung nahm die ägyptische Außenpolitik des Nillandes in bezug auf Vorderasien unter Thutmosis IV. (1409—1400), der seinem Vater in der Regierung folgte. Das Reich der Mitanni suchte Beziehungen zu Ägypten anzubahnen, da es von den Hethitern bedrängt wurde. Thutmosis IV. begrüßte die Gelegenheit, einen Verbündeten gegen die Gefahr eines Hethitereinfalles zu gewinnen, und bestärkte den Sicherheitspakt durch die Heirat mit einer Mitanniprinzessin. Aus der Zeit, als er noch nicht die Krone trug und in Memphis als Kommandant der Wagenkämpfer weilte, erzählte man von ihm eine seltsame Geschichte. Nach einer Löwenjagd bei den großen Pyramiden legte sich der Königssohn im Schatten des großen Sphinx ermüdet nieder. Im Traum erschien ihm der Sonnengott und forderte ihn auf, den Sphinx, der damals als Bild des Gottes galt, auszugraben. Er versprach ihm dafür die Königskrone. Der Prinz bewahrte die göttliche Bitte in seinem Herzen und erfüllte sie kurz nach seiner Thronbesteigung. Allerdings trug der Pharao nur wenige Jahre die weiße und rote Krone.

Thutmosis IV.

Sein Sohn *Amenophis III.* (1400—1362) konnte die Früchte, die er seinen Vorvätern verdankte, in vollen Zügen und üppigem Wohlleben genießen. Sein Reich erstreckte sich von Napata bis an den Euphrat, 3.200 km lang[1]. Der Reichtum, der ins Land floß, ermöglichte es seiner Prunkliebe, einen prachtvollen Palast auf dem Westufer bei Theben aufzuführen und nahe dabei einen See von 2 km Länge unmittelbar am Rande der Wüste anzulegen, auf dem er sich mit seiner bürgerlichen Gemahlin in einer goldbelegten Barke an Spazierfahrten belustigte. An seinen Totentempel erinnern jetzt noch die *Memnonskolosse*. Die steinernen Giganten erhoben sich einst vor dem Eingang zum größten und herrlichsten Tempel des NR, der so gründlich zerstört worden ist, daß man nur mit Mühe den alten Grundriß erkennen kann. Jetzt steht der Reisende voll staunender Bewunderung vor den einsamen Riesen, die vor der unheimlichen Kulisse des Totengebirges verlassen aus dem grünen Fruchtland aufragen. Wie sind diese gewaltigen monolithen Bildwerke vom Steinbruch hierhergebracht worden? Vielleicht kann ein Grabgemälde uns ein wenig Einblick in die schwierige Art des Transportes eines solchen Kolosses geben. War solch ein gewaltiger Felsklotz aus dem Bruch geschlagen und zum Bildnis gemeißelt, so wurde er auf einen großen Holzschlitten geladen und mit dicken Seilen festgebunden. Unterlegte Lederstücke schützten die Statue vor dem Scheuern der Stricke. An das Holzgestell wurden starke Zugtaue befestigt. Je nach der Schwere des Bildwerkes spannte sich eine bestimmte Zahl von Männern vor, immer faßten zwei das Seil an der gleichen Stelle an. Das vorderste Tauende nahm ein Mann auf seine Schulter. Zwischen den Füßen der Figur stand ein Helfer und goß Wasser auf den Weg, um den Schlitten in einem Schlammbett gleiten zu lassen und um zu verhüten, daß die Holzschleifen durch die Reibung heißliefen. Ein Aufseher, der auf den Knien der Statue stand, gab mit Zuruf und Händeklatschen seine Befehle und den Takt für die

Amenophis III.

Transport einer Kolossalstatue

[1] Zum Vergleich: Die Expreßlinie Paris—Istanbul beträgt 3.100 km.

Zugmannschaft. Zur Seite des Standbildes sehen wir Wasserträger, Leute mit einem mächtigen Hebebalken und Aufseher mit ihren Stöcken. Ein zurückgewandter Mann beräuchert das Bildnis des Herrschers. Welch neugierige Teilnahme und jubelnde Hochstimmung ein solcher Transport in der Bevölkerung auslöste, sehen wir aus den Gruppen oben, die mit Palmzweigen das Kommen der Statue begrüßten, und aus dem Ehrengeleite, das dem Zuge folgte. Sofern statt der Straße der natürliche Wasserweg zur Verfügung stand, schleifte man die Lasten an das Ufer und verlud sie bei Niederwasser auf Transportschiffe. Wenn die Flut kam, hob sie die Schlepper und trug sie an den Bestimmungsort.

Bauten in Luxor

In Luxor ließ der Pharao auf den Resten eines alten Heiligtums einen Tempel für die thebanische Triade Amun, Mut und Chons errichten. Ein noch jetzt erhaltener Säulengang führt zu einem großen Säulensaal. Die Säulen des Ganges mit den eleganten, sanft ausschwingenden Kapitellen in Form von aufbrechenden Papyrusdolden und der Säulenwald des Saales in Gestalt von zusammengebundenen Papyrusstengeln geben einen wunderbaren, weichen Stimmungsakkord, schillernd im Wechsel von Licht und Schatten. Der Tempel war durch eine Widdersphingenallee mit dem Tempel von Karnak verbunden. Alljährlich fuhr eine Prozession von Karnak mit dem Götterbild Amuns nilaufwärts nach Luxor, wo durch viele Tage das *Opetfest*, das Fest Amuns, gefeiert wurde.

Luxus und Festlichkeiten

Wie die Bauten von der Prachtliebe des Pharao zeugen, so war auch sein privates Leben von Luxus und Reichtum umgeben. Der Prunk der Kleidung, des Wohnens und der Festlichkeiten fand sich nicht nur am Hofe, sondern bestimmte auch die üppige Lebenshaltung weiter Kreise der Bevölkerung. Neben Wasserspielen und anderen Lustbarkeiten war die Jagd eine große Leidenschaft des Königs. Er rühmte sich, vielleicht mit einiger

Transport einer Kolossalstatue vom Nil zur Pyramide

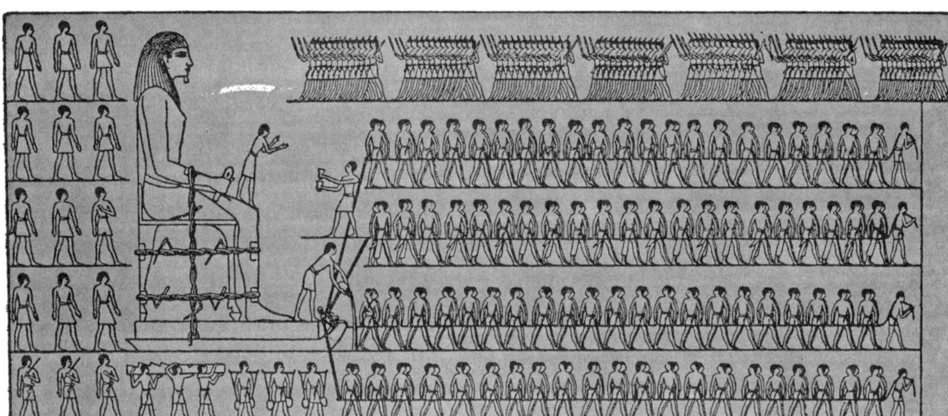

Übertreibung, an einem einzigen Tag 76 Wildstiere, die man vorher in einem weiten Gehege zusammengetrieben hatte, erlegt und in 10 Jahren 102 Löwen zur Strecke gebracht zu haben. Die Begebnisse seines Privatlebens wissen wir größtenteils aus den beschrifteten *Gedenkskarabäen*, die wie Erinnerungsmedaillen serienmäßig hergestellt wurden. Solche Zerstreuungen lenkten den Blick des Pharao gänzlich von den Vorgängen an der Nordgrenze ab. Er verließ sich auf seine Diplomatie und unternahm keine Feldzüge mehr. Die asiatischen Fürsten, die bisher Amenophis' III. Oberherrschaft anerkannt hatten, spürten die Tatenlosigkeit am ägyptischen Hofe, machten sich immer selbständiger, und zugleich gewannen die Hethiter stets mehr an bedrohlicher Macht.
Amenophis III. zeigte eine starke Neigung, ungebundener zu sein als seine Ahnen. Vielleicht beeinflußte ihn auch das Vorbild der asiatischen Großkönige. In der Wahl seiner Frau ging er neue Wege, er nahm eine Gemahlin nichtköniglicher Abstammung, *Teje,* die Tochter eines einfachen Priesters. Die kluge, energische Frau gewann von Anfang an auf den König viel Einfluß, der sich später noch steigerte. In den königlichen Erlassen und auf Inschriften erschien ihr Name neben dem des Pharao. Sie war nicht schön, doch sie wirkte durch den Zauber ihrer geistigen Regsamkeit.

Königin Teje

In seinen späteren Jahren begann er sich von dem Amunglauben abzuwenden, und die altheliopolitanische Form des Re-Kultes zu bevorzugen. Anzeichen eines solchen geistigen Aufbruches kündigten sich nicht nur bei Hofe an, sondern es zeigte sich allgemein das immer stärker werdende Verlangen nach einer vereinheitlichenden Gottesidee, die Sehnsucht nach einer unmittelbaren Zwiesprache mit Gott. Die Bezeichnung *Aton* (die Sonnenscheibe) tauchte in dieser Zeit immer häufiger als Name für den Sonnengott auf. Man verehrte ihn als wohltätige Himmelsmacht und feierte ihn als den großen Lichtspender und Schöpfer aller Wesen in einem Hymnus:

Amun und Aton

»Man hat deine Strahlen vor Augen und weiß es nicht. Selbst Gold gleicht nicht deinem Glanz. Du fährst über den Himmel, und alle Menschen schauen dich, und doch ist dein Glanz vor ihnen verborgen. Preis dir, du Aton des Tages, der alle Wesen geschaffen und ihnen Lebensunterhalt geschenkt hat.«

Amenophis III. sah vielleicht in dem neuen Glauben auch den Anfang einer universellen, völkerverbindenden Religion, die alle seine Untertanen, Ägypter wie fremde Nationen, leicht annehmen konnten. Die Aton Glaubensbewegung gab aber noch keinen Anlaß zu einer ernsteren Auseinandersetzung, da die Verehrung der alten Götter daneben ungeschmälert weiterbestand.
Bedenklich wurde ein neuerlicher Aufstand in Nubien, so daß der König selbst nach Süden zog und die Ruhe wiederherstellte. Es war der letzte große Zug, den ein Pharao gegen Süden unternahm. An der Nordgrenze wurde anfangs die Oberherrschaft Ägyptens allgemein anerkannt, und die Mächte bemühten sich mit erlesenen Geschenken um die Freundschaft des Pharaonenreiches. Infolge der äußeren Ruhe blühte der Handel wie nie zuvor und brachte unermeßlichen Reichtum ins Land. Die Bewohner

schwelgten in großem Luxus. In festlicherer Kleidung als ehedem begegnen uns die Statuen und Figuren auf den Reliefs der Gräber und Tempel. In den frühesten Zeiten war, entsprechend dem milden Klima, der einfache, vom Gürtel bis zu den Knien reichende Schurz das einzige Kleidungsstück der Männer, auch der Könige, gewesen. Nur der Stoff war unterschiedlich, das Volk trug Leinen, der Herrscher einen Stoff aus Goldfäden gewebt und reich mit Edelsteinen besetzt. Vielfach war der Schurz auf der Vorderseite gefältelt oder lief gestärkt vorn in eine Spitze aus. Die weibliche Tracht war ein glatter enger Rock, von Schulterbändern gehalten. Er reichte von den Schultern bis zu den Knöcheln, war einfarbig, erst später leuchtete er in bunten Farben.

Solche Tracht hielt sich auch im MR. Erst die üppige Zeit des NR verleitete zu modischer Eleganz. Angeregt durch die Kulturwelt Syriens oder Palästinas trugen die Männer nun über oder unter dem Schurz den knöchellangen asiatischen Rock, die *Kalasiris,* mit Trägern oder weiten herabhängenden Ärmeln. Die Frauen ergänzten die Kalasiris noch durch einen auf der Brust geknüpften Leinenmantel. Die Gewänder umschmeichelten den Körper in reichen Plissees. Der Ägypter ging meist barfuß, auch der König ließ sich die Sandalen nachtragen. Die ursprünglich bescheidene Haartracht wurde durch Perücken aus Wolle oder Haar bei Männern und Frauen verdrängt, im NR wechselten die Perücken und Frisuren in verschiedenen Formen. Auf das Haar setzten die Frauen einen mit Parfüm getränkten *Salbkegel,* der langsam schmolz und Duft verbreitete. Die Augenbrauen zogen sie mit Schwarz nach, schminkten sich grüne Augenschatten, färbten die Fingernägel mit rotgelber Henna. Wohlriechende Öle und Essenzen zur Körperpflege wurden reichlich verwendet. Die Männer rasierten sich, nur der König trug einen kleinen künstlichen Kinnbart. Schmuck war bei Männern und Frauen üblich, vor allem der große farbige Halskragen aus Metall, Leder oder Stoff, bei höheren Persönlichkeiten aus Goldplättchen mit Halbedelsteinen und buntem Glas zusammengesetzt, oft wahre Meisterwerke des Goldschmiedehandwerks. Bei genauerer Betrachtung ist die Kleidung im Laufe der Jahrtausende nicht wesentlich geändert, sondern nur verfeinert worden. Die Achtung vor der Überlieferung war stets stärker als der Drang nach Neuem. Dieser Haltung verdankt die ägyptische Kunst ihr einheitliches, auffallend konservatives Gepräge.

Die Amarnazeit

Die Sonne ist eine Offenbarung des Höchsten, die mächtigste, die uns Erdenkindern wahrzunehmen vergönnt ist. Ich bete in ihr das Licht und die zeugende Kraft Gottes an, wodurch allein wir leben und alle Pflanzen und Tiere mit uns.

Goethe

Amenophis III. lebte in dieser genußfrohen Welt, in der die Waffen ruhten, nach der von den Vätern kühn errungenen Weltmachtstellung und der Wald der Tempelsäulen im Lichte der Friedenssonne wuchs, als glücklicher Erbe, der Fülle und dem Glanz hingegeben. Viele Jahre mußte er auf den Sohn und Thronerben warten, bis der Langersehnte, kaum noch Erhoffte jenes Licht erblickte, das er in religiöser Verzücktheit zur höchsten Gottheit erhöhen sollte. *Amenophis IV.* (1361–1340?), ein schwächlicher, empfindsamer und frühreifer Junge, von seiner nachsichtigen Mutter verzärtelt, wuchs in den prunkvollen Palästen und festlichen Gärten heran. Teje gab ihm als mütterliches Erbe ihre hohen geistigen Anlagen und ihren unbeirrbaren Stolz mit. Amenophis IV. war nicht schön, sein auffallend schmales, langgezogenes Gesicht mit den eingefallenen Wangen endete in einem hängenden, vorstehenden Kinn, das Auge blickte aus engem Schlitz. Die Lippen waren breit und wulstig. Der Kopf saß auf einem dünnen Hals, der Bauch war aufgetrieben, Arme und Beine waren lang und dünn. Noch als unreifen Jüngling berief ihn der Vater zum Mitregenten. Doch der Vater selbst war kein rechter Lehrmeister. Ihm fehlte die starke Hand, das Riesenreich, das sich über 18 Breitegrade erstreckte, festzuhalten, er erschlaffte im Rausch des großen Reichtums und verlor im Streit um neue religiöse Anschauungen den Blick für die ernste Tatsachenwelt. Er sah nicht, daß Verwaltung und Wirtschaft immer mehr in Schwierigkeiten gerieten, er hörte nicht die Hilferufe der Städte und Hafenplätze entlang der Mittelmeerküste, weil das dringend erwartete Gold und die Truppen ausblieben, während sich der mächtigste Feind, die Hethiter, langsam, aber unaufhaltsam bis an die Zedernwälder des Libanon heranschoben. Als nun Amenophis III. starb, fiel das Zepter in die Hand eines unerfahrenen Träumers. Sein Auge schaute nur zur Sonne, sie blendete ihn für die Gebote der Zeit.

Amenophis IV.

Kartusche des Königs Amenophis IV. (Echnaton)

Das große Ziel Amenophis' IV. war die Abschaffung der bisherigen ägyptischen Religion mit ihrer Göttervielheit, ihren Götter-Verkörperungen in Tier und Mensch und den Zwischengestalten und ihren Kulten und an ihrer Stelle die Einführung der alleinigen Verehrung der Sonnenscheibe, des Aton. Dabei stieß er auf den erbitterten Widerstand der Amunspriester. Sie waren zu einer Macht aufgestiegen, mit der man rechnen mußte. Sie beeinflußten die Königsfolge und häuften aus Schenkungen und Beuteanteil

Das sogenannte Henkelkreuz. Altägyptisches Schriftzeichen für anch = Leben

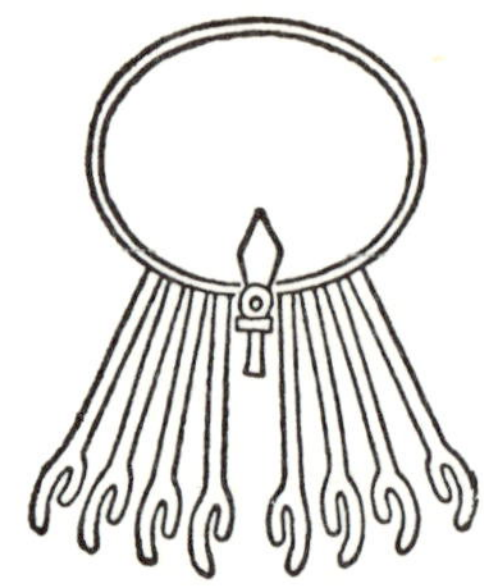

Aton, die vergöttlichte Sonnenscheibe

einen ungeheuren Reichtum an. Ihnen erklärte Amenophis IV. offen den Kampf. Er verbot die Verehrung der vielen Götter in ihren Tempeln, ließ ihre geächteten Namen an Wänden, auf Obelisken und Statuen mit dem Meißel tilgen, entthronte den Reichsgott Amun, der die Vorväter groß gemacht und Ägypten auf den Gipfel seiner Macht geführt hatte. Amun verblaßte im Strahlenschimmer des allerhaltenden neuen Gottes. Auch den eigenen Namen Amenophis (= Amun ist zufrieden) änderte der fanatische Pharao in *Echnaton* (= Es gefällt dem Aton). Der König hatte die alten finsteren Götter gestürzt, er hatte ein Licht angezündet zu einer Zeit, als die Menschheit noch wie in einem dunklen Gefängnis von Aberglauben und Angst gehalten war. Nicht Furcht sollte den Weg zur Frömmigkeit weisen, sondern das Gefühl der Verpflichtung und Dankbarkeit. Er wollte den neuen Glauben in alle Herzen pflanzen, alle Menschen sollten Anteil haben an dem Lichte, von dem alles Leben und aller Glanz kommt. Er hatte dem Namenlosen einen Namen gegeben, nun wollte er den Gestaltlosen, Unfaßbaren, den weder Mensch- noch Tierform zu umschließen vermochte, in einem seiner besonderen Wesenheit entsprechenden Symbol veranschaulichen. So stellte er ihn im Naturbild der goldenen Sonnenscheibe vor die Augen seiner Zeitgenossen. Die Strahlen laufen in Hände aus, die dem bittend Nahenden das *Henkelkreuz* als Unterpfand des Lebens entgegenstrecken. Man kann die jedem Lebewesen fühlbare Segenswirkung der Sonne wohl nicht überzeugender versinnbildlichen. Die Begeisterung für die neue Gottheit weckte in Echnaton den wunderbaren *Sonnengesang*[1], den ersten Hymnus, der uns über die Jahrtausende hinweg aus dem Nilland erhalten ist.

Echnatons Sonnenhymnus

Strahlend steigst du auf am Rande des Himmels,
Aton, der du lebst seit Anbeginn.
Du wanderst empor und erfüllest
die Welt mit deiner Schönheit.

[1] In den Gräbern der Vornehmen aus der Amarnazeit finden wir den Sonnenhymnus als Wandinschrift eingemeißelt.

Hoch glänzt du über die Lande,
deine Strahlen umfangen, was du geschaffen.
Du bist fern, doch deine Strahlen befruchten die Krume,
und der Halm sprießt, wenn du den Boden geküßt.

Gehst du dann von uns nach Westen unter,
breitet sich Dunkel über die Erde, als sei sie erstorben.
Es ruhen die Schlummernden in ihren Kammern.
Nähme einer ihre Habe unter ihrem Kopfe weg,
sie merkten es nicht. Die Welt liegt im Schweigen.

Morgens aber, wenn du wieder am Himmelsrand aufglühst,
da fliehet vor dir die Finsternis.
Beide Länder freuen sich deiner Strahlen.
Alle erwachen und stehen auf,
sie waschen den Leib, sie kleiden sich,
betend heben sie die Arme,
Strahlender, zu dir empor,
und die ganze Welt verrichtet ihre Arbeit.

Alles Vieh freut sich der Weide,
Felder und Kräuter ergrünen,
die Lämmer hüpfen auf ihren Füßen,
aus ihren Nestern flattern die Vögel hervor,
mit ihren Flügeln lobpreisen sie dich.
Offen sind alle Wege, da du leuchtest.

Die Schiffe befahren den Strom,
die Fische im Wasser springen vor deinem Angesicht,
deine Strahlen dringen bis in die Tiefen des Meeres.
Du gibst jedem deiner Geschöpfe den Atem am Tage der Geburt
und öffnest seinen Mund und spendest, wessen es bedarf.

Dem Küchlein in der Schale gibst du Luft,
du machst es stark, das Ei zu zerbrechen,
es läuft auf seinen Füßchen, sobald es hervorkam.
Du einziger Gott, der nicht seinesgleichen hat!
Du hast die Erde geschaffen nach deinem Herzen,
du einzig und allein.

Du schufest den Nil, der aus der Unterwelt quillt,
um das Volk am Leben zu erhalten.
Auch an den Himmel setztest du einen Nil,
daß er herabflute und die Ackerkrume tränke.
Du schufest die Jahreszeiten, um deine Werke zu vollbringen,
den Winter, um zu kühlen,
die Sommerhitze, damit sie dich kosten.

Den fernen Himmel hast du gemacht,
um an ihm aufzugehen,
um all das zu schauen, was du allein schufest.
Alle blicken auf zu dir, Sonne des Tages!

Du lebst in meinem Herzen,
kein anderer kennt dich so
wie dein Sohn Echnaton.
Seit du die Erde gegründet hast,
hast du sie aufgerichtet für deinen Sohn,
der aus dir selber hervorging,
den König von Ober- und Unterägypten,
den Herrn der Kronen, Echnaton, dessen Leben lange sei,
und für die königliche Gemahlin Nofretete.

Die demütige Ergriffenheit des Sängers steigert sich am Schluß zu dem königlichen Bewußtsein, daß ihm allein als dem Sohn des Aton das Geschenk gegeben sei, den Gott wahrhaftig zu erkennen. Welch erhabenes und zugleich schauriges Gefühl grenzenloser Einsamkeit klingt aus diesem Schlußakkord! Diese einmal aufgetauchte Sonnenmelodie verstummt nicht mehr, hallt weiter durch die Jahrtausende, wir hören sie aus dem 104. Psalm, sie tönt von den Olivenhügeln von Assisi und wieder in moderner Zeit aus Hölderlins »Hymne an den Äther«.
Unter den neuen Schirmherrn Aton stellte Echnaton sich und das Reich. Nicht mehr sollten ihn die Tempel von Theben an die Vergangenheit erinnern, die Amunspriester seine religiösen Ideen stören, die einem reinen Monotheismus zustrebten. So tat er den letzten folgenschweren Schritt, löste voll Geringschätzung alle Bindungen mit dem, was der bisherigen Gesellschaft gewohnt und heilig war, und gab Theben, die schöne Amunstadt, als Residenz auf. Auf halbem Wege zwischen der hunderttorigen Stadt und Memphis' weißer Mauer erbaute er auf jungfräulichem, sandigem Boden die neue Sonnenstadt. Sie bekam den Namen *Achet-Aton* (= Horizont des Aton); jetzt befindet sich dort ein bescheidenes Beduinendorf *Amárna*. Hier wollte der Pharao in einsamer Verzückung ungestört geheime Zwiesprache mit seinem Gott halten, der ihn zum Werkzeug erkoren hatte, der ganzen Menschheit die Tore zu der Licht und Leben spendenden Sonne zu öffnen.
Rasch wuchs die Stadt aus Holz und ungebrannten Schlammziegeln mit Stukkaturverkleidung empor. Es war eine freundliche, schimmernde Stadt, auf malerische Effekte gestellt, leuchtend in ihren mannigfachen Farben. Den Tempel für Aton umschlossen weite Säulenhallen. Geräumig wie der Tempel waren die Paläste und Luxusvillen der hohen Würdenträger. Teiche und blühende Gärten mit Büschen und Bäumen machten Achet-Aton zu einem paradiesischen Ort. Dazu das nie getrübte Blau des Himmels und das Gelb der Wüstenberge im Hintergrund. Der Hauptpalast lag im Stadtinnern, seine große Halle öffnete sich gegen den Hof hin durch das wohl-

bekannte »Empfangsfenster« von dem aus der König seine verdienten Hofleute durch Ansprachen zu ehren und ihnen Geschenke hinabzuwerfen pflegte.

Planvolle Ausgrabungen durch die deutsche Orientgesellschaft bis 1914 und durch den Egypt Exploration Society nach dem Ersten Weltkrieg haben umfangreiche Teile von Amarna freigelegt und die Rekonstruktion des Stadtbildes ungefähr ermöglicht. In Amarna bot sich die einmalige Gelegenheit, eine Stadtsiedlung in ihrer unveränderten Anlage freizulegen, da der Ort nie mehr überbaut wurde. Bei den Grabungen der Deutschen entdeckte 1912 ihr Leiter, Professor *Ludwig Borchardt*, in der Modellkammer des Oberbildhauers *Thutmose* die weltberühmte Kalksteinbüste der Gemahlin Echnatons, *Nofretete*. Neben ihrem Gatten, dessen Gesicht eher abstoßend wirkt, sieht sie wie eine strahlende Märchenfigur aus. Man weiß nicht, woher sie stammte, weiß nur wenig von ihrem Leben, ihr Ende ist wieder in Dunkel gehüllt. Aber in ihrer lebensvollen, fast unversehrt erhaltenen Statuette lebt sie fort im Gedenken der Nachwelt. Auch solchen, die nur wenig Kenntnis von ägyptischen Kunstdenkmälern haben, ist sie aus zahllosen Abbildungen und Kopien vertraut. Schon als der herrliche Kopf zum erstenmal zu Berlin in der ägyptischen Sammlung der Staatlichen Museen gezeigt wurde, gerieten alle Besucher in bewundernde Aufregung, und nie vielleicht hat sich ein Kunstwerk von höchstem Rang einer derartigen Beliebtheit erfreuen können.

Die Büste der Nofretete

Die 48 cm hohe, bemalte Kalksteinbüste ist während der Regierungszeit ihres Gemahls entstanden. Die Königin trägt eine oben abgeflachte, blaue Kronenkappe, die in weiblichen Darstellungen nur sehr selten zu finden ist. Die Farben des darum geschlungenen Bandes deuten Gold und Edelsteine an, die Stirnbinde ist golden, die Königsschlange abgebrochen. Ein rötliches Gelb tönt die Haut. Der Kragen in den Farben des Goldes und der Halbedelsteine legt sich in zweifachem Kranz um den Hals. Der rechte Augapfel bricht stechend aus schräggestellten, scharfgeränderten Lidern. In den feinen Fältchen unter den Augen, in den Nasenkurven und in dem Lippenschwung zittert nervöse Bewegung, die dem Gesicht Leben und Spannung gibt. Die Büste diente als Werkstattmuster; daher mag man sich auch damit begnügt haben, nur das eine Auge probeweise einzusetzen.

Die Amarnakunst

Der Überschwang jugendlicher Verzückung, die vom König ausging, breitete sich über die ganze Stadt aus. Er erfüllte die Menschen mit neuem, heiterem Lebensgefühl und fand seinen Widerschein in der Kunst. Von dem strengen Zwang, der starr auf den Thronblöcken sitzenden Herrscher wandte sie sich ab, führte den Pharao aus der unnahbaren Höhe des Gottkönigs in die natürliche Nachbarschaft des Menschlichen. Es war sicherlich königlicher Wunsch, daß der Herrscher ungezwungen im Kreise der Seinen als liebender Gatte und zärtlicher Vater mit Frau und Töchtern dargestellt wurde. Denn ohne seinen Auftrag wären entgegen aller strengen Tradition solche innigen Familienszenen nicht in Stein gemeißelt worden. So sehen wir zum Beispiel im Grabe des Ahmose den König mit Frau und Tochter auf einem Wagen. Während er die Pferde lenkt, küßt er seine Frau, das

Aja und seine Gemahlin werden von Echnaton und Nofretete mit dem Ehrengold belohnt

kleine Mädchen guckt neugierig dem Lauf der Tiere zu. Die Haltung der Figuren wurde aufgelockert, lässig. Die Gewänder fließen in weichen Falten, die mimische Geste gewinnt an Bewegung. Die Reliefs und Bilder zeigen nun Freude am Belanglosen, an Szenen aus dem privaten Leben. Der Ausdruck wird zärtlicher, malt das Glück der Ruhestunde. Polstermöbel mit Fußbank und Ruhebetten wissen um Bequemlichkeit, Girlanden und Blüten atmen Wohlbehagen, der Gartenhintergrund zaubert den Duft einer empfindsamen Gefühlswelt. Und über den Bildern schwebt Atons uräusbewehrte Sonnenscheibe. Ihre zarten Strahlenarme greifen mit liebevollen Fingern nach den Menschen.

Kann dieser vergeistigte Stil noch gesteigert werden? Lauert nicht hinter diesem Leben voll Schönheit und Festlichkeit die Ermattung, Sättigung, das Ende?

Wer waren die Menschen, die um den König kreisten? Gewiß gab es unter seinen Begleitern viele, die mit gleicher Hingabe wie er der neuen Gottheit huldigen. Aber es tauchten auch sehr viele auf, die vor allem die Aussicht auf Amt und Rang lockte. Denn wer sich der neuen Lehre vorbehaltlos verschrieb, konnte bis zu den höchsten Würden aufrücken. Sie gaben das auch offen zu: »Ich war ein Nichts von Vater und Mutter her, der König machte etwas aus mir.« Mit solchen eigensüchtigen Naturen konnte der

König keinen Staat von Dauer aufrichten. Fern blieben ihm alle Ernsten, Weitblickenden, die von ihrem alten Glauben nicht loskommen konnten. Grollend und rachsüchtig warteten mit vielen Enttäuschten die entthronten Amunspriester im Hintergrund. Allmählich wurde die religiöse Bewegung zur politischen Machtfrage. Denn mit der durch die Siege einströmenden Beute hatte sich auch der Tempelschatz gemehrt, und die Priester sahen nun, gestützt auf ihr wachsendes Ansehen und die Größe der Stiftungen, der unausweichlichen Auseinandersetzung mit dem Königtum entgegen.

Echnaton lebte in seiner neuen Stadt nur der Verehrung seines Sonnengottes. Die Ausschließlichkeit, mit der er auf Kosten der alten Götter zum Gottverkünder Atons wurde, der unduldsame Bruch mit der bis dahin gelebten Geschichte des Landes und mit dem Geist des Totenkultes reizten zu verstecktem und offenem Widerstand. Denn seine Religion war nur auf ein glückliches Leben im Diesseits bezogen, der Ägypter vermißte im neuen Glauben die Morallehre, die Belohnung des Guten, die Bestrafung des Bösen und damit das Anrecht, durch ein sündenfreies Leben ein Weiterbestehen im Jenseits zu erreichen. Zu sehr stand das Volk durch ein von den Urvätern ererbtes Geflecht von Gebräuchen, Zeremonien, Gebeten im Banne seiner alten religiösen Bindungen. Die sogar in Amarna in großer Zahl gefundenen Amulette und Götterfigürchen beweisen, wie die Masse des Volkes an den Göttern ihrer Heimat festhielt. Auch die führenden Männer der Verwaltung und des Heeres empfanden die unnachgiebige Zerstörung

Echnaton mit seiner Gemahlin Nofretete und einem Töchterchen bei einer Ausfahrt

alten Glaubensgutes als eine schwere Freveltat. Echnaton fehlte zum Reformator die bezwingende Persönlichkeit, die schöpferische Kraft und endlich auch der eindrucksvolle äußere Erfolg. Der Atonglaube blieb ein schöner Gedanke eines empfindsamen, in poetische Weiten vorauseilenden Träumers und konnte keine wirkliche Religion werden.

Während sich Echnaton mit der Ausgestaltung und Verkündigung seiner Lehre und der fanatischen Verfolgung der Amunreligion beschäftigte, brandeten neue Völkerwogen an den Nord- und Ostgrenzen gegen die Bollwerke des ägyptischen Reiches. Die Hethiter und ihre Verbündeten stürmten gegen die schwachen vorderasiatischen Bastionen. Die Hauptstadt des Mitannireiches war erobert, und mit der Ermordung des Königs *Tuschratta* hatten die Ägypter ihren einzigen Freund verloren. Echnaton wehrte sich nur mit unzureichenden Gegenangriffen, er sah die ganze Tragweite des Geschehens nicht mehr. Seine Gemahlin Nofretete scheint von Anfang an eine glühende Anhängerin des neuen Glaubens gewesen zu sein. Sie steigerte den Haß des Königs bis zum letzten Entschluß, die Gräber aufreißen und den Namen Amuns in den stillen Totenstätten der ewigen Schläfer tilgen zu lassen. Seine kluge Mutter Teje sah die kommenden drohenden Gewitter der äußeren Gefahr und der inneren Spannung am Horizont aufsteigen. Sie riet zu Mäßigung und Umkehr, damit der Pharao nicht den Staat an den Rand des Abgrundes und die Dynastie in den Untergang führe. Ihre beschwörenden Worte scheinen bei ihm Gehör gefunden zu haben. Denn es kam bald zu einem Zerwürfnis mit Nofretete, die nicht geneigt war, mit den alten Göttern Frieden zu schließen und sich mit den Priestern Thebens zu versöhnen. Sie trennte sich von ihrem Gatten und zog in einen eigenen Palast. Die königliche Familie zerfiel. Echnaton verheiratete seine älteste Tochter *Merit-Aton* mit dem jugendlichen *Semenchkaré*, dessen Abkunft wir nicht kennen, und ernannte ihn zu seinem Mitregenten. Er schickte den Schwiegersohn nach Theben, wo er mit den Amunpriestern verhandeln sollte. Nicht viel später gab er eine andere Tochter, *Anchesenpaaton*, dem kaum zehnjährigen *Tutanchaton* zur Frau. Er selbst blieb allein in Amarna.

Inzwischen verhallten die Hilferufe seiner treuen Vasallen aus den asiatischen Provinzen. Echnaton schickte keine Krieger, keine Kampfwagen. Die seinem Ruf am willfährigsten gefolgt waren, betrogen ihn nun, suchten in gerissenem Intrigenspiel nur ihren Vorteil, schmälerten durch Amtsmißbrauch und Bestechlichkeit das Ansehen des Hofes und hielten es mit den Feinden. Mit der Zertrümmerung der Machtstellung in Vorderasien stieg die Not in der Heimat. Um Echnaton wurde es immer einsamer, nur selbstsüchtige Günstlinge, Schmeichler und fremde Söldner umgaben ihn. Nicht viel länger als ein Jahrzehnt hatte die Sonne Atons über dem Reich geleuchtet. Wir wissen nichts von Echnatons Ende. Aber sicherlich haben feindliche Gewalten den seelisch und körperlich Gebrochenen in seinem 20. Regierungsjahre aus dem Leben gedrängt. Es haben sich keine Spuren der Leichen des Königspaares gefunden. Das Reich, das der religiöse Reformator aus der Finsternis der Furcht und des Dämonenglaubens zu lichten

Höhen hatte führen wollen, war bis in seine tiefsten Abgründe erschüttert. Als »Ketzerkönig« ist Echnaton der Geschichte überliefert, sein Name scheint in der Königsliste nicht auf.

Tutanchaton (Tutanchamun)

Nach Echnaton regierte wenige Jahre Semenchkare (1339?–1334?), kein Denkmal, keine Chronik meldet uns davon. Nach seinem Tode erbte Tutanchaton die Krone (1333?–1325?). Er begann seine Regierung in Amarna und zog später, freiwillig oder gezwungen, nach Theben. Überstürzt wurde Amarna geräumt. Enttäuschte und Erbitterte rasten in Zerstörungswut durch die Stadt und machten sie dem Erdboden gleich. So rasch ging alles vor sich, daß man sich nicht mehr Zeit nahm, die Hunde von ihren Ketten zu lösen und die Rinder aus ihren Ställen zu treiben, die Schriften aus den Archiven zu holen, die Modelle aus den Werkstätten der Bildhauer zu bergen. Der Meißel schlug die Kartuschen des Königs aus den Inschriften, seine Standbilder stürzten, Fluch legte sich über die Stadt, man mied sie. Der Flugsand deckte alles zu, bis Jahrtausende später die Forscher sie ans Licht holten.

Kartusche des Königs Tutanchamun

Tutanchaton setzte in Theben die alten Götter wieder in ihre Rechte ein. Ja, er änderte, den Verhältnissen Rechnung tragend, seinen Namen in *Tutanchamun* und den seiner Frau in *Anchesenamun*. Der junge König war ein Spielball in den Händen der Amunpriester. Er sollte den Nimbus Atons tilgen. Zugleich mit dem Atontempel in Amarna, der niedergerissen und zugeschüttet wurde, fiel auch das Sonnenheiligtum im Osten des Amuntempels zu Karnak. Die Amunpriester begrüßten jubelnd die Erlösung des ganzen Stromlandes vom Bann des Ketzerkönigs Echnaton, sahen das Sinnbild einer glücklicheren Zukunft in dem jungen Pharao, der dem siegreichen Amun opferte. Tutanchamun starb nach kurzer Regierung, 18 Jahre alt, und mit ihm erlosch die 18. Dynastie, die an Macht und Pracht größte Ägyptens.

Tutanchamuns Erbin war seine Frau Anchesenamun. Um ihre Hand bewarb sich der ältliche Oberpriester Eje. Die blutjunge Königin schickte, um einer solchen Heirat zu entgehen, Boten mehr als 1200 km weit nach Norden zu dem Hethiterkönig *Suppiluliúma* und fragte, ob er ihr einen seiner Söhne zur Ehe geben könnte. Denn sie wäre nicht geneigt, einen ihrer Untertanen zum Gatten zu nehmen. Es blieb nur die kurze Zeit von 70 Tagen zur Überlegung, während die Einbalsamierung und Beisetzung ihres verstorbenen Gemahls erfolgte. Doch bevor sich der Hethiterkönig von der Richtigkeit der Botschaft überzeugt hatte, war die Frist abgelaufen. Eje vermählte sich mit Anchesenamun, und der Hethiterprinz, der sich auf den Weg gemacht hatte, kam in Theben nie an. Wahrscheinlich verhinderten dies die Kreise, die einer solchen ehelichen Verbindung nicht zustimmten. Eje erregte durch seine zwiespältige Vergangenheit als Amunpriester, dann als Atonpriester, Günstling Echnatons und zum Schluß wieder als Amunbekenner Mißfallen bei den Amunpriestern. Nicht lange trug er die Krone. Nach kurzer Regierung starb er, vielleicht eines gewaltsamen Todes. Sein Grab wurde ausgeraubt und gänzlich zerstört.

Nach seinem Tode brachen Unruhen aus, Streit erhob sich um die Nachfolge. Nun war der Zeitpunkt gekommen, da der Mann hervortreten konnte, der schon lange im Schatten der anderen auf diesen Augenblick gewartet hatte und hinter dem Heer und Amunpriester standen: *Haremhéb*, der Heerführer. Schon unter Echnaton war der begabte und tatkräftige Mann öfters im Palast erschienen, und alle erzitterten, wenn er eintrat. Er hatte sich als ausgezeichneter Truppenkommandant an der Nordgrenze bewährt und wurde unter Tutanchamun Oberbefehlshaber des ägyptischen Heeres. Aus dem Hintergrund hatte er schon lange die politischen Ereignisse mitbestimmt, die Thronbesteigung Ejes als scheinbar unbeteiligter Zeuge hingenommen. Nach dessen Tode verlangten die verworrenen Verhältnisse nach einer starken, ordnenden Hand. Sobald er sich die Krone aufs Haupt gesetzt hatte, verfolgte er alle unlauteren Beamten mit schweren körperlichen Strafen und Verschickung in entlegene Verbannungsorte zur Zwangsarbeit. Er tilgte die letzten Erinnerungen an die Amarnazeit, löschte die Epoche Echnatons und seiner Kinder aus der Geschichte, indem er seine Regierungszeit vom Tode Amenophis III. an zählte. Was noch für die Wiederherstellung der alten Amunverehrung zu tun war, wurde unter ihm und seinen Nachfolgern getan. Überall hämmerten Meißel an den Wänden, um die geschändeten Götterbilder wieder sichtbar zu machen, erstanden über den zerschlagenen Hausteinen der einstigen Atontempel die neuen Heiligtümer für Amun und wuchs in Karnak der gewaltige Säulenwald als ehrfurchtsvolles Siegesmal, das je einem Gott errichtet worden ist. Die Säuberung der stark verlotterten Verwaltung und Wirtschaft ließen Haremhéb wenig Zeit, die verlorenen Gebiete wieder zurückzugewinnen. Aber er hatte doch vieles vorbereitet, die Armee wieder aufgebaut, um einer künftigen Wiederherstellung des Reiches den Weg zu bahnen. Er verlegte die Residenz nach Memphis, und damit verlagerte sich der Schwerpunkt des Landes nach Norden. Theben blieb nur der Ruhm des Amunkultes und seiner Festlichkeiten, aber es war nicht mehr der Sitz des Hofes und der Zentralregierung.

Haremhéb

Haremhéb selbst begründete kein neues Herrscherhaus. Da er kinderlos war, setzte er den Oberbefehlshaber der Bogenschützen, der Wagenkämpfer und des Fußvolkes, Paramessu, als seinen Stellvertreter ein. Dieser bestieg als *Ramses I.* (1307–1306) den Thron, und mit ihm nahm das berühmte Geschlecht der Ramessiden seinen Anfang. Er galt als der Mann, von dessen Militärmacht man die Wiederaufrichtung des Nillandes erhoffen konnte. Seine Familie stammte aller Wahrscheinlichkeit nach aus *Tanis*. Diese Stadt, im östlichen Delta an einem für den Seeverkehr geeigneten Nilarm gelegen, meerwärts geschützt und unangreifbar durch eine vorgelagerte breite Lagune, bot den besten Platz für den Ausfall nach Vorderasien und damit für den Anschluß Ägyptens an die Mittelmeerkultur. Der mit Ramses I. beginnenden 19. Dynastie sollte es beschieden sein, Ägypten zur letzten Blütezeit zu führen. Ramses I., der schon im hohen Alter auf den Thron kam, ging zwar daran, die alten Grenzen wieder sicherzustellen, konnte aber seine Aufgaben nicht vollenden, da er schon im zweiten Regierungsjahr starb.

Ramses I.

Sein Nachfolger war sein Sohn und Mitregent *Sethos I.* (1305–1291). Als Beduinenstämme Südpalästina bedrohten, brach der junge, energische König auf, stellte die Ordnung wieder her, marschierte nach Norden bis in die Ebene von Megiddo, setzte über den Jordan und zog dann nach den Südabhängen des Libanon. Das Erscheinen eines ägyptischen Königs an der Spitze eines Heeres hatte sich seit mehr als 50 Jahren in diesen Gebieten nicht mehr ereignet. Daher machte es auf die Fürsten großen Eindruck und förderte ihre Bereitschaft zu Verhandlungen. In einem weiteren Feldzug warf Sethos I. die Amoniter nieder und brachte das Vordringen der Hethiter zum Stehen, ja er schloß sogar einen Friedensvertrag mit dem Hethiterkönig *Muwatalli.* Das Kräfteverhältnis zwischen den beiden Großmächten in Syrien blieb wenigstens während der Regierungszeit Sethos I. im Gleichgewicht. *Sethos I.*

Sethos I. benützte die kommenden Jahre der äußeren Ruhe zu einer sehr umfangreichen Bautätigkeit, die noch jetzt dem Nillande sein Gepräge verleiht. Das bedeutendste Bauwerk steht in der Nekropole von Abydos am Rande der Wüste, der *Totentempel,* von Sethos I. begonnen, von Ramses II. beendet. Er war größtenteils verschüttet und wurde erst 1859 von dem Museumsdirektor in Kairo, Auguste Mariette, freigelegt. Durch zwei Vorhöfe, von denen der erste bereits zerstört ist, gelangt man in zwei Säulensäle *(Hypostylos).* 24 Papyrusbündelsäulen mit Knospenkapitell tragen in zwei Reihen den ersten Saal, und 24 gleiche Säulen in den zwei vorderen Reihen und 12 kapitellose Stammsäulen in der hinteren Reihe, alle zusammen mit Scheibenkissen als Basis, sind die Stützen des zweiten Hypostylos. An diesen schließen sich sieben nebeneinander gereihte Kapellen, eine für den vergotteten König, die weiteren sechs für verschiedene ägyptische Gottheiten. In jeder Kapelle stand für das göttliche Wesen, dem sie geweiht war, eine Barke. An den zweiten Säulensaal stößt ein Seitenflügel, der neben anderen Kulträumen die sogenannte *Königsgalerie* enthält. Sie zeigt auf einer Wandtafel die Liste von 76 Pharaonen von Menes bis Sethos I., eine Fundgrube für den Historiker. Hinter dem Tempel steht das reich ausgestattete Scheingrab Sethos I. Seine rechteckigen Pfeiler wachsen absatzlos in das horizontale Gebälk, und die Zwischenräume zwischen den Pfeilern scheinen wie aus einem mächtigen Steinblock herausgeschnitten. Es sollte in seiner Anlehnung an frühere Kultbauten an die Form des mythischen Osirisgrabes erinnern.

Eine weitere hervorragende Bauleistung war die Errichtung des riesigen *Säulensaales* des Tempels zu Karnak, ein Gemeinschaftswerk Sethos' I. und Ramses' II. An den Außenwänden des riesigen Säulensaales sind Schlachtenszenen der beiden Könige dargestellt. In drei übereinander liegenden Reihen von 50 m Länge ziehen in dramatischer Lebendigkeit auf der nördlichen Außenmauer die Bilder der Kämpfe Sethos' I. mit den Amoritern, Hethitern und Libyern an uns vorüber, feiern die Heimkehr des siegreichen Pharao und enden mit der Überreichung der Beutestücke an Amun als dem Schutzherrn des Karnaker Tempels. Von der späteren Regierungszeit Sethos' I. wissen wir nichts. Sie scheint ganz mit seiner

Bautätigkeit ausgefüllt gewesen zu sein. Darunter fällt auch die Anlegung seines Grabes im Königstal, das an Größe alle früheren weit übertrifft. Da seine Tempelvorhaben wegen ihres Umfanges mehr als ein Menschenalter zu ihrer Verwirklichung bedurften, blieb es seinem Sohn und Nachfolger Ramses II. vorbehalten, sie zu Ende zu führen. Dessen 66 Jahre währende Regierung gab ihm dazu genügend Zeit.

Von der Welt der Toten

Ein kleiner Ring
begrenzt unser Leben,
und viele Geschlechter
reihen sich dauernd an ihres Daseins
unendliche Kette.

Goethe

Den alten Ägyptern galt der Tod nicht als das Ende, sondern nur als ein Übergang in eine andere Seinsform, in der sie weiterzuleben hofften. Aber auch das Fortbestehen im Grabe ist gefährdet durch einen zweiten Tod, der den unwiderruflichen Untergang bringt. Um dies zu verhindern, ist ein dem Ritual entsprechendes Begräbnis und weiterhin die Versorgung mit Nahrungsmitteln und Getränken sowie mit Geräten und Gegenständen des alltäglichen Lebens notwendig. Daher finden sich schon in den frühesten Gräbern Abteile, in denen Speise und Trank gespeichert waren. Die Toten

Der Totenkult

sind also auf die Betreuung durch die Lebenden angewiesen. Vor allem fällt diese Pflicht dem ältesten Sohne des Verstorbenen zu. Da die Mittel und Möglichkeiten des Kindes und der anderen Familienmitglieder nicht immer ausreichten, so verfügte man oft schon im Testament, daß die Nutznießung bestimmter Grundstücke der Versorgung des Toten dienen sollte. Im weiteren kam es auch zur Bestellung eines Totenpriesters, der den Totenkult zu versehen hatte. Da der gesamte Boden Ägyptens Eigentum des Königs war, erwies dieser seinen Würdenträgern meist die Gunst, an seinen Gabentischen teilzunehmen. Diejenigen, die ihre Statuen in den Tempeln aufstellen durften, erwarteten sich damit das Recht, an den Opferspenden des Tempels teilzuhaben. An den Grabwänden sieht man immer wieder Bilder, auf denen der Grabherr vor seinem übervollen Tisch sitzt und die Opferspeisen verzehrt. Solche Darstellungen sollten die Besucher stets an ihre Pflichten erinnern. Außerdem schrieb man den Abbildungen der Opfergaben die magische Kraft zu, sie würden, solange sie erhalten blieben, dem Toten die Sicherheit des Weiterlebens gewährleisten, auch wenn es seine Nachkommen versäumen sollten, regelmäßig die Spenden in seine Grabkammer zu bringen. Beschädigte oder zerstörte man diese Bilder, traf man damit nach der Vorstellung der alten Ägypter auch den *Ka*, die schöpferische Lebenskraft der Menschen, die ihn überlebt.

Zeichen für Ka

Gegner Verstorbener suchten daher oft durch Anschläge gegen Bildwerke diesen in jenem anderen Leben zu schaden.
Der Gedanke an ein Fortleben beeinflußte auch die Zeremonien der Totenbestattung. Um den ewigen Lebenskräften ihren Wirkungsbereich in der dinglichen Welt zu erhalten, war es erste und allgemein geübte Pflicht, dem Leichnam eine möglichst unveränderliche Beständigkeit zu sichern. Im 4. Jahrtausend legte man die Toten, in Ziegenfelle gehüllt, ohne jegliche Zurichtung mit angezogenen Beinen als *Hockerleichen* in den trockenen, salzigen Wüstenboden. Die flachen Sandgräber förderten die Austrocknung und damit die Konservierung der Leichen. In der geschichtlichen Zeit begann man mit dem Einwickeln der Toten in Leinenbinden, mit der Anlegung tiefer Ziegelsteingräber und der Verwendung von Stein- oder Holzsärgen. Solche Vorkehrungen bewirkten gerade das Gegenteil, nämlich den Verfall des Leichnams. Daher ging man dazu über, durch verschiedene Verfahren der leiblichen Persönlichkeit über den Tod hinaus Dauer zu verleihen. Man entfernte alle Weichteile aus dem Körper und verteilte sie in vier Krüge, *Kanopen* genannt, deren Deckel die Köpfe der vier Söhne des Horus versinnbildlichten. Die Kanopen der Amarnazeit tragen als Deckel den Kopf des betreffenden Königs. Den Körper legte man in Natron[1], das dem Körper die letzte Flüssigkeit entzog. Für die Einbalsamierung wird in verschiedenen Quellen übereinstimmend die Zeit von 70 Tagen angegeben. Danach wurde der Tote mit Leinenbinden umwickelt, die gelegentlich eine Länge von mehreren hundert Metern hatten. Sie wurden zur Erhöhung der Festigkeit mit Gummi bestrichen. In der Pyramidenzeit übergoß man das bindenumwickelte Gesicht mit verdünntem Gips und formte die Züge des Gesichtes nach. Die Porträtähnlichkeit sollte dem umherschweifenden Ka bei der Rückkehr das Erkennen des ihm zugehörigen Körpers ermöglichen. Aus den noch unzulänglichen Stucknachbildungen entwickelten sich die Mumienmasken aus Stoff mit Bemalung und Vergoldung, deren herrlichste die aus purem Gold gehämmerte des Tutanchamun ist. Dem gleichen Zweck des Wiedererkennens dienten auch die

Die Einbalsamierung

[1] Natron ist eines der wenigen altägyptischen Wörter, die noch jetzt in unserer Sprache fortleben: Es deutet auf den Fundort, die unterägyptische Oase des Wadi Natrún.

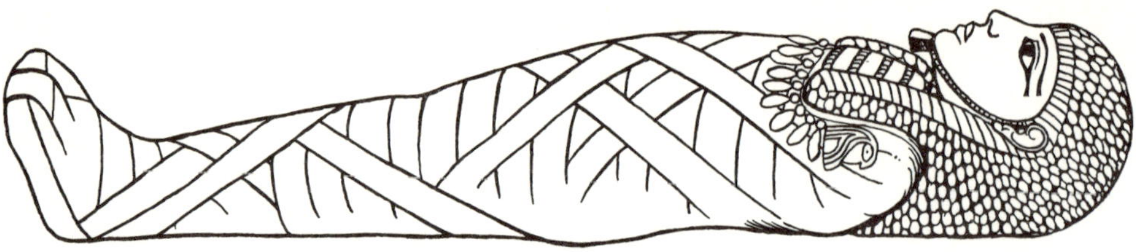

Mumie

porträtähnlichen, lebensgroßen Statuen und Köpfe, die sogenannten *Ersatzköpfe*. Diese Bildnisköpfe mit kappenartig anliegendem Haar und ohne eingesetzte Augen fand man vor allem in den Mastabas der 4. Dynastie in den Vorräumen zwischen Schacht und Sargkammer.

Die Einbalsamierung erfolgte durch besonders ausgebildete Männer, denn sie verlangte große Geschicklichkeit und Erfahrung. Die Art der Zurichtung war nicht gleich und entsprach dem Preis, den die Angehörigen zu zahlen wünschten. Herodot berichtet uns von drei Preiskategorien, zwischen denen man wählen konnte. Die umhüllte Leiche wurde schließlich nochmals mit breiten Bändern zur festeren Haltbarkeit umwunden. Alle Gewebe wurden mit feinem, duftendem Öl getränkt. In die Bindenschichten schob man Amulette aus Halbedelsteinen und Gold. Sie bildeten für die Grabräuber einen stetigen Anreiz, sich nicht mit dem Diebstahl der Grabbeigaben zu begnügen, sondern auch die Mumien aufzubrechen und nach Schmuck zu durchsuchen. In den Balsamierungsstätten waren auch Priester tätig. Denn die Mumifizierung vollzog sich nach den mythischen Zauberriten, durch die Isis ihren Gatten Osiris wieder zu neuem Leben erweckt hatte. Jede Phase begleiteten die Priester mit der Verlesung des entsprechenden Ritualtextes. Das Ziel des langwierigen Balsamierungsprozesses gipfelte in den Worten: »Du wirst wieder leben, du wirst ewig leben.« In der Tat beweisen etliche der gefundenen Königsmumien den Erfolg der Methode. Die verwitterten Gesichter haben dennoch das Aussehen der vor Jahrtausenden Verschiedenen bewahrt. Die Königsmumien aus der Zeit der 17.–21. Dynastie, früher aus Pietätsgründen unzugänglich, sind jetzt im Saal 52 des Ägyptischen Museums zur Besichtigung ausgestellt.

Die Einbalsamierung war natürlich kostspielig und daher nur für reiche Leute möglich. Die Leichen der Armen legte man in ein Natronbad, wikkelte sie in derbes Leinen und begrub sie im Wüstensand oder auch in Gemeinschaftsgräbern.

Das Begräbnis

War die Einbalsamierung nach ungefähr 70 Tagen beendet, holten die Verwandten die Mumie heim. Klageweiber, die dies als Beruf betrieben, sammelten sich im Hause, erhoben ihr Wehgeschrei und bestreuten sich mit Asche. Inzwischen ordnete sich der Leichenzug. Der Sarg wurde in einen Katafalk gestellt, auf einer Bahre über den Nil gesetzt. Die Grabbeigaben wurden mitgeführt. Für ihren Transport war eine eigene Abordnung von Dienern nötig. Kuchen und Getränke in Steingefäßen und Tonkrügen sollten den Nahrungsbedarf des Toten decken, Einrichtungsgegenstände ihm ein bequemes Leben im Jenseits sichern; dazu kamen die Kanopenkasten, Standbilder und Schmuckstücke. Am Westufer lud man die Leiche auf einen Schlitten, der mit Ochsen bespannt war, und zog zum Grab. Hier vollzogen die Priester an der aufgestellten Mumie die *Mundöffnung*. Sie bestand aus vielen Zeremonien und sollte dem Toten die Lebenskraft zurückgeben. Die verstummten Lippen sollten sich öffnen, wieder sprechen und Speise und Trank aufnehmen können. »Horus öffnet dir den Mund! Er gibt dir Augen zum Sehen, Ohren zum Hören, Füße zum Gehen, Hände zum Tun!« Dann nahm die Frau des Toten unter Wehklagen von ihm Abschied, kniete vor dem Sarkophag nieder und schlang ihre Arme um ihn. Hierauf wurde der Sarg in das Grabgewölbe hinabgetragen, in die rechteckige steinerne Truhe gehoben und der schwere Steindeckel daraufgelegt. Neben den Steinsarkophag stellte man die Kiste mit den Kanopen, die Schreine mit den kleinen Uschebtifigürchen und den Mundvorrat für den Verstorbenen. Die Grabausstattung verteilte man in den Kammern wie im häuslichen Wohnraum. Nachher vermauerten Arbeiter den Grabeingang, und ein ritueller Totenschmaus beendete die Feier.

Der Abschied von der Mumie

Die Grabform wandelte sich im Laufe der Jahrhunderte. Die ältesten Königsgräber waren einfache rechteckige Vertiefungen mit Wänden aus Ziegeln und darüber eine hölzerne, von Pfosten gestützte Decke. Der Glaube an das Fortbestehen nach dem Tode führte zur Vergrößerung, Kammer reihte sich an Kammer. Schon in mittleren Jahren richtete der Ägypter sein Augenmerk auf die Anlage eines Grabes. Wenn er über die nötigen Mittel verfügte, baute er sich ein *»Ewiges Haus«*, das heißt ein Haus für die Ewigkeit, ging daran, es mit der zugehörigen Einrichtung auszustatten, überwachte die Anfertigung seines Sarkophags aus Stein oder Holz und suchte selbst alle Fragen genauestens zu regeln, die die Instandhaltung seines Grabes und seinen Totenkult betrafen. Die ägyptischen Häuser waren aus vergänglichem Material, aus Schlammziegeln und Fachwerk errichtet. Sie waren bloß eine »Herberge« auf Erden. Daher findet man von solchen Bauten fast keine Überreste mehr. Doch die Gräber und die Tempel, die Wohnstätten der Götter, wurden im Hinblick auf ein dauerhaftes Fortbestehen aus Stein gefügt.

Die Grabformen

Die Pharaonen fingen mit dem Bau ihrer riesigen *Pyramiden* schon in den ersten Jahren ihrer Regierung an. Die Beschaffung und der Transport der Steine auf die Hochfläche von Sakkara und Giza sowie die Bauführung erforderten viel Zeit und Mühe. Wie war es möglich, daß ein Pharao bis zu seinem Tode einen solchen Riesenbau, der sich doch über Jahre hinzog, vollenden konnte? Nun, jeder König begann zunächst mit einer kleinen Pyramide und vergrößerte sie im weiteren Verlauf seines Lebens. Bei der Cheopspyramide können wir den dreifachen Ansatz aus den verschiedenen Entwürfen ersehen. Beim ersten lag die Grabkammer im Felsen der Pyramidensohle, beim zweiten unten in der Pyramide, beim dritten, endgültigen, gegen die Pyramidenmitte zu. Da der Zugang zur Grabkammer der Pyramide zum Schutz gegen Räuber mit Granitblöcken

Die Pyramide

verrammelt wurde, konnten dem König auch nicht Speisen und Getränke dargebracht werden. Daher wurde vor jeder Pyramide ein besonderes Gebäude, der Totentempel, errichtet, in dem man die Nahrungsmittel abstellte und die erforderlichen Zeremonien vollzog.

Die Mastaba

Die Vornehmen legten sich im Umkreis der Pyramiden ihre Privatgräber, die *Mastabas*, an. Sie waren aus Stein oder Ziegeln erbaut und bestanden aus zwei getrennten Teilen: der Grabkammer am Grunde eines tiefen Schachtes und dem Oberbau. Sobald der Tote in der Grabkammer beigesetzt war, wurde ihr Zugang vermauert und der Schacht zugeschüttet. Der Oberbau enthielt Kammern und Gänge und diente den Angehörigen für die Verrichtung der Gebete und zur Niederlegung von Speisen und Getränken. Nach dem Volksglauben hatte der Tote durch eine *»Scheintür«*, eine in die Mauer eingelassene Steinplatte in Form einer Tür, Zugang zu den Opferspenden. Auf die Stimme seiner Angehörigen hin trat er ungesehen durch die Scheintür, freute sich an den Gebräuchen und Reden, die sie ihm pietätvoll zollten, und verzehrte die mitgebrachten Opferspeisen. Die Wände waren mit Inschriften und Darstellungen geziert, wohlvertraute Szenen aus dem früheren, liebgewonnenen Dasein, mit dem Pinsel oder dem Meißel gezeichnet. Fast nie fehlt der Grabherr vor seinem reich bestellten Opfergabentisch. In diesem festlichen Treiben fließen Diesseits und Jenseits ineinander, der Tod erlischt zu einer bloßen Illusion. Mit Staunen erfüllen uns die Frische und Leuchtkraft der Farben, die harmonische Zusammensetzung der Farbtöne. Wie haben diese Meister beim schwachen Licht von Fackeln oder Öllampen im Dunkel der Grüfte solche Wunder der Malkunst vollbringen können? Bis zu welcher Größe sich die Mastabas ausdehnten, zeigt das Grabgebäude des Wesirs *Mereruka,* das eine Flucht von 31 Räumen umfaßt.

Die Felsengräber

Mit Beginn des NR verlegte man die Nekropole in das einsame »Tal der Könige«. Die bis zu hundert Meter langen Grabanlagen wurden tief in das Felsgestein des thebanischen Gebirges getrieben. Als ein Musterbeispiel für das »Haus der Ewigkeit« eines Pharao kann man noch jetzt das sehr gut erhaltene Grab des Königs *Sethos I.* besuchen, das gewaltigste unterirdische Bauwerk aus der großen Zeit der Niloase. Eine Holztreppe führt in das Innere, das sich 100 m weit steil nach unten in den Berg hinein erstreckt. Auf unserem Gang durch die kalten, schwach erhellten Räume begleiten uns an den Wänden farbige Reliefs von erstaunlich gutem Zustand mit einer Fülle ritueller Szenen aus der gespenstigen Unterwelt. Re fährt in seinem Sonnenboot vorüber, Götter wie Osiris, Isis, Anubis, Hathor und Horus grüßen den König, der nun einer ihresgleichen geworden ist. Die Szene der »Mundöffnung« begegnet uns. Immer wieder ziehen Götter, Göttinnen und Dämonen auf den Wänden im mystischen Dämmerlicht an uns vorüber, bis wir in der weiten, von sechs Pfeilern getragenen Halle stehen, wo ursprünglich der Sarg aufgestellt war. Nirgends finden wir wie in den Gräbern der Noblen Bilder aus dem irdischen Dasein. Da der Pharao als Sohn des Amun-Re selbst Gott war, brauchte er sein irdisches Dasein im Jenseits nicht mehr zu leben. Daher fehlten in den

Das Grab Sethos I.

Königsgräbern Darstellungen von Jagd und Fischfang, Ernte und Tagesarbeit. Ein 12 m tiefer Schacht, über den jetzt eine moderne Brücke führt, und eine Sackgasse erinnern an die Sicherheitsvorkehrungen gegen Grabräuber. Sie sollten dadurch irregeleitet werden. Der Zugang zur Grabkammer war abgemauert, so daß man annehmen konnte, es sei dort das Ende des Grabes. Dennoch war das Grab völlig ausgeraubt. Offenbar entdeckten die Diebe durch Abklopfen der Mauer die Täuschung und brachen die Wand auf. Die Leiche wurde aus ihrem Grab in einen Felsenschacht gebracht und blieb dort, bis sie aufgefunden und ins Ägyptische Museum geschafft wurde. Der Kopf gilt als der lebensechteste aller Königsmumien. Noch deutet der breite Druckstreifen an den hohen Schläfen auf die ehrfurchtgebietende Doppelkrone, die sie im Leben umgürtet hat. Der Alabastersarg wurde nach London gebracht und ist jetzt eine Sehenswürdigkeit des Soane-Museums.

Das Grab des Nacht

Außer den Königsgrüften gab es im Tal der Könige auch besondere Gräber für die Würdenträger und hohen Beamten. Ihre Kammern waren mit Reliefs und Malereien aus dem Leben der Grabeigentümer geschmückt. Es sei in diesem Zusammenhang nur auf das Grab des *Nacht* hingewiesen. Nacht war ein hoher Beamter unter Thutmosis IV. Sein Grab ist zwar klein, aber sehenswert durch eine Reihe von prachtvollen Malereien. In blühenden Farben schildern sie vor allem das Leben der Frau. Frohsinn, Tafelfreuden, Tanz und Musik offenbaren sich in gelösten, ätherischen Mädchengestalten. Im Gegensatz dazu stellen die Grabbilder der Amarnazeit das Leben der königlichen Familie in den Vordergrund. Die adeligen Besitzer wollten damit dokumentieren, in welcher Gunst sie beim König standen.

Die Gemeinschaftsgräber

Ein weiterer gebräuchlicher Grabtypus war die Gemeinschaftskatakombe für die ärmeren Volksschichten. Dort wurden die Mumien nur in rauhes Linnen gewickelt, mit etwas Sand bedeckt, darüber neue Leichen gelegt, so daß sie schließlich wie in einem Lagerraum vom Fußboden bis zur Decke geschlichtet waren. Als man Mumien als beliebte Schaustücke für Museen und Sammlungen der ganzen Welt suchte, begann die örtliche Bevölkerung rücksichtslos solche Gräber zu plündern, so daß heute die meisten leer sind. Wer einen Platz im Massengrab nicht bezahlen konnte, dessen Mumie grub man unter frommen Gebeten im Sand der Wüste ein, der sie schützend umschloß und vor rascher Auflösung bewahrte. So konnten auch die Ärmsten die Hoffnung hegen, einstmals an der Seligkeit des »Westens« Anteil zu erlangen.

Das Totengericht

Der Ägypter war sich bewußt, daß ihn beim Eintritt in das Jenseits eine schwere Prüfung erwartete, daß er Rechenschaft über seine Taten geben mußte. Diese Vorstellung vertiefte sich mehr und mehr und gab der ägyptischen Religion einen sittlichen Hintergrund, schon in einer Zeit, als er bei anderen Religionen noch nicht zu finden war. In den Lehren für Merikare um 2000 heißt es: »Rechne nicht darauf, daß die Jahre lang sind, das Leben verrinnt wie eine Stunde. Nach dem Tode lebt der Mensch aber weiter, und seine Taten werden neben ihm aufgehäuft. Der dann ohne

Totengericht nach einem Papyrus des NR

Sünde vor die Richter der Toten tritt, wird dort wie ein Gott sein und frei dahinschreiten wie die Herren der Ewigkeit.«

Wer waren die Richter? Wie verlief die Gerichtsverhandlung? Wir kennen die Personen und die Vorgänge, da sich Darstellungen des Totengerichtes häufig auf Wandgemälden und Papyrusrollen finden und der Hauptsache nach alle gleich sind, sich nur in unwesentlichen Nebenhandlungen unterscheiden.

Der Tote kommt auf seinem Wege ins Jenseits in die Halle der Wahrheit. Dort hält Osiris Gericht, der Gott, der einst selbst des Lebens beraubt worden ist. Jedes Böse ist ihm fern, daher müssen auch alle, die in seinem Reich wohnen, frei von Sünden sein. 42 Dämonen nehmen als Ankläger den Abgeschiedenen in ein strenges Verhör. Der Gott Anubis bedient die Waage, der Gott Thot besorgt das Amt des Schriftführers. Die vorgebrachten religiösen Ansichten zeigen eine Profilierung der ethischen Begriffe und lassen erkennen, welch strenge Maßstäbe die Moral – zumindest in der Theorie – anlegte. Während bisher nach ägyptischer Vorstellung selbst der Tod nichts an der sozialen Ungleichheit änderte, der reiche Würdenträger auch im Jenseits in Glanz und Fülle weiter sein Herrenleben führte, der Arme aber vergessen im Massengrab ein karges Sein voll Not und Entbehrung fristete, entscheidet jetzt ohne Ansehen der Person nur der sittliche Wert über die Art des künftigen Fortlebens.

Der Tote wird von Anubis vor den Richter geführt, er begrüßt die Götter und beteuert mit einer langen examenartigen Reihe von verneinenden Sätzen seine Unschuld: »Ich habe Gott nicht geleugnet, ich habe den Armen nicht roh behandelt, ich habe bei den Feldmessungen nicht betrogen, ich habe niemandem bei seinem Vorgesetzten etwas Böses nachgesagt« und so weiter.

Nach der Selbstverteidigung des Verstorbenen kommt es zum eigentlichen *Gericht.* Der hundeköpfige Anubis tritt zur unerbittlichen und unbestechlichen Waage, stellt das Herz des Toten in Form eines kleinen Gefäßes auf die eine Waagschale, auf die andere legt er eine Feder, das Zeichen der Maat, der Göttin der himmlischen Gerechtigkeit, oder ein Figürchen, das die Maat mit einer Straußenfeder auf dem Kopfe darstellt. Er bringt die Schwingungen der Waagschalen zum Stehen und stellt das Gleichgewicht fest. Thot trägt als Schreiber das Ergebnis ein und erklärt, der Mensch habe die Prüfung bestanden und gelte als sündenlos. Nun ist er gerechtfertigt, und Osiris nimmt ihn in sein Totenreich auf. Auf den aber, der von der Waage als Missetäter erkannt worden ist, lauert ein krokodilköpfiges Ungeheuer, um ihn zu verschlingen. Da jeder fürchtete, er würde nicht sündenrein die Reise zum Gericht des Osiris antreten, suchte er nach Möglichkeiten, sich von den Sünden zu befreien. In diesem Bestreben half ihm das sogenannte *Totenbuch*, eine Sammlung von formelhaften Texten, die, auf Papyrus geschrieben, käuflich erworben werden konnte. Man wickelte sie den Toten in die Mumienbinden oder legte sie in den Sarg. Der 125. Abschnitt befaßt sich mit dem Totengericht, wovon er stets auch ein Bild mit der Waage bringt. In einem anderen Kapitel wird beschrieben, welche Aufgaben die kleinen *Uschebti*, die »Antworter«, haben. Sie sollen, wenn man den Toten im Jenseits zur Arbeit aufruft, für ihn »antworten«, für ihn seine Arbeit verrichten. Im MR, in dem die Uschebti aufkamen, legte man in ein Grab nur eine einzige Figur, im NR aber gab man dem

Darstellung und Hieroglyphenschrift aus einem Totenbuch. 18. Dynastie

Verstorbenen bis zu 700 mit. Sie waren aus Stein oder aus Holz geschnitten, meist aus Ton geformt. Die Formel des Totenbuches, das den Zweck der kleinen Uschebti erklärt, wurde oft auch auf die mumiengestaltigen Figürchen geschrieben: »O du Uschebti, wenn ich gerufen werde, um allerlei Arbeit zu verrichten, um die Feldfrüchte wachsen zu lassen, das Ufer zu bewässern, so sage du dann: Hier bin ich.« Um der Gefahr zu begegnen, daß das Herz bei der Befragung seines Herrn zu sprechen anfängt und ihn widerlegt, beschwört ein Kapitel das Herz, den Toten nicht Lügen zu strafen: »O mein Herz, tritt nicht gegen mich als Zeuge auf, sprich nicht gegen mich vor den Richtern!«

Plünderung der Gräber

Wie groß auch die Ehrfurcht der Ägypter vor ihren Toten sein mochte, so reichte sie doch nicht aus, den Totenstädten ihre Ruhe und ihren Frieden zu bewahren. Gier und Habsucht überwanden alle Scheu. Schon die Pyramiden waren Sehnsucht und Ziel der Grabräuber. Ganze Dörfer unternahmen viele, viele Jahrzehnte hindurch trotz allen Drohungen und Strafen der Obrigkeit ihre Raubzüge. Die im Dunkel der Totenkammern liegenden Edelsteine und das Gold wandelten sich in Brot für hungernde, schwer fronende Menschen. Die Unmöglichkeit, der königlichen Grabstätte durch festungsartige Pyramidenmauern Schutz und Sicherheit zu gewähren, war einer der Gründe für die Einstellung solcher Grabbauten. Als Thutmosis I. daher als erster König sein Grab von dem Totentempel trennte und in einen langen Schacht der einsamen Bergwand des »Tales der Könige« verlegte, glaubte er, auf diese Weise dem Räuberunwesen steuern zu können. Seinem Beispiel folgten alle Könige der 18., 19. und 20. Dynastie.

Aber die Folgezeit lehrte, daß vor dem Spürsinn und der Findigkeit der Diebe auch die ausgesuchtesten Vorkehrungen und die geheimsten Schlupfwinkel versagten. Sogar Wächter sowie Aufsichtsorgane und selbst höchste Beamte der Nekropolenverwaltung machten mit den Dieben gemeinsame Sache. Das »Tal« muß nachts ein Bild gespenstischer und gruseliger Romantik geboten haben, wenn Trupps zu den Grabeingängen schlichen, Hacken Löcher in vermauerte Türen schlugen, flackernder Lichtschein nach dem Gold suchte. Man kam nicht auf den Gedanken, die beste Sicherung gegen Einbrüche wäre der Verzicht auf alle Anhäufungen von Schätzen in den Gräbern. Zu sehr war man von der Vorstellung befangen, der verstorbene, in der Gruft zu neuem Leben erweckte König müsse all seinen Besitz, Kunst- und Gebrauchsgegenstände, Statuen, Schmuck, Kleider, Hausrat, Waffen, Behälter mit Nahrungsmitteln um sich haben. Man konnte sich von den einmal geübten Begräbnisgebräuchen nicht loslösen. Solche Fülle mußte auf Bösewichter einen unwiderstehlichen Anreiz ausüben, den weder die Furcht vor den göttlichen Beschützern des Toten noch die Androhung der härtesten Strafen ihnen nehmen konnten.

Wanderung der Mumien

Es blieb den getreuen Beamten und Priestern, die ohnmächtig gegen das Räubergesindel waren, nichts anderes übrig, als die Mumien aus den Gräbern zu holen und sie unter strengster Geheimhaltung an anderen Orten zu verstecken. Aber auch hier fanden sie keine Ruhe, immer wieder kamen die Diebe auf die Spur. So mußten die toten Könige wandern, einige sogar

Uschebti-Figur

dreimal. Die mit der Umlagerung betrauten Priester haben gewissenhaft alle Vorgänge auf den einzelnen Mumien vermerkt. Waren diese der Umhüllung und des Schmuckes bereits beraubt, wickelte man sie in neue Binden. Gelegentlich gab es Verhaftungen und Prozesse. Aber all dies änderte nichts. Den großen Ramses schleppte man zu seinem Vater Sethos I. Es trafen sich also Vater und Sohn wieder in der Totenkammer. Als diese gleichfalls erbrochen war, brachten die Priester Ramses II. in das Grab einer Königin, bis wieder nächtliche Überfälle dazu zwangen, ihn mit anderen Mumien in die Gruft Amenophis' I. zu schaffen. Aber der Wanderweg fand kein Ende. Unter dem Priesterkönig Herihor der 21. Dynastie bohrte man nicht weit entfernt von dem Talkessel, in dem sich der Totentempel der Hatschepsut ausdehnt, in das morsche Felsgestein einen Schacht von 12 m Tiefe, an den sich ein Gang von 60 m Länge und ein Raum von 8 m anschlossen. In dieses Versteck brachten die Priester die gefährdeten Mumien, 36 an der Zahl, Pharaonen, Königinnen, Prinzen und Prinzessinnen. Aller Glanz und alle Würde waren von den Leichen gewichen. Wegen des Raummangels wurden sie übereinander gehäuft. Priester und Helfer zerstreuten sich, das Geheimnis starb mit den Leuten, die die Toten geborgen hatten, und so blieb die Grabesruhe bis in die Zeit unserer Vorväter durch fast 3.000 Jahre ungestört. Eine Papyrusrolle erzählt uns das Geständnis eines Räubers aus einem solchen Gerichtsverfahren: »Wir nahmen das Gold, das wir auf der edlen Mumie dieses Gottes (nämlich eines Pharao) fanden, und wir schleppten auch alles übrige weg, was wir an ihr aufstöberten, und setzten Särge in Brand. Wir teilten die Grabausrüstung, die aus goldenen, silbernen und bronzenen Dingen bestand, untereinander und fuhren über den Fluß nach Theben zurück.«

Die Fellachen des thebanischen Westufers, die auf der Suche nach Altertümern in alle entlegenen Felsschründe krochen, gerieten im Jahre 1875 n. Chr. in das Versteck und hielten Jahre hindurch ihren Fund geheim. Sie konnten die Särge nicht zutage fördern, Gerüste und Seilwinden hätten ihre Tätigkeit verraten. Doch durch den Verkauf von Grabbeigaben brachten sie die Altertumsforscher auf ihre Spur. Sechs Jahre hindurch wurde ein kostbares Kleinod um das andere aus dem Felsenversteck geholt und in den Handel gebracht. Als endlich durch Streitigkeiten unter den Räubern und durch Verrat eines Mitgliedes der Bande das Versteck im Jahre 1881 entdeckt war, kroch ein Beauftragter des Ägyptischen Museums von Kairo, *Emil Brugsch,* der Bruder des namhaften Ägyptologen Heinrich Brugsch, nach beschwerlichem Abseilen in die Grabkammer und fand ein Durcheinander von Särgen, Geräten und Mumien. Unter letzteren befanden sich die von Ahmose, dem Sieger über die Hyksos, Amenophis I., dem Begründer der 18. Dynastie, Thutmosis III., Sethos I., Ramses II., Ramses III. Brugsch schrieb darüber: »Der ganze Raum war mit Särgen und Antiquitäten aller Art bedeckt. Ich war vor Staunen so überwältigt, daß ich kaum mehr wußte, ob ich wachte oder träumte.« Brugsch machte sich gleich mit 300 Fellachen an die Bergung der Leichen und Schätze. Alles wurde genau registriert, verpackt und nach Luxor geschafft, wo der Dampfer zum Abtransport nach Kairo wartete. Ehrfurchtsvoll begleiteten am Ufer immer wieder ägyptische Frauen ein Stück weit das Schiff, bestreuten sich mit Staub und brachen in Klagerufe aus, die Männer schossen mit ihren Flinten ihren großen Gottkönigen den letzten Abschiedssalut. In Kairo wartete das Museum, um den verfolgten Mumien endlich die letzte Heimstätte zum ewigen Schlaf zu öffnen. 1898 fand man, wie schon früher erwähnt, im Grabe Amenophis' II. in Deir el Bahri eine andere Gruppe von Königsmumien, unter ihnen Thutmosis IV. und seinen berühmten Sohn Amenophis III. Auch sie fuhren zur ewigen Herberge nach Kairo. Ihnen folgte ihr Hausherr, Amenophis II., der ihnen Obdach bei sich gewährt hatte.

Ägyptologen bergen die Königsleichen

Der Pharao mit der Goldmaske

Du bist ein Gott unter den Göttern
Aber du bist auch zugleich im Besitze alles dessen,
was auf Erden dein eigen war.

Aus dem Totenritual

Der Vorname des Königs Neb-Chepern-Re

Als einziger schläft noch jetzt in der schaurigen Öde von *Bibán el Mulúk,* in dem Grabe, in dem er bestattet wurde, *Tutanchamun.* Es ist klein gegenüber den anderen, nicht weil der König so unbedeutend war, sondern weil er im Jünglingsalter starb, als er sich noch keine letzte Ruhestätte bereitet hatte. So trat ihm sein Nachfolger Eje sein eigenes Grab ab, bestattete dort die Leiche und gab ihr alles von dem königlichen Hausrat mit. Das viele Gerät, die unsagbaren Kostbarkeiten hatten keinen Platz, man stopfte in Hast und Unordnung hinein, was die Kammern fassen konnten, als wollte man darin symbolisch das seltsame Aton-Zwischenspiel und all die Erinnerungsstücke an diese Zeit mit dem letzten Pharao aus dem Hause des geheimnisvollen Sonnenkönigs begraben.

Ein glücklicher Zufall wollte es, daß man in der nächsten Nähe von Tutanchamuns Ruhestätte ein riesiges Felsengrab aushob, in dem Ramses VI. neben seinem Vorgänger Ramses V. beigesetzt wurde. Die Unmasse von Geröll bei der Grabung häufte sich wie ein schützender Hügel über der Tür und den unterirdischen Kammern des letzten Königs aus Amarna und bewahrte so den Toten wie auch den unerschöpflichen Grabschatz mehr als 3.000 Jahre hindurch vor dem Zugriff goldgieriger Plünderer.

Name und Titel: Tutanchamun, Herrscher von Ägypten

Carter hatte schon als junger Mann in Ägypten gearbeitet und bei Ausgrabungen namhafter Gelehrter mitgewirkt. Als nun ein englischer Lord, der *Earl of Carnarvon,* das Recht auf Grabungen erwarb, wurde ihm Carter, der inzwischen zum Chefinspektor der Denkmäler in Oberägypten und Nubien ernannt worden war, als wissenschaftlicher Leiter empfohlen. So kamen die beiden Männer zusammen, von deren Entdeckung man später in der ganzen Welt begeistert reden sollte. Sie begannen ihre Arbeit im Tal der Könige (arab. Biban el Muluk), das schon durchwühlt war und keine Hoffnung mehr auf neue Funde bot. Carter ging systematisch zu Werk, zeichnete in eine Karte alle Felder ein, die schon durchforscht waren. Dabei blieb ein kleiner Abschnitt in der Nähe des Ramsesgrabes frei, wo Sand und Schutt noch nicht bis auf den Felsgrund weggeräumt waren. Dort hatten sich bereits Gegenstände gefunden, die zu weiterer Suche ermutigten: einige Goldplättchen, Tongefäße, Tonsiegel und ein Becher mit der Königskartusche Tutanchamuns. Womit der Name des noch aufzufindenden Toten bereits angekündigt war. Und wirklich stieß man beim Graben auf eine Stufe im Felsen. Welche Gefühle mag die Kunde in Carter geweckt haben! Von nun an verfolgte er jeden Spatenstich mit klopfendem Herzen. Im weiteren Verlauf wuchs Stufe um Stufe aus dem Geröll, schon zeigte sich der obere Rand einer Tür, auf der unverletzte Siegel der thebanischen Totenstadt, der hundegestaltige Gott Anubis mit neun Gefangenen,

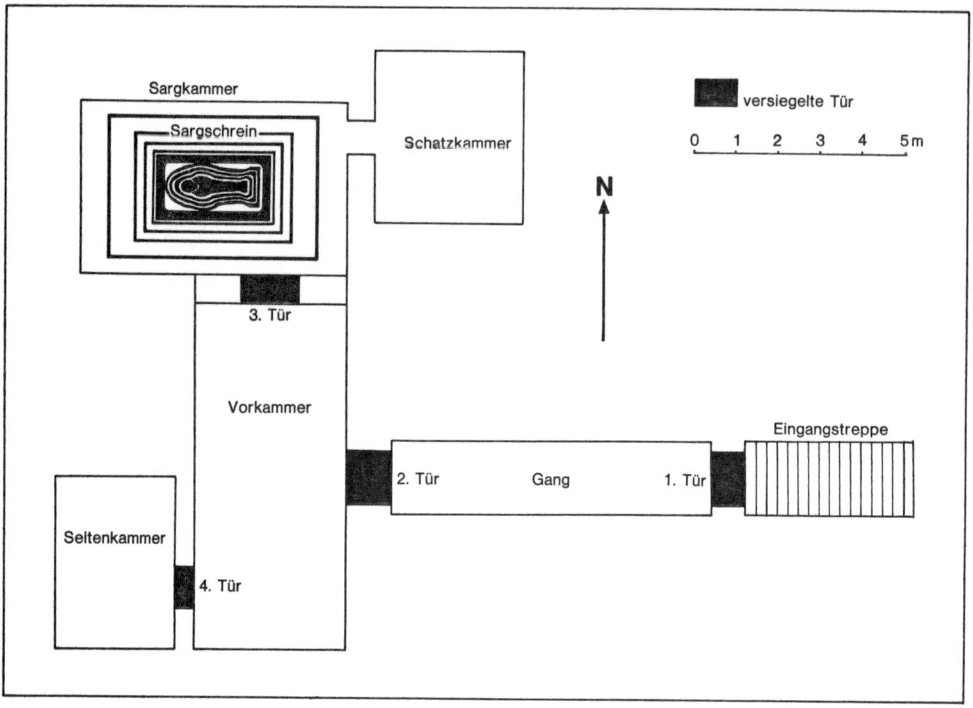

Plan des Tutanchamun-Grabes

Das Siegel der thebanischen Totenstadt

sichtbar wurden. Man pflegte nämlich den vermauerten Eingang durch Gipsbewurf zu glätten und darauf das Siegel zu drücken. Als aber die Treppe mit ihren 16 Stufen ausgeschaufelt war, zeigten sich am unteren Ende der Tür die Verschlußzeichen mit der Kartusche Tutanchamuns. Die Verschiedenheit der Siegel ließ darauf schließen, daß sein Grab schon einmal von Räubern erbrochen, aber von den Verantwortlichen der Nekropole neu mit Siegeln der Totenstadt verschlossen worden war, da Tutanchamuns Siegel nicht mehr zur Verfügung standen. Die rätselhafte Tür wurde gezeichnet und fotografiert. Dann wurde sie geöffnet, das Geröll des dahinter liegenden, abwärts laufenden, 7,60 m langen Ganges weggeschafft. Zwischen den Steinbrocken stieß man auf Tonscherben sowie auf ganze und zerbrochene Alabastervasen, die Anzeichen einer Plünderung. Denn die Alten hätten kein Grab in solch wüstem Zustand hinterlassen. Am Ende des Ganges eine zweite Tür. Auch diese trug zweierlei Siegel. Als Carter eine Öffnung hineingebrochen hatte, gab sie beim Flackerschein einer Kerze den Blick in einen 8,00 × 3,60 m großen Raum,

Vorkammer

die *Vorkammer*, frei, die eine Menge Kostbarkeiten enthielt. Aber sie lagen ungeordnet und achtlos übereinander gehäuft, als hätten die Amunpriester alles, was an die verhaßte Amarnazeit erinnerte, zusammen mit dem königlichen Gerät in dieses Grab hineinstopfen und vor den Augen der Nachwelt verschließen wollen. Eine lebensgroße Figur des Königs, ein vergoldetes Wagengestell mit Deichsel, Totenbahren, Alabastervasen, ein reichgeschmückter Schrein, ein Baldachin, Stühle, Waffen, Götterbilder und als besonderes Prachtstück ein Thronsessel mit Blattgold überzogen und mit vielfarbigen Einlagen von Fayence und Steinen verziert. Auf der Rückenlehne greift die Atonsonne segnend zum König herab, der auf einem löwenbeinigen Prachtsessel sitzt. Seine Frau neigt sich zu ihm mit innigem Blick und liebevoller Handbewegung. Solche Darstellungen sind letzte Zeugnisse vom Geist des Sonnenverkünders, der zärtlichen Kunst von Amarna. Zur rechten und linken Seite einer weiteren dritten Tür an der Nordwand hielten zwei männliche Statuen Grabwache, lebensgroß, aus schwarzem Holz. Sie trugen Kopfhaube mit Geierkopf und Schlange, Lederschurz und vergoldete Sandalen. Außerdem füllten viele andere Gegenstände, an die 650, darunter auch Behälter mit Nahrungsmitteln, den Raum.

Es dauerte lange, bis die Kammer ausgeräumt war. Jedes Stück ließ der mit der Technik der Ausgrabung vorzüglich vertraute Carter in eine Liste eintragen, mit einer Nummer versehen, sorgfältig für den Transport präparieren und durch Fotografie oder Zeichnung festhalten. Auf dem Boden fand Carter acht goldene Ringe, in ein Tuch gewickelt. Hatte hier ein Dieb seine Beute zum Wegtragen hergerichtet und war dabei überrascht worden? Dem verantwortlichen Oberwächter der Totenstadt dürfte es sehr peinlich gewesen sein, daß unzureichende Aufsicht den Räubern die Möglichkeit zum Einbruch gegeben hatte. Er nahm sich daher nicht Zeit, das Durcheinander zu ordnen, Zerbrochenes und Zertretenes zu entfernen, sondern er ließ schnell die Mauerlöcher schließen und darauf die Siegel der Totenstadt drücken. Das Gefäß mit dem Mörtel lehnte noch vor der Tür, Fingerabdrücke im Verputz stammten offenbar vom Grabräuber. Es schien, als wäre die Zeit stillgestanden.

Die Seitenkammer

Auch die *Seitenkammer* (4,00×2,90 m) war mit Stühlen, Ruhebetten, Krügen, Waffen, Kleidern und vielen anderen dicht gefüllt. Als nach Monaten alle Grabbeigaben ans Tageslicht gebracht worden waren, ging Carter an die Öffnung der dritten versiegelten Tür. Die Entdeckung erregte damals in der ganzen gebildeten Welt ungeheures Aufsehen. Die Zeitungen berichteten in Schlagzeilen, Pressereporter aus aller Herren Länder fanden sich ein, ein Strom von neugierigen Fremden zog die Straße zum Tal der Könige hinauf und belagerte den Grabeingang. Aber es kamen auch Gelehrte der verschiedenen Wissenschaftszweige, neben Archäologen Sprachwissenschafter, Chemiker, Botaniker, ein Anatom, dazu Zeichner und Fotografen. Sie verfolgten den Fortgang der Arbeiten und boten ihre Hilfe an Ort und Stelle an.

Die Sargkammer

Carter lud zu dem feierlichen Augenblick der Öffnung der *Sargkammer* Gelehrte und Regierungsmitglieder ein. Er brach selbst das Gestein aus der Wand und leuchtete durch das Loch mit einer elektrischen Lampe in den

Raum. Den in stiller Erregung Harrenden schimmerte eine goldene Wand entgegen, so nahe, daß man sie bequem mit ausgestreckter Hand berühren konnte. Nach weiterem Abbruch der Mauer stand ein vergoldeter Schrein (5 m lang, 3,30 m breit, 2,73 m hoch) vor den verzückten Augen der Geladenen. Er mußte den Königssarg bergen. Carter war also in die Sargkammer gelangt. Solche Schreine waren den Forschern von Abbildungen auf Grabwänden her bekannt, aber sie hatten noch nie einen in Wirklichkeit gesehen. Hier stand das Wunderwerk vor ihnen, unberührt und unversehrt, wie es vor rund 3.300 Jahren zusammengesetzt worden war. Er besteht aus dicken Eichenbrettern, die mit Stuck überzogen und vergoldet sind. Die Füllungen glänzen in blauer Fayence, Zauberzeichen aus abwechselnden Paaren der Schutzsymbole des Osiris und der Isis bedecken die Seiten. Sie sollten dem Grab Sicherheit und Schutz verleihen, ebenso das Horusauge an den Längsseiten. Im Schrankgesims ringelt sich die heilige Schlange, über den Türen strahlt die geflügelte Sonne. Totengaben standen in dem schmalen Gang zwischen Schrein und Felswand. Vor der Schranktür lag auf dem Boden ein zerbrochenes Siegel mit dem Skarabäus des Pharao. Es waren also doch schon Diebe in der Grabkammer gewesen! Nachdem Carter mit Lord Carnarvon durch den engen Gang den Schrein umschritten hatte, öffnete er zitternd die unwillig knarrenden Türen. Im Innern stand ein zweiter Schrein, ebenfalls vergoldet. Die Türen waren verschlossen. An den Metallklammern hingen die verknoteten Siegel der Totenstadt und das Siegel König Tutanchamuns – unversehrt. Hier standen also die beiden Männer tatsächlich dem seit dem Begräbnistag von keines Menschen Augen geschauten Sarge des Pharao gegenüber. Ein fahles, linnenes Bahrtuch, übersät von Goldplättchen, verhüllte den Schrein. Der Atem stockte, zu groß war das Erlebnis! »So leise wie möglich«, schrieb Carter, schloß er wieder die klaffenden Türen. Die Ehrfurcht vor dem Toten hemmte ihn, weiter das Geheimnis zu enthüllen. Der in der Kammer umherschweifende Blick entdeckte noch eine niedrige Tür. Sie führte in ein weiteres Gelaß, die *Schatzkammer* (4,00×3,50 m). Ihre Kostbarkeiten rechtfertigten eine solche Benennung. Auf einem vergoldeten Pylon thronte der hundegestaltige Anubis als Wächter, aus Holz, schwarz lackiert. Nebenan stand der König auf einem Boot. 22 Modelle von Schiffen und Booten, ein goldener Triumphwagen, Truhen und Geräte für den König, wie sie zu den gewöhnlichen Arbeiten auf Feld und Wiese gebraucht wurden, dazu die gütigen Helfer, die Uschebtifigürchen. In der Mitte glänzte ein vergoldeter Holzschrank, 2,00 m hoch, 1,50 m im Geviert. An jeder Seite breitete eine Göttin aus purem Gold, Isis, Nephthys, Neith und Selket, schützend ihre Arme über den Schrein. In dem Schrank stand ein zweiter und darin eine Kapelle aus Alabaster. Sie barg vier Steinkrüge, Kanopen, mit je einem entzückenden Porträtkopf des Königs aus Alabaster als Abschlußdeckel. In den Krügen standen je ein 39 cm hoher mumiengestaltiger Sarg aus purem Gold mit den inneren Organen, die man bei der Einbalsamierung der Leichen aus dem Körper der Toten zu entfernen und in solchen Kanopen aufzubewahren pflegte.

Die Schatzkammer

Carter schloß nach einem Rundgang der Gäste um den goldenen Schrein das Grab, um weitere Vorbereitungen zu treffen. Mit diesen und mit Verhandlungen bei der ägyptischen Regierung wegen Verlängerung der Grabungsberechtigung und wegen der Fundverteilung vergingen mehrere Winter. Erst im Winter 1926/27 konnte Carter an die Fortsetzung der Arbeiten schreiten. Es galt, die Schreine zu öffnen, zu zerlegen und herauszuschaffen, was bei der Enge der Sargkammer viel Mühe und Geschicklichkeit erforderte.

Wieder jagte eine Nachricht die andere in der Presse der Welt, strömten Fremde aus aller Herren Länder herbei. Nur einer fehlte, dem es vor allem gebührt hätte, den letzten Akt dieser aufregenden Entdeckung zu erleben: Lord Carnarvon, Carters Helfer und Freund. Er war am 6. April 1923 an einer Blutvergiftung infolge eines Moskitostiches unerwartet gestorben. Gruselgeschichten kamen in Umlauf, die den Tod auf einen Fluch des Pharao, dessen Grabesruhe gestört worden war, zurückführen wollten. Die Gelehrten konnten leicht den Nachweis erbringen, daß solche Meldungen in den Bereich sensationslüsterner Phantasie zu verweisen seien.

Der Tod Lord Carnarvons

Carter ging nun daran, durch Facharbeiter den äußeren Schrein zu zerlegen. Das war bei der Enge der Kammer und der Schwere der Teilstücke sehr schwierig. Vierzehn Tage dauerte die Arbeit. Die Eichenbretter waren mehr als 5 cm dick, eine Breitseite wog über 350 kg, der ganze Schrank 1.500 kg. Das riesige Bahrtuch, das den zweiten Schrein umhüllte, war morsch geworden. Es mußte erst chemisch präpariert werden, um die Festigkeit für das Wegschaffen zu erlangen. Carter war beim Anblick der unversehrten Siegel fest überzeugt, daß der junge König hier in seinem Sarge ruhe. Nachdem der zweite Schrein von dem Bahrtuch frei gemacht worden war, leuchtete auch er in seiner Vergoldung mit den blauen Einlagen und den Schutzemblemen. Er war 3,82 m lang, 2,52 m breit, 1,99 m hoch. Zögernd und ehrfurchtsvoll griff Carter nach dem Verschluß. Noch nie war ihm einer begegnet, den nicht schon vorher eine Räuberhand erbrochen hatte. Ein tiefes Gefühl der Pietät hielt ihn zurück, aber der Forschungsauftrag und das Recht der Nachwelt ließen ihn das Siegel erbrechen. Ein dritter Schrank der gleichen prunkvollen Aufmachung wurde in dem klaffenden Türspalt sichtbar. Wieder lagen die Siegel unverletzt. Carter zog die Riegel zurück, wieder der gleiche goldschimmernde Anblick, zum letztenmal. Denn als sich die Türen dieses vierten Schreines öffneten, erstrahlte in seinem goldenen Widerglanz ein wunderbarer, gelblicher, blankpolierter Quarzitsarkophag. Er war aus einem einzigen Block gehauen, 2,75 m lang, 1,50 m breit und 1,50 m hoch. An seinen vier Ecken standen im Hochrelief die Schutzgöttinnen Isis, Nephthys, Neith und Selket, die mit weit ausgebreiteten Flügelarmen den Sarkophag schirmend umspannten. Ein 600 kg schwerer polierter Rosengranitdeckel lag auf dem Sarg, als ob er hier für alle Ewigkeit den Schlaf des Königs sichern sollte.

Der Sarkophag Tutanchamuns

Als man ihn mit Kettenaufzügen hochgehoben hatte, lag unter Tüchern ein menschengestaltiger *Mumiensarg,* 2,25 m lang, aus Hartholz, mit Stuck überzogen und reich verziert mit Gold- und Steineinlagen: ein Abbild des im Morgenlicht des Lebens dahingeschiedenen Pharao. An der Stirn des Königs Schlange und Geierkopf, die geheiligten Wahrzeichen der Herrschaft über Ober- und Unterägypten. Auf der Brust, zwischen den gekreuzten Händen mit Krummstab und Wedel, den Symbolen der königlichen Macht, lag ein kleiner Blumenkranz, vor Jahrtausenden gepflückt, den wohl die junge Witwe als letzten Gruß hingelegt hatte. Dieser Sarg umschloß einen zweiten, unter Tüchern und Girlanden von Oliven, Kornblumen und Lotos verborgen. Seinen Deckel zierte das gleiche Bildnis des Königs in der Gestalt des Osiris, wieder ein Meisterstück ägyptischen Kunsthandwerkes und ägyptischer Porträtkunst. Es kostete unendliche Mühe, die knapp ineinander passenden Särge, zwischen die man kaum einen Finger stecken konnte, voneinander zu lösen und in dem engen Raum zu heben. In dem zweiten Sarge stand nun ein *dritter,* ganz aus massivem Gold geschmiedet, 1,85 m lang und 225 kg schwer, von geflügelten Göttinnen umspannt und edelsteinverziert. Er ist der kostbarste aller königlichen Särge, die uns die ägyptische Erde bewahrt hat und ein Wunderwerk des Kunsthandwerks. Seine 3 mm starke, 22karätige Goldhülle barg endlich die Mumie des Pharao. Kopf und Schultern deckte eine prachtvolle gehämmerte Goldmaske wie ein Panzerhelm. An der Kopfhaube reckten sich wieder die Hoheitszeichen. Lider und Brauen sowie die Streifen der Haube waren Lapislazulieinlagen. Die großen Augen schauten melancholisch entrückt ins Weite. Den Hals umrahmte eine Doppelkette von Goldscheiben in verschiedener Tönung. Ein breiter, mit farbigen Einlagen gezierter Schulterkragen rahmte das untere Ende der Maske. Die auf die Brust gelegten Fäuste hielten Krummstab und Wedel, Unterarme und Beine trugen Goldreifen, Finger und Zehen steckten in goldenen Hülsen. Die Mumienbinden bargen eine Unzahl wertvoller goldener Amulette.

Was mag es für ein Augenblick gewesen sein, als Carter nach Entfernung der vom Salböl verschwenderisch getränkten und daher verdorbenen Mumienbinden endlich an das von den Jahrtausenden eingetrocknete Antlitz des kleinen, früh dahingerafften Königs blickte, der hier, von der Fülle des Goldes umgleißt, so dalag, wie ihn einst die zärtliche Anchesenamun mit dem alten Eje gebettet hatte. Fürsorglich war um ihn alles kunstvolle Gerät gehäuft, das seinen wenigen Lebensjahren Wohlbehagen und Glanz gegeben hatte. Selbst Erinnerungsstücke der Kindheit fanden sich, ein schön geschnitztes Stühlchen und ein behutsam in Golddraht gewickelter Stock, den er wohl mit eigener Hand geschnitten hatte. Man kann Carters
Um 1325 Empfindungen bei der Begegnung mit Tutanchamuns Leiche nachfühlen, der gestorben war, als Kreta seinen Höhepunkt überschritten, lange bevor Griechenland die Leuchte seiner Kultur entzündet und Rom auf den Hügeln am Tiber seine ersten Schritte in die Weltgeschichte getan hatte. »In solchen Augenblicken versagt die Sprache!« Aus diesen knappen Worten Carters spricht die ganze Größe des Erlebnisses.

Die märchenhaften Schätze, die jede Vorstellung und Erwartung übertroffen hatten, schaffte man nach Kairo ins Ägyptische Museum. Sie füllten eine Flucht von Sälen und Teile des Korridors im 1. Stock. Amarna wird wieder lebendig vor uns: Kunst als Ausdruck gesteigerten Empfindens. Ausgestellt sind der 2. und 3. Goldsarg, die Goldmaske, die vier Schreine, der Thronsessel, eine Truhe mit Kriegs- und Jagdszenen, Statuen des Königs, Vasen, vergoldete Ruhebetten, mit Elfenbein intarsierte Klappstühle, Wagen, Waffen, verschwenderisch geschmückte, mit Rauten und Perlen besetzte Kleider, Lampen, Zepter, Diademe, Schmuck und vieles andere, das zusammen ein anschauliches Bild der Amarnakunst gibt. Es läßt ahnen, welche Schätze die großen Gräber, zum Beispiel das des Sethos I. oder Ramses II. enthalten haben dürften. Wieviel wertvollster Kulturbesitz ist der Nachwelt durch die Plünderungen der Grabräuber verlorengegangen! Den Forschern ist es zu danken, daß die Funde sorgfältig gesammelt, präpariert und durch die Schaustellung im Museum der Menschheit zugänglich gemacht worden sind. Eine Enttäuschung allerdings brachte die Entdeckung des Grabes: es fanden sich nämlich keinerlei schriftliche Dokumente.

Das Ägyptische Museum

Das *Ägyptische Museum* zu Kairo besitzt die größte Sammlung pharaonischer Schätze. Der Museumskatalog verzeichnet rund 6.500 Schaustücke, dazu kommen 1.700 aus dem Grab des Tutanchamun. Die Objekte umfassen die Zeit von der entferntesten Vergangenheit bis zum 6. Jahrhundert der christlichen Ära, mit Ausnahme der koptischen Funde. Die Gründung des Museums geht zurück auf den Franzosen *Auguste Mariette* (1821–1881). Die Schaustücke befanden sich zuerst in einem kleinen Museum in *Bulák*, einem Stadtteil von Kairo, von 1890 an im Palast von *Giza*. Mariette kam 1850 nach Ägypten, um für den Louvre Papyri zu kaufen. Aus diesem Zweckbesuch wurde ein dauernder Aufenthalt, Ägypten seine zweite Heimat. Durch seine hervorragende Sammeltätigkeit legte er den Grundstock zu den weltberühmten Sammlungen. Die Eröffnung des neuen Museums im Jahre 1902, das auf Anordnung des Khediven die von Mariette angelegte Sammlung ägyptischer Altertümer aufnahm, erlebte der gelehrte Mann nicht mehr. Das Gebäude steht an der nach ihm benannten Mariettestraße nahe der großen Nilbrücke. Dort werden alle weiteren altägyptischen Funde untergebracht. Nichts darf mehr ausgeführt werden. Mariette wurde im Garten des Museums beigesetzt, und ein Standbild ehrt das Andenken des Mannes, der sich um die Aufschließung der ägyptischen Altertümer so große Verdienste erworben hat.

Carter bestand darauf, daß der Leichnam Tutanchamuns weiterhin in seinem Grabe verbleibe[1]. Dort liegt er nun in dem offenen Quarzitsarkophag. Von einer erhöhten Stufe schaut der Besucher gebannt hinunter. Aus dem Sarkophag leuchtet ihm der äußere Goldsarg mit dem porträthaften Relief des zum Osiris verklärten Tutanchamun entgegen. Hier ruht der König aus dem Kreis der Sonnenverkünder von Amarna. Er, der unbedeutendste,

[1] Außer Tutanchamun beließ man auch die Mumie des Pharao Amenophis II. bis 1934 in seinem Grab. Die meisten Königsleichen überführte man schon vorher in das Ägyptische Museum.

der ja schon wegen seines frühen Todes keine Geltung erringen konnte. dessen Namen vorher nur Fachleute kannten, ist als einziger ausersehen gewesen, von Grabräubern unangetastet die Botschaft jener Zeit zu bewahren. Welch seltsame Fügung der Geschichte! Manch Großes ist im Zeitenlauf spurlos dahingegangen, das Kleine, Zufällige gewann geheimnisvolle Größe.

Gewiß haben sich die Ägyptologen um die Königsmumien ein großes Verdienst erworben, indem sie dem Wunsch der Könige gemäß »ihren Namen lebendig gemacht« haben. Sie überdauern nun im Gedächtnis der Nachwelt die Zeiten. Aber von rund 310 Pharaonen sind erst die Gräber von etwa 60 bis 70 entdeckt. Wird man die übrigen noch jemals finden?

Tempel, Priester und Feste

Bete du mit liebendem Herzen.
So tut Gott, wes du bedarfst;
so erhört er, was du sagst.

Aus den ägyptischen Weisheitslehren

Die Tempel

Die Ägypter haben im Dienste ihres festgefügten Götterglaubens ihre Tempel errichtet. Über die Behausungen der Gottheiten in den ältesten Zeiten wissen wir nur wenig aus religiösen Abbildungen späterer Jahrhunderte. Es waren zuerst Schilfhütten, dann Ziegelbauten, die in ihrem Inneren die Statue der Gottheiten bewahrten.

Als man später zum Steinbau überging, bildete sich bald eine bestimmte Grundform einer für Ägypten typischen Tempelanlage heraus. Durch einen Vorhof unter freiem Himmel, in dem ein großer Opferaltar stand, gelangte man zu einer Säulenhalle, an deren Rückseite sich eine Reihe von Kammern für den Tempeldienst anschlossen. In einer stand die tragbare Barke, in der das Götterbild bei Festlichkeiten in einer Prozession herausgetragen wurde. In der Mittelachse lag ein Raum mit dem Bild der Gottheit. Er galt als der Allerheiligste oder Sanktuarium. Dieses Gemach war nur dem Priester vorbehalten, das Volk sammelte sich an Festtagen draußen im Vorhof und legte beim Altar die für die Annehmlichkeit und das Wohlergehen des Gottes bestimmten Gaben nieder. Auch nahm es hier an den reichen Speiseopfern teil.

Die alten Tempel wurden von den einzelnen Königen vergrößert durch Anbau neuer Höfe und Hallen. Der weitgedehnte Tempelplatz der großen Reichsheiligtümer war mit einer hohen und dicken Mauer umgeben. Dadurch wurde der Tempelbezirk in Kriegsläuften oder bei Unruhen eine Art Fluchtburg. Der Tempel stand auf einer manchmal mehr als 6 m hohen Terrasse als Schutz gegen das Überschwemmungswasser. Mit einer langen Widdersphingenallee begann der »Gottesweg« und führte durch Baumpflanzungen rechts und links vom Wege zum Eingang. Meist lag in diesem

Ansicht einer größeren Tempelanlage. Im Vordergrund der heilige See

Gelände der heilige See. Darin badeten die Priester nach ihrer Vorschrift zweimal am Tage und zweimal in der Nacht. Zwei mächtige Obelisken grüßten im Verein mit granitenen Kolossalfiguren den Besucher. Zwei wuchtige Pylonen bilden das monumentale Eingangstor. Das waren gewaltige, schräg geböschte Ecktürme, gelegentlich bis 50 m hoch, meist mit großen farbigen Reliefdarstellungen geschmückt. Man konnte durch Türen im Durchgang über Treppen in die im Inneren der Pylonen eingebauten kleinen Zimmer und auf das flache Dach gelangen. Rechts und links vom Tor standen je vier Flaggenmaste, hohe, glatt gehobelte und bunt gestrichene Palmstämme, mit Eisenklammern an der Mauer befestigt. Lange, vielfarbige Wimpel flatterten von ihren Enden. Hatte man die Pforte durchschritten, befand man sich in dem weiten Hof, den Säulenhallen umgaben. Treppen führten von hier in den Säulensaal, der nur von seiner Vorderseite her Lichteinfall hatte. Da die ägyptischen Baumeister Stützgewölbe noch nicht kannten, erforderte der Steinbau eine enge Aufstellung der Stützen. Deshalb hatten die Säle je nach ihrer Größe zwölf bis weit über hundert Säulen. Die ägyptischen Säulen verraten ihre Abkunft von den Deckenstützen der einstigen Holz- und Flechtwerkbauten dadurch, daß sie Nachahmungen von Pflanzenschäften sind. Je nach Schaft und Blüte unterscheidet man drei Arten von Säulen: die *Palmensäule* mit rundem, glattem Schaft und einem Kapitell von aufrecht stehenden Palmwedeln; die *Lotossäule* mit einem sich nach oben verjüngenden Schaft und einem Bündel

Die Säulenformen

offener oder geschlossener Lotosblüten als Kapitell; und endlich die *Papyrussäule.* Die dreikantigen Stengel bilden die scharfkantigen, konvexen Kannelüren des Säulenschaftes, der in ein geschlossenes oder offenes Blütenkapitell ausläuft. Die weichen, schmiegsamen Pflanzen wie Papyrus und Lotos oder die nachgiebige Wedelkrone der Palme erwecken in uns nicht das Gefühl des Tragens, wie es die griechische Säule zum Ausdruck bringt. Die Höhe der Dächer nimmt von den Pylonen bis zum Allerheiligsten immer mehr ab, dafür steigt der Boden in der gleichen Richtung meist an, so daß zwischen den Bauabschnitten auch Treppen eingefügt werden mußten. Die Wände der Bauten waren gelb gestrichen. Ihre Farbe fügte sich gut in das gelbe Felsgebirge der Umgebung. In dem an die Säulenhallen anschließenden fensterlosen Sanktuarium herrschte Dunkel. Den Besucher begleitete mit der Verengung des Raumes und der Erhöhung des Bodens die Veränderung des Lichts von der Sonnenhelle der Allee und des Hofes zum Dämmerlicht des Hypostyls bis zur mystischen Nacht der Götterkammer. Manchmal lag nur der vordere Teil des Tempels frei und führte sodann in die Tiefe des angrenzenden Felsens. Wer das Innere des Heiligtums durchschritt, merkte nichts von diesem Übergang.

Die Tempel zeigten viel Schmuck in wohlüberlegter Anordnung. Den unteren Rand der Wände zierten Lotospflanzen, über die Decke waren Sterne verstreut, an den Friesen ringelten sich die Sonnenschlangen, breiteten die Nechbetgeier ihre Schwingen. Die Künstler entwarfen ihre Bilder auf Papyrus und meißelten dann die Figuren in versenkten Reliefs auf die Außenmauern, in erhabenen auf die Innenwände. Auch über die Säulen zogen sich Reliefs, und die zierlichen Figuren und Zeichen der Hieroglyphen verzeichneten Namen und fromme Sprüche.

Bestimmung des Tempels

Der ägyptische Tempel spielte nicht dieselbe Rolle im religiösen Leben des Menschen wie unsere Kirchen. Diese sind Häuser des Gebetes, der inneren Sammlung und Erhebung in der Predigt und der Vereinigung mit Gott in der heiligen Opferhandlung. Der ägyptische Tempel war dem Laien verschlossen. Um sein Allerheiligstes schwebte das Mysterium der Gottnähe. Durch ihre Anwesenheit wahrten die Götter im Tempel die Sicherheit der Welt, waren sie ein Sinnbild des Gleichgewichtes und ein Unterpfand des ewigen Bestandes der Schöpfung mit ihrem immer wiederkehrenden Wechsel von Saat und Frucht.

Der Tempelbezirk

Diesem hohen symbolischen Gehalt entsprach auch die äußere Erscheinung der Tempel. In ihrem schützenden Umkreis sammelte sich das ägyptische Leben des Geistes und der Wirtschaft. Schulen entstanden hier, der kleine Ägypter lernte die Anfangsgründe seiner heiligen Zeichenschrift. Hier wurden die künftigen Schreiber herangebildet, aus den Lehrlingsschulen gingen Handwerker, Steinmetzen und Künstler, Zeichner, Baumeister und Bildhauer hervor. Hier war der Ausgangspunkt der theologischen Forschung und der Götterlehren, hier das Zentrum der gelehrten Bildung wie Philosophie, Mathematik, Astronomie und so weiter. Wissenschaftliche Erkenntnisse, technische Errungenschaften, Entdeckungen und Fortschritt hatten hier ihren Ursprung. In den Bibliotheken wurden religiöse,

Säulenformen: 1 Lotosbündelsäule, 2 protodorische Säule, 3 Palmstammsäule, 4 Papyrussäule mit geschlossenem Kapitell, 5 Kompositsäule mit glattem Schaft, 6 Hathorsäule, 7 Papyrussäule (Amarna), 8 Kompositsäule

literarische und wissenschaftliche Texte und die Annalen der Könige in Tonkrügen und Kästchen verwahrt. In den Tempelschulen entstanden die dramatischen Spiele und wurden weiterentwickelt. Sie beherbergten ein Heer von Schreibern, die die Texte und Kopien besorgten.

Der Tempel von Karnak

Zu den architektonischen Wunderwerken des alten Ägypten, die auch heute noch alle Erwartungen der Besucher übertreffen, gehört der *Tempelbezirk von Karnak*. Er sei als Beispiel für die ägyptischen Tempelbauten näher beschrieben.

Eine gepflasterte Feststraße zog sich, von etwa 1.000 Widdersphingen, vor deren Leibern das Bildnis Ramses' II. prunkte, flankiert, von Luxor nach Karnak durch das Palast- und Tempelviertel von Theben. Das Reichsheiligtum wurde nach keinem einheitlichen Plan aufgeführt. Von der 12. Dynastie bis in die Ptolemaierzeit baute man an ihm, es entstand so eine ganze Stadt von Tempeln. Kaum findet sich ein Bauwerk in der abendländischen Kunst, das mit dieser Baugruppe hinsichtlich seiner Anlage vergleichbar wäre. Der Haupteingang (2) führt durch den 1. Pylon (1), das gewaltigste Tempeltor von Karnak, 43,50 m hoch, aber nicht vollendet. Eine Treppe an der Nordseite führt zur Pylonplattform, von der sich dem Besucher ein Blick über das Tempelfeld und auf das nahe Niltal bietet. Der hinter dem Eingangstor liegende Hof (4) ist mit einer Fläche von 103×84 m der größte aller ägptischen Tempelanlagen. An die Südseite stößt die Vorderfront des Tempel Ramses' III. mit dem Pylon (7).

Der heilige »Weg« führt durch den 2. Pylon (8). Ramses II. ließ zwei Kolossalfiguren von sich vor den Eingang stellen. Die rechte ist noch ganz erhalten, von der linken sieht man nur noch die Beine. Hinter dem Pylon öffnet sich der Säulenwald des riesigen *Hypostyls* (10) mit 134 Säulen. Sie sind in 16 Reihen angeordnet und decken einen Flächenraum von rund 5.300 m², der an die Grundfläche etwa des Kölner Domes (6.166 m²) herankommt oder mehr als ein Drittel der Fläche der Peterskirche zu Rom ausmacht. Die Säulenhalle ist wohl das früheste Beispiel einer Basilika, denn die beiden mittleren Reihen überragen mit ihren 12 Säulen von 21 m Höhe die seitlichen, 13 m hohen, um etwa ein Drittel. Auf der nächsten niedrigeren Reihe zu beiden Seiten ruhten Pfeileraufsätze, in die steinerne, fensterlose Gitter eingelassen waren. Sie spendeten Dämmerlicht für den Riesensaal. Das Mittelschiff tragen Papyrussäulen von mehr als 10 m Umfang, die in geöffnete Doldenkapitellen enden. Die Bündelsäulen der Seitenschiffe haben einen Umfang von 8,40 m und sind von Papyrusknospenkapitellen gekrönt. Diese gewaltigen Ausmaße sind imposant erst für den, der sie erlebt. Der Reisende, der durch die Tempelanlage geht, mag fühlen, daß die Erbauer sich des letzten technischen Könnens ihrer Zeit bedienten, um der Gottheit dieses steinerne Mal zu errichten. Der hochragende, weite Saal, die Wucht und Vielzahl der Säulen, das erdrückende Gewicht des Mauerwerkes, die Fülle der Reliefbilder auf Wänden und Säulen lassen den Besucher auch heute den Schauer tiefer Ehrfurcht vor dem Walten des Göttlichen nacherleben, der einstens noch seine Steigerung gefunden haben mochte in der Prachtentfaltung feierlicher Prozessionen.

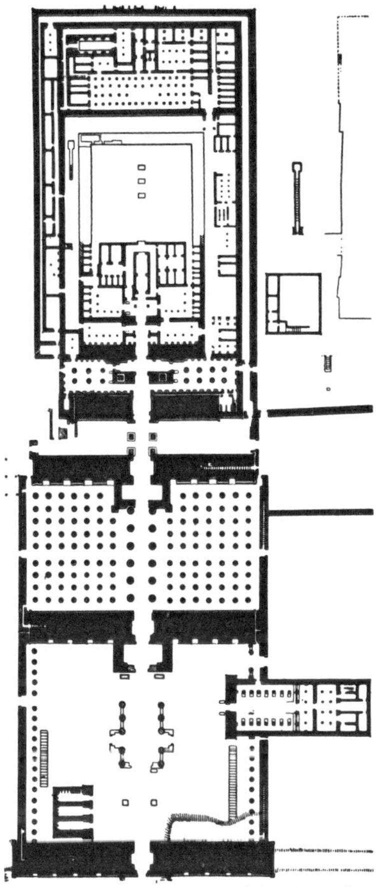

Der große Amuntempel in Karnak

Hat man den Säulensaal durchwandert, führt der Weg durch den 3., heute zerstörten Pylon (15). Vor seinem Torgang standen ursprünglich 4 Obelisken (16), zwei von Thutmosis I., zwei von Thutmosis III. Nur der südliche, 23 m hohe von Thutmosis I. ragt heute noch zum Himmel und nennt mit seinen senkrechten Inschriften den Namen des Stifters und des Gottes. An dem stark verfallenen 4. Pylon (17) vorbei kommt man in eine Säulenhalle, in der noch ein *Obelisk der Hatschepsut* steht, wie der vorige ein granitener Monolith, etwa 323 Tonnen schwer, mit seinen 29,50 m der höchste auf ägyptischem Boden. Der andere, südliche ist gestürzt und zerbrochen. Thutmosis III. hatte, wie schon früher erwähnt, aus Haß gegen seine Vorgängerin beide Obelisken ummanteln lassen. Aber merkwürdigerweise ragte der eine noch immer als Mahnmal an die Königin gegen

Himmel, während an Thutmosis III., der abgesehen von Ramses II., die meisten Obelisken errichtete, keiner mehr erinnert. Der »Weg« der Mittelachse führt weiter durch den 5. (18) und 6. (19) Pylon an den Gemächern der Hatschepsut vorbei auf den freien Platz, auf dem sich einst der älteste Tempel (20) des MR erhob, und mündet in den *Jubiläumstempel* (21) Thutmosis III. mit der großen Festhalle.

Im Süden schloß sich an das Amunsheiligtum ein Tempelbereich an, der durch Pylonen (C, D, E) seine Gliederung erhielt. Vom letzten erreicht man durch die sogenannte östliche Sphingenallee den Tempel der Göttin Mut. In dem südlichen freien Feld befindet sich der *»Heilige See«* (A). An seiner Nordwestecke kriecht auf einem mannshohen Granitsockel ein riesiger *Steinskarabäus* (B). Bösewichter haben ehedem den Denkstein zerschlagen, aber es gelang, ihn aus den Trümmern wieder zusammenzufügen.

Von Karnak zog die Prozession alljährlich nach Luxor, wohin man das Götterbild zu Schiff brachte.

Die Priesterschaft

Die Obsorge für die Götter und die Betreuung der Tempel oblag einer eigenen *Priesterschaft*. Die Priester wohnten gemeinsam mit den Beamten, Handwerkern und Bauern in dem Tempelbezirk, der eine kleine Stadt darstellte. Die Priester waren fast vorwiegend Söhne von Priestern. Man schickte die Kinder schon in frühem Knabenalter in die Schule, wo sie sich auf ihren künftigen Beruf vorbereiten sollten. Zunächst lernten sie schreiben und die Grammatik. Im Laufe der Schulzeit mußten sie aber noch viel dazulernen, die Namen der Götter, ihre Bilder, Abzeichen und Mythen kennen, kurzum alles, was zum Gebiet der Liturgie gehörte. Bei der Vielfalt der Götter und Glaubensvorstellungen, der Gebete und Handlungen war der Stoff sehr umfangreich. Nach gut abgelegter Prüfung wurden die jungen Menschen priesterlich eingekleidet und durften das Heiligtum der Götter betreten. Der Gottesdienst wurde, wie bereits angedeutet, unter Ausschluß des Volkes im düsteren Raum des Allerheiligsten abgehalten.

Der einzige rechtmäßige Opferpriester war der König. Er allein als Sohn eines Gottes und selbst göttlicher Natur war dazu ermächtigt, den Gottesdienst zu halten. Nur als seine Stellvertreter erfüllten die Priester ihre Aufgaben. Diese Rolle des Königs bewirkte auch die Einheitlichkeit des täglichen Rituals in den verschiedenen Gauen.

Das Priestertum der alten Ägypter deckt sich nicht mit unserer heutigen Vorstellung vom geistlichen Beruf. Der Priester war ein Beamter, vielfach versah er gleichzeitig ein staatliches Amt, ebenso wurden weltliche Beamte mit geistlichen Ämtern betraut. Er hatte keine Gemeinde von Gläubigen zu betreuen, zu leiten, brauchte nicht als Prediger und Erzieher ein geistiges Vorbild seiner Mitmenschen zu sein. Durch Schenkungen aus den auswärtigen Eroberungen stieg der Tempelbesitz. Damit wuchs auch die Priesterschaft an Zahl und Einfluß und gewann immer mehr an politischer Macht. Im Laufe der Zeit wurde es üblich, das Priesteramt in der Familie weiterzuvererben. Die Hauptaufgabe für den ägyptischen Priester war der Dienst für die Gottheit. Man dachte sich den Gott in seinem Tempel im Allerheiligsten gegenwärtig. Gleich einem Menschen bedurfte auch er der Betreuung, der Speisen und Getränke, der Kleidung und Waschungen. Daher war der Zweck allen Kultes, den Gott zu verehren, für seinen Lebensunterhalt und sein Wohlbehagen zu sorgen sowie ihn vor jeder Beleidigung oder unwürdigen Berührung zu schützen. Dafür schenkte er als Gegengabe dem König alles Glück auf Erden und in der Vereinigung mit Gott ein Fortleben für alle Ewigkeit. Das Volk aber, das an den täglichen gottesdienstlichen Handlungen nicht teilnehmen konnte, lebte zufrieden in der Vorstellung, daß der Gott durch den König seine Segnungen über alle ausgieße. Seine einzige Begegnung mit dem Göttlichen fand es durch seine Teilnahme an den festlichen Umzügen und Prozessionen.

Der Gottesdienst

Der *Tempeldienst* begann am frühen Morgen. Der Priester wusch sich zuerst, schloß dann die Türen auf und schritt mit dem Räucherfaß bis zum vergoldeten Kästchen im Sanktuarium, in dem das Standbild verwahrt war. Sobald nach Öffnung der Flügeltür der Blick des Priesters auf die Statue fiel, warf er sich zu Boden, beräucherte sie und weckte den Gott mit feierlichem Gesang. Nun nahm er die Figur heraus, wusch sie, beträufelte sie mit wohlriechenden Essenzen und zog ihr ein festliches Kleid an. Dann schob er das Gottesbild wieder in den Schrein, setzte eine vollständige Mahlzeit vor dem Kästchen auf einen blumengeschmückten Tisch und zog sich wieder zurück, um das Mahl nicht zu stören. Ein Teil der Opfergaben wurde verbrannt, der Rest unter die Priester und das übrige Tempelpersonal verteilt. Dann reinigte der Priester die Opferstelle, schloß das Kästchen, zog den Riegel vor und legte die Siegel an. Rückwärts schreitend, verließ er den Raum und verwischte die Spuren seiner Tritte. Zu Mittag begnügte sich der Priester mit der Besprengung und Beräucherung des Allerheiligsten. Am Abend wiederholten sich die Zeremonien der Speisung vor dem geschlossenen Schrein, danach wurde der Tempel geschlossen.

Der Hohepriester

Die Priester, die solche Dienste versahen, gehörten zu den niederen Gottesdienern. Sie wurden, den einzelnen Tempelbezirken entsprechend, zu Kollegien zusammengefaßt, an deren Spitze der *Hohepriester* stand, für den wir von den Griechen die Bezeichnung Prophet übernommen haben. Er genoß hohes Ansehen und verfügte auch über weitgehende politische Macht. Die nebeneinander bestehenden Kollegien wurde zu einem großen, das ganze Reich umfassenden Oberkollegium vereinigt. An dessen Spitze stand der *Oberpriester* des mit riesigem Besitz und Schätzen ausgestatteten Reichsheiligtums Amuns zu Theben, der damit an Ansehen seine Amtsgenossen in den uralten Priesterschaften von Helipolis und Memphis weit überragte. Einige Male in der ägyptischen Geschichte erlangte er weit über seine Stellung und Befugnis hinausgehenden politischen Einfluß: drei Vorsteher des thebanischen Oberkollegiums führten sogar den Titel *Priesterkönig* und waren neben ihrem geistlichen Amt Truppenbefehlshaber. Welchem Rang die Priester auch angehörten, sie waren immer bemüht, sich vom Volk durch ein besonderes Äußeres zu unterscheiden. Sie trugen einen langen Schurz, der Oberkörper war nackt, Haupthaar und Bart glatt rasiert. Es gab in diesem Stand auch Spezialisten, die als Verwalter der Tempelgüter und Liegenschaften, als Abgabenkontrollore, als Schreiber zur Redigierung religiöser Schriften und als Juristen tätig waren. Eine eigene Gruppe bildeten die Totenpriester, die die Einbalsamierung und die Bestattung mit ihren magischen Gebeten und Zeremonien begleiteten und auch für die weitere Betreuung des Toten zu sorgen hatten.

Feste Feste vereinten Volk und Priesterschaft zu gemeinsamen Feiern. Anlaß dazu waren das Neujahr, der Wechsel des Jahreslaufes mit Überschwemmung, Aussaat und Ernte, Gedächtnistage bedeutender Ereignisse aus dem Mythos des Gottes, aus der Geschichte des Nillandes und dem Leben des Königs, etwa Krönung oder Jubiläum. Das Jubiläums- oder Sedfest feierte der König nach dreißigjähriger Regierung und wiederholte es dann alle drei Jahre. Im Mittelpunkt stand ein vom Pharao ausgeführter Lauf, wodurch er dartun sollte, daß er noch rüstig genug wäre, um seine Herrscherpflichten zu erfüllen.

Die Jahresfeste der großen Gottheiten erstreckten sich oft über Wochen. Während dieser Tage ruhte die Arbeit, das Volk reiste in riesigen Pilgerzügen zu Schiff an die Kultorte. Herodot weiß von bis zu 700.000 Männern und Frauen zu berichten, die eintrafen und nach den Opferhandlungen bei reichlichem Schmausen und oft recht ausgelassener Fröhlichkeit die Festtage genossen. Eine besondere Steigerung erfuhr die Feierlichkeit durch die Teilnahme des Pharao, der neben dem Gott im Mittelpunkt des Festes stand. Er ließ sich in einer Sänfte, einem Armstuhl mit Baldachin, von zwölf auserwählten Männern im prunkvollen Aufzuge unter Begleitung seiner Krieger zum Tempel tragen. Meist stritten sich die Königssöhne und höchsten Beamten um diesen Dienst. Etliche schritten auch neben dem Tragsessel, spendeten mit Schirmen aus Straußenfedern Schatten oder hielten langgestielte Fliegenwedel. In der Prozession schritten Träger mit Fahnen und Standarten und Spielleute mit.

Als herrliche Feier des ganzen Volkes galt das *Opetfest,* benannt nach dem Stadtteil Opet der alten Hauptstadt Theben. Es fand jährlich zur Zeit der höchsten Nilschwelle statt, in der die Bauern auf ihren Feldern nicht arbeiten konnten und daher die Möglichkeit zum Feiern hatten. Anfangs dauerte das Fest 11 Tage, wurde aber später auf 27 Tage ausgedehnt. Das Hochwasser gestattete es, nicht nur zu Schiff auf dem Nil, sondern auch auf den Kanälen mit Barken und Flößen zu fahren. Seinen Ausgang nahm es in Karnak. Von dort brachte man das Götterbild Amuns auf einem riesigen, mit aller Pracht ausgestatteten Boot, das einem schwimmenden Tempel glich, begleitet von den Barken der Mut und des Göttersohnes Chons, nach Luxor. Auf beiden Ufern begleitete eine Unmenge von Männern und Frauen mit Gesängen, Pauken und Klappern die märchenhafte Fahrt der Gottesbarke mit dem Baldachin und der vielen Begleitboote. Gott Amun von Karnak blieb während der Festtage als Gast im Tempel zu Luxor. In dieser Zeit vergnügte sich das Volk bei Speise und Trank, Gesang und Tanz. Überall waren Zelte und Buden aufgestellt, eine Menge von Leuten war damit beschäftigt, Schlachtvieh heranzutreiben, Körbe mit Proviant und Früchten herbeizuschaffen; in buntgeschmückten Hütten verrichteten viele Köche ihre Arbeit. Die unter großem Prunk erfolgte Rückkehr der Götterstatue nach Karnak bildete den Abschluß des festlichen Schauspiels. Bei solchen Festlichkeiten kamen auch die Musikanten, Sänger und Tänzerinnen zum Einsatz, die zum Tempelpersonal zählten, aber keine geistlichen Aufgaben zu erfüllen hatten.

Mysterienspiele

Zu den Jahresfesten gehörten auch die glanzvollen *Aufführungen* von Episoden aus dem Osirismythos, vor allem in Abydos. Hier konnte das Volk den Vorgängen des Festspieles beiwohnen, ja selbst in Kostümen Nebenrollen übernehmen. Die Hauptrollen blieben Berufsschauspielern vorbehalten. Die Zuseher verfolgten den Gang der dramatischen Handlung mit lebhafter Teilnahme, bekundeten Trauer bei der Ermordung des Gottes und begrüßten seine Wiedererweckung mit Jubelrufen, Sprüngen und Händeklatschen.

Ägyptens große Zeit unter Ramses II.

Errichte den Göttern Monumente.
Tu dies, auf daß der Name des Erbauers wieder auflebe!
Worte des Königs Cheti

Ramses II.

Mit Ramses II. (1290—1224), dem Sohne Sethos' I., bestieg eine Herrscherpersönlichkeit den Thron, in der noch einmal das gottgleiche Königtum und die Weltgeltung des ägyptischen Reiches vor den mählich aufsteigenden Schatten eines nahen Unterganges zu symbolischer Höhe gelangten. Dem geltungsbedürftigen und ehrgeizigen Herrscher hinterließ sein Vater, den der Tod im besten Mannesalter heimgeholt hatte, eine große Aufgabe. Während des mit Sethos I. abgeschlossenen Friedens hatten sich die Hethiter in Syrien, das unter Thutmosis III. eine ägyptische Provinz gewesen war, festgesetzt, ihre Abwehrstellung immer fester ausgebaut, und *Kadesch*, die mächtigste Festung in Syrien und den Schlüssel zum Orontestal, eingenommen. Nach wenigen Jahren abwartender Haltung auf seiten der Ägypter und der Hethiter brach Ramses II. auf und zog an der phönikischen Küste entlang bis gegen Byblos, um einen Hafen als Ausgangspunkt für eine ständige Seeverbindung mit der Heimat zu besitzen. Die Hethiter nützten inzwischen unter ihrem König *Muwatalli* die Zeit, um ein Heer von ungefähr 20.000 Mann zu rekrutieren, das größte, das je den Ägyptern gegenübergetreten war. Ramses hatte ein ähnlich großes Heer, verstärkt durch Nubier und fremde Söldner, aufgestellt. Es war nach Namen der vier großen Götter in vier Gruppen eingeteilt. Der Pharao führte die Heeresabteilung Amun und marschierte den Orontes abwärts. Schon kam die Stadt Kadesch in Sicht. Durch eine Kriegslist gelang es den Hethitern, in die Flanke des ägyptischen Heeres einzubrechen und den König mit der Vorhut von den übrigen Truppen zu trennen. Die überraschten ägyptischen Krieger wandten

Schlacht bei Kadesch 1286

Kartusche des Königs Ramses II.

sich mit ihren Streitwagen zu überstürzter Flucht. Beinahe wäre der Pharao gefangen worden, hätte nicht die reiche Beute im ägyptischen Lager, das den Hethitern in die Hände gefallen war, diese jede Kriegszucht vergessen lassen und sie zum Plündern gelockt. Dadurch fand der König Gelegenheit, unter höchstem Muteinsatz sich mit seiner Leibgarde den Weg zu seiner Truppe zu bahnen und mit ihr die Feinde in die Stadt zurückzudrängen. Sicherlich hatte Ramses durch seine Entschlossenheit das Heer vor der Vernichtung gerettet. Kadesch selbst aber konnte er nicht mehr einnehmen, seine Verluste waren zu groß. Er mußte froh sein, der bedrohlichen Lage entkommen zu sein und den Rest seiner Scharen nach Ägypten zurückführen zu dürfen.

Auf seine Heldentat war er überaus stolz und ließ das Ereignis, das weder einen eindeutigen Sieg über die Hethiter darstellte noch eine Wende in den politischen Beziehungen der beiden Völker brachte, in langen Reihen sehr überschwenglich bemalter Reliefs mit begleitenden prahlerischen Inschriften auf den Tempelmauern von Abu Simbel, in Ramesseum zu Theben, in Luxor und Karnak sowie in Abydos verewigen. Die Schlacht bei Kadesch fand auch ihre literarische Verherrlichung durch einen unbekannten Hofdichter. Das in Prosa mit viel literarischer Gewandtheit und ruhmredigem Pathos abgefaßte Gedicht ist auf dem rechten Flügel der Außenseite der Südwand des großen Säulensaales zu Karnak und in einer Papyrusabschrift auf uns gekommen. Es schildert mit etwas übertreibender Würdigung der Leistung des Königs seine katastrophale Situation, indem es ihn allein mit seinem Wagenlenker in das dichteste Gedränge feindlicher Kampfwagen hineinstellt. Von seinen Kriegern verlassen, wendet er sich in höchster Gefahr und in dem verzweifelten Gefühl grenzenloser Einsamkeit mit einem Notschrei an den einzigen Helfer, seinen göttlichen Vater Amun: »Was ist das nun, mein Vater Amun? Hat denn ein Vater schon seines Sohnes vergessen? Habe ich denn etwas ohne dich getan? Ich rufe zu dir, mein Vater Amun! Ich bin inmitten von Fremden, die ich nicht kenne. Alle Länder haben sich gegen mich verbunden, und ich bin ganz allein, und kein anderer ist mit mir. Meine Krieger haben mich verlassen, und keiner meiner Wagenkämpfer hat sich nach mir umgesehen. Wenn ich nach ihnen schreie, hört keiner von ihnen. Aber ich rufe und merke, daß Amun besser für mich ist als Millionen von Fußtruppen und Hunderttausende von Wagenkämpfern, als zehntausend Mann an Brüdern und Kindern, die einmütig zusammenstehen. Das Werk vieler Menschen ist nichts; Amun ist besser als sie. Ich bin hierher gekommen, Amun, und nicht von deinen Gedanken abgewichen.« Der Gott im fernen Theben hört den Ruf des Sohnes und sagt ihm seinen Beistand zu. Als die höchste Gefahr durch das tollkühne Eingreifen des Königs vorbeigegangen ist, schwört der Pharao in rührender Dankbarkeit, seine braven Streitrosse, die ihn sicher durch die Reihen der vielen Feinde getragen haben, fernerhin mit eigener Hand zu füttern.

Das Kadesch-gedicht

Das Ringen der beiden Völker zog sich noch viele Jahre hin. Inzwischen starb Muwatalli. Sein Bruder und Nachfolger *Hattusil III.* bot Ramses II.

die Hand zum Bündnis. Beide Herrscher erkannten, daß bei der weiten Entfernung der Reiche eine entscheidende und endgültige Niederwerfung des Gegners unmöglich wäre und in diesen zwecklosen Kämpfen viel Volkskraft und bedeutende Mittel vergeudet würden. Der Text des Vertrages wurde auf eine Silberplatte geschrieben und als monumentale Inschrift in die Außenmauer des Hypostyls von Karnak eingemeißelt. Die Ausfertigung für das Hethiterreich hat man in babylonischer Keilschrift auf einer Tontafel zu *Boghazköy* in Kleinasien gefunden. Es ist die älteste uns erhaltene Urkunde eines internationalen Vertrages. Durch ihn sind wir über alle Einzelheiten, wie Verzicht auf jegliche Eroberungszüge, Zusage gegenseitiger Hilfeleistung bei Angriffen und Auslieferung sowie nachsichtige Behandlung politischer Flüchtlinge, genau unterrichtet. Der Vertrag wurde in späteren Jahren noch durch die Heirat Ramses' II. mit der ältesten Tochter Hattusils III. untermauert. Das Bündnis blieb während der ganzen langen Regierungszeit des Pharao unangetastet, einige weitere kriegerische Unternehmungen in Nubien und gegen die Libyer erforderten nicht mehr das persönliche Eingreifen des Königs.

Der Vertrag mit den Hethitern

Ramses hat sich im Buch der Geschichte vor allem durch seine oft bis ins Maßlose gesteigerte Bautätigkeit verewigt. Er schuf eine Welt von Stein, übertraf damit selbst Thutmosis III. Dem Reisenden in Ägypten und Nubien begegnen noch jetzt zahllose Reste davon. Zuerst sei hier auf ein großes Unternehmen hingewiesen, das wirtschaftliche und politische Hintergründe hatte. Es war der Aufbau der *Ramsesstadt* auf dem Boden des alten Auaris-Tanis im nordöstlichen Delta, woher allem Anschein nach sein Ahne Ramses I. stammte. Tempel der alten Landesgötter und eine königliche Burg schmückten die Stadt, Baumeister und Künstler sorgten auch unter den späteren Pharaonen dafür, daß sie für das Reich, das ja außerdem Palästina umfaßte, ein geeigneter Mittelpunkt des zeitgenössischen Lebens wurde. Die Schnelligkeit des Aufbaus und die Schwierigkeit der Materialbeschaffung in der steinarmen Deltagegend verführten die Baumeister, Granitblöcke und Säulen der Pyramidentempel von Giza, Abusir und Sakkara herbeizuholen. Der Amuntempel beherrschte das Stadtbild, nicht weniger als zehn Obelisken machten schon von weitem auf die Kultstätte aufmerksam. Um die Stadt herum entstanden die Wohnpaläste der Pharaonen, und über das ganze Delta waren die Lager verteilt, in denen ägyptische Truppeneinheiten zum Schutze der Ostgrenze lagen.

Die Bauten Ramses' II.

Die Regierungszeit erschien Ramses II. offenbar nicht lange genug, um durch Bauten genügend seine Allmacht und Göttlichkeit zu bezeugen. Darum hat er auch Denkmäler seiner Vorgänger, die seine Aufmerksamkeit erregten, mit seinem Namenszug versehen. Selbst Bildwerken anderer Herrscher gab der Meißel berichtigend die Züge seines Gesichtes. Er war der König des ganzen Nillandes, bis weit hinein nach Nubien baute er Tempel und stellte seine Standbilder neben die von Amun, Re und Ptah. Auf den nubischen Tempelmauern ließ er sich überall in Schlachtenbildern als Sieger über die Südvölker darstellen. Die Fülle der Bauten führte allerdings immer mehr zur Abwandlung eines zum Kanon erhobenen, sich wiederholenden Schemas von Pylonen, Höfen, Sälen und Kammern und gedrungenen, wuchtigen Säulen. Dazu kommen die Kolossalfiguren, die nicht wie im AR vor oder zwischen den Pfeilern stehen, sondern mit ihnen zu einer architektonischen Einheit verschmelzen. Auf diese Weise drängten die Königsriesen einerseits die Architektur zurück und beeinträchtigten die klare Baugliederung, andererseits verlieren sie selbst an Eigenleben und plastischer Geltung.

Abu Simbel

In *Abu Simbel* trat Ramses II. als gewaltiger Bauherr auf. Hier errichtete er das größte Heiligtum Nubiens, dem Dienst des Amun, Re und Ptah und dem Kult des Königs geweiht, einen Felsentempel, von denen es in Ägypten einige gab. Der Pharao hätte in der Nähe auf freiem Plan seinen Tempel aufführen können. Aber es scheint ihn die Sucht nach Sensation, nach der ungeheuren technischen Leistung zu dieser grandiosen, auf ausgeklügelte Wirkung berechneten Anlage gelockt zu haben, nämlich die gewaltigen Räume in das Berginnere hineinzuschlagen. Schon die Tempelfront war Bergwand. Und auch die vier Riesenkönige von je 20 m Höhe, die davor saßen, waren aus dem Sandstein des Berges gemeißelt. Sie trugen auf den Köpfen Königshaube und Doppelkrone. Die südliche, durch den abschließenden Felsvorsprung am meisten geschützte Figur hat das etwas idealisierte Antlitz des Königs am besten erhalten. Beim zweiten südlichen Rundbild war der Oberkörper zerbrochen und hinuntergestürzt. Zwischen

Grundriß des großen (links) und kleinen (rechts) Felsentempels bei Abu Simbel

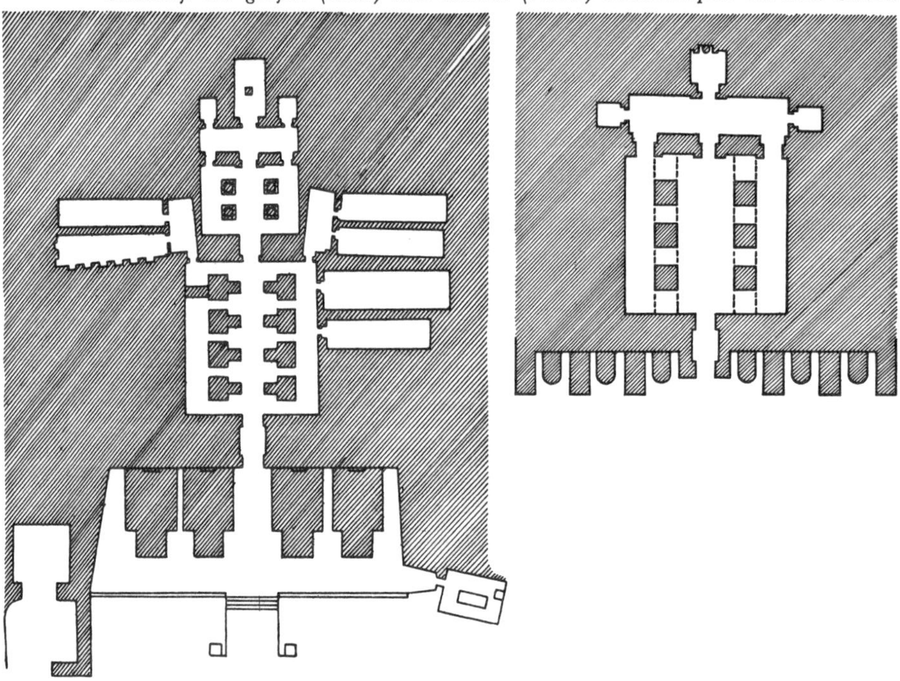

und neben den Unterschenkeln der Ramsesstatuen standen Gottheiten und Familienmitglieder des Königs. Durch ihr »Kleinformat« unterstrichen sie das Riesenmaß der Königsgestalten. Man stelle sich nur vor: Die Krone allein mißt 4,50 m, der Bart 2,00 m, die Weite von einer Schulter zur anderen 8,00 m. Und doch standen die Plastiken zur Tempelfront in einem angemessenen Verhältnis. In einem Museum würden sie ihre ausgleichende Wechselbeziehung verlieren und plump und erdrückend wirken. Die Längsachse der Bauanlage erstreckte sich von Osten nach Westen. Die Frühsonne bestrahlte täglich einen Augenblick lang das Allerheiligste. Die Paviane auf dem Tempelfries streckten in einer wunderbaren, der Natur abgelauschten Gebärde ihre Arme grüßend der Morgensonne entgegen.

Durch den 7 m hohen und 6 m langen Gang trat man in das Tempelinnere. Etwa 55 m tief erstreckte sich die Anlage in das Bergmassiv hinein. Denken wir einen Augenblick daran, wie viele Kubikmeter Felsgestein gebrochen und aus dem Berg fortgeschafft werden mußten, um diese 14 Räume, einige von ansehnlicher Größe, erstehen zu lassen? Man hat die Masse mit rund 7.000 m³ berechnet. Man gelangte zuerst in die 17×16 m große Pfeilerhalle. Sie entsprach dem ersten Hof der Tempel. Beiderseits des Saales schienen je vier Pfeiler den Felsenplafond zu stützen, dessen Mitte schwebende Geier, dessen Seiten Sterne schmückten. Die Farben der Wandreliefs waren noch gut erhalten. An der linken Wand der König, vor verschiedenen Gottheiten Opfer bringend, an der rechten seine Heldentaten aus den Kämpfen mit den Hethitern. Vor den Pfeilern ragten 10 m hohe Rundbilder des Pharao auf, den König mit Krummstab und Wedel über der Brust darstellend. An der rechten Seitenwand mündeten zwei Eingänge in zwei längliche Säle, deren vorderer 12 m, deren hinterer 14 m tief war; jeder hatte eine Breite von 4 m. Die Rückseite des Hauptsaales hatte drei Ausgänge. Die beiden rechts und links in der Ecke führten jeder in einen langen Saal, von dem aus nach den Wandseiten hin wieder je zwei andere Säle ausgingen. So umfaßte also der erste Hauptteil des Tempels neun verschiedene Säle.

In der Richtung der Mittelachse führte ein Gang in den 2. Hauptsaal, 11 m breit und 8 m tief. An seiner Rückwand befand sich der Eingang zum 3. Hauptsaal, der ebenfalls 11 m breit, aber nur etwa 6 m tief war. Von ihm führten drei Zugänge in die letzten drei Räume. Der mittlere und stattlichste war das Allerheiligste. Der Sockel für das Aufstellen der Gottesbarke war unmittelbar aus dem Felsen geschlagen. An der Rückwand saßen die beschädigten Statuen der Reichstriade Amun, Re und Ptah und des königlichen Stifters. Wenn das Sanktuar erleuchtet war, konnte man vom vordersten Eingang durch die vier Haupträume die Rundbilder der Rückwand sehen.

Der Tempel zu Karnak

In Karnak hat Ramses II. den in seiner Anlage auf Ramses I. zurückgehenden und von Sethos I. begonnenen Säulensaal des weltberühmten Reichsheiligtums Amuns zu Ende geführt. Es war ein steinerner Abschiedsgesang des NR. Die Tempelstadt von Karnak lebte fortan nur mehr vom Ruhm der Vergangenheit.

Das Rameseum

In der thebanischen Nekropole errichtete Ramses II. seinen befestigten Palast in engstem Zusammenhang mit seinem Totentempel, *Ramesseum* genannt. Reste von Ziegelbauten deuten darauf hin, daß das Heiligtum gleichsam von einer kleinen Stadt von Wohnungen für den Hofstaat und die Handwerker, von Stallungen und Speichern umgeben war. Der »Gottesweg« des Tempels, 270 m lang, führt jetzt durch eine große Ruinenstätte. Er beginnt mit einem wuchtigen Pylon, 67 m breit, dessen Außenmauer verfallen ist. Auf der Innenseite zeigt er guterhaltene Reliefs vom Kriegszug gegen die Hethiter. Durch den Pylon gelangte man einst in zwei hintereinander liegende Höfe und in einen großen Säulensaal, an den sich kleinere Säle anschlossen. Im vorderen Hof liegt das aus einem einzigen Stück Rosengranit gefertigte Kolossalstandbild Ramses' II., in drei Teile zerbrochen. Es war mit 18 m Höhe die größte Statue Ägyptens, ihr Gewicht soll 1.000 t betragen haben. Als den Urheber der Zertrümmerung des stolzen Königsbildes nennen die Berichte den Perserkönig Kambyses. Den 2. Hof säumten Säulengänge mit Pfeilern. Vor ihnen lehnten riesige Ramsesstatuen in hieratischer Haltung als Osiris, in den gekreuzten Armen die Abzeichen der Herrscherwürde, Krummstab und Wedel. Noch sind auf jeder Seite vier davon erhalten, allerdings beschädigt, die Köpfe abgeschlagen.

Es war ein seltsamer, in der abendländischen Kunst nicht üblicher Brauch, die Königsgestalt an demselben Bauwerk mehrmals in gleicher Pose anzubringen. Die Ägypter haben anscheinend mit dieser Vielfalt das Gefühl der Steigerung verbunden. Dazu kam, daß der König, wie hier und in Abu Simbel, dadurch, daß er nicht als Mensch, sondern in göttlicher Einkleidung als Osiris dargestellt wurde, aller irdischen Bezogenheit entrückt war.

Der Tempel zu Luxor

Auch in dem herrlichen Amuntempel zu Luxor hat sich Ramses II. durch seine Bautätigkeit verewigt. Das Heiligtum erstreckt sich in einer Länge von 260 m beherrschend am Nilufer hin und geht in seinem Entwurf auf Amenophis III. zurück. Es umfaßt fünf Bauglieder. Im Norden erhebt sich ein wuchtiger Pylon, der den Zugang zu dem ersten großen, von einem Peristyl mit Statuen gesäumten Hof öffnet. In seinem nördlichen Teil steht noch eine kleine Moschee, die man aus religiösen Gründen belassen hat; denn in ihr ist der Ortsheilige von Luxor, *Abu Haggág*, begraben. An den Hof schließt sich ein langgestreckter Gang mit sieben Paaren gut erhaltener 16 m hoher Säulen mit Kapitellen von offenen Papyrusdolden. Sie tragen noch die schweren Architrave. Der Gang mündet in den zweiten großen, quadratischen, ungemein feierlich wirkenden Hof, den Amenophis III. hatte aufführen und von Kolonnaden mit Papyrusbündelsäulen einschließen lassen. An seinem Ende öffnet sich die Vorhalle (Pronaos) in das eigentliche Tempelhaus. Dort findet man noch Reste einer aus der Spätantike stammenden Kirche. Als fünftes Bauglied ist im Schlußteil der Anlage das unter Alexander dem Großen errichtete Sanktuar eingebaut, eine Kapelle mit Darstellungen Alexanders vor dem Gott Amun.

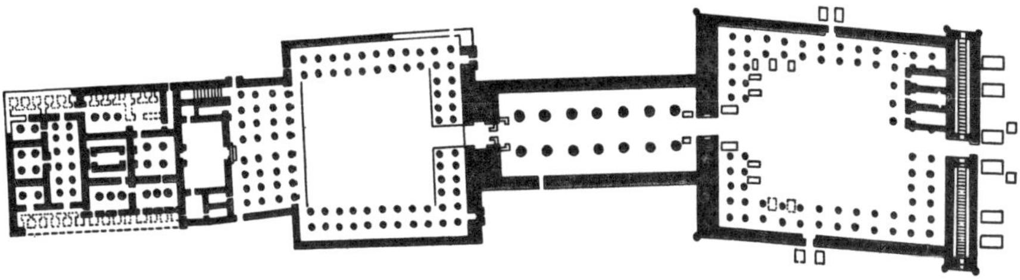

Der Amuntempel zu Luxor

Auf Ramses II. geht der Bau des Pylons und des ersten Hofes zurück. Die Achse dieses Hofes biegt leicht gegen Osten, beeinflußt durch den Lauf des Nil. Den Haupteingang im Nordosten schmückten sechs Riesenstatuen des Königs und zwei Obelisken aus Rosengranit. Ramses II. liebte Obelisken und hat viele aufgestellt. In seiner Stadt standen nicht weniger als vierzehn, die jetzt alle umgestürzt sind. Die Obelisken von Luxor verblieben länger als 3.000 Jahre an ihrem Platz, bis Sultan Mohammed Ali sie dem französischen Staat schenkte. Nun ziert der besser erhaltene Steinriese, den man in einem mühsamen Transport über Cherbourg nach Paris schaffte, seit 1836 die Place de la Concorde, während der andere wegen einiger kleiner Unregelmäßigkeiten der Oberfläche abgelehnt wurde und noch jetzt auf seinem alten Fleck steht. Er mißt ohne den Sockel 25 m. Daß er 700 Jahre jünger ist als der Obelisk von Heliopolis, drückt sich vor allem in der Beschriftung aus, die alle vier Flächen völlig bedeckt, während man sich in den Tagen Sesostris' I. bei der Beschriftung maßvoll auf die Mitte beschränkte. Die Säulen des Luxortempels ahmen die Papyruspflanze in zweierlei Form nach. Im Säulengang erscheint die glatte Säule mit offener Dolde als Kapitell, im Tempelhaus ist die Säule in der für Luxor so charakteristischen Stilisierung aus acht Papyrusstengeln gebildet. Sie verschwinden, in der Mitte gleichsam von einem Ring umschlossen, unter dem Säulenrund und werden oben zwischen Wulst und Abakus nochmals sichtbar, sich gegen den Architrav zu verjüngend.

Noch in vielen Orten Ägyptens und Nubiens erinnern Baureste an die übersteigerte Bausucht Ramses' II., so in Bubastis, Abukir, Koptos, Edfu und Napata, um nur einige wichtige zu nennen. Ein prachtvolles, dem Osiris und seinem eigenen Totenkult geweihtes *Kenotaph* hat er in *Abydos,* nahe dem Totentempel seines Vaters, angelegt. Es ist allerdings schon stark zerstört, aber man erkennt noch den Grundriß der großartigen Anlage, und einige der Reliefs und Bilder sind gut erhalten. Im Palmenhain von Memphis, bei dem Dorf *Mit-Rahine,* liegt eine 13 m lange Ramsesstatue, während die andere dort gefundene heute in Kairo auf dem Bahnhofsplatz steht.

Das Kenotaph in Abydos

Das Geld für diese vielen Bauten floß aus dem durch die glücklichen Kriege fast in dem Umfang wie zu Zeiten Thutmosis' III. wiederhergestellten Reiche, das Palästina, wahrscheinlich einen Teil Südsyriens und Nubien bis nach Napata beim 4. Katarakt einschloß. Über den Altersjahren des Königs lag der Glanz seiner kriegerischen und politischen Erfolge, und mit Stolz konnte er auf seine prunkvollen, monumentalen Bauten, seine Riesenfiguren und seine aufragenden Obelisken schauen. Er forderte die schöpferischen Kräfte seiner Baumeister über alles Maß, so daß ihre Kunst oft unter der Fülle der Arbeit und des Materialaufwandes litt. Zwölf seiner Söhne überlebte er, erst der dreizehnte wurde der Erbe des Neunzigjährigen.

Die Sonne sinkt über dem Reiche der Pharaonen

Die dort gebauet haben mit Granit,
die einen Saal gemauert haben in einer Pyramide,
ihre Opfertische sind genauso leer,
wie die der Unglücklichen,
die auf dem Ufer ohne Hinterbliebene sterben.

Mahnworte eines ägyptischen Weisen

Die Seevölker

Ramses II. hatte in hohem Alter die Zügel des Staates nicht mehr fest in der Hand, kümmerte sich noch weniger um das, was an den Grenzen geschah. Dort brandete eine neue Völkerwelle vom Schwarzen Meer gegen Kleinasien und die Balkanhalbinsel und streifte mit ihren Schiffen die Küsten Libyens, Ägyptens und Phönikiens ab. Dadurch kamen die Libyer in Unruhe, wichen vor den Seevölkern aus und drängten gegen das westliche Delta. Wer waren diese Seevölker? Sie erscheinen in den ägyptischen Quellen unter Namen, die uns heute nicht mehr geläufig sind. Aber es dürfte sich unter anderem um Völker gehandelt haben, die in Sardinien und Sizilien ihre Wohnsitze hatten, weiter um die Etrusker, die Lykier, um die griechischen Stämme der Achäer und Danaer und endlich um die aus dem Alten Testament bekannten Philister. Mit diesen Stämmen erscheinen also auch zum erstenmal europäische Völker auf dem Schauplatz der Geschichte und kommen mit den Ägyptern in Berührung. Ihre Plünderungsfahrten im Mittelmeer dürften schon lange Zeit vor ihrem Einfall in die ägyptischen Küstengebiete erfolgt sein. Offenbar hängt mit ihrem Auftreten auch die Zerstörung der kretischen Paläste und der kretischen Kultur im 15. Jahrhundert und in der Folgezeit einer Reihe anderer alter Kulturen zusammen. Schließlich setzten um 1200 neue gewaltige Völkerverschiebungen ein, hauptsächlich durch das Vordringen der Illyrer, und veränderten die Staatengefüge vom Nahen Osten bis Spanien.

Ägypten als einziger Staat vermochte sich erfolgreich der gefährlichen Vorstöße der Fremden zu erwehren. Freilich schien es, als sei mit dieser Kraftanstrengung die kulturschöpferische Leistung dieses alten Volkes zu Ende. Die nächsten 60 Jahre, die auf den Tod des alten Ramses folgten, galten dem Kampf der Könige um die Erhaltung des Reiches und nicht mehr, wie ehedem, unter den früheren, bedeutenderen Pharaonen, um seine Ausweitung.

Der Nachfolger des großen Ramses war sein dreizehnter Sohn *Mernéphtah* (1224—1204), der selbst schon in hohem Alter stand. In seinen ersten Regierungsjahren erhob sich die ganze asiatische Provinz gegen Ägypten und zwang Mernephtah, mit einem Heere gegen die Aufrührer zu ziehen. Es gelang ihm, Palästina wieder vollständig zu unterwerfen. Im Zusammenhang mit diesen Kämpfen erwähnen ägyptische Quellen zum erstenmal Israel als Ländernamen. Im 5. Regierungsjahr erwehrte sich Mernephtah der zweiten drohenden Gefahr, der libyschen Stämme, gegen die schon Ramses II. eine 300 km lange Reihe von Befestigungswerken hatte anlegen lassen. Bei dem Angriff der Libyer unter ihrem Fürsten *Merije* handelte es sich um eine für Ägypten besonders unheilbergende Unternehmung. Denn es war nicht bloß ein kriegerischer Einfall, sondern ein Wanderzug mit Weib und Kind, mit Troß und Habe, der auf eine dauernde Niederlassung im ägyptischen Raum abzielte. Mit den Libyern marschierten als Verbündete auch Angehörige der Seevölker in das Nilland. Mernephtah trat ihnen in der Nähe von Memphis entgegen und schlug sie in einer schrecklichen sechsstündigen Schlacht vernichtend. Tausende von Libyern wurden in die Gefangenschaft geführt, die reiche libysche Habe fiel dem Sieger als Beute zu. Der Fürst selbst konnte auf der Flucht entkommen, wurde aber in der Heimat entthront. Damit war die Partei, die zum Kriege hetzte, ausgeschaltet, und die Gefahr für Ägypten abgewendet. Das Volk jubelte dem siegreichen Pharao zu:

Mernéphtah

> Alle Länder sind vereint, sind zur Ruhe gebracht,
> alle, die aufrührerisch waren, sind gefesselt
> durch König Mernephtah.

Der Friede mit den Hethitern hielt unter Mernephtah an. Der Pharao sandte ihnen sogar gelegentlich einer Hungersnot auf ihr Ersuchen Schiffsladungen mit ägyptischem Weizen. Aber den von Kleinasien nach Süden vordringenden Seevölkern konnte das Hethiterreich nicht standhalten. Die Hilfe des Pharao, der selbst alle Kräfte zum Schutze seines Landes brauchte, blieb trotz der Vereinbarung im Friedensvertrag aus, und so zerbrach das Hethiterreich, die Seevölker rückten gegen Syrien vor, das der Pharao durch seine Truppenlager zu sichern suchte.

In seinem 20. Regierungsjahre starb Mernephtah. Nach seinem Tode folgten Thronstreitigkeiten und Verschwörungen, das Reich kam in schwere Not, die Libyer fielen ins Delta ein, in Wirren, Tyrannei und Hungersnot versank die ehemals so stolze und machtvolle 19. Dynastie.

Mit *Sethnacht* (1171—1170), einem Mann unbekannter Herkunft, gelangte ein Herrscher zur Macht, der zwar nur sehr kurze Zeit das Zepter führte, aber mit geschickter Hand die Streitigkeiten ordnete und seinem Sohne Ramses die Nachfolge sicherte. Mit ihm begann die 20. Dynastie.

Sethnacht

Für *Ramses III.* (1170—1138) war sein Name Verpflichtung zur Nach-

Ramses III.

ahmung seines großen Vorgängers. Die schwere Zeit bot ihm genügend Gelegenheit, seine Kräfte zu messen. Die Libyer waren an den westlichen Nilarm des Deltas herangerückt und bedeuteten nun eine ernsthaftere Gefahr als zu Mernephtahs Zeiten. Ramses III. baute seine Heeresorganisation aus und verstärkte die Truppen durch Aushebung von Söldnern, die von jetzt an einen immer größeren Bestandteil des Heeres bildeten. Im 5. Regierungsjahre kam es zu einer blutigen Abwehrschlacht bei Memphis, in der zwar die ägyptischen Waffen siegten, aber keine dauernde Befriedung herbeizuführen vermochten. Im 11. Jahre seiner Herrschaft kam es neuerlich zu einer schweren Auseinandersetzung. Die Libyer rückten, vereint mit einigen zu ihnen gestoßenen Stämmen, gegen das Delta vor, geführt von einem Häuptling namens Kaper. Nochmals errangen die Ägypter den Sieg und nahmen den feindlichen Führer gefangen. Monumentale Inschriften an den Tempelwänden von Karnak und an den Mauern von Medinet-Habu berichten über die Siege des Pharao. Durch die anerkennenswerten Erfolge Mernephtahs und Ramses' III. wurde das ägyptische Reich zweifellos aus der Gefahr des Unterganges gerettet. Durch Unterwanderung kamen allerdings immer wieder Scharen von Libyern nach Unter- und Mittelägypten und siedelten sich dort an. Aber sie paßten sich den Lebensformen des Nillandes an und gingen nach und nach im ägyptischen Volkstum auf.

Nach dem Untergang der Hethiter hatten die heranrückenden Seevölker freie Bahn in die ägyptischen Provinzen. Ramses III. traf Anstalten zum Gegenschlag, rüstete sein Heer und zog die Flotte zusammen. Sein vernichtender Sieg zu Wasser und zu Lande konnte zwar den Verlust der auswärtigen Besitzungen nicht mehr ersetzen, aber er verhinderte ein weiteres Vordringen der verbündeten Seevölker und wahrte den Bestand des Reiches. Somit ist es das große Verdienst Ramses' III., in jener bewegten Zeit, in der Staaten stürzten, auch Troja zerstört wurde[1] und die Völker den östlichen Mittelmeerraum neu verteilten, sein Land am Nil noch einmal vor dem Ärgsten bewahrt zu haben.

Der Ramsestempel zu Karnak

Seine restliche Regierungszeit erhellte die Sonne des Friedens. Er fand nun Gelegenheit, sich wie sein großer Namensbruder dem Bauen zuzuwenden. Auch er hielt es für notwendig, sich in dem Reichsheiligtum von Karnak zu verewigen. Durch die Südwand des großen Hofes ragt der im klaren Grundriß erbaute Amuntempel mit der schematischen Raumfolge. Sein

Der Totentempel zu Medinet-Habu

bedeutendstes Werk ist aber sein *Totentempel in Medinet-Habu* am äußersten Südende der Nekropole von Theben. Er schloß sich in seiner Anlage aufs engste an das Ramesseum an. Durch einen besonders mächtigen und hohen Pylon von 68 m Breite gelangt man in den ersten Hof (A). Er war auf der linken Seite von Papyrussäulen mit offenem Kapitell und auf der rechten von Pfeilern mit davorgestellten Osirisfiguren gesäumt. Ein niederer Pylon weist in den zweiten Hof (B), den Kolonnaden umgeben. Dann folgen der Säulensaal (C) und die üblichen Kammern, die jetzt vielfach

[1] Um 1190.

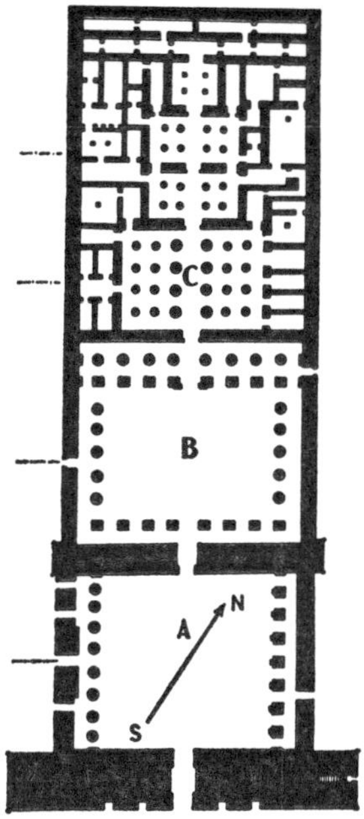

Totentempel des Königs Ramses III. zu Medinet-Habu bei Theben
A Erster Hof, B Kolonnadenhof, C Säulensaal

zerstört oder verfallen sind. Die Wände der noch gut erhaltenen vorderen Teile zeigen eine Menge von Schlachtenreliefs aus der bewegten Regierungszeit Ramses' III. Aber die Fülle der Mitteilung wird in der herkömmlichen spannungslosen Art ihrer Darstellung der Größe der Motive nicht gerecht. Um so mehr erfreuen die Jagdbilder mit ihrem bewegten Aufbau. Darunter ist besonders die *Wildstierjagd* erwähnenswert. Der König auf seinem Jagdwagen hetzt mit seinem Speer, schon mit einem Fuß auf der Deichsel, einen Wildstier vor sich her. Das erschöpfte Tier versucht mit hängender Zunge sich in ein Gewässer zu retten, bricht aber vor dem bergenden Schilfdickicht zusammen. Von Pfeilen getroffen, werfen sich zwei verendende Tiere auf den Rücken.

Verschwörung gegen den Pharao

Als es darum ging, wer des Königs Nachfolger sein sollte, wurde eine Haremsverschwörung angestiftet, in die auch höhere Beamte verwickelt waren. Man wollte einer bestimmten Persönlichkeit den Thron verschaffen, konnte jedoch das Ziel nicht erreichen. Den Wirren fiel der König nach 32jähriger Regierung zum Opfer. Sein Nachfolger wurde sein Sohn *Ramses IV*. Der alte Pharao hatte ebenso wie seine Vorfahren im Tal der Könige sein *Grab* vorbereiten lassen. Es wurde eines der größten. Seine Achse führte, wie es seit dem Ende der 18. Dynastie üblich wurde, geradlinig vom Grabeingang bis zur Pfeilerhalle, wo der Sarkophag stand. Eine Fülle farbiger Darstellungen deckt die Wände, darunter auch ganz ungewöhnliche weltliche, wie etwa Bilder der königlichen Küche, der Waffen-

und Schatzkammern. Die Mumie des Königs ist jetzt im Ägyptischen Museum zu Kairo, der Sarkophag im Louvre zu Paris, der Deckel in Cambridge.

Soziale und wirtschaftliche Zustände unter den Ramessiden

Die späteren Könige, die acht *Ramessiden*, die in ununterbrochener Reihe von Ramses IV. bis zu Ramses XI. folgten (1138–1085), regierten meist nur wenige Jahre. Sie waren unbedeutende, schwache Herrscher, ihr Ansehen sank. Ausdruck jener Zeit sind die Festungsanlagen, die die Tempel mit den Palästen der Könige umschließen. Es sind starke Wehrbauten mit Mauern und gewaltigen Türmen und Toren neben den Pylonen, ein Schutz für König und Hof, wenn sie einmal in Bedrängnis kommen sollten. Sie tragen den unruhigen Zeitläuften Rechnung, in denen öfters Aufstände Unzufriedener und Notleidender die Sicherheit gefährdeten. Am umfangreichsten war die Festungsanlage des Totentempels Ramses' III. Sie umschloß mit langer, starker Mauer schirmend den Tempel, den königlichen Palast, Verwaltungsgebäude, Wohnungen, Magazine und Ställe.

Neben dem König wuchs damals der Hohepriester von Theben zu großer Macht heran. Er erlangte außerordentliche Befugnisse, der überaus reiche Besitz des Amun wurde jeder staatlichen Kontrolle entzogen. Der Hohepriester war gleichzeitig Befehlshaber der Truppen des Amun. So entstand ein Staat im Staate.

Überfremdung der Ägypter

Immer mehr machte sich die Überfremdung Ägyptens bemerkbar. Am frühesten trat sie beim Heer auf. Nubier und Neger waren von alters her Söldner, Amenophis III. stellte nun auch Kriegsgefangene in das Heer ein. In der Folgezeit wurde die Zahl der fremden Söldner so groß, daß sie die der Ägypter übertraf. Seit Ramses III. bildeten die Libyer das stärkste Truppenkontingent. Die Ausgaben für die Söldner belasteten die Staatskasse. Nach abgelaufener Dienstzeit verlangten sie als Altersversorgung Ackerboden und wurden damit zu ansässigen Siedlern, die nach und nach die Zusammensetzung des Volkes und auch das ganze Lebensgefühl der Ägypter veränderten. Auch in der Beamtenschaft wuchs die Zahl der Ausländer, selbst in den höchsten Stellungen waren welche zu finden. Mit der Lockerung der religiösen Bindungen, der Schwächung der Zentralgewalt und der Machtsteigerung der Bürokratie rissen Unlauterkeit, Veruntreuung, Bestechlichkeit und Pflichtvergessenheit ein. Unredliche Beamte schreckten auch vor Diebstahl und Unterschlagungen nicht zurück. Speicher wurden geleert, die Lebensmittellieferungen an die Arbeiter der thebanischen Totenstadt blieben aus, und die erbitterten Menschen verweigerten in ihrer Notlage die Arbeit. Es ist der erste Streik, von dem die Geschichte meldet. Die vielen Kriegszüge verschlangen Unsummen Geldes, die große Zahl und die Riesenmaße der Staatsbauten in allen Teilen des Reiches, auch in Nubien, erforderten beträchtliche Mittel. Dazu kamen der Verlust der nördlichen Provinzen mit dem Ausfall sehr ansehnlicher Tributzahlungen und riesiger Stiftungen zugunsten der Totentempel der Könige und der großen Heiligtümer wie Theben und Memphis. Die Priesterschaften besorgten große Bodenflächen als ihr eigenes Wirtschaftsgebiet und entzogen dadurch die Erträgnisse der Allgemeinheit. Je stärker sich infolge der zeitweise auf das Fünffache steigenden Getreidepreise die Not bei den niederen Schichten bemerkbar machte, die Geldentwertung zunahm, desto mehr verlotterte die öffentliche Moral. Selbst die Gräber blieben nicht verschont, kaltblütig drangen Banden in die Kammern ein und rafften frech, was ihnen an Gold und Silber und Juwelen in die Hände fiel. Mit Empörung sah man, daß die Kleinen, wenn sie bei solchen Überfällen ertappt wurden, die schwersten Strafen erlitten, während die Hintermänner aus den hohen und höchsten Kreisen, die vielfach in solche verbrecherische Handlungen verwickelt waren, leer ausgingen. Überall zeigten sich Schäden im Staate. Die schlechte Wirtschaftslage und die Korruption der verantwortlichen Männer in der Verwaltung trieben im Verein mit der gefährlichen Erschütterung der Machtstellung Ägyptens im angrenzenden Mittelmeerraum unaufhaltsam zu einem allgemeinen Zusammenbruch des Neuen Reiches.

Vom Leben der Familie

Erweise deiner Mutter alles das, was sie für dich getan hat.
Verdopple die Brote, die deine Mutter dir gegeben hat,
und trage sie, wie sie dich getragen hat.
Sie hat an dir eine schwere Last gehabt.

Aus der Weisheitslehre des Schreibers Ani

Bei den Ägyptern war die engere Familie gesellschaftsbildend, nicht die Gemeinschaft der Sippe. In der Sprache gab es nur wenige Ausdrücke, die verwandtschaftliche Beziehungen bezeichneten, so Vater, Mutter, Sohn, Tochter, Bruder, Schwester. Wollte der Ägypter einen weiteren Verwandtschaftsgrad definieren, so mußte er dies umschreiben durch Nennung der Zwischenstufen. Die Familie wurde auch zur richtunggebenden Kraft in der Verwaltung, im Rechtsleben und im Kult. Der König verwaltete mit seinen Söhnen den Staat und die höchsten Staatsämter, war selbst nach dem Königsdogma ein Sohn des Gottes.

Die Hochzeit

Die Grundlage für die Familie bildete die Ehe. Der Ägypter heiratete früh, die Einehe war der Brauch, nur selten nahm er mehrere Frauen. In vielen Familien entschieden die Eltern über die Heirat ihrer Kinder, aber aus den Liebesliedern, von denen mehrere Sammlungen auf uns gekommen sind, können wir ersehen, daß doch vor allem die Liebe und eigene Wahl die jungen Menschen zusammenführte.

Sieben Tage sah ich die Geliebte nicht.
Krankheit hat mich befallen.
Mein Herz wird schwer.
Ich habe mich selbst vergessen.

Wenn die Ärzte zu mir kommen,
bin ich mit ihren Mitteln nicht zufrieden.
Keinen Ausweg finden die Beschwörer.
Meine Krankheit wird nicht erkannt.

Wenn man mir sagt: Siehe, sie ist da! belebt es mich.
Ihr Name ist das, was mich erhebt.
Das Kommen und Gehen ihrer Boten
ist das, was mein Herz am Leben hält.

Besser als alle Mittel ist für mich die Geliebte.
Mehr ist sie mir als das Rezeptbuch.
Ihr Eintritt von draußen ist mein Amulett.
Wenn ich sie sehe, dann gesunde ich.

Wenn sie ihr Auge öffnet, verjüngt sich mein Leib.
Wenn sie spricht, dann erstarke ich.
Wenn ich sie umarme, verjagt sie von mir das Übel.
Sie ging von mir vor sieben Tagen.

In solchen Liedern nannte der junge Mann die Geliebte vielfach seine »Schwester«, und sie sprach von ihrem »Bruder«. Es waren zarte Worte des Herzens, sie bezeichneten nicht das geschwisterliche Verhältnis, denn die beiden stammten aus verschiedenen Familien. Eine Geschwisterheirat war selten und meist nur am königlichen Hofe üblich, wo der Pharao aus dynastischen Gründen gelegentlich seine Schwester, ja sogar seine Tochter ehelichte.

Im Mittelpunkt der Hochzeitsfeier stand die Einholung der Braut durch den Bräutigam im festlichen Zuge, an dem sich die Verwandten beteiligten. Das junge Paar erschien vor dem Beamten, der die Namen und die beiderseitige Habe in seinen Büchern vermerkte. Auch fehlte nicht ein Opfergang in den Tempel. Vermutlich schlossen die Hochzeitszeremonien im Hause des Bräutigams mit dem festlichen Mahl, dessen Opulenz sich nach den Vermögensverhältnissen der jungen Eheleute richtete.

Die Stellung der Frau

Die Frau genoß in Ägypten im Gegensatz zu anderen Ländern der Antike eine gleichberechtigte Stellung neben dem Manne. Der Gatte begegnete ihr mit größter Achtung, sie nahm an seinem Leben teil und genoß mit ihm alle Freuden. Sie konnte über ihren in die Ehe gebrachten Besitz sowie über den vom Gatten erhaltenen frei verfügen. Bei einer allfälligen Scheidung, an der sie keine Schuld trug, erhielt sie eine Abfindung. Gelegentlich sieht man auf Grabreliefs, daß der Name und die Figur der Frau ausgemeißelt sind. Dies dürfte darauf hinweisen, daß die Frau von ihrem Gatten verstoßen worden war.

Die Kinder

Der Ägypter liebte Kinder, daher tummelte sich auch überall im Haus und Garten frohe Jugend, und sie begegnet uns auch immer wieder auf Reliefdarstellungen. Meist erscheinen sie da in Gesellschaft ihrer Eltern, bei

Ausfahrten, bei Vogeljagd und Fischfang. Die Knaben vertrieben sich die Zeit mit Leibesübungen, begleiteten den Hirten auf die Weide, halfen auch schon bei der Wartung des Viehs mit oder sprangen in übermütigem Spiel auf der Tenne über die Ährenhaufen und verrichteten dabei unbewußt die nützliche Arbeit des Kornaustretens. Eine große Aufgabe wartete auf die Knaben, die in eine Schreiberschule geschickt wurden. Denn die Erlernung der ägyptischen Schrift mit ihren vielen Zeichen, ihren Verbindungen von Wort-, Laut- und Deutzeichen kostete viel Mühe. War es endlich soweit, konnte er die Inschriften in Gräbern und Tempeln entziffern, rief ihn neuerlich die Schule; denn auch die hieratische Schrift mußte erlernt werden, und da nicht nur die kalligraphische der Papyrusrollen, sondern auch die flüchtige Kursivschrift, in der sich die Enden der Wörter in einzelne Striche und Punkte verlieren, so wie auch wir beim hastigen Schreiben die Wortausgänge nur mit einem unleserlichen Schnörkel andeuten. Bauern und Handwerker ließen ihre Kinder zu Hause. Sie mußten das Vieh hüten lernen und mit dem Werkzeug vertraut werden, das sie in der Folge für ihren Beruf brauchen würden.

Der Name

Besonderer Stolz erfüllte den Vater, wenn ihm ein Sohn geboren wurde. Er sollte ja seinen Namen fortpflanzen, und er war auch, wie Inschriften immer wieder bezeugen, dazu verpflichtet, das Grab seines Vaters instand zu halten. Die Eltern beeilten sich, dem Kind bald nach der Geburt einen Namen zu geben. Denn nach ägyptischer Vorstellung war der Name nicht nur eine Visitenkarte, die die Identifizierung des Namensträgers erleichterte, sondern er hatte außerdem magische Bedeutung höchsten Ranges, mit ihm war der Ka des Menschen untrennbar verbunden. Jeder einzelne ägyptische Name hatte noch seine eigene Bedeutung. Das trifft ja auch bei unseren Namen in etlichen Fällen zu. So heißt, um nur ein Beispiel zu nennen, Gebhard: der stark im Geben ist, der Freigebige. Der Name des berühmten Pharao zu Amarna, Echnaton, bedeutete: »Es gefällt dem Aton.« Ramses hieß: »Der Sonnengott hat ihn geboren.« Die Ägypter liebten es, ihr Kind unter den Schutz eines Gottes zu stellen. So deutete der Name Ptah-hotep darauf hin, daß der Gott Ptah mit dem Kind zufrieden sei. Bei jeder Nennung des Namens rief man auf dessen Träger den Segen des Gottes herab, in dessen Schutz er bei der Namenswahl gestellt worden war. Durch die Zerstörung des Namens in einer Inschrift löschte man auch das Fortleben des Betreffenden im Jenseits aus.

Der von den Eltern für das Kind ausgewählte Name wurde von den beamteten Schreibern in die Liste der Bewohner eingetragen.

Aus dem Alltag der Ägypter

Feiere einen Freudentag!
Folge deinem Glück, solange du auf Erden bist,
verzehre dein Herz nicht,
bis der Tag kommt, an dem man klagt.
Inschrift aus dem Grab des Neferhotep

Die vielen Reliefs und Malereien, die uns an Tempelwänden und in Gräbern erhalten sind, liefern uns zusammen mit den umfangreichen Ausgrabungen ein hinreichendes Bild von dem Leben, den Wohnstätten und dem Hausrat der Ägypter. Ihre Vorliebe für bildliche Darstellungen war so groß, daß sie alle häuslichen und öffentlichen Begebenheiten in Zeichnungen und Flachbildern festhielten. Daher können wir uns noch nach Jahrtausenden von dem Treiben der Bewohner des Niltales eine eingehende Vorstellung machen. Kein Schriftsteller kann mit einer solchen lebendigen Anschaulichkeit davon berichten, wie es uns die Wandgemälde vor Augen führen.

Von den Wohnstätten selbst sind uns nur wenige erhalten. Denn sie waren, im Gegensatz zu den Gotteshäusern und den »Ewigen Wohnungen«, den Gräbern, nicht aus Stein gebaut oder aus dem Felsen geschlagen, sondern aus sehr vergänglichem Material aufgeführt. Als Baustoff der *Wohnhäuser* diente, wie es die Ausgrabungen gezeigt haben, der Nilschlamm, der auch jetzt noch in Ägypten am billigsten zu beschaffen ist. Er wurde in Ziegelform an der Sonne getrocknet. Gebrannte Ziegel kamen erst in römischer Zeit häufiger vor. Die Häuser schauten, wie die in Pompeji, nach innen. Nur oben an der Außenmauer hatten sie Fenster, nämlich Lichtschlitze, die mit Holzgittern und gegen die Staubplage mit einem Vorhang versehen waren. Das Dach war flach, konnte über eine Stiege betreten werden und bot die gern genutzte Gelegenheit für einen Aufenthalt am Abend oder auch in der Nacht. Die Häuser der Ärmsten hatten meist überhaupt kein Dach oder waren nur mit erdbeworfenen Palmzweigen oder Ästen zugedeckt. Die Seitenmauern ragten ungleich auf und gaben dadurch dem Dorf ein seltsam unfertiges Aussehen. Die Außenmauern waren mit grellen Farben fachwerkartig gestrichen. Die Türen waren klein, ließen unten einen Spalt frei und drehten sich mit Zapfen in Angelsteinen. Steinerne Türumrahmungen kamen erst in der Amarnazeit auf. Hölzerne Riegel verschlossen die Türen.

Die Häuser

Vornehme Landsitze hatten eine große Ausdehnung und waren durch eine dicke, hohe Mauer gegen unerwünschte Blicke geschützt. Ein steinernes Tor in der Mauer führte auf das Grundstück, und von da gelangte man durch den Garten zum Herrenhaus. Der *Garten* war durch schattenspendende Alleen von Bäumen aller Art in Vierecke geteilt, von Rinnen durchzogen, in die man Wasser aus dem Teich schöpfte, damit es sich über die ganze Grünanlage verteile. Sykomoren, Tamarisken, Granatbäume, Dattelpalmen, Akazien, Persea und Feigenbäume spendeten Schatten. Die Bewohner des baumlosen Landes liebten die Bäume besonders und holten

Der Garten

sich oft die seltsamsten Arten aus fernen Gegenden. Die Weinrebe rankte sich zu großen runden Lauben. Dazwischen gedieh eine reiche Palette buntfarbiger Blumen, blaue Kornblumen, klatschroter Mohn, schneeig leuchtende Chrysanthemen, Rosen in allen Farben. Blumen gehörten zu jeder Feier. Man bekränzte damit die Krüge, umkleidete die Stützen der Festlauben mit Blütengewinden, und letzten Endes hat diese Sitte auch die ägyptische Kunst zu ihrer eigenartigsten Schöpfung, der Pflanzensäule, angeregt. Pflanzenornamente schmückten Zimmer und Hallen, wobei Lotos und Papyrus vorherrschten. Im Garten suchte man Erholung, er war der Schauplatz der zarten ägyptischen Liebeslieder. Auf dem künstlichen Teich schwammen Lotosblüten. Fische tummelten sich im Wasser, ein kleines Boot lag immer am Ufer bereit, um damit eine Fahrt zu unternehmen.
Durch einen Vorraum des Hauses gelangte man in die Empfangszimmer, deren Dach von Säulen getragen war. Dahinter schlossen sich die Wohnräume der Familie und die Frauengemächer an. Die vornehmen Häuser hatten manchmal Stockwerksaufbauten, in denen sich die Schlafräume befanden. Heitere, farbige Fresken und Ornamentschmuck, Mosaiken, Kacheln und bunte Matten verliehen den Räumen eine behagliche, wohltuende Atmosphäre. Die Malereien des Plafonds hatten zumeist Himmelsmotive mit flatternden Tauben und Schmetterlingen zum Gegenstand; die auf dem Fußboden Motive des Tierlebens.

Die Möbel

Die Einrichtung richtete sich in Zahl und Ausführung nach dem Vermögen des Besitzers. In der Hauptsache bestand sie aus Betten, Tischen, Sesseln, Schemeln und Kasten. Das Bett ruhte auf vier hohen Füßen, die gewöhnlich Stier- oder Löwenbeine nachahmten. Der Bettboden bestand aus Rohrgeflecht, Decken und Polster sorgten für weiche Bequemlichkeit. Ein seltsames Gerät war die halbkreisförmige *Kopfstütze* aus Holz, aber auch aus Kalkstein, Alabaster u. a. Sie umschloß beim Schlafen den Kopf bis oberhalb der Ohren. Ihr Zweck konnte nicht eindeutig erschlossen werden, vielleicht verbrachte der Ägypter die Nacht in so unbequemer Stellung, um seine Frisur zu schonen. Die Tische waren klein, man saß selten an einem großen beisammen, sondern speiste einzeln und zu zweit. Gestelle mit längeren Platten dienten nur zum Abstellen von Tafelgerät, Schüsseln mit Fleisch und Gemüse und Körben mit Früchten. Die Getränkekanne für den Alltag war aus Ton, aus dem auch die bauchigen, porösen Wasservorratskrüge gefertigt waren. Für Festlichkeiten verwendete man Krüge aus schwarzem und blauem Schiefer und aus Alabaster. Aus Stein waren die Becher, Schalen, Teller, Schüsseln. Später kamen auch Gefäße aus Gold und Silber dazu. Das Liegen bei Tisch, wie es Griechen und Römer pflegten, war den Ägyptern unbekannt. Die ersten Sessel, die wir kennen, haben keine Lehne, erst im Laufe des AR erhielten sie Rücken- und Seitenlehnen und waren oft kostbar verziert. Der Sitzboden war geflochten, mit Kissen belegt. Reichten die Sitze nicht aus, so kauerten die Gäste auf Polstern und Matten. Von besonderer Schönheit waren die Truhen oder Kasten. Ihre Fächer waren mit den Hieroglyphen des Lebens geziert, oft mit Elfenbein oder Halbedelsteinen eingelegt. In ihnen verwahrte man Linnen und

Kleider und Toilettesachen. Zur Beleuchtung dienten Öllampen. Sie waren gelegentlich aus edlem, durchscheinendem Alabaster, trugen auf der Innenseite farbige Zeichnungen, die sichtbar wurden, wenn die Lampe leuchtete. Bei einfachen Gebrauchslampen brannte ein mit Fett getränkter Docht in einem runden, flachen Tonschälchen. Matten, Decken und Behänge waren aus farbenfrohen Stoffen, Blumen und Blättergirlanden verbreiteten Anmut und Liebreiz.

In den Häusern der Armen drängten sich die Familienmitglieder in Zimmer, Kammer und Küche zusammen, die Einrichtung war ganz bescheiden, Matten dienten als Lagerstätte und Sitzgelegenheit, das Geschirr war einfache Tonware. Oft teilten die Menschen ihr Quartier mit den Haustieren. Aber auch an die primitivsten Wohnstätten schlossen sich ein winziger Hof und eine kleine Grünanlage mit ein paar Dattelpalmen an. Die Heere von Arbeitern an den großen Bauten der Pharaonen waren in riesigen Baracken untergebracht.

Speisen und Getränke

Die Größe des Hofes richtete sich nach dem Vermögen des Hausherrn. Ein steinerner Brunnen diente der Trinkwasserversorgung; dort stand auch der bienenkorbförmige Getreidespeicher, der den heutigen ägyptischen Taubenhäusern geglichen haben dürfte. Angegliedert an den Hof lagen die Küche, die Vorratskammern, die Bäckerei und die Stallungen. In der Küche stand der Lehmofen. Wo er fehlte, stellte man den Kochkessel auf Steine und schob das Brennmaterial darunter. Man heizte mit Holz oder Holzkohle. Als Küchengeräte dienten Töpfe und Schüsseln, ferner Säcke, Körbe und Krüge, um die Lebensmittelvorräte herbeizutragen. Fleisch wurde gebraten und gekocht. Es war vorwiegend Festesspeise, nicht alltägliche Nahrung. Sehr beliebt war die im Herd gebratene Gans. Das Fleisch für die ärmeren Schichten lieferten Schaf, Ziege und Taube. Das Huhn war dem Ägypter noch unbekannt. Kleintiere boten den Vorteil, daß das Fleisch bald aufgezehrt war, also nicht wie bei einer Rinderschlachtung Vorsorge für längere Aufbewahrung getroffen werden mußte. Fische waren ein billiges und beliebtes Volksnahrungsmittel. Der Nil lieferte sie in reicher Menge, man trocknete sie, legte sie in Salzlauge oder ließ sie in frischem Zustand in der Küche zubereiten. Die Jagd versorgte den Tisch ebenfalls mit Fleisch, sie wurde in späterer Zeit jedoch vorwiegend als Sport betrieben. Bei den Mahlzeiten fehlten natürlich nicht Gemüse und Obst. Es gab Gurken, Melonen, Zwiebeln, Knoblauch, Erbsen, Bohnen, an Früchten Granatäpfel, Datteln, Feigen, Trauben. Von Getränken werden Bier, das Nationalgetränk der Ägypter, Wein, Fruchtsäfte, Milch und natürlich auch Wasser in den Schriften genannt. Das Bier wurde aus Gerste oder Weizen zubereitet. Die gemahlene Getreidefrucht wurde angefeuchtet, zu einem Teig geknetet und leicht gebacken. Dieses Gebäck ließ man zerbrockt im Wasser weichen, süßte es mit einer Flüssigkeit, die man aus Datteln gewann, und ließ das Gemisch gären. Der gegorene Saft wurde durch ein Sieb in Krüge abgegossen, luftdicht mit Gips abgeschlossen und für den Genuß aufbewahrt. Man trank Bier zu Hause schon zum Frühstück, reichlich aber zur Mittagsmahlzeit, bei der

Feldarbeit, in den Schenken und auf den Schiffen. Es fehlte auch nicht bei den Opfergaben für die Toten.
Weinkulturen befanden sich hauptsächlich im Delta. Man zog die Reben als Lauben, in Bogen oder als Spalier und sorgte gewissenhaft für Bewässerung und Schutz gegen Vögel. Die Trauben wurden in große Kübel gepflückt und in Steinwannen entleert. Unter Gesang zertraten die Bauern die Früchte. Der Saft gor in Tongefäßen und wurde hierauf in festverschlossenen, unten spitz zulaufenden zweihenkeligen Krügen aufbewahrt, gelegentlich bis zu zweihundert Jahren. Ein Schildchen nannte Jahrgang, Herkunft, Weinsorte und Eigentümer: ein uraltes Beispiel für die Markenbezeichnung des Weines. Er war ein beliebtes Getränk in vornehmen Kreisen und bei Festlichkeiten. Der starke Verbrauch gab Anlaß, Wein von auswärts, Syrien, Palästina und später auch Griechenland, einzuführen. Die Ägypter tranken Rot- und Weißwein. Es war bei ihnen nicht Sitte, den Wein zu harzen, wie es die Griechen taten.
Der oben geschilderte, überreiche Speisezettel galt nur für die Vornehmen, die Großgrundbesitzer, Priester und hohen Würdenträger. Bei den einfachen Fellachen war die Hauptnahrung Brot. Es gab auch öfters Hungersnot im Lande, leicht erklärlich, wenn man bedenkt, daß der Ernteertrag alljährlich von der Laune der Überschwemmung abhing. Milch wurde auch zur Erzeugung von Milchprodukten verwendet.
Die Biene, seit undenklichen Zeiten gezüchtet, lieferte den begehrten Honig, der als Süßstoff eine große Rolle spielte, da Zucker noch unbekannt war. Die Bienenhieroglyphe ist das älteste Zeichen für »König von Unterägypten«. Nach Grabdarstellungen waren die Bienenstöcke flach auf den Boden gelegte Tongefäße oder aus Schilfstengeln geformte und mit Nilschlamm zusammengekittete Röhren, wie sie die Fellachen auch heute noch verwenden. Nach Ausräucherung der Bienen nahm man die Bienenwaben heraus. Die Ägypter sammelten auch Wildhonig. Eigene Gruppen von Honigsuchern durchstreiften das Tal bis zur Wüste, der König ließ die Männer von Bogenschützen begleiten, damit sie nicht in Gefahr kämen. Zum Süßen verwendete man gelegentlich auch die Früchte des Johannisbrotbaums.
Brot spielte bei der Ernährung eine wesentliche Rolle. Schon in der Totenopferformel versorgte man die Verstorbenen mit Brot und Bier. Aus den Verzeichnissen der Opferspeisen, die sich an den Grabwänden fanden, erfahren wir verschiedene Namen von Brotsorten, die sich durch die Mehlart, die Zutaten und die Form des Gebäckes voneinander unterschieden. Es gab Brot in Fladen, Laiben und in Kegelform. Herodot erwähnt ein ungesäuertes Fladenbrot mit dem Namen Kylléstis (Κυλλήστις). Das Brot wurde vorwiegend zu Hause gebacken. An die großen Wohnanlagen der Vornehmen schloß sich eine eigene Bäckerei an. Auf den Wandreliefs der Mastabas können wir noch heute die einzelnen Vorgänge der Brotbereitung verfolgen. Zuerst wurde das Korn in einem steinernen Mörser zerstoßen, dann auf einer Steinplatte mit einem walzenförmigen, faustgerechten Stein zerrieben. Wie die bekannten Plastiken der korn-

reibenden Mägde zeigen, kniete die Frau vor dem Mahlgerät, um mit dem ganzen Gewicht des Oberkörpers den Druck auszuüben. Das Mehl wurde gesiebt, mit den Zutaten zu einem Teig gemischt, dieser geknetet oder bei größeren Mengen mit den Füßen getreten, in erhitzte Formen gelegt und gebacken. Erst im NR verdrängten die aufkommenden Backöfen die alte, zeitraubende und umständliche Art des Brotbackens.

Die Musik Verschönert wurden die Tafelfreuden durch musische Vorführungen. Die Ägypter waren stets Freunde der *Musik*. Als sie noch keine Instrumente hatten, unterstützten sie mit Händeklatschen den Gesang. Ihre Musik war für unsere Begriffe sehr einfach, nicht melodisch, nur rhythmisch. Die hauptsächlichsten Instrumente waren die Harfe, die langhalsige Laute und die Doppelflöte, deren zwei Rohre im spitzen Winkel zueinander standen. Die Instrumente erklangen im Einzelspiel und im Zusammenspiel. Bei festlichen Anlässen durfte auch der Tanz junger Mädchen nicht fehlen. Er bestand im Schreiten, Hüpfen, Springen mit gleichzeitiger Bewegung der Arme. Klapper und Tamburin schlugen den Takt dazu.

Die Spiele Zur geselligen Unterhaltung gehörten die *Spiele*. Die Männer liebten besonders das Brettspiel. Sie setzten oder knieten sich in eine Ecke und spielten auf einem Brett mit 30 Feldern. Die Steine waren schwarz und weiß oder schwarz und rot, hatten ungefähr die Gestalt eines Kegels und waren aus Holz oder Elfenbein. Waren die Spieltische niedrig, so setzte oder hockte man sich neben sie auf den Boden. Vor hohen Tischen saß man auf Sesseln. Den Gang des Spiels kennen wir nicht.

Ein sehr beliebter Zeitvertreib war das Schlangenspiel. Dazu benützte man ein Tischchen, dessen Platte eine geringelte Schlange zeigte. Die Spieler hatten drei Löwen, drei Löwinnen und weiße und rote Kugeln. Auch die Regeln dieses Spieles sind uns unbekannt. Von sonstiger Kurzweil der Ägypter ist noch das Würfelspiel zu erwähnen. Die Würfel waren teils aus Knochen, teils aus Elfenbein und hatten die gleiche Anordnung der Punkte wie die unsrigen. Die Ägypter waren leidenschaftliche Spieler. Ehegatten und Freunde spielten zur Ergötzung, Zwistigkeiten wurden oft beim Spiel beigelegt. Die Jugend belustigte sich im Freien mit Reifenspielen und Ballwerfen. Besonders die Mädchen erlangten durch eifriges Üben eine große Geschicklichkeit und Anmut im Ballspiel. Sie warfen zwei, drei Bälle gleichzeitig, auch mit verschränkten Armen, und machten Kunststückchen, die wir heute nur von Jongleuren dargeboten bekommen. Die Abbildung 95 zeigt ein anderes Ballspiel, den Reitball. Zwei Mädchen stehen in gebückter Haltung einander gegenüber, zwei andere reiten auf ihnen und werfen einander Bälle zu. Wer den zugeworfenen Ball verfehlt, muß absteigen und nun das andere Mädchen aufsitzen lassen, das bisher Trägerin war. Die Mädchen erfreuten sich außer am Ballspiel auch am Einzel- und Ringeltanz.

Die Knaben übten sich im Speerwerfen und Bogenschießen auf eine Scheibe. Sie führten auch Spiele ohne Gerät durch. So stellten sich die Jungen in zwei Gruppen hintereinander auf. Jeder Spieler legte seine Arme um den Vordermann. Die ersten jeder Reihe traten sich ganz nahe gegen-

Ballspielerinnen

über und suchten einander mit verschränkten Armen niederzustoßen. Ebenso beliebt waren Wettläufe, Ringkämpfe oder der auf Mastabawänden dargestellte Hindernislauf. Zwei Knaben setzten sich einander gegenüber in den Sand und streckten ihre Beine als Hindernis aus, so daß die linke Ferse auf der Spitze des rechten Fußes lag. Über diese Sperre mußten die anderen Spieler springen, ohne anzustoßen. Die am Boden Sitzenden suchten die Springer an ihren Beinen zu erhaschen und niederzureißen.

Das Kinderspielzeug

Das *Spielzeug* der Kinder war dem heutigen ähnlich. Die Mädchen hatten Puppen mit beweglichen Armen und Beinen und echtem Haar, dazu Puppenstuben sowie Miniaturküchen. Beliebt waren tanzende Zwerge, Krokodile, die den Unterkiefer auf- und zuklappten, allerlei Hampelmänner, die mit Kopf, Armen und Beinen wackelten, wenn man sie an einem Faden zog, Tiere auf Rädern, schwimmende Holzfische u. a.

Die Jagd

Die *Jagd,* die anfangs der Abwehr gefährlicher und schädlicher Tiere und der Beschaffung des notwendigen Lebensunterhaltes diente, wurde nach und nach ein Zeitvertreib. Ihr huldigten die Vornehmen und der König, dem besonders die Jagd auf Großtiere, wie auf Elefanten, Wildstiere und Löwen, vorbehalten war. Der Löwe, der jetzt aus Ägypten gänzlich verschwunden ist, lebte damals an den Rändern der östlichen und westlichen Wüste und stieg von den Höhen des Plateaus hinab zu dem bewässerten Gebiet der Niloase, suchte dort die Tränke auf und holte sich aus den weidenden Herden seine Beute. Er galt als das vornehmste Jagdtier. Ein wunderbares Jagdrevier war das *Delta.* Das wasserreiche Papyrusdickicht war ein Dorado für Jäger und Fischer. Auf kleinen, aus Papyrusstengeln gefertigten Booten fuhr man mit Wurfholz, Angel und Netz durch den Dschungel. Frauen und Männer wetteiferten miteinander, Sumpfvögel mit dem Wurfholz zu erlegen. Das war ein schon in vorgeschichtlicher Zeit verwendetes gekrümmtes Holz, das in einen Schlangenkopf auslief. Seine schwierige Handhabung bot einen besonderen Anreiz, und es wurde daher in geschichtlicher Zeit noch bei der sportlichen Jagd auf Vögel verwendet. Zum

Reitballspielerinnen

Massenfang benützte man Netze. Wenn sich die Vögel auf einem Lockplatz niedergelassen hatten, wurden auf ein gegebenes Zeichen durch eine lange Zugleine die Netze geschlossen. Die gefangenen Tiere steckte man in Käfige und brachte sie nach Hause. In den Güterhöfen wurde das Geflügel noch eine Weile gehalten und gemästet, bevor es geschlachtet wurde. Fische fing man mit Netzen, nur als Sport betrieb man das Fischestechen mit dem Spieß. In fischreichen Buchten legte man flaschenförmige Reusen ins Wasser, die gute Fangergebnisse brachten. Damals wurden mehr Fische gegessen als im heutigen Ägypten. Vielfach erhielten die Arbeiter Naturalentlohnung in Fischen. Auf Nilpferd und Krokodil wurde mit der an einem langen Seil hängenden Harpune Jagd gemacht. Um solche gefährlichen und starken Tiere zu bewältigen, mußten alle umwohnenden Fischer und Jäger mithelfen.

In der *Wüste* stellten die Jäger vorwiegend den weißen Oryxantilopen und den Dorkasgazellen nach. Sie trieben die Tiere in enge Talmulden, sperrten ihnen den Fluchtweg und erlegten sie mit einem Hagel von Pfeilen oder fingen sie auch lebend, um sie in Tiergärten zu bringen. Zur Jagd auf den Strauß lockten die kostbaren Schwanzfedern, die als Schmuck und als Wedel verwendet wurden. Helfer bei der Jagd war auch damals schon der Hund.

Die Viehzucht

Mit der *Viehzucht* befaßten sich die Bewohner des Niltales schon in frühester Zeit: Anfangs wußte man noch nicht recht, welche Arten sich am besten als Haustiere eigneten. Man zähmte Rinder, Schafe, Ziegen und Schweine, fing aber auch Antilopen, Gazellen, Steinböcke, Büffel und versuchte sie an den Menschen zu gewöhnen, band sie mit zahmen Tieren an Futterkrippen und mästete sie als Schlachttiere. Zur Zeit des MR hörte man aber mit solchen Zähmungsversuchen auf, weil die Tiere, wenn sie auf die Weide getrieben wurden, immer wieder versuchten, auszubrechen und in die Freiheit zu entkommen. Die Haustiere hielten sich viel auf den fetten Wiesen am Rande des Fruchtlandes auf. Hirten nahmen sie in ihre Obhut. Die Grabbilder zeigen rührende Beispiele der Tierliebe: Der Hirt führt sie auf Plätze, wo ihre Lieblingskräuter wachsen; er trägt das Kälbchen beim

Überqueren von Sumpfwasser auf den Schultern; hütet seine Schützlinge vor Angriffen der Krokodile, vor Schlangen; scheucht die Diebe von seiner Herde. Um die eigenen *Rinder* rasch von fremden unterscheiden zu können, wurden sie mit Brandzeichen auf der rechten Schulter kenntlich gemacht. Man hielt die Rinder als Zugtiere für Pflug und Landschlitten, als Milch- und Schlachtvieh. Die Milch war ein wichtiges Getränk und spielte als Opfergabe eine große Rolle im Götter- und Totenkult. Zur Zeit des NR wurden aus Vorderasien Buckelrinder (Zebu) eingeführt. Die Rinderherden waren groß und erhielten immer wieder Zuwachs durch Beutetiere und Tributleistungen. *Das Rind*

Einen großen Bedarf an Opfertieren hatten die Tempel. Von Ramses erfahren wir, daß er 421.362 Rinder und Kleinvieh und, vermutlich zu Zuchtzwecken, 297 Stiere an die thebanischen Heiligtümer, 45.544 Stück Vieh an die heliopolitanischen, 10.047 an die memphitischen Tempel geschenkt hatte. Aus den Zahlen können wir ermessen, welchen Umfang die Viehzucht in Altägypten erreichte.

Neben den Rindern wurden auch *Schafe* in großen Beständen gehalten. Sie waren Helfer beim Anbau der Felder, indem sie mit ihren kleinen Hufen die Saatkörner in die noch feuchte Ackerkrume traten. Bei der Ernte stampften sie auf der Tenne die Körner aus den Ähren. Ihre Wolle war weniger begehrt, weil sie als unrein galt. Sie wurden hauptsächlich als Schlachtvieh gezüchtet. Seit ältester Zeit wurde der Widder verehrt, er war das heilige Tier Amuns. Widdersphingen bewachten den Weg zum Amuntempel. Die Widderfiguren des MR weisen auf das erst in der 12. Dynastie eingeführte Fettschwanzschaf mit den nach hinten eingerollten Hörnern hin. *Das Schaf*

Die uns aus bildlichen Darstellungen bekannten *Ziegen* hatten spiralenförmige Hörner und Hängeohren. Sie wurden als Schlacht- und als Opfervieh gehalten und waren die Haustiere des kleinen Mannes. In vorgeschichtlicher Zeit wickelte man die Leichen in Ziegenfelle. Ziegenhäute dienten auch zur Aufbewahrung von Flüssigkeiten. *Die Ziege*

Schweine wurden besonders im Delta gezüchtet, denn sie brauchten feuchte Böden. Das Schwein galt als unrein. Dies ging auf die Göttergeschichte zurück, in der Gott Seth in Gestalt eines schwarzen Ebers das Auge des Horus geblendet hatte. Trotzdem wurden vereinzelt auch Schweineopfer dargebracht. *Das Schwein*

Unübertreffliches Last- und gelegentliches Reittier war der *Esel,* eine ehemals afrikanische Tierart, die in vorgeschichtlicher Zeit aus dem Süden nach Ägypten eingeführt wurde. Schwer beladen trotteten die kleinen Eselchen auf den Landstraßen, wie ja auch jetzt noch, schleppten Transporte über weite Strecken zu den Bergwerken und nach Nubien. Viele Schläge gab's, große Schinderei und wenig Futter. Bei allen Arbeiten in der Landwirtschaft war die Hilfe des Esels unentbehrlich. Er trieb auch im eintönigen Kreisgang das Schöpfwerk der Sakije. *Der Esel*

Das *Pferd* wird erst seit der Hyksoszeit erwähnt. Es wurde nur als Zugtier verwendet und im Krieg vor den Streitwagen gespannt. Reiterdarstellungen haben die ägyptischen Künstler fast keine hinterlassen. Daraus läßt sich *Das Pferd* schließen, daß die Ägypter das Pferd nicht als Reittier gebrauchten. Ebenso fehlte das Kamel im Landschaftsbild Altägyptens, das heute daraus schwer wegzudenken ist. Es scheint erst in der Perserzeit eingeführt worden zu sein.

Das Geflügel

Der ägyptische Geflügelhof zeichnete sich durch großen Artenreichtum aus. Man fing die Tiere im Herbst und Winter im Röhricht mit dem Netz und brachte sie auf die Güter zur Mast. Sie wurden in Gehegen gehalten, in deren Mitte ein kleiner Teich für die Wasservögel angelegt war. Auf den Reliefs können wir Gänse- und Entenarten, Kraniche, Reiher und Ibisse sehen. Gänse wurden im Geflügelhof bevorzugt behandelt. Sie wurden nicht in die Umzäunung gesperrt, sondern durften frei in Hof und Garten umherlaufen. Zum Hausgeflügel gehörte auch die Taube, die neben der Wachtel der häufigste Gast auf den Feldern war.

Der Hund war auch ein treuer Begleiter der Menschen im Niltal. Windhunde und eine Wolfshundart mit buschigem Schweif waren die ersten Rassen, die die Ägypter sich hielten.

Der Affe

Hier sei noch ein Tier erwähnt, das man häufig in den Wohnungen der Ägypter antraf, und zwar Meerkatze und Pavian. Die *Affen* gehörten in der historischen Zeit nicht mehr zur Tierwelt Ägyptens. Ihnen fehlten die Savannen und die Baumsteppen als Lebensraum. Daher sind sie dort ausgestorben. Im MR und im NR wurden Paviane und Meerkatzen vorwiegend aus Äthiopien eingeführt. Als die Schiffe der Königin Hatschepsut, die sie nach Punt geschickt hatte, heimkehrten, kletterten im Takelwerk Affen herum. Die Ägypter freuten sich an den possierlichen, drolligen Tierchen und ließen ihnen reichlichen Auslauf. Die Affen durften im Garten auf die Bäume klettern und sich Feigen und Datteln holen. Eine der frühesten Tierplastiken stellt die alabasterne Figur eines Affen mit dem Namen des Königs Narmer dar, stammt also aus der Zeit um 3000.

Die Feldarbeit

Die Hauptbeschäftigung des Ägypters war die Feldbestellung. Nach einer Ruhepause während der Überschwemmung mußte sich der Bauer, sobald das Wasser sank, an die Arbeit machen. Es galt, die Zeit zum Pflügen der geometrisch eingedeichten Felder zu nützen, solange die Erde noch feucht war. Die Zeit der Aussaat entspricht unserem Winter, die Zeit der Ernte unserem Frühling. Der Pflug brauchte nicht tief zu furchen, stieß auch auf keine Steine. Trotzdem war die Arbeit mühsam, weil das Ackergerät primitiv war: ein Holzhaken aus einem Baumstamm als Pflugsterz mit einer entsprechenden Wurzel oder einem Zweigstück als Pflugschar. Im Laufe der Zeit wurde das Ackergerät verbessert, erhielt zwei vertikale Sterze, eine mit Metall beschlagene oder ganz metallene Pflugschar und eine lange Deichsel, an die zwei Kühe gespannt wurden. Ochsen verwendete man für den Transport schwerer Steinblöcke.

Bei der Aussaat streute der Sämann den Samen aus einem Korb, den er um den Hals hängen hatte. Getreideanbau wurde aus Vorderasien übernommen und seit der jüngeren Steinzeit betrieben. Angepflanzt wurden in der Niloase vornehmlich mehrere Arten von Gerste, zwei Sorten Weizen und zweizeiliger Spelz oder Emmer. Die ausgestreuten Körner bedeckte der Bauer mit Erde. In besonders günstigen Gegenden, wo das Wasser durch längeren Stillstand den Boden reichlich aufgeweicht hatte, streute man die Körner ohne Bodenvorbereitung in den Schlamm und ließ sie durch Schafe, später im NR, wie Herodot erzählt, auch durch Schweine in den Boden treten. Während der Zeit des Wachstums mußte der Fellache bei dem regenarmen Klima dauernd für die Bewässerung aus den unzähligen natürlichen und künstlichen Kanälen sorgen. Der Nil gibt Fruchtbarkeit, aber nicht ohne großen Schweiß. Die Schleusen in den Rinnsalen mußten bedient und die Schöpfwerke betrieben werden.

Wurde die Frucht erntereif, erschienen die Landvermesser und Schreiber, stellten die bebaute Fläche fest und schätzten das Ausmaß des Getreides, das der Fellache an die Verwalter des Königs und des Tempelbesitzes abzuliefern hatte. Die Mäher faßten das Getreide mit der linken Hand büschelweise zusammen, sichelten es kurz unter den Ähren mit der rechten ab und ließen die Frucht zur Erde fallen. Ihre Arbeit begleitete ein Langflötenspieler. Die Ähren wurden gebündelt, nachkommende Frauen sammelten sie in Körbe und trugen sie an den Feldrand. Die ährenlosen Halme blieben stehen. Die Feldfrucht füllte man in Netze und Säcke und lud sie auf Esel. Von alters her war es Brauch, den Feldarbeitern gegen Ende der Ernte soviel Getreide zuzuteilen, wie sie an einem Tag mit der Sichel schneiden konnten.

Die Ähren wurden auf dem festgestampften Boden der Tenne aufgeschüttet und zu einer kreisrunden Schicht gehäuft. Hierauf wurden zusammengekoppelte Rinder oder Esel in der Runde darübergetrieben. Männer wendeten mit Gabeln das Stroh und schafften es zur Seite. Dann warf man den Drusch mit Schaufeln gegen den Wind, Häcksel, Hülsen und Staub wurden davongeblasen, die Körner fielen zu Boden. Sie wurden gesiebt, durch eine Lücke in die hohen, kegelförmigen Speicher geleert, aus denen man den Vorrat durch eine Öffnung am Erdboden wieder entnehmen konnte. Gefüllte Speicher waren für den Ägypter ein Sinnbild des Reichtums und des Besitzes. In ruhigen Zeiten, wenn die Bestellung der Äcker in geordneter Weise vor sich gehen konnte, und bei zureichender Nilschwelle deckte der Feldertrag in vollem Ausmaß den Bedarf der Bevölkerung, ja die Berichte erzählen davon, daß Getreide in notleidende Länder ausgeführt wurde. Dagegen fehlte den Ägyptern das Olivenöl, es mußte aus Syrien eingeführt werden. Heimisches Öl gewann man aus den Flachskörnern, aus dem Moringa- oder Ölnußbaum, der Rizinusstaude und später ein besonders wertvolles Öl aus der Sesampflanze. Der Olivenbaum wurde erst unter der 18. Dynastie in Ägypten angepflanzt.

Neben dem Getreidebau war der Anbau von Flachs sehr verbreitet. Denn für die alltägliche und festliche Kleidung verwendete man Leinen. Stoffe aus Schafwolle trugen nur die Nomaden. Die *Leinenweber* brachten es zu einer solchen Fertigkeit, daß die feinen Leinensorten in ihrer durchscheinenden Zartheit der Seide gleichkamen. Solche Stoffe waren begehrte Ausfuhrartikel. Die Griechen hatten dafür die Bezeichnung byssos (βύσσος). Leinen verwendete man nicht nur für Gewänder, Tücher und Schurze,

Die Weber

sondern auch für Bettücher, Verbandstoff, Mumienbinden und Segel. Die alten Ägypter verstanden es auch, die Stoffe in verschiedenen Schattierungen zu färben.

Der Lederarbeiter

Die *Lederarbeiter* mußten den großen Bedarf an Schuhen für das Heer und die staatlichen Arbeiter decken. Daneben verfertigten sie auch Sandalen, Handschriftentaschen, lederne Helme, Schilde und Köcher. Metallene Umrandungen, Platten und Nägel dienten der Festigkeit und Verstärkung, zugleich auch der Verzierung. Werkzeuge waren Ahle, Nadel und Hammer.

Im Steinbruch

Wenn wir heute vor den Riesenbauten der Ägypter stehen, denken wir wohl kaum an die *Arbeiter im Steinbruch*, die die Steine aus den Felsen zu schlagen und an ihren Bestimmungsort zu bringen hatten. Grobe Nummulitenkalksteine waren es vor allem, die überall von den Plateaus abgebaut wurden, dazu gelbe Sandsteine, weiße Kalksteine, Rosengranit, Quarzit, Diorit, Alabaster und Schiefer. Wenn ein Pharao zu solcher Arbeit aufrief, ging eine Welle der Erregung durch das Land. Denn es galt, nicht nur Tausende für das eigentliche Werk in den Steinbrüchen aufzubringen, sondern es mußten Abteilungen für die Vorarbeiten vorausgeschickt und Begleitgruppen den Steinhauern mitgegeben werden. Diese hatten für den Transport zu Schiff und mit Landschlitten, für die Verproviantierung und die Sicherung der in den oft viele Kilometer vom Nil entfernten Steinbrüchen mitten in der Wüste werkenden Expeditionsteilnehmer zu sorgen. Die eigentlichen Arbeitstrupps setzten sich aus erfahrenen Technikern, Handwerkern, Steinhauern und Steinmetzen zusammen. Das Material suchte man vorerst unter den umherliegenden Felstrümmern im Tale und an den Berghängen und ließ es auf ausgebauten Rutschen hinabgleiten. Waren diese brauchbaren Steinblöcke weggeschafft, so schlug man bei weiterem Bedarf Felsklötze ringsum durch schmale Furchen aus dem Gestein und sprengte es durch Holzpfosten, die man mit Wasser zum Aufquellen brachte, von der Unterfläche los. Bearbeitet wurden die Steine mit Werkzeugen aus Kupfer und Bronze, und man machte sie, soweit es möglich war, in den Steinbrüchen fertig. Daher trifft man jetzt noch einzelne halbfertige Felsblöcke in den alten Brüchen wie zum Beispiel bei Assuan an, die aus irgendeinem Grunde nicht weggeschafft wurden. Steinmetzen und Steinhauer waren vielfach Kriegsgefangene oder Sträflinge, aber auch eine große Anzahl Ägypter schafften in diesem Berufszweig.

Der Bildhauer

Die *Bildhauer* hatten immer reichlich zu tun. Sie mußten jahraus, jahrein den Bedarf des Götter- und Königskultes an Statuen und kunstvollen Kapitellen decken. Die Künstler standen vor dem riesigen Granitblock auf Gerüsten oder saßen auf dem Stein selbst. Für die Körperhaltung der Figuren wurden bestimmte Typen schon im AR festgelegt: Der Stehende auf dem Rundbild, mit vorgestelltem linkem Fuß; der auf einem Hocker oder Sessel mit Rücklehne Sitzende; die Gruppe von Mann und Frau; der Schreibende auf gekreuzten Beinen kauernd, mit der Papyrusrolle über den Knien; öfters der Sphinx mit dem Königsporträt; der beim Opfern Kniende und der *Würfelhocker*. Letzterer findet sich in allen Epochen der ägyptischen Kunst, ist aber ein besonderer Formausdruck des MR.

Glasbläser

Die Bildhauer arbeiteten mit Meißel, Schlegel, Hohl- und Drillbohrer, Kupfersäge und Poliereisen.

Der Glaswarenerzeuger

Glas erzeugte man schon früh aus einer Mischung von Quarz, Natron und Holzasche. Daraus fertigte man zuerst kleine Glasperlen und Amulette. Nach der Hyksoszeit erreichte die Glasherstellung ihre Blüteperiode. Man verfertigte wunderbare Gefäße in erlesenen Formen und Farben. Durch Beimischung von Mineralien wie Mangan, Kupfer, Kobalt erhielt man verschiedenfarbiges Glas. Der Zusatz von Kobalt lieferte das bekannte blaue Glas. Die Wahl des Blau und seiner Abstufungen war nicht zufällig, entsprang auch nicht einer ästhetischen Vorliebe, sondern ging auf die magische Vorstellung zurück, daß dieser Farbe eine wundertätige Wirkung innewohne. Fast alle Amulette von Gottheiten sind in grün-blauer Fayence ausgeführt. Seit der Zeit Tutanchamuns begegnen wir auch Glaswaren aus farblosem und durchsichtigem Glas.

Die Glasmasse wurde in Tonschalen erhitzt und entweder in Tonformen gegossen oder flach ausgewalzt und in Stücke geschnitten. Erst in griechisch-römischer Zeit wurde das Glas geblasen, indem man ein langes Rohr in die geschmolzene Glasmasse tauchte und sie mit dem Munde zu Gefäßen aufblies.

Der Töpfer

Außerordentlich geschickt waren die *Töpfer*. Sie arbeiteten auf der Drehscheibe, betrieben sie mit der linken Hand, während die andere modellierend die Einschnürung des Halses formte, den Topf am Rande nach außen

Glasbläser

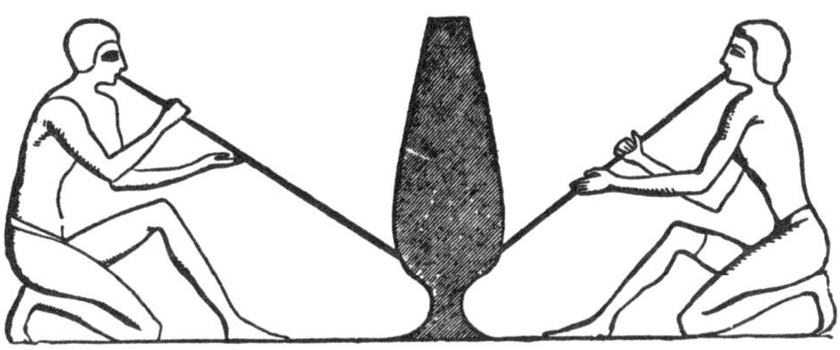

schweifte. Den Werkstoff lieferte der Lehm des Nil. Die Töpfer bearbeiteten ihn vor der Verwendung mit den Füßen, um das Wasser aus dem Schlamm zu kneten und eine gleichmäßige Konsistenz der Paste zu erreichen. Sie glasierten und bemalten die Gefäße mit geometrischen Bändern und Blumenranken. Die Fertigstücke wurden in hohen Öfen gebrannt. Das Feuer entzündete man mit einem Hartholzbohrer, den man mit Hilfe einer Bogensehne auf einem Weichholzbrettchen drehte. Die Töpfer formten mit ihren Händen Gefäße mit und ohne Henkel je nach Verwendung bei der Tafel, in der Küche oder im Vorratsraum. Es gab Krüge – mit geraden, vertieften oder bauchigen Wänden – Amphoren und Schalen. Eine Reihe von Hieroglyphen läßt uns noch die Formmuster erkennen: Töpfe für Milch und Öl, Krüge für Bier und Wein, Waschschüsseln, Gefäße für Schminke, Parfüm und Salben, Behälter aus roher, gebrannter Erde für die Aufbewahrung von Getreide, Getränken und – von Papyri. Man verzierte die Tongefäße mit figuralen Darstellungen. Noch heute werden schöngeformte Tongefäße in den alten Formen angeboten. Die Keramiksachen bildeten oft den einzigen Hausrat der Ägypter und galten als ihr Hab und Gut.

Die Bewohner des Nillandes verfertigten auch Gefäße aus Porphyr, Aragonit, Alabaster, Schiefer und anderem Gestein. Bei der Bearbeitung hielt der Arbeiter den Stein zwischen den Knien fest und höhlte ihn mit dem Bohrer. Dabei gelangen wunderbare Stücke von durchscheinender Dünne.

Das ägyptische Gold

Die großen *Goldvorkommen* in der östlichen Wüste südlich von Koptos bis nach Nubien hinein veranlaßte die Ägypter zur Ausbeutung. Gold fand sich im Alluvialschutt und als Adern im Quarz. Das im Schutt abgelagerte Gold wurde ausgewaschen. Manche Abbauplätze waren so weit von einer Wasserstelle entfernt, daß es auch mit Eselskarawanen nicht möglich war, das nötige Wasser für die Versorgung der Arbeiter und zum Waschen des Goldes herbeizuschaffen. Solche Goldlager mußten aufgegeben werden, es sei denn, man konnte – wie es unter Sethos I. und Ramses II. mehrfach gelang – auf den Wüstenwegen zu den Goldlagern Brunnen anlegen. Die goldhaltigen Quarzadern wurden vorerst durch Feuer bröckelig gemacht

Töpfer, an der Scheibe Gefäße formend

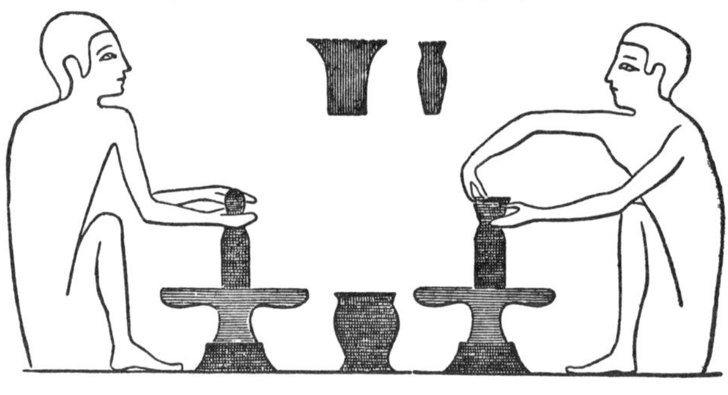

und dann mit Metallkeilen losgeschlagen. Die geförderten Stücke wurden zutage gefördert, in Mörsern und Handmühlen zu Pulverform zerkleinert und ausgewaschen. Das gewonnene Edelmetall wurde unter Aufsicht der Soldaten in ledernen Beuteln weggeschafft und zu Barren eingeschmolzen.

Im Golde suchte man nicht nur den wirtschaftlichen Wert. Es galt als göttliches Metall, dem man die Kraft zuschrieb, Unsterblichkeit zu verleihen. Daher fertigte man Götterstatuen aus massivem Gold an oder überzog sie wenigstens mit einer Goldauflage. Dasselbe tat man mit den liturgischen Geräten. Die Mumien deckte man mit Gold zu, legte ihnen goldene Ketten, Armreifen und Kolliers an. Auf die Gesichter legte man Masken aus reinem Gold; arme Leute, die den Betrag für das Gold nicht aufbringen konnten, bemalten die Gesichtsmasken zum Ersatz dafür mit goldgelber Farbe.

Die Wertschätzung dieses Metalls kam den Ägyptern erst so recht zum Bewußtsein, als die Nachbarvölker neidvoll auf Ägypten schauten, in starker Übertreibung von seinem Goldbesitz sagten: »Reines Gold liegt wie Staub auf den Wegen«, und immer wieder mit Forderungen an den Pharao herantraten.

Das Gold diente aber nicht nur kultischen Zwecken, sondern auch als Wertmesser und Zahlungsmittel für den Handel; der König zeichnete seine bewährten Beamten und Krieger mit Goldketten aus, und es war das begehrteste Metall für Schmuck.

In der künstlerischen Ausführung von Schmuckgegenständen standen die Ägypter auf hoher Stufe. Schon in vordynastischer Zeit gab es einfache Halsketten und Armbänder aus Lapislazuli, Achat, Türkis, Serpentin u. a.

Der Goldschmied

Mit äußerster Sorgfalt achteten die *Goldschmiede* auf treffende und harmonische Farbenabfolge und fügten daher oft einfache Glaspasten in wertvolle Goldfassungen. Mann und Frau wetteiferten im Tragen von Schmuck. Die Goldschmiede mußten nicht nur den Bedarf der Lebenden befriedigen, sondern auch den der Toten. Dazu kamen Aufträge der Tempel für Kultgeräte und Götterstatuen. Jeder Tempel hatte seinen Tempelschatz. Im MR erlangte die Kunst der Goldschmiede ihre höchste technische Vollendung. Die Museen zeigen heute dem staunenden Besucher herrliche Ringe, Diademe, Pektorale und Halsketten, Armspangen und Amulette, unter den letzteren vor allem den scarabaeus sacer.

Das Gold wurde, bevor man es den Goldschmieden zur Verarbeitung übergab, auf einer Waage gewogen, deren Gewichte die Gestalt eines auf den Hinterbeinen ruhenden Rindes hatten. Die Goldarbeiter erhielten das kostbare Metall in Form von Drähten für Filigranarbeiten und in Barren oder Platten.

Der Tischler

Ein wichtiges Handwerk war das des *Tischlers*. Man verwendete Holz von heimischen Bäumen, wie Akazie, Wacholder, Johannisbrotbaum, aber auch ausländisches, wie Eben-[1] oder Zedernholz. Denn das Nilland war waldarm

[1] Die Ägypter nannten dieses Holz »heben«. Das Wort übernahmen die Griechen und Römer, und schließlich gelangte es auch in den deutschen Wortschatz.

Sargtischler beim Anfertigen von Mumiensärgen

und das meiste Holz zur Verarbeitung ungeeignet. Die Hobelbank kannten die Ägypter noch nicht. Ihre Werkzeuge waren die Säge, der Meißel, der Bohrer, der hölzerne Schlegel und das Dachsbeil, ein Beil mit langem Stiel und quer zu ihm stehendem Metallmeißel, daß zum Hobeln verwendet wurde. Die Tischlerei gliederte sich in verschiedene Zweige. Es gab Möbeltischler, Waffentischler, die Wurfspieße, Bogen und Pfeile schnitzten und auch Zepter und Stöcke herstellten, Musikinstrumententischler und endlich auch Sargtischler. In ihre Arbeit gibt Abbildung 100 einen trefflichen Einblick. Im unteren Bilde rechts sehen wir drei Männer mit der Herstellung eines mumienförmigen Sarges beschäftigt. Der eine poliert am Kopfe, der andere bohrt Figuren in das Fußbrett, der mittlere scheint Verzierungen an der Brust anzubringen. Auf der linken Seite arbeiten zwei Tischler in ähnlicher Weise an einem anderen Sarg, während ein dritter fertige Leisten herbeibringt. Im Hintergrund stehen auf verzierten Untersätzen zwei Gefäße, wie man deren vier zur Aufbewahrung der Eingeweide in das Grab jedes Toten stellte. Oben links steht ein Mann, der ein Brett durchsägt. Um das Brechen des Holzes beim Hin- und Hergang der Säge zu verhindern, band man es an einem in die Erde gerammten Pfosten fest. Neben dem Sägenden sitzt ein Mann auf einem Hocker und fertigt Bestandteile für die Särge an. Darüber kauert einer, unbekleidet, der offenbar Pause macht, neben ihm steht eine Leimschale.
In der Spätzeit wurden die Särge des niederen Volkes immer einfacher, oft waren es nur rohe Bretter- oder Pappsärge, die vielfach aus zusammengeleimten alten Papyri bestanden. Zum Zusammenpassen der Einzelteile verwendete man hölzerne Zapfen sowie Leim. Metallnägel dienten zur Befestigung von Metallplatten auf Holz.
Nahe verwandt dem der Tischler war der Beruf der *Wagenbauer*. Beson-

dere Anforderungen an ihre Kunst stellte die Herstellung der kreisrunden Räder, die vier oder sechs Speichen hatten und nicht mit Metall bereift waren. Dieses Gewerbe florierte erst, als das Pferd in Ägypten bekannt wurde und die Wagenfahrt immer mehr Liebhaber fand. *Der Wagenbauer*

Die *Maurer* hatten die Aufgabe, die Ziegel zu formen und die Mauern aufzurichten. Sie fanden reichlich Arbeit. Denn außer dem Bau von Häusern und Palästen mußten sie die Städte mit dicken Ringmauern umwallen und öffentliche und private Gebäude mit Mauern einfrieden. Die *Ziegelwerke* lagen meist in der Nähe eines Teiches, von dem man das nötige Wasser holte. Nilschlamm wurde mit Sand, Strohhäcksel und Wasser zu einem Teig verrührt, gründlich mit Füßen getreten und geknetet und dann in rechteckige Ziegelformen eingegossen. Die Formen wurden später, ohne das Material zu verdrücken, abgenommen, die Ziegel in Reihen nebeneinander auf den Boden gelegt und acht Tage lang in der Sonne getrocknet. Dann waren die Ziegel gebrauchsfertig und wurden in zwei gleich großen Holzschalen, die an einer Tragstange aufgehängt waren, weggeschafft. Die Größe der Ziegel war je nach Epoche verschieden, so daß man nach ihrer Größe manchmal die Entstehungszeit eines Gebäudes feststellen kann. Die früheste Anfertigung solchen Baumaterials fällt bereits in die Zeit der Reichsgründung. Damals löste der Ziegelbau die Holz-Matten-Bauweise ab, bei der ein Holzgerippe mit geflochtenen Matten verkleidet wurde. Rote gebrannte Ziegel gibt es erstmals um 600. Bei der Ziegelerzeugung wurden viele Kriegsgefangene beschäftigt. Wenn mit einem Tempelbau begonnen wurde, pflegte der König selbst Ziegel mit der Form zu stechen, was dem in unseren Tagen üblichen Brauch entspricht, daß hochgestellte Personen den ersten Spatenstich vornehmen. *Der Maurer*

Die Tätigkeit der Handwerker wurde von Aufsehern überwacht. Auf den Reliefs und Malereien sieht man gewöhnlich einen Mann bei den Arbeitsgruppen sitzen oder stehen, der einen Stock in der Hand hält. Die Aufseher ließen es an Beschimpfungen und Stockschlägen für Säumige nicht fehlen. Die fertigen Erzeugnisse wurden von Fachleuten begutachtet. Es gab wenig Lob, zureichende Leistungen galten als eine Selbstverständlichkeit. Die Männer aber, die Kunstwerke von hoher Qualität schufen, blieben ungenannt, brachten auch nicht ihren Namen auf ihrer Arbeit an.

Diese *Anonymität*, die wir übrigens auch in der abendländischen Kunst des frühen Mittelalters finden, hat allerdings noch einen anderen, tieferen Hintergrund. Der Künstler schuf nicht als schöpferische Individualität, aus einem subjektiven Erlebnis heraus, sondern nach den überlieferten Regeln und der handwerklichen Technik der überpersönlichen Werkstattgemeinschaft. Als Beispiel diene die folgende, immer wiederkehrende Darstellung: Der Grabherr beim Opfertisch, umgeben von Speisen und Getränken. Dieses Motiv erstarrte nach und nach zu einem sich wiederholenden Schema und gab dem Künstler keine Möglichkeit, eigenschöpferisch aus der Naturbeobachtung Neues zu geben. Seine Originalität konnte sich höchstens darin ausleben, daß er das gleichbleibende Thema in besonders vollkommener Weise ausführte. Solche Könner vermochten hin und wieder die Mauer der *Die Anonymität der Künstler*

Anonymität zu durchdringen; auf diese Weise sind uns eine Reihe von Künstlernamen erhalten. An größeren Werken schufen mehrere Künstler in Arbeitsteilung. Der eine zeichnete die Umrißlinien, der andere meißelte die Figuren, ein dritter bemalte die Reliefs.

So wird es begreiflich, daß Künstler und Handwerker in eine Gruppe gereiht wurden. Alle in einer Werkstatt Beschäftigten meißelten Rundbilder, schnitzten figurale Verzierungen für Möbel. Kunst und Handwerk waren also sowohl räumlich wie personell von gleicher Herkunft. Die Künstler schufen auch nicht selbständig, sondern unterstanden im allgemeinen den Verwaltungen des Königs oder des Tempels. Gerade durch diese Abhängigkeit aber scheinen die ägyptischen Künstler wirtschaftlich in recht guten Verhältnissen gelebt zu haben. Sie brachten es zu Wohlstand und Ansehen und wurden vom König mit Geschenken und Titeln wie »Zimmermann-Maurer des Königs« ausgezeichnet.

Untergang des Neuen Reiches

Das Zeitalter der persönlichen Frömmigkeit

J. H. Breasted

Ägypten hatte in der Zeit von Sethos I. bis Ramses III. unter fast ununterbrochener Anspannung aller Kräfte seinen Platz auf der Weltbühne behaupten können. Es verdankte dies hauptsächlich seinen militärischen Kräften und seiner wirtschaftlichen Organisation. Die Aufrechterhaltung der Kriegsmacht war bei der starken Abneigung der Ägypter gegen den Soldatendienst nur durch zunehmende Einstellung von Fremdvölkern in das Heer möglich. Das hatte aber zur Folge, daß Ausländer nach und nach in die höchsten Vertrauensstellungen am Hofe gelangten. Diese Posten umfaßten Tätigkeitsbereiche, die etwa denen des »Truchseß« entsprachen.

Allgemeine Unsicherheit

Der Pharao hoffte in diesen ihm persönlich verpflichteten hohen Beamten, die er aus Mißtrauen gegen die eigenen Landsleute mit verantwortungsreichen Aufgaben betraute, treu ergebene Diener zu haben. Doch diese Leute waren nicht immer verläßlich; einige von ihnen waren beispielsweise in die Haremsverschwörung verwickelt, der Ramses III. zum Opfer fiel.

Dieser von Unzuverlässigen durchsetzte Hofstaat ließ von der Zukunft nichts Gutes erhoffen. Böse Gedanken mögen Ramses IV. bewogen haben, seinen Rechenschaftsbericht zu verfassen. Er ist im *Papyrus Harris* erhalten, der mit einer Länge von 40 m der größte unbeschädigt erhaltene Papyrus Ägyptens ist. Ramses IV. hat ihn angeblich als politisches Testament von Ramses III. verfaßt. Er weist auf die vielen und umfangreichen Schenkungen hin, die er den Tempeln gewidmet hat, auf seine Regierung, die allen Bürgern Ruhe, Ordnung, Wohlhabenheit und Lebensfreude gebracht hat. Aber er spürt die kommende Wende und bittet in beschwörendem Ton Amun, Ptah und die übrigen Götter, seinem Sohn beizustehen.

Mit Ramses III. ging der letzte bedeutende König des NR dahin, die folgenden acht Pharaonen, die alle Ramses hießen, waren schwächliche Herrscher und zeigten sich des großen Namens nicht würdig. Sie lösten einander in kurzer Folge ab, Ramses VII. dürfte sogar nur wenige Monate regiert haben. Unter ihnen eilte der Staat unaufhaltsam seinem Untergang zu. Die Kräfte des Volkes schienen der Erschöpfung nahe zu sein.

Streik

Zum erstenmal hören wir, wie schon erwähnt, von *Streiks*. Die Arbeiter und Handwerker der thebanischen Nekropole, die mit der Anlage und Erhaltung der Gräber beschäftigt waren, legten die Arbeit nieder, weil sie nicht die vereinbarte Entlohnung erhielten. Die Bezahlung mit den üblichen Naturalien war zwei Monate ausgeblieben. Die Arbeiter rotteten sich zusammen und veranstalteten einen Demonstrationszug mit dem Rufe: »Wir haben Hunger und Durst, wir haben keine Kleider, kein Fett, keine Fische und kein Gemüse.« Man lieferte ihnen die Rationen für einen Monat aus. Doch mit dieser Abschlagszahlung nicht zufrieden, streikten sie weiter mit dem Erfolg, daß sie auch die Rationen für den zweiten Monat erhielten. Als aber in der nächsten Zeit die fälligen Zahlungen wieder nicht geleistet wurden, kam es zu einem neuerlichen Streik.

In der Zeit Ramses' IX. war die Ordnung im Staate so erschüttert, daß die Zerrüttung selbst vor dem Totenkult nicht haltmachte. Unruhen in der Thebais führten dazu, daß Grabräuber von seltener Kaltblütigkeit innerhalb eines Menschenalters alle Königsgrüfte von der 18. bis zum Ende der 20. Dynastie und viele Privatgräber planmäßig aufbrachen, die Mumien herausrissen und ihres Schmuckes beraubten. Wir haben aus dieser Zeit Aufzeichnungen, aus denen hervorgeht, daß die immer mehr um sich greifende Not die Menschen dazu trieb und daß bei den Plünderungen selbst Priester und Beamte aus den höheren Kreisen Vorschub leisteten. Zu den streikenden Arbeitertrupps gesellten sich marodierende Banden ausländischer Söldner, denen seit den Siegen Ramses' III. die Möglichkeit zum Beutemachen fehlte und die ebenso wie die Arbeiter vergebens auf die Auszahlung ihres Lohnes warteten. Mord und Plünderung waren an der Tagesordnung. Durch die maßlose Korruption der Beamten wurden die Staatseinnahmen immer geringer. Die Erscheinungen des Verfalls hatten ihre letzte Ursache in den endlosen Kriegen gegen die Syrer und Hethiter und gegen die Seevölker und Libyer. Für solche Feldzüge hatten die Pharaonen in wachsendem Ausmaß wahllos als Hilfstruppen geworben, was sich anbot. Dazu kam der ewige Drang des Pharaonenthrones nach selbstgefälliger Monumentalität. Schon unter Amenophis III. begann die Hinwendung zum Kolossalen. Bei den Ramessiden tobte sich dieser Stil in nervös übersteigerter, auf Wirkung zielender Bauleidenschaft aus und machte das ganze Niltal zu einer einzigen gigantischen Bauhütte. Hand in Hand damit gingen die starke Lockerung der religiösen Bindungen, die Schwächung der königlichen Macht durch ungesunde Steigerung des Einflusses der Bürokratie und ein allgemeiner wirtschaftlicher Verfall.

Wirtschaftlicher Verfall

Der wirtschaftliche Niedergang hatte auch eine äußere Ursache. Das von den Ägyptern als erstes verwendete Metall war das Kupfer. Sie holten sich

dieses Erz aus den Minen der ihrer Hoheit unterstehenden Sinaihalbinsel. Das Eisen war ihnen nur als Meteoreisen bekannt, worauf auch ihre Bezeichnung »Himmelserz« hinweist. Die Bekanntschaft mit diesem Metall machten sie erst durch ihre Berührung mit Kleinasien. Von den Mitanni lernten sie eiserne Waffen und Werkzeuge kennen. Dieses Volk fand ein wirtschaftliches Verfahren, um das viel häufigere und daher billigere Eisen in größeren Mengen zu gewinnen, und hütete das Geheimnis der Erzeugung lange Zeit. Das Eisen verdrängte nach und nach die Bronze und verbreitete sich durch die Völkerbewegungen im Mittelmeerraum. Dadurch wurde das Kupfer entwertet, und die Ägypter gaben den Abbau der Kupferminen auf dem Sinai auf, weil er nicht mehr einträglich war. Infolge der Einfuhr des Eisens aus dem Ausland verschlechterte sich zwangsläufig die wirtschaftliche Lage Ägyptens. Die damit zusammenhängende empfindliche Geldentwertung führte zu einer Steigerung des Getreidepreises auf das Fünffache.
Die Notzeit bewirkte in dem alten, frommen Volke auch einen Niedergang seines religiösen Fühlens, eine Rückkehr zu den Tiergottheiten der Urzeit. An sie wendete man sich mit den kleinen Wünschen und Sorgen, ihre Nähe und leibhafte Gegenwart in Gestalt des Widders als Amun oder des Stieres als Ptah waren für die fromme Sehnsucht des einfachen Menschen in den Bedrängnissen des Lebens tröstlich. Das Hervortreten der niederen Kulte führte langsam zu jener veränderten Religiosität, die später bei Griechen und Römern Staunen, aber auch Abscheu wachrief.
Alle die genannten Ursachen, die gleichzeitig auftraten und miteinander irgendwie verknüpft waren, führten zu einer geistigen Erstarrung. Aber noch war diese bisher sich unbeeinflußt von fremden Formen entwickelnde Kultur nicht am Ende.
Während Macht und Geltung der Pharaonen immer mehr dahinschwanden, stieg das Ansehen des Hohenpriesters des Amun stetig. Es gelang ihm sogar, seine Priesterwürde zu einer in seiner Familie erblichen zu machen. Sein Einfluß wurde so groß, daß sich der Pharao durch wiederholte Geschenke und Auszeichnungen dessen Wohlwollen und Geneigtheit zu versichern suchte. Als äußeres Zeichen der Machtfülle des Hohenpriesters erscheint seine Gestalt auf den Reliefs im Tempel von Karnak in der gleichen Größe wie die des Königs.
Mit dem Tode des letzten Ramessiden, Ramses XI., im Jahre 1085 ging Ägyptens große Zeit zu Ende. Ägypten zerfiel in zwei Teile, und damit hatte das NR zu bestehen aufgehört.

Die Spätzeit

Wenn man älter wird, muß man mit Bewußtsein
auf einer gewissen Stufe stehenbleiben.

Goethe

Priester- und Söldnerherrschaft
Zweiteilung des Reiches

Der Aufbruch der neuen Zeit kündigte sich an durch die Unruhen und Aufstände in Theben und in ganz Mittelägypten. Es kam zu Plünderungen, Meutereien, Besetzung der Tempel; libysche Söldner unterstützten den Aufruhr. Der König stand dem allem machtlos gegenüber. In dieser Massenerhebung gewann das Hohepriestertum von Theben, das schon durch seine Tradition ein Machtfaktor war, immer mehr an Einfluß auf die politische Lage. In einer Zeit, da Ramses XI. noch immer die Vorstellung der alten pharaonischen Herrschergröße aufrechterhielt, nahm ein Mann von unbekannter Herkunft, der zuerst im Heer gedient, dann die militärische Gewalt als Vizekönig von Kusch und endlich als Wesir die staatliche Machtstellung erlangt hatte, die Herrschaft in Oberägypten in die Hand. Er hieß *Herihor.* Nach dem Tode Ramses' XI. ließ er sich als Oberpriester durch die Zustimmung des Gottes Amun nach dem Vorgang früherer Pharaonen zum König wählen. Er war der erste König, der, wie in ferner Vergangenheit, die oberste weltliche und geistliche Würde in seiner Person vereinte. Der Staatsschatz war in seinen Händen, und er verfügte auch über die Goldminen Nubiens, die Grundlage für Ägyptens Wirtschaft. Auf den königlichen Gebäuden erschien sein Name mit allen Titeln eines ägyptischen Königs. *Herihor*

Aber in Wahrheit war Herihor nur Herr über Oberägypten und das nubische Kolonialland, wenn er auch die Bezeichnung »Herr der vereinigten Länder Ober- und Unterägyptens« weiterhin bestehen ließ. Denn in Tanis hatte sich der unterägyptische Wesir *Smendes* der Herrschaft über Unterägypten bemächtigt und behauptete, den Anspruch auf die Krone durch seine Heirat mit der Prinzessin *Tentamun* rechtfertigen zu können, die, so vermutet man, aus dem Hause der Ramessiden stammte. Auch er übte dem Namen nach eine Oberherrschaft über ganz Ägypten aus. In Wirklichkeit fand mit der Thronbesteigung der beiden Regenten die Einheit des Reiches ein Ende. Der Zustand der Teilung, in mehr oder weniger ausgesprochener Form, dauerte ungefähr 450 Jahre. *Smendes*

Aus der in Tanis herrschenden 21. Dynastie ragte als bedeutendster Regent *Psusénnes I.* (1054–1009) hervor, der auf seinen Vater Smendes gefolgt war. Er umgab den Tempel des Amun in Tanis mit einer gewaltigen, *Psusénnes I.*

24 m dicken Ziegelschutzmauer. Man bestattete die Königsmumien nicht mehr in Theben, da sie dort der Gefahr von Plünderungen ausgesetzt waren, sondern legte sie in den Schutz der starken Tempelmauern. In dem mit Trümmern umgestürzter Obelisken, zerstörter Kolossalstatuen und Steinquadern angefüllten Tempelbezirk fand der Franzose *Pierre Montet*, der 20 Jahre lang die alte Residenz Tanis ausgegraben hat, im Jahre 1940 das berühmte Grab Psusennes' I. mit drei anderen Särgen. Die Funde sind eine kostbare Bereicherung des Kairoer Museums: vier prachtvolle Silbersarkophage, goldene Gesichtsmasken, wertvolle Prunkgefäße und Schmucksachen.

Der Staat, der sich im Süden unter Herihor gebildet hatte, war eine reine *Theokratie*, ein Gottesstaat. Ansätze zu dieser Art von Herrschaft hatte es schon früher gegeben. Seit Thutmosis III. finden sich Beispiele, wenn auch als Ausnahmefälle, daß Amun durch Orakel auf Regierungsangelegenheiten Einfluß nahm. Da der Herrscher als Sohn des Gottes galt, war es erklärlich, daß Amun mit seinem väterlichen Willen die Geschicke des Königs lenkte. Mit Herihor wurde der weltbeherrschende Gott Amun der eigentliche Lenker des ägyptischen Staates, der durch seine Orakel seinen Willen bekundete und die Verfügungen des Königs bestätigte, während der Pharao als irdischer Herrscher und Hohepriester die Rolle eines Statthalters im Namen Gottes übernahm.

Pinódjem

In der nun folgenden Epoche herrschten also in Tanis die Könige und in Theben die Priesterkönige. Herihors Enkel, *Pinódjem*, führte durch seine Heirat mit der Tochter des Psusennes, *Makaré*, eine Annäherung der beiden Königshäuser herbei, aber Tanis behauptete in der Folgezeit eine gewisse Vormachtstellung als Mittelpunkt der politischen Macht, und die einst so mächtige Reichshauptstadt sank zu völliger Bedeutungslosigkeit herab. Nur das Gedenken an die gemeinsamen großen königlichen Ahnen führte die beiden Teilreiche zu gemeinsamen Bemühungen, die von den Grabräubern bedrohten Königsmumien endlich in einem verborgenen Versteck vor weiteren Plünderungen zu sichern.

Ungefähr 100 Jahre nach dem Tode Herihors kam es zu einem neuen Wechsel der Herrschaft in Ägypten. Das Delta wurde von den *Libyern* friedlich erobert. Was diese Stämme bei ihren kriegerischen Einfällen nie hatten erreichen können, brachten sie durch dauernde friedliche Unterwanderung zustande. Immer mehr libysche Söldner füllten die Reihen des ägyptischen Heeres und ließen sich bleibend im Delta nieder. Dazu hatten ihnen die Ramessiden verholfen, die ihnen im Alter Land schenkten, das sie in geschlossenen Siedlungen bewohnten. Die Pharaonen hatten in Notzeiten ganze Stämme unter ihren eigenen Führern in den Grenzgebieten angesiedelt. Es war für die Ägypter vermeintlich der einzige Weg, die andrängenden Barbarenhorden aufzuhalten. Die Mithilfe der Grenzer bei der Abwehr der Feinde kann nicht hoch genug eingeschätzt werden. Denn die Völkerbewegung um 1200 war so gewaltig, daß unter ihrem Ansturm auch das mächtige Hethiterreich sein Ende gefunden hatte. Es ist das weltgeschichtliche Verdienst Ramses' III., daß er mit seinen durch fremde

Söldner verstärkten Truppen die Ägypter vor der Vernichtung bewahrt hat.

Die Maschwesch

Unter den eingesickerten Völkerschaften war der kriegerische Stamm der *Maschwesch,* der unter Ramses II. bedrohliche Angriffe geführt hatte, zu einflußreichen Stellungen gelangt. Die ursprünglich nomadischen, landsuchenden Viehzüchter vom Mittelmeerufer der Sahara hatten sich allmählich an die überlegene Kultur, Sitte und Sprache des Gastlandes angeglichen und wurden auch von den Ägyptern nicht als fremde Machträuber empfunden. Ihre Führer saßen als Befehlshaber der Garnisonen und Festungen im Delta und übernahmen auch die Verwaltung ihrer Gemarkung.

Scheschonk I.

Aus den Führern der örtlichen Fürstentümer ging der erste libysche König Ägyptens, *Scheschonk I.* (950—929) hervor, der zu *Bubastis* in der östlichen Deltahälfte seinen Sitz nahm und der Begründer der 22. Dynastie, nach Manethos Bezeichnung der Ahnherr des Königshauses der *Bubastiden,* wurde. Scheschonk nützte die Zeit der Teilung des Reiches Israel und fiel in das Land ein.

Die Bibel erwähnt ihn unter dem Namen Schischak[1]. Er zog um 930 gegen Jerusalem, plünderte den Tempel und den königlichen Palast und »nahm alles, was zu nehmen war«. Es war eine Riesenbeute, die der Libyer fortschleppte und mit der er die leer gewordenen Schatzkammern füllte. Aber zu einer bleibenden Oberherrschaft führte der Kriegszug nicht. Dessenungeachtet ließ Scheschonk zu seinem Ruhme am Tempel zu Karnak ein großsprecherisches Siegesrelief anbringen, das in starker Übertreibung die vielen von ihm eroberten Städte aufzählt. Es ist die letzte große Schlachtendarstellung aus dem alten Ägypten.

In der folgenden 23. und 24. Dynastie zerfiel das kraftlos gewordene Reich durch Hader unter den Teilfürsten immer weiter in kleinere Teilstaaten. Kein Tempelrelief, keine Hieroglypheninschrift kündet mehr von einem bedeutenden Ereignis, aus keiner Königskartusche spricht ein Name von weltgeschichtlicher Bedeutung, der die zerstückelten, rivalisierenden Territorialherrschaften wieder hätte einen können. Nur ein geschlossenes Reich hätte Aufbauarbeit leisten und eine wirksame Außenpolitik betreiben können. Unter den vielen Kleinstaaten mit ihren wachsenden Grenzen behielt die Thebais noch immer als Sitz des Hohepriesters einige Bedeutung und bildete die größte geschlossene Einheit. Aber sie wurde nicht mehr königliche Residenz; nicht einmal mehr die Mumien der Herrscher fuhren auf den Königsbarken nilaufwärts zur letzten Ruhe in die thebanische Totenstadt, man bestattete sie in Tanis. Ägypten verfiel immer mehr der vollständigen Auflösung. Die folgenden Herrscher blieben ohne Bedeutung; nur einer hebt sich noch aus dem Dunkeln: der Fürst von *Saïs, Tefnachte.* Ihm gelang es, nach und nach den einen und anderen der Häuptlinge im Delta unter seine Oberhoheit zu bringen und so sein Reich zu vergrößern. Als er es aber auch nach Süden ausdehnen wollte, stieß er auf die nilabwärts rückenden Äthiopier.

[1] Altes Testament, 1. Buch der Könige 14, 25 ff.

Äthiopier[1] *und Assyrer in Ägypten*

Der Kampf der Randvölker um die Herrschaft im Niltal füllt die späten Perioden der ägyptischen Geschichte aus.

Hermann Kees

Äthiopien

Während der Wirren im Niltal löste sich das alte Kolonialland Ägyptens, Nubien, das noch in der Zeit Herihors zum ägyptischen Staatsgebiet gehört hatte, los und wurde selbständig. Seine Residenz *Nápata* lag am Fuß des »Heiligen Berges« *(Gebel Barkal)* nahe beim 4. Katarakt. Bis hieher war schon Thutmosis III. mit seinem Heer vorgedrungen und hatte Nubien seinem Reich als Provinz einverleibt. In der Folgezeit blieb Nubien mit einigen kleineren Zwischenräumen bei Ägypten, jeder Versuch einer Abtrennung wurde mit kriegerischen Expeditionen zunichte gemacht. Denn Nubien war als reiches Goldland für Ägypten unentbehrlich. Ähnlich wie im Gottesstaat von Theben war auch hier der Widdergott Amun der eigentliche König des Landes und bestimmte den jeweiligen Herrscher. Nach der Sitte des AR ließen sich die Könige in Pyramiden beisetzen, die aber viel steiler und kleiner als die ägyptischen waren. Die Könige führten den gleichen Titel wie die ägyptischen und trugen den gleichen Ornat. Amtssprache war das Ägyptische. Die Tempel waren Abbilder der ägyptischen, mit ägyptischen Reliefs und hieroglyphischen Inschriften geschmückt. Die Hauptstadt Napata wurde um 750 gegründet, an ihre Stelle trat aus unbekannten Gründen um 300 die weitaus südlicher gelegene Stadt *Méroe*, 200 km vom heutigen Khartum entfernt. Hier entwickelte sich mit der Zeit ein sudanesischer Staat, der schließlich in dem Reich von *Axum* (Abessinien) aufging. Die Könige des damals starken und mächtigen Landes fühlten auf Grund der kulturellen Zusammenhänge und der Gemeinsamkeit des auch von ihnen verehrten Hauptgottes Amun einen rechtlichen Anspruch auf den ägyptischen Reichstempel in Theben und hielten sich für berufen, in Ägypten die Ordnung und den wahren Glauben wiederherstellen zu müssen, wie er ihnen als Idealbild aus der thebanischen Vergangenheit der 18. Dynastie vor Augen schwebte. Als Tefnachte, der Fürst von Saïs, nach Süden vorrückte, zog ihm der Äthiopierkönig *Pianchi* mit einem wohlgerüsteten Heer entgegen. Trotz der scharfen Abgrenzung des Oberlaufes des Nil vom ägyptischen Unterlauf durch die Reihe der Katarakte, trotz der furchterregenden Kolossalgestalten der Pharaonen an den Ufern fuhr Boot um Boot stromabwärts, bemannt mit Äthiopiern und Negern: Aus dem afrikanischen Hinterland kam nun die Gegenwelle der Eroberer. Sie wurde zum glänzenden Sieges- und Raubzug bis in die

Pianchi

[1] Nach altem Herkommen gebrauchen die Historiker für die Nubier der Spätzeit im Anschluß an die antike Geschichtsschreibung den griechischen Namen Äthiopier. Die Benennung »kuschitisch« geht auf den Namen Kusch zurück, mit dem die Ägypter den Sudan bezeichneten.

Tempelstädte von Memphis und Heliopolis, wo sich der fremde König Pianchi krönen ließ. Er lud seine Schiffe voll mit den erbeuteten Schätzen und segelte unter dem Beifall der Bevölkerung nach Napata zurück. Zuviel hatten die Menschen in der vergangenen Zeit ausgestanden, die Bewässerungsanlagen waren während der Unruhen verfallen, der Feldertrag zurückgegangen. In Napata ließ Pianchi den Bericht über seinen Siegeszug durch Ägypten auf den vier Seiten einer riesigen Granitstele mit allen Einzelheiten in wirkungsvoller, packender Schilderung niederschreiben. Das Museum von Kairo hütet diese Pianchistele und bewahrt uns damit den umfangreichsten und spannendsten historischen Text, der uns aus dem alten Ägypten erhalten ist, einzige Kunde von der Eroberung Ägyptens durch die Äthiopier.

Mit Pianchi beginnt die 25. Dynastie, die ihre Herrschaft in Ägypten unter den folgenden Königen *Schabaka, Schabataka, Taharka* und *Tanutamun* von 751 bis 656 behauptete. Wieder umfaßte sie, unter den gegebenen geographischen Voraussetzungen, die gesamte Niltalfurche und die einstige nubische Provinz, und sie hätte mit Theben als geistigem Zentrum, erneut Blüte erlangt, wäre nicht aus dem Osten neue Gefahr gekommen. In den vergangenen 100 Jahren war eine neue Großmacht aus den wechselvollen Kämpfen der palästinensisch-syrischen Kleinstaaten hervorgegangen: Assyrien.

Die bisherigen ausländischen Herrscher mit Ausnahme der Hyksos waren von den Ägyptern nicht als Fremde angesehen worden. Die Libyer hatten sich durch die langdauernde Ansiedlung im Nilland bereits mit den Ägyptern vermischt und ihre Sprache und ihr Brauchtum angenommen, und die Äthiopier stammten aus dem alten Kolonialland und waren daher schon durch Jahrhunderte mit dem Pharaonenreich in engster Fühlung gewesen. Nun erschien mit den *Assyrern* der fremde Feind, überschritt unter dem König *Asarhaddon* 671 die von den alten mesopotamischen Großreichen stets geachteten Grenzen im Südwesten, brach ins Delta ein, rückte bis Memphis vor und schleppte die Schätze des dortigen Palastes nach Ninive. Ein zweiter Vorstoß unter seinem Sohn *Assurbanipal* erreichte Theben (663). Die prachtvolle Stadt wurde gebrandschatzt und geplündert.

Einfall der Assyrer in Ägypten

Die ganze Oikumene horchte auf bei der Kunde von dem vernichtenden Schlag, der die Amunstadt um ihre Vorrangstellung brachte. Der Glanz und Ruhm des Reichsgottes verblaßte mit dem Niedergang Thebens. An seine Stelle kam der mystische Osiriskult zu hohen Ehren. Glücklicherweise sah der weitblickende Assurbanipal bald ein, daß eine Besetzung des fernen Ägypten wegen der riesigen Kosten und Anstrengungen auf die Dauer unmöglich wäre, und zog seine Truppen wieder zurück. In Ägypten war mit der Flucht des letzten Äthiopierkönigs Tanutamun nach Napata die nubische Herrschaft beendet.

Die Herrschaften der Randvölker zeigen, daß die Bewohner des Nillandes in ihrer politischen Teilnahmslosigkeit an dem Punkt angelangt waren, an dem sie bereitwillig ihre staatliche Führung anderen, jüngeren Völkern überließen.

Die letzten Dynastien

Wandelt sich auch rasch die Welt
wie Wolkengestalten,
alles Vollendete fällt
heim zum Uralten.

R. M. Rilke

Die Saïtenzeit

Mit der 26. Dynastie verschob sich das Schwergewicht nach dem Norden, in das Delta, das wegen der immer stärkeren Verflechtung Ägyptens in die Weltpolitik und in den Mittelmeerhandel auch weiterhin führend blieb. Unterägypten war der Sitz der Könige, hier legten Kaufleute aus Griechenland ihre Handelsniederlassungen an. Aus dem Delta ging ein sehr fähiger Mann hervor, der zum Begründer der 26. Dynastie wurde. Sein Name war *Psámetich I.* (663–609).

Psámetich I.

Kartusche des Königs Psametich I.

Wir haben, im Gegensatz zu früheren Zeiten, mit Jahreszahlen zu tun, die einwandfrei feststehen. Allerdings wissen wir nicht, ob Psametich I. vom Stamm der Ägypter oder der Libyer war, aus welch letzterem schon die Fürstenfamilien von Bubastis hervorgegangen waren. Nach dem Ausgangspunkt der neuen Dynastie, Saïs, wird diese Herrschergeneration die saïtische genannt.

Die Geschichte der Saïtenzeit ist uns vor allem von Herodot mit großer Ausführlichkeit überliefert, dessen Ägyptenreise (um 445) nur etwa 200 Jahre nach dem Herrschaftsbeginn der Saïten erfolgte. Die ägyptischen Quellen berichten nichts über diese Zeit. Karische und – neu für den ägyptischen Raum – griechische Söldner verhalfen Psametich I. zum Thron. Allmählich besiegte er nach dem Abzug der Assyrer die einzelnen Teilfürsten. Die Legende wob nach Herodot ihre Sagenhülle um diesen historischen Bestand. Psametich I. sei einer von den zwölf Königen gewesen, die nach der äthiopischen Zwangsherrschaft die Geschicke des in zwölf Gaue geteilten Landes gelenkt haben. In schöner Eintracht unterwarfen sie sich dem Götterspruch des Ptah. Sie sollten alle in Frieden nebeneinander leben, keiner nach der Herrschaft des anderen zielen. Sie opferten gemeinsam im Heiligtum des Gottes und beteten zusammen für des Volkes Wohl und Glück. Man hatte zwölf vollkommen gleiche Schalen aus reinem Golde verfertigt, die den Herrschern beim Opfer dargereicht wurden. Eines Tages aber hatte Ptah durch Orakel verkündet, wer von ihnen dem Gotte ein Trankopfer aus eiserner Schale spende, der sollte König über ganz Ägypten sein. Die erstaunten Könige berieten untereinander, was nun zu tun sei. Die Priester, die sie um Rat fragten, antworteten: »Opfert wie bisher. Ptah, der es anders will, wird es auch zu machen wissen.« Lange Zeit verging, und man dachte nicht mehr an die göttliche Weisung. Eines Morgens standen wieder die zwölf Fürsten zum Opfer bereit. Als der Priester die Opferschalen brachte, bemerkte er, daß eine fehle, so daß für Psametich, der als letzter in der Reihe stand, keine mehr übrigblieb. Der Priester ging zurück und suchte, aber vergebens. Unterdessen kam der zweite Priester mit der weingefüllten goldenen Kanne und goß die Schalen voll. Als er zu Psametich kam, sagte er: »Nimm deinen Helm herunter, damit ich den Wein hineingieße und das Opfer nicht länger aufhalte.« Der Fürst tat, wie ihm geheißen. So ging die Weissagung in Erfüllung, und der Oberpriester bestätigte es mit den Worten: »Was wir Menschen für Zufall halten, ist Ratschluß und Werk der Götter.« Sobald er aber als Alleinkönig die Herrschaft übernehmen wollte, verbannten ihn die Mitkönige. Da wurde ihm ein zweites Orakel verkündet. In Erz gewaffnete Männer würden aus dem Meer steigen und ihm zum Siege verhelfen. Der König gab den griechischen Hilfstruppen, die ihn beim Kampf um die Krone unterstützt hatten, große Ländereien, die die Grundlage für spätere griechische Kolonien bildeten (zum Beispiel Naukratis im Westdelta). Er schickte eine große Zahl ägyptischer Knaben zu den neuen Kolonisten, damit sie die griechische Sprache erlernten und in Zukunft beim Verkehr mit auswärtigen Handelsleuten als Dolmetscher dienen könnten. So kamen unter seiner Regierung die Ägypter zum erstenmal mit den Griechen in nähere Fühlung, die von nun an eine führende Rolle im Nillande spielten. Besonders förderten sie seine Handelspläne. Die Griechen durchfuhren damals schon das Mittelmeer nach allen Richtungen und wetteiferten mit dem alten Handelsvolk der Phöniker.

Psametich I. dehnte seine Herrschaft auch nach Süden über Oberägypten aus und einte das Land wieder unter seiner Krone, ließ es durch seine straff aufgebaute Beamtenschaft einheitlich verwalten und setzte die riesigen, gänzlich vernachlässigten Bewässerungsanlagen instand. Langsam erholte sich das Land. Den Menschen dieser Zeit schwebte als »goldene Ära« die des AR vor, das sie in der Verwaltung und auch in der Kunst nachahmten. Man sieht heute noch mit Staunen, wieviel Uraltes hier in Denkmälern und Inschriften wieder auftaucht. Im religiösen Leben nahmen das Formel- und Zauberwesen sowie der Tierkult immer mehr zu. Religiöse Eigenheiten wie diese mußten den Spott der aufgeklärten Griechen erregen und beeinflußten bis in die neuere Zeit die landläufige Vorstellung breiterer Schichten vom Wesen der ägyptischen Religion. Krokodile und Hunde, Katzen und Ibisse galten als heilig, besondere Verehrung genoß der Apisstier des Gottes Ptah von Memphis. Das *Serapéum*, eine Begräbnisstätte, unter dem Wüstenboden bei Sakkara in den Felsen gehauen, war schon unter Ramses II. angelegt, aber seit Psametich erweitert worden, so daß es mit seinen ausgedehnten Gängen eine Länge von 350 m erreichte. Die mumifizierten Apisstiere wurden mit großer Feierlichkeit in riesigen Sarkophagen aus Basalt und Granit beigesetzt. Diese sind alle aus je einem Block herausgearbeitet, 2 m breit und 3 m lang, die Seiten spiegelglatt poliert.

Das Serapéum

Wie lösten die Alten solche Riesenquadern aus dem Urgestein ohne Sprengstoff, ohne Bohrmaschine, wie konnten sie solch einen Block zu einem Vierkant rechtwinklig und scharfrandig behauen und ihn für die Größe eines Stieres aushöhlen? Und wie bewerkstelligten sie die Beförderung von den Granitbrüchen bei Assuan bis nach Unterägypten? Wir haben keine Nachricht darüber. War dies eine solche Selbstverständlichkeit für die alten

Ägypter? Die Apisgrüfte wurden von dem französischen Ägyptologen Mariette 1851 entdeckt. Er fand dort noch 24 riesige Sarkophage in den Nischen beiderseits der Gänge vor, deren Gewicht 60 bis 70 Tonnen beträgt. Alle Sarkophage sind jetzt leer. Die Mumien hat man nach Kairo gebracht.

Im großen und ganzen verlief die Regierungszeit Psametichs I. friedlich und segensvoll. Als Nachfolger übernahm sein Sohn *Necho* (609–594) die Herrschaft. Da sein Vater das Mutterland wieder in geordnete Verhältnisse zurückgeführt hatte, konnte der Erbe seinen Blick über die Grenzen nach Kleinasien richten. Ihn lockte der von den Ägyptern nie ganz aufgegebene Weltreichgedanke des NR, wozu sich noch die günstige Gelegenheit des Unterganges des Assyrerreiches gesellte. Auf seinem Zuge gegen Syrien wollte ihm bei Megiddo der König von Juda, *Josias,* den Weg versperren. Er verlor aber Schlacht und Leben. Für wenige Jahre war nun Necho Herr in Syrien. Doch der kriegerische *Nebukadnezar,* König von Babylonien, wollte nicht dulden, daß sich ein Fremder in die Angelegenheiten Vorderasiens einmischte, und zog sofort dem Ägypter entgegen. In der Gegend des Euphrat bei *Karkemisch* schlug er in einer blutigen Entscheidung seinen Gegner, der seine neueroberten Besitzungen in Phönikien, Palästina und Syrien verlor (605). Aber Nechos reger und energischer Geist suchte alsbald andere Wege. Er ließ eine große Flotte von griechischen Trieren erbauen und begann einen Kanal vom Niltal durch das Wadi Tumilát zum Roten Meer anzulegen. Die Wasserstraße blieb aber in ihren Anfängen stecken und wurde erst vom Perserkönig Dareios I. zu Ende geführt.

Necho

Der Plan beweist, wie sich die Saïtenkönige bemühten, ihrem Lande wieder die alte Machtstellung in der Welt zurückzugewinnen.

Nach einer kurzen Regierung *Psametichs II.* (594–588) kam dessen Sohn *Apriës,* der Hophra der Bibel, auf den Thron (588–568). Er erklärte sich bereit, Juda in seinem Abwehrkampf gegen Babylon zu unterstützten. Dabei hoffte er, seinerseits die Eroberungspläne Nechos verwirklichen zu können. Die ägyptische Hilfe war aber unzureichend. Nebukadnezar plünderte und zerstörte Jerusalem (586) und führte die Juden in die babylonische Gefangenschaft. Der Pharao Apriës kehrte ohne Erfolg, aber unbehindert von den babylonischen Heerscharen nach Ägypten zurück. Eine Zeitlang konnte sich das Nilland unter ihm ungestörter Ruhe und eines hohen Wohlstandes erfreuen. Aber Aufstände im ägyptischen Heer und die Niederlage der königlichen Truppen bei einem Feldzug gegen die griechische Kolonie Kyrene führten zu seiner Absetzung. Sein Feldherr Amasis ließ sich vom Heer zum König ausrufen.

Apriës

Amasis

Amasis (568–526) war aus dem bis zum offenen Krieg gesteigerten Widerstreit zwischen den libyschen Kolonisten und den griechischen Söldnern zur Herrschaft gekommen. Seine Aufgabe war es, mit beiden Seiten in kluger diplomatischer Einsicht gute Beziehungen zu halten. Er bewährte sich auch in den 44 Jahren seiner Herrschaft als ausgezeichneter Staatsmann, der durch seinen allem königlichen Prunk abholden und genußfrohen Charakter nicht nur die Libyer und Ägypter für sich gewann, sondern auch die Griechen förderte. Im neuen Naukratis hatten sie sich mit Tempeln der Aphrodite und des Apollon und anderer griechischer Gottheiten ein Stück Heimat geschaffen. Sie errichteten Industrien, hielten Märkte ab, deren Absatzgebiete sich über das ganze Mittelmeer erstreckten, und lebten unter einer ähnlichen Verwaltung wie die in ihrem Mutterland. Solcherart glich Amasis die Gegensätze aus, und die in die Geschichte Ägyptens neu eingetretenen Griechen bedeuteten für den Pharao einen Brückenschlag hinüber zum Abendland. Das Meer war nicht mehr Grenze, sondern Verbindung zu den griechischen Inseln und nach Griechenland selbst. Er knüpfte Beziehungen mit Athen, Sparta und Rhodos an. Die aufstrebende Macht Persiens bewog ihn zu einem Bündnis mit *Krösos*, dem König von Lydien. Als dieser den Persern unterlag, eroberte Amasis mit seiner starken Flotte Kypern und machte es zu einer tributpflichtigen ägyptischen Provinz. Freundschaft verband ihn mit *Polykrates*[1], dem reichen und kunstliebenden Tyrannen von Samos.

Ägypten lebte unter Amasis im Wohlstand. Der Pharao konnte daher einige Städte des Landes, besonders Memphis und Saïs, mit neuen großartigen Bauwerken schmücken, von denen aber wenig auf uns gekommen ist, da das Schwemmland des Deltas mit seinem hohen Grundwasserstand kein Garant für lange Lebensdauer von Bauten ist. Der weltkluge und voraussehende Amasis verfolgte aufmerksam die drohenden Vorgänge im Perserreich unter Kyros, der Lydien in Kleinasien zerstört und Babylon erobert hatte. Er ahnte, daß eine schwere Auseinandersetzung mit den Persern bevorstand. Ägypten hatte schon viele Jahre vorher seine innere Lebenskraft verloren, nur die geschickte Führung der Saïtenkönige hatte mit fremder Hilfe das unabänderliche Ende noch um geraume Zeit hinausgezögert. Noch während der Regierung des Amasis hatte Kambyses, der Sohn des Kyros, die Aufrüstung beendet. Ein rechtzeitiger Tod bewahrte den Ägypterkönig davor, den Fall des alten, ehrwürdigen Reiches erleben zu müssen. Amasis' Sohn, *Psametich III.*, bestieg bereits im Schatten des Krieges den Thron, nur für sechs notvolle Monate lang. Die Perser rückten über die Landenge von Sinai an. Die Heere trafen bei der Stadt Pelusium im Osten des Deltas zusammen. Eine blutige Schlacht löschte die letzte ägyptische Dynastie aus, machte das Nilland zur persischen Provinz, zwei Jahrhunderte lang, bis es sich endlich ohne Widerstreben dem Welteroberer Alexander in die befreienden Arme warf und nun unter einer Dynastie griechischer Könige in ein neues Zeitalter der Weltgeschichte hineinwuchs.

Die Perserzeit

Die Perserzeit in Ägypten reichte von der 27. bis zur 30. Dynastie. Sie war zwar erfüllt von Versuchen, die Fremdherrschaft abzuschütteln, aber das Nilland war nicht mehr fähig, eine selbständige Rolle zu spielen. Kurz nach der Besetzung lastete die Herrschaft des von den Ägyptern leidenschaftlich gehaßten *Kambyses* (525–522) schwer auf der Bevölkerung.

[1] Die von Herodot 3, 39 ff. erzählte Novelle vom Ring des Polykrates erwähnt das Bündnis mit dem Pharao Amasis. Sie bildete die historische Grundlage zu Schillers Ballade »Der Ring des Polykrates«.

Aber unter seinem Nachfolger *Dareios I.* (522—485) verringerte sich der Druck merklich. Der Perserkönig ließ ägyptische Tempel aufführen und baute den von Necho begonnenen Kanal zwischen dem Nil und dem Roten Meer aus. Trotz dem erträglichen Regiment kam es immer wieder zu unerwarteten Aufständen. Einer unter Dareios I. verzögerte sogar den Angriff auf Hellas, da die Perser den Kriegszug ohne die Unterstützung durch die ägyptische Flotte nicht beginnen konnten.
Dareios unterschätzte nicht die Bedeutung Ägyptens, er schenkte dem Lande seine Aufmerksamkeit und den Landstraßen und Kanälen seine Fürsorge, förderte Handel und Schiffahrt, prägte den Ägyptern eigene Goldmünzen, bezeugte vor allem Verehrung für die ägyptischen Götter und für die, die vor ihm die Doppelkrone getragen hatten, und opferte in den Tempeln ganz nach der Sitte des Landes. Aber es war doch eine Fremdherrschaft. Die Ägypter mußten Tribut zahlen, Kriegsdienste leisten für einen ausländischen Herrscher, und die höheren Ämter wurden mit Ausländern besetzt, die sich oft ohne Wissen und Willen des Königs schamlose Gewalttätigkeiten und Erpressungen erlaubten.
Aus solchen Verhältnissen erklären sich die wiederholten Erhebungsversuche. Aber diesen Freiheitsbewegungen war wegen der Ziellosigkeit und Uneinigkeit ihrer Führer meist nur eine kurze Dauer gegönnt. Erst in der

Die 30. Dynastie

30. Dynastie trug wieder ein einheimisches Herrschergeschlecht aus Sebénnytos die Doppelkrone Ägyptens und gewann einige Bedeutung. Die beiden Könige Nektanebos und Teos suchten in einer 40jährigen Regierung das alte Pharaonenreich nochmals aufzurichten, Feldzüge gegen Kleinasien zu unternehmen, Silbermünzen zu prägen, um die griechischen Söldner zu entlohnen und die innere Verwaltung zu ordnen. Die kurze Zeit dieser schwer errungenen, allerletzten Unabhängigkeit kennzeichnen auch einige bedeutende Kunstwerke, Plastiken und Reliefs.
Mit *Nektanebós II.* schloß die Epoche, in der Ägypten, von Libyern und griechischen Söldnern immer wieder zu neuem Widerstand angeeifert, seine Selbständigkeit verteidigte, endete die letzte der 30 Dynastien. Dieses Ende vollzog der Perserkönig *Artaxerxes III. Ochos* (358—338), der in grausamer Zerstörungswut bis an die Südgrenze des Landes vordrang. Die Perser verwüsteten Baudenkmäler aus der Blütezeit des Reiches, plünderten mit unersättlicher Habgier, schafften ungezählte Schriften aus den Archiven in Persiens Hauptstadt. Mit ausgesuchter Bosheit suchte Artaxerxes III. das religiöse Empfinden der Ägypter zu verletzen, indem er den Stier Apis schlachten ließ und die Priester zwang, dessen Fleisch zu essen. Und ein Ende der Schreckensherrschaft war nicht abzusehen.

Die griechisch-römische Zeit

Die Ägypter, schon längst der persischen Macht feindselig, da ihnen deren Herrschaft habsüchtig und übermütig erschien, hatten bei der Hoffnung auf Alexanders Ankunft neuen Mut gefaßt.

Curtius Rufus

Alexander der Große

Durch die Entscheidungsschlacht am *Issos* in Kilikien zwischen den Makedonen und Persern gewann König *Alexander* nicht nur Phönikien und Syrien, sondern hatte auch den Weg nach Ägypten frei. Das Nilland war noch persische Provinz und das letzte fehlende Glied im östlichen Mittelmeerrund. Außerdem sollte der Zug nach Ägypten der Herrschergewalt des Großkönigs noch eine besondere religiöse Weihe geben durch das Orakel des Zeus-Ammon in der Oase Siwa. Der Marsch der Makedonen führte nach dem Fall von Tyros und Gaza an der Küste weiter nach Pelusium (332). Die Bewohner Ägyptens leisteten dem fremden Heer keinen Widerstand. Sie begrüßten vielmehr Alexander als Befreier vom persischen Joch. In der ganzen ägyptischen Geschichte hatten sie bereit sein müssen zur Abwehr asiatischer Angriffe, wie der Mitanni, der Hethiter, Assyrer, Babylonier und schließlich der Perser. Nun erschien ihnen der König als der rettende Mann aus dem Volk der Hellenen, die immer im besten Einvernehmen zu Ägypten gestanden waren und der alten Kultur des Nillandes die höchste Achtung entgegengebracht hatten. Nie hatten die Griechen durch Eroberungsgelüste diese jahrhundertelange Eintracht gestört, und auch die griechische Kolonie Naukratis diente nur Handelsinteressen. Der persische Statthalter *Mazakes* sah bei der freundlichen Haltung der Ägypter und in Ermangelung eigener Streitkräfte keine Möglichkeit, sich Alexander entgegenzustellen. Ohne Widerstand rückte Alexander nach Memphis vor, wohin auch seine Flotte stromaufwärts gefahren war. Nun verschwanden die verhaßten Perser mit den weiten, pelzverbrämten gestickten Mänteln und den hohen Hüten, ebenso die bärtigen Krieger mit den langen Speeren und Bogen, die 130 Jahre lang das Stromtal bevölkert hatten. Alexander tastete die Religion der Ägypter und ihre heiligen Bräuche in keiner Weise an und opferte zu Memphis unter großen Feierlichkeiten außer den übrigen Göttern auch dem Apis in betontem Gegensatz zu Kambyses und Artaxerxes III., die den Stier frevlerisch hatten schlachten lassen. Die Bewohner verehrten Alexander wie einen Gott.

Die Gründung Alexandrias

Auf der Weiterfahrt nilabwärts gründete er, von Landeskundigen vorzüglich beraten, unweit der Mündung des westlichen Nilarmes die Stadt, die bis heute seinen Namen trägt, Alexandria, mit zwei Häfen, von denen der eine die Verbindung mit dem Nilfluß durch den Mareotischen Binnensee herstellt, der andere, durch die vorgelagerte Insel Pharos gegen die nördliche wie die westliche Meeresbrandung gedeckt, die Seeverbindung sicherte. Der König wählte den von der Insel geschützten Isthmos zur Anlage der Stadt.

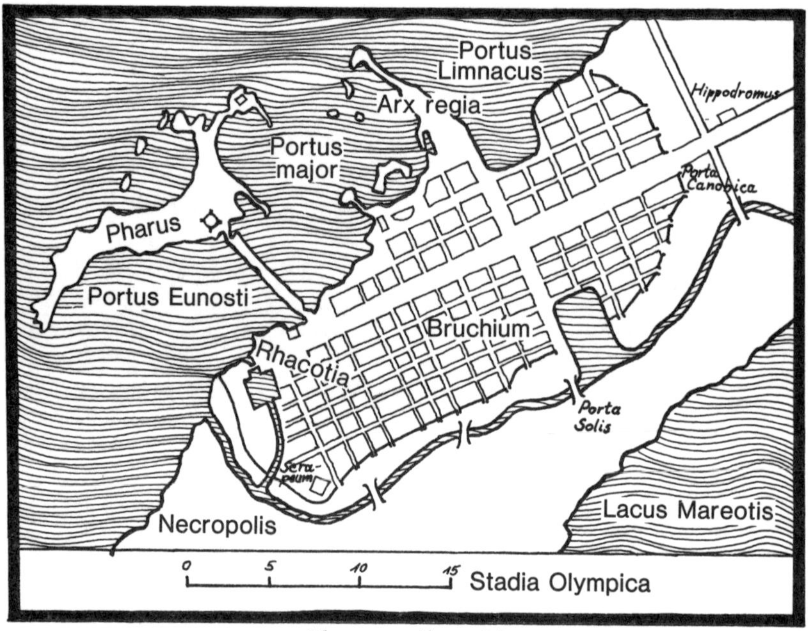

Plan von Alexandria

Grundriß und Bauplan wurden nach den neuesten Vorbildern hellenistischer Städtebauer mit geraden, sich rechtwinkelig kreuzenden Straßen entworfen. Vor allem sollte sie eine Handelsstadt werden, die Ägypten in den großen Warenverkehr des Mittelmeeres eingliedern würde. Das Nilland hatte besonders Getreide, Papyrus, Elfenbein gegen griechischen Wein, Olivenöl und Kunstgegenstände zu tauschen. Mit dem folgenden wirtschaftlichen Aufblühen der Stadt zu einem Mittelpunkt des damaligen Welthandels stieg Alexandria unter den Herrschern der späteren Zeit auch zum Ruhm eines Sammelplatzes der internationalen Wissenschaft empor und blieb durch dreihundert Jahre die größte und reichste Stadt der Erde.
Alexander wollte sich durch seinen Zug nach Ägypten die Flanke sichern für die Fortsetzung des Krieges gegen Persien. Nun fuhr er weiter zur fernen Oase *Siwa* in Libyen, um dort das Orakel zu befragen. Schon Perseus und Herakles hatten ihren Weg dorthin genommen, da Ammons Orakel für untrüglich galt. Ursprünglich verehrten die Bewohner den Gott Amun. Bald aber wurde diese Gottheit von den Hellenen der benachbarten Griechenkolonie Kyrene als Landesgott übernommen, bekam den Namen Ammon, wurde dem Zeus gleichgesetzt und behielt nur noch in alter Erinnerung seine Widderhörner. Herakles war Alexanders Vorbild in seinem ganzen Leben. Daher wollte er auch jetzt in ehrfürchtiger Nachahmung durch den Gott seine Bestätigung erhalten. Alexander hatte von den ägyptischen Priestern zu Memphis bereits die pharaonischen Weihen empfangen. Nun

wurde er von dem Priester des Ammon als Gottessohn begrüßt, damit sein Herrschaftsanspruch von höchster Stelle vor den Ägyptern und der ganzen Oikumene anerkannt und sein ganzes Streben und Handeln auch gewissensmäßig gerechtfertigt würden.

Der Makedonenkönig hatte während seines Aufenthaltes einen tiefen Eindruck von Ägypten gewonnen. Nicht nur die Natur mit ihrer Fruchtbarkeit und das Wunder der Bewässerung, sondern auch die monumentalen Zeugnisse der ägyptischen Kunst weckten in ihm große Begeisterung für dieses alte Land mit seiner ehrwürdigen Kultur. Als ob er den Tod nahen fühlte, äußerte er das Verlangen, im Schatten dieser Tempel die letzte Ruhestatt zu finden. Mit dem Wunschtraum, das Abendland mit dem Morgenland zu einer vom Glanz der Göttlichkeit umstrahlten Weltherrschaft zu vereinen, verließ er Ägypten zu neuen Taten (331).

Ägypten unter den Ptolemaiern

Aber mitten in großen Plänen und titanischem Wollen verglühte sein Leben (323). Da die Nachfolge nicht geregelt war, zerfiel das Reich unter seine Generale, die als Nachfolger (Diadochen) in wechselvollen Kämpfen um die Teile stritten. Ägypten kam an das Haus der Ptolemaier, die 300 Jahre lang in der königlichen Burg von Alexandria saßen, bis im Jahre 30 die Römer das Land zu einer kaiserlichen Provinz machten. Das Geschlecht nahm seinen Ausgang von Alexanders Heerführer *Ptolemaios I.*, der ein zielsicherer Politiker und erfolgreicher Diplomat war. Dieser Makedone verwaltete zuerst Ägypten als Satrapie im Namen der Erben des Königs. Nach deren Tode schlang er 305 das goldene Band um seinen Makedonenhut, nahm den Königstitel an und erhielt den Beinamen Sotér (Retter). Er brachte die Leiche des Welteroberers aus Babylon nach Ägypten und setzte sie zuerst in der alten Landeshauptstadt Memphis bei. Sein Sohn Ptolemaios II. Philadelphos bereitete ihr eine prunkvolle Ruhestätte im Burgbezirk von Alexandria. Unter Ptolemaios I. entwickelte sich die Alexanderstadt zum Zentrum hellenistischer Geisteskultur. Schon Alexander hatte jede Ruhepause in seinem kurzen, von Kriegen erfüllten Leben genutzt, um nach dem großen Vorbild seines Lehrers Aristoteles die Wissenschaft und die Kunst zu pflegen. Sein Nachfolger, selbst nicht von überlegener Begabung, aber ein begeisterter Sammler und Förderer, schuf dem hellenistischen Geiste Raum und Macht und machte in kurzer Zeit Alexandria zur führenden Metropole der hellenistischen Welt.

Das Museion

Ptolemaios I. Soter schrieb im Alter die erste Geschichte Alexanders des Großen, die auf Quellenmaterial und eigenem Erlebnis beruhte. Er gründete in seiner Hauptstadt das *Museion* mit der *Bibliothek*, beide hervorragende Stützpunkte der Wissenschaft. Das Museion war eigentlich eine Weihestätte der Musen, aber zugleich auch eine große Forschungsstätte. Es war der Ehrgeiz der Könige, an das Museion die ersten Geister der hellenischen Welt zu berufen und ihnen durch großzügige Hilfe die Möglichkeit zu wissenschaftlicher Arbeit zu geben. Diese erstreckte sich bei den literarischen Werken auf die Erstellung zuverlässiger Texte, daneben pflegte man im weitesten Umfang die Naturwissenschaften, wie Medizin, Tier- und Pflanzenkunde, Geographie u. a. Schon früher faßte man den Gedanken, die gesamte hellenistische Literatur zu sammeln. Aber der Durchführung stellten sich die zu hohen Kosten entgegen. Erst die Ptolemaier konnten mit den Mitteln des großen Reiches alle erreichbaren Werke erfassen, und unter den späteren Königen wuchsen die Bestände immer mehr an, so daß man vermuten kann, daß die Bibliothek schließlich 700.000 Papyrusrollen umfaßte. Ein Großteil davon ging leider durch den Brand während Caesars Anwesenheit in der Stadt zugrunde (47).

Die Leitung der Bibliothek lag wiederholt in den Händen berühmter Männer, wie zum Beispiel des Dichters *Kallímachos*, der in enger Beziehung zum kunstfreundlichen Herrscherhaus stand und dort auch einen bestimmenden Einfluß auf die geistige Haltung des Hofes gewann, oder des früheren Schülers und Epikers *Apollónios*. Mit den Ptolemaiern verschwand das Ägyptische als Sprache des Hofes und der Wissenschaft, und an seine Stelle trat die *Koiné*, die von lokalen Eigentümlichkeiten befreite, allgemeine griechische Welt-Verkehrssprache. So bot das alte Ägypten ein neues Bild; mit Alexandria als geistigem Zentrum war es ein Hort hellenistischer Kultur und Wissenschaft.

Oberägypten zur Zeit der Ptolemaier

Die Bräuche und religiösen Anschauungen der Ägypter achteten die Ptolemaier jedoch, und in der Folge taten es auch die römischen Kaiser, um sich als die legitimen Nachfolger der alten Pharaonen zu beglaubigen. In Oberägypten konnte sich die gewaltige Übermacht ägyptischen Wesens im Anblick der riesigen ehrwürdigen Bauwerke noch Jahrhunderte hindurch behaupten. Die klugen und weitblickenden Ptolemaier wetteiferten in ihrer toleranten Politik darin, ihre Ehrerbietung vor dem Alter und der Größe der ägyptischen Religion und Kunst zu bekunden und sich durch Erweiterung geheiligter Bauten das Wohlwollen der einflußreichen Priesterschaften und die Liebe und Verehrung des gläubigen Ägyptens zu sichern. Zum letztenmal entfaltete sich die ägyptische Baukunst in großartiger Weise. Sie brachte keine neuen Baugedanken mehr, ja neben den Heiligtümern der Pharaonen in der Thebais mögen die den großen Vorbildern aus dem NR nachgeformten Bauwerke der Ptolemaier seelenlos erscheinen. Aber sie vermögen wegen ihres guten Zustandes die Vorstellung der altägyptischen Tempelanlagen zu ergänzen.

Der Tempel zu Edfu

Allen voran erregt der am besten erhaltene Tempel Ägyptens zu *Edfu* die Bewunderung des Besuchers. Er war dem Sonnengott Horus geweiht, einem der Urgötter Ägyptens, Sohn des Götterpaares Osiris und Isis.

Ein mächtiger Pylon weist uns den Weg zum Eingang. Von der Wand des Torbaues grüßt der schreitende Pharao, ein prachtvolles Relief der Macht und des Triumphes. Das uralte Siegesmotiv, von der Narmerplatte an durch die Zeiten gewandert: Der König schlägt den Gefangenen den Kopf ab. Da der Sand alles sorgsam bedeckt hat, der Tempel von Archäologen erst aus der schützenden Hülle gegraben wurde, können wir den ganzen Bau mit seinen unversehrten Säulen, Treppen, Decken und Reliefs erleben. Sobald wir, wie ehedem die andächtigen Horusverehrer, durch das Tor geschritten sind, liegt der Hof (H) vor uns, Säulengänge, gekrönt vom bewegten Reigen der Blumen- und Palmenkapitelle, schließen ihn ein. Wir

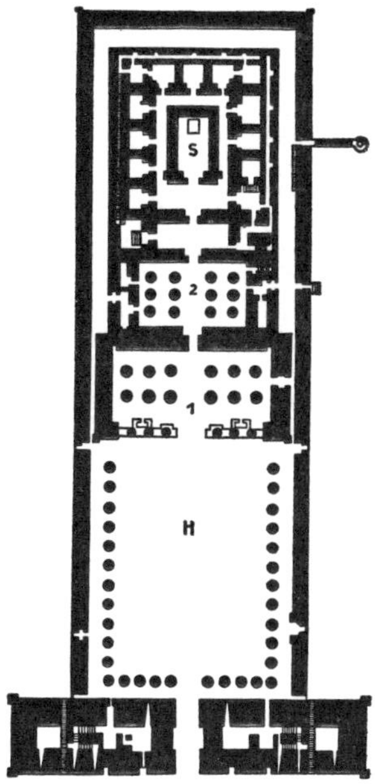

Grundriß des Horustempels zu Edfu

gehen den nach dem alten Tempelplan angelegten Weg in der Mittelachse weiter zur Säulenhalle (1). Auf der linken Seite des großen Mittelportals schaut ein mächtiger, würdevoller Granitfalke mit Doppelkrone (Horus) auf uns. Da der eigentliche Tempelbau noch zur Gänze überdacht ist, treten wir aus dem Licht in den dämmerigen Hypóstylos[1] (2). Mattes Licht dringt durch die schmalen Öffnungen der Dachsteinplatten in die Räume, mühsam erkennen wir Szenen der Reliefs und Inschriften. Ehemals wurden hier nur die Könige eingelassen, und ihnen leuchteten die Priester mit Fackeln. Wir schreiten weiter durch das sich verdichtende Dunkel bis an die Pforte des Allerheiligsten (S), das in kostbarem Granitschrein die Statue des Gottes barg. Der symbolische Weg des Menschen aus der Fülle der Welt in die Einsamkeit innerer Einkehr zur Gottheit, in Ägyptens Tempelanlagen zwar immer wiederkehrend, ist doch nirgends so augenfällig erhalten wie in Edfu. Hieher verlegt die Legende den Kampf des jungen Horus, der nach erbittertem Ringen Seth bezwang und damit an dem Mörder seines Vaters Osiris Rache nahm.
Das Sanktuarium ist von Kapellen umschlossen. Eine doppelte Umfassungsmauer grenzt den Tempelbau von der Außenwelt ab. In der Mauer führt eine Treppe auf das flache Dach. Ein herrlicher Ausblick über die große Tempelanlage, die Stadt mit ihren weißen Häusern, ihren Palmen bis

[1] Hypostylos (griech.) = Säulenhalle.

zum Nil und der gelblichen Wüste sowie dem grünen Fruchtland lohnt den Aufstieg. Der Tempel wurde 237 unter Ptolemaios III. Euergetes begonnen und nach 90 Jahren vollendet. Der Hof mit den Kolonnaden, die Umfassungsmauer und der Pylon wurden später zugebaut, so daß die gesamte Anlage im Jahre 57 abgeschlossen war.

Der Hathortempel von Dendera

Ebenfalls gut erhalten ist der Hathortempel zu Dendera aus dem Ende der Ptolemaierzeit. Die Säulen tragen den Hathorkopf, an den Innenwänden des Hypostylos begegnen uns Reliefs römischer Kaiser als Pharaonen, wie Augustus, Tiberius, Caligula, Claudius u. a., die ägyptischen Gottheiten opfern.

Der Tempel von Kom-Ombo

Am Tempel von Kom-Ombo (= Hügel von Ombos) wurde noch in römischer Zeit gebaut. Die Reliefs des Hofes und die Außenwände stammen aus der Zeit der römischen Kaiser, hauptsächlich aus der des Tiberius. Innen begegnen uns die Kartuschen von Augustus, Tiberius und Nero. Die Säulen mit ihren üppigen Palmen- und Blumenkapitellen zeigen den Übergang zum griechisch-römischen Stil. Mit solchen zusätzlichen Merkmalen suchten die Baumeister trotz allem Festhalten an der alten Bauform diskret an ihre Gegenwart zu erinnern. Der Tempel erhebt sich hoch und steil aus der Nilschleife, mit herrlichem Weitblick über Strom und Wüste, als einziges Beispiel einer Akropolis in diesem Tal, das keine Hügel kennt, nur Felsenketten zu beiden Seiten. Er ist ein Doppeltempel mit zwei Sanktuarien, zwei Gottheiten geweiht, dem krokodilgestaltigen Suchos und dem falkengestaltigen Haroëris, beide das jugendliche Prinzip, das triumphierende Licht verkörpernd.

Die Tempel der Insel Philae

Am längsten hielt sich die Verehrung der ägyptischen Gottheiten auf der Insel Philae, wo bis in die Zeit Kaiser Hadrians eine Reihe von Heiligtümern entstanden ist, unter ihnen der Isistempel, der erst nach Justinian I. (483—565 n. Chr.) geschlossen wurde. Damit erlosch der Isiskult. Die großen Tempel dieses Eilandes zeigten deutlich von dem Bemühen der Ptolemaier, sich als echte Nachfolger der heimischen Pharaonen zu erweisen und die alten Gottesdienste unverändert weiter zu pflegen. Daher erschienen sie in Riesengestalten betend und opfernd an den Tempelwänden, den Thutmosiden und Ramessiden nacheifernd. Aber sie übertrafen diese an Gebefreude, spendeten reiche Mittel für die Heiligtümer und führten die Bauten in den altgeheiligten, dem Landschaftsbild Ägyptens angepaßten, großartigen Formen durch Jahrzehnte zu Ende. Den alten Schlachtenreliefs aus der großen Zeit der Weltherrschaft im NR entspricht in Edfu die Schilderung des mythischen Kampfes des Horus gegen seine Widersacher. Noch einmal sollten die religiösen Geheimnisse dem frommen Volke sichtbar und unauslöschlich vor Augen geführt werden, bevor der alte Glaube im Zeitenstrom unwiederbringlich dahinschwand. Zweitausend Jahre später, als man den Assuandamm baute, kamen die Fluten des Nils und nagten an den ehrwürdigen Gotteshäusern. Heute, nach dem Bau des zweiten Staudamms, ist Philae zur Gänze von den Nilfluten bedeckt.

Anfangs blühte das Stromreich unter den ptolemaischen Königen, war es ein mächtiger Staat, und seine neue Hauptstadt Alexandria galt als der Mittelpunkt des Welthandels und der hellenischen Kultur. Auch über die Grenzen hinaus versuchten die Ptolemaier ihre Herrschaft auszudehnen.

Der alte Weltmachtstraum war noch nicht ausgeträumt. Gern boten sich dem reichen ägyptischen Staat Männer aus dem ganzen hellenischen Bereich von Sizilien bis zum Schwarzen Meer und auch aus den kriegerischen Stämmen der Balkanhalbinsel, wie Thraker, Illyrer, zum Waffendienst an. Mit diesen Söldnertruppen konnten die Könige große Erfolge erringen, Syrien und viele Inseln in der Ägäis besetzen. *Ptolemaios IV. Philopater* (221–205) siegte sogar über den Seleukiden *Antiochos den Großen* bei Raphia (217). Aber er und seine Nachfolger mußten den Sieg mit Aufständen in Oberägypten bezahlen. Auch im übrigen erfüllten sich nicht die Hoffnungen, zu denen die Blüte hellenischen Geisteslebens und der Glanz des wirtschaftlichen Aufschwungs berechtigten. Die Mischung feiner Gesellschaftsformen aus dem Norden mit denen des Orients erwies sich nicht als günstig. Die späteren Könige schwelgten in allen erdenklichen Lastern, wozu sich noch Tyrannei und Grausamkeit gesellten. Fortwährender Hader der Geschwister und der Ehegatten zerrüttete das Königshaus, Wissenschaft und Kunst lagen brach, die wirtschaftlichen Verhältnisse gerieten durch rücksichtslose Verschwendung in Unordnung. Im Jahre 80 hatte der arg in Geldnöten steckende Ptolemaios XI. den Goldsarg Alexanders des Großen zur Dekkung seiner Schulden verwendet und die Königsmumie in einen gläsernen Sarg legen lassen. Das Volk seufzte unter den wachsenden Lasten und Steuern und versuchte in wiederholten Abständen Abhilfe zu schaffen.

Kleopatra

Am Ende der Ptolemaierdynastie steht eine Frau, deren Charakterbild durch der Römer Haß widersprüchlich auf uns gekommen ist: *Kleopatra* (69–30). Sie war sicherlich eine grausame, verschwenderische Tochter des Orients, aber sie war auch eine Frau von außerordentlicher Begabung, die alle ihre Untertanen in ihren verschiedenen Sprachen anzureden wußte. Sie war die Tochter des im Jahre 52 verstorbenen Königs *Ptolemaios XII. Aulétes.* Sie heiratete ihren älteren Bruder *Ptolemaios XIV.* und regierte einige Zeit recht friedlich mit ihm.

C. Julius Caesar in Ägypten

Allein das dauerte nicht lange. Das Königspaar war aller Zügellosigkeit und allen Lastern ergeben, und Kleopatra vertrug sich bald nicht mehr mit dem Bruder. Es entstanden Streit und offene Zwietracht, und schließlich wurde Kleopatra im Jahre 48 vertrieben. Sie eilte nach Syrien und warb ein Heer gegen ihren Bruder an, was der Überredungskunst der verführerisch schönen Frau leicht gelang. Mit den neuen Truppen zog sie gegen Ägyptens Grenzen. Zur gleichen Zeit landete *C. Julius Caesar,* der von Rhodos aus mit einer kleinen Flottille die Verfolgung des Pompeius aufgenommen hatte, bei Alexandria und wurde in die Kämpfe des Königspaares verwickelt. Die Einmischung des Römers in den ägyptischen Thronstreit erbitterte die Alexandriner, und deren feindliche Haltung verstärkte sich noch, als sich Kleopatra, in Teppiche gewickelt, heimlich durch die dem Ptolemaierkönig ergebene Stadt zu Caesar in den Palast tragen ließ und den Römer, der in der letzten Erbin Alexanders des Großen die geheimnisvolle Vereinigung hellenischer Geistigkeit und orientalischer Leidenschaft verkörpert sah, mit dem Zauber ihrer Liebeskraft für die Ziele ihrer großen Staatspolitik gewann. Caesar setzte sie wieder in ihre

Thronrechte ein und trieb dadurch die Alexandriner zu offenem Widerstand. Vom Heer des Königs in der Enge des Palastviertels monatelang eingeschlossen und in arge Bedrängnis gebracht, kam er wiederholt in größte Lebensgefahr. Einmal rettete er sich durch Schwimmen, das andere Mal ließ er Brandfackeln auf die ägyptischen Schiffe werfen. Das Feuer griff auf den Strand über, erfaßte die herrliche Bibliothek, den Stolz des ptolemaischen Königshauses, und vernichtete an die 400.000 Schriftrollen. Nur durch ein Entsatzheer konnte er von der Seeseite her befreit werden. Kleopatras Bruder ertrank im Nil. Damit hatte der Krieg von selbst ein Ende gefunden, die Hauptstadt ergab sich dem römischen Sieger, und Kleopatra teilte die Herrschaft mit ihrem jüngeren Bruder Ptolemaios XV., den sie nach ägyptischer Sitte heiratete. Monatelang schwelgte Caesar im Zauber der rauschenden Feste und Lustbarkeiten der herrlichen, prunkvollen Weltstadt, bis ihn weitere große Pflichten zum Aufbruch nötigten. Bald nach Caesars Abreise (47) gebar Kleopatra ihm einen Sohn Ptolemaios, der mit Billigung des römischen Imperators den Beinamen Caesar erhielt und im Volksmund *Caesarion* hieß. Später folgte sie Caesar nach Rom und wohnte dort bis zu seiner Ermordung.

Marcus Antonius

Nach der Vernichtung der Caesarmörder bei Philippi (42) erhielt Caesar Octavianus den Westen, *Antonius* den Osten des Römischen Reiches. Als Kleopatra von der Ankunft des Antonius zu Tarsos (41) in Kilikien erfuhr, machte sich die 28jährige auf, um ihn zu seinem Siege über Cassius und Brutus zu beglückwünschen. Auf einer prunkvollen Galeere mit Purpursegeln und silbernen Rudern, als Aphrodite gekleidet, erschien die ägyptische Königin im Glanz ihrer Schönheit und brachte die kostbarsten Geschenke mit. Antonius war berauscht von dem Zauber der Frau, von der Pracht ihrer Aufmachung, folgte ihr nach Alexandria, und Kleopatra wurde seine Frau. Eine Weissagung hatte in ihr die Hoffnung geweckt, an seiner Seite die Weltherrschaft zu erlangen. Antonius war seitdem nicht mehr Herr seiner selbst, sondern ganz der Königin verfallen. Noch einmal entfaltete unter diesem Königspaar das Haus der Ptolemaier als Herrscher über den hellenisch-orientalischen Osten seinen vollen Glanz. Alexandria hat wohl niemals zuvor so sehr im Bewußtsein gelebt, Hauptstadt eines Weltreiches zu sein, wie in diesen Jahren. Liebestrunken verschenkte Antonius eine Provinz des Römischen Reiches nach der anderen an Kleopatra und ihre vier Kinder. Diese Abwendung von Rom beantwortete der Senat mit der Kriegserklärung an Kleopatra. Die Seeschlacht bei dem Vorgebirge Aktion (lat. Actium) entschied für *Caesar Octavianus*. Kleopatra ließ frühzeitig noch mitten im Gefecht die Flotte im Stich und floh mit den ägyptischen Kampfschiffen. Antonius folgte ihr, seine Macht in Vorderasien brach zusammen. Octavianus erschien vor Alexandria. Eine feindliche Legion nach der anderen, ein Schiff nach dem anderen ging von Antonius zum Sieger über. In einem Reitertreffen vor den Mauern Alexandrias leistete Antonius noch einmal verzweifelten Widerstand, aber er konnte das Schicksal nicht mehr wenden. Er machte seinem Leben selbst ein Ende (30).

Caesar Octavianus Augustus

Die Königin hoffte, wie zuvor Caesar und Antonius auch Octavianus durch den Reiz ihrer Persönlichkeit zu gewinnen, aber bei diesem nüchternen Römer versagten ihre Künste. Er wollte sie bei seinem feierlichen Einzug in Rom in Ketten hinter seinem Triumphwagen über das Forum führen und ließ sie daher scharf bewachen. Wichtig schien ihm vor allem, ägyptisches Getreide und Gold nach Rom zu schaffen. Für die stolze Frau stand bei dem Gedanken, als Gefangene verspottet und verhöhnt den Siegeszug ihres Bezwingers schmücken zu müssen, nur ein Ausweg offen: der Tod. Man erzählt, sie habe sich, da sie sehr streng bewacht wurde, heimlich in einem Körbchen, unter anderem verborgen, zwei Giftschlangen in ihr Zimmer schmuggeln lassen, und starb durch deren Bisse, erst 39 Jahre alt. Ihren ältesten Sohn, der den großen Julius Caesar zum Vater hatte und rechtmäßiger Thronerbe war, ließ Octavianus hinrichten.
Ägypten war, wenn auch unter der Regierung der Makedonen, noch durch 300 Jahre nach dem Erlöschen der letzten Dynastie ein selbständiges Reich gewesen. Jetzt (30) sank es zu einer kaiserlichen Provinz herab, ging auf in der römischen Weltordnung. Kaiser Augustus setzte einen Statthalter zur Verwaltung des Landes ein, er selbst blieb ihm fern, nur an den Tempelwänden ließ er sich als Pharao opfernd vor den alten Göttern darstellen, als hätte sich inzwischen die Welt nicht verändert. Zur Sicherung des Ostens und der Getreidezufuhr, die für Rom lebenswichtig war, belegte er das Land stark mit römischen Legionen, baute Alexandria zu einem der großen römischen Flottenstützpunkte für die classis Alexandrina aus. Die ranghohen Stellen in der Verwaltung übernahmen Römer, die lateinische Amtssprache verdrängte die griechische Koine und das Ägyptische.
Als die Griechen und Römer mit Ägyptens Kultur in Berührung kamen, war diese 3.000 Jahre alt und vom Tode gezeichnet. Dennoch lockten die märchenhaften Zeugnisse der großen Pharaonen viele Fremde an, besonders zu Beginn der Kaiserzeit setzte eine große Reiseflut ein. Man kehrte sich von der Gegenwart ab und suchte das Wunderbare, Geheimnisvolle in grauer Ferne. Hohe Gäste kamen, Kaiser Hadrian und seine Gemahlin Sabina, Germanicus, Beamte, Wissenschafter aus Rom, Athen und Byzanz und viele andere, ein ganzer Heerzug. Sie besuchten die Tempel, kratzten auf den Fuß oder den Sockel eines Ramses ihren Namen. Philae, Abydos und Theben waren Ziel von Wallfahrten, hörten von Bitte, Dank und Besorgnis der Beter. Wer in Theben war, zog auch über den Strom und lauschte, ob Memnon seine rätselhafte Stimme hören ließ. Und mancher, der die Weihestätten der ägyptischen Götter besucht hatte, gab in seiner Heimat die Anregung, daß man auch dort ein Heiligtum der Muttergöttin Isis erbaue.
Und was die Griechen und Römer faszinierte, fasziniert den heutigen Besucher des Nillandes ebenso. Jeder, dem es beschieden war, auf diesen Pfaden der Urtage alles Menschlichen zu wandern und zu sehen, was eine versunkene Welt einst auf der Stufe der Kindheit erlebte, der hat ein wenig staunende Gottesfreude in seiner Seele erfahren, die ihm nie mehr verlorengehen kann.

Der Vordere Orient

Babylon-Assyrien

Dort im Reinen und im Rechten
will ich menschlichen Geschlechten
in des Ursprungs Tiefe dringen,
wo sie noch von Gott empfingen
Himmelslehr' in Erdesprachen ...
Goethe

Frühzeit – Sumer

Das Gebiet des Euphrat und Tigris

Im Hochland von Armenien entspringen nachbarlich zwei Flüsse, fließen nebeneinander, der *Euphrat* im Westen, der *Tigris* im Osten, in gleicher südöstlicher Richtung durch die ungefähr 700 km lange und 200 km bis 300 km breite, gelbbraune Steppe zwischen dem Iranischen Bergland und der Arabischen Wüste. Seit Alexanders des Großen Zeiten führt diese Ebene nach ihrer Lage zwischen den Strömen den griechischen Namen *Mesopotamien* = Zwischenstromland[1]. Die beiden mächtigen Wasserläufe mündeten in der vorchristlichen Epoche getrennt ins Meer, denn der *Persische Golf* reichte etwa 150 km weiter nach Norden, die alten Städte *Eridu* und *Ur* lagen einst in Küstennähe. Die gewaltigen Anschwemmungen der Ströme zur Zeit der Schneeschmelze schoben die Gestade immer weiter nach Süden, und vor etwa 2.000 Jahren vereinigten sich die beiden Flüsse nach immer träger werdendem, oft durch die Sinkstoffe verlegtem Lauf oberhalb von dem jetzigen *Basra* zum 110 km langen *Schatt el Arab.* Noch heute schiebt sich an der Mündung das sumpfige Schwemmland alljährlich um etwa 50 m weiter ins Meer hinaus. Jetzt heißt das Land *Irak* mit seiner Hauptstadt *Bagdad.* Es grenzt im Norden an die Türkei, im Osten an den Iran (Persien), im Süden an Saudi-Arabien und im Westen an Jordanien und Syrien. Das alte Land *Assur,* später *Assyrien* genannt, erstreckte sich längs dem Oberlauf des reißend dahinfließenden Tigris. Die südlich davon gelegene große Stromoase zwischen Euphrat und Tigris wurde durch eine etwas oberhalb von Bagdad sich quer hinziehende Bodenschwelle in das rauhere Hügelland *Akkad* im Norden und in das heiße Alluvialland *Sumér* im Süden geteilt. Dieses war einst überdeckt von Sümpfen mit undurchdringlichen Schilfdickichten, lehmigen Wasseradern und trockenem Steppenboden, über den wandernde Sanddünen von den Wüstenrändern vorrückten. Aber die Menschen spannten über die Ebene ein geregeltes

[1] μέσος = mesos = mitten; πόταμος = potamos = Strom.

Netz großer und kleiner natürlicher und künstlicher Wasserläufe und verwandelten das ertraglose Land unter der Mithilfe des wohlmeinenden subtropischen Klimas zu einem üppigen Fruchtboden von sagenhafter Ergiebigkeit. Die Kanäle fingen die zur Zeit der Schneeschmelze mit der Gewalt von Sturzbächen aus den niederschlagsreichen armenischen Bergen kommenden Fluten auf, verteilten sie, verringerten dadurch die alles verwüstende Überschwemmungsgefahr und dienten mit dem gespeicherten Wasser der dauernden Berieselung des Ackerbodens und des Gartenlandes während der heißen, regenlosen Sommertage. Nur diese unablässige Betreuung durch die staatliche Macht konnte den grünen Fruchtboden erhalten. Wie rasch das ertragreiche Paradies aber wieder zu verschwinden vermochte, zeigten die folgenden Jahrtausende. In erschreckender Weise hat sich das Antlitz dieses Landes verändert. Wieder ist der Boden mit gelbbraunem Wüstensand und Sümpfen bedeckt, und bloß im Frühling zieht für kurze Zeit ein grüner Schleier von sprießenden Pflanzen und Blüten über die Steppe. Außer Erdöl sind jetzt Datteln und Getreide wichtige Ausfuhrgüter. Nur langsam und mit großer Mühe konnten in unseren Zeiten die verödeten Gebiete der Kultur wiedergewonnen werden.

Sumérer

Schon als die Sumérer zum erstenmal ins Licht der Geschichte traten, zeigte Mesopotamien das Bild eines blühenden, auf der fleißigen Arbeit seiner Menschen gegründeten Landes. Die Einwanderer, die den Ackerbau längst kannten, bauten in ihrer neuen Heimat Gerste und Weizen, Hirse und Emmer an, eine sehr beliebte und günstige Weizenart. Außerdem die Ölfrucht Sesam und Hülsenfrüchte. Die Gärtner pflegten den Gemüsebau und zogen daneben die Dattelpalmen, die ihnen in ihrem Bergland unbekannt waren. Allmählich zählte Mesopotamien zu den ersten Getreideländern der Oikumene. Reisende bestaunten immer wieder die in üppiger Fruchtbarkeit prangenden Felder. Herodot preist aus eigener Anschauung die hohe Blüte der babylonischen Landwirtschaft und meint, sie spende das Zweihundertfältige und oft noch ein Mehrfaches der Aussaat. Bei intensiver Wasserwirtschaft konnte der Boden Millionen ernähren. Die Bewässerung brachte auch fettes Weideland hervor. Stattliche Herden von Ziegen und Schafen standen unter der Obhut ihrer Hirten auf den Weiden; Rinder züchtete man meist nur auf den Gütern der Großgrundbesitzer und der Könige. Als Last- und Zugtier diente im Zwischenstromland wie auch anderwärts der Esel. Als Reittier benützte man das Maultier, seltener das Pferd. Auch das Kamel, das wir ja stets mit dem arabischen Raum in Verbindung setzen, weil es ja das einzige Tier ist, das die längsten Durststrecken in der Wüste ohne Wasseraufnahme durchhält, dürfte kaum vor 1200 in größerer Zahl gezähmt worden sein. Nahrung für die Menschen boten auch die fischreichen Flüsse und künstlichen Wasserläufe, die Jagd lieferte Wildgeflügel, Hasen, Wildschweine, Gazellen. Dem Jäger begegnete auf seinen Streifzügen auch gefährliches Wild, wie Wisent, Bär oder Löwe. Letzterer galt als Jagdtier des Königs. Das todesmutige, sieghafte Ringen mit diesem gefährlichen Gegner war ein Lieblingsthema künstlerischer Darstellung.

Die Griechen nannten das ganze Zwischenstromland *Babylonien* nach der seit *Hammurabi* berühmtesten Stadt Babylon. Natürliche Grenzen fehlten. Die grüne Ebene bildete das ewig lockende Ziel der im Westen unter harten Bedingungen lebenden semitischen Beduinen, die, in größeren Stämmen zusammengeschlossen, mit ihren Schafherden die Syrische Wüste durchstreiften, und der den Osten bevölkernden kriegerischen Bergnomaden. Die Wandervölker verachteten zwar die schollengebundenen Bewohner des Kulturlandes, des sogenannten *»fruchtbaren Sichelbogens«*, der von Palästina und Nordsyrien über das ganze Stromgebiet des Euphrat und Tigris bis zum Persischen Golf reicht. Aber sie schauten doch mit Verlangen auf den blühenden Wohlstand der Seßhaften. So lebten diese drei Gruppen der Beduinen, Bergnomaden und ansässigen Bauern in dauerndem Güteraustausch, aber auch zugleich in ständiger Feindschaft. Außerdem bilden die beiden Ströme von Norden her natürliche Einzugswege für einwandernde Völkerschaften, aber auch das Ausfallstor zur Mittelmeerwelt.
Daher entstand im Zwischenstromland im Gegensatz zum Nilreich kein Staatsgebilde von längerer Dauer. Jede stärkere Reichsbildung mußte sich überdies bemühen, dem Staatsgebiet Sicherheitszonen vorzulegen. Dadurch kam es zwangsläufig immer wieder zu Eroberungszügen, um weitere Räume zu schaffen. Es gesellte sich die Notwendigkeit dazu, angesichts des Mangels an Rohstoffen, ja selbst an Bausteinen und an entsprechendem Bauholz die Herkunftsländer in Eigenbesitz zu bekommen, um die Verbindungswege dorthin zu sichern. Bauholz stand nicht zur Verfügung, da der

Der fruchtbare Sichelbogen

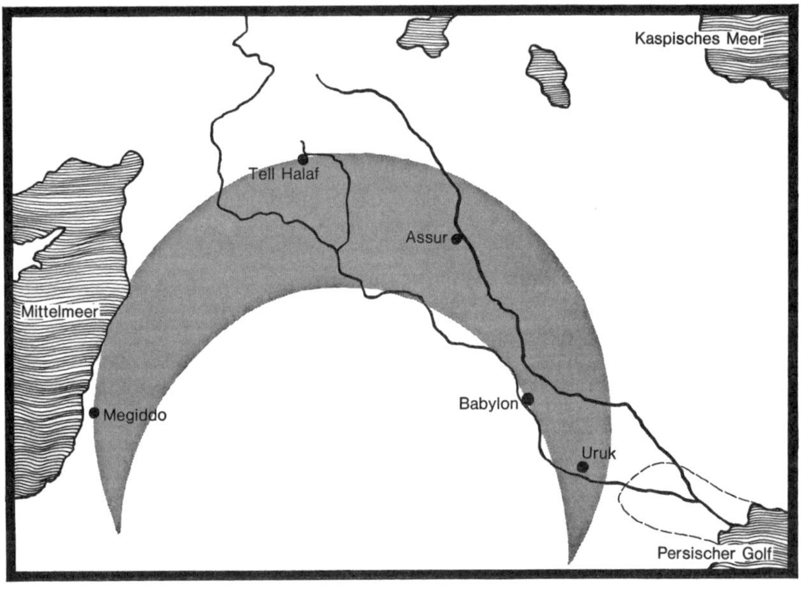

Wald fehlte. An Stelle der Steine verwendete man für den Wohnbau Ziegel aus Lehm, den man zur längeren Haltbarkeit mit Häcksel vermischte. Die Ziegel wurden in der Sonne hart getrocknet, sie hatten aber nicht die Festigkeit des gebrannten Materials. Solches erzeugte man nur für Luxusbauten und für besondere Zwecke, da es an Brennstoff mangelte. Die Bodenwirtschaft erforderte eine stete Betreuung des Kanalnetzes, da wegen der schnellen Versandung der Wasserstraßen und des damit verbundenen Ausfalles der Bewässerung rasch eine Minderung des Ertrages, ja sogar eine Verödung des Landes eintreten konnte. Solche Bauvorhaben vermochte aber nicht eine kleine Gemeinschaft, sondern, wie wir es schon bei Ägypten gesehen haben, nur ein geordnetes großes Staatswesen durchzuführen.

Die ersten historischen Nachrichten aus Mesopotamien erzählen uns von zwei Völkern, die sich damals schon hier angesiedelt hatten: die aus der Syrischen Wüste eingedrungenen semitischen *Akkader* im Norden und im Schwemmland am Persischen Golf die *Sumérer*, die ursprünglichen Schöpfer der ersten Hochkultur in Vorderasien, die für Jahrhunderte, ja für Jahrtausende hinaus wirksam blieb. Nach den eingewanderten Siedlern hieß das Land ursprünglich *Sumér*, später, nach der Vermischung der beiden Stämme, *Sumér* und *Akkad*.

Die Bewohner

Die Sumerer waren kleine, untersetzte Menschen mit rundem Schädel, breitem Gesicht, fliehender Stirn und großer Nase. Sie wanderten vermutlich aus Zentralasien ein und unterwarfen die einheimischen Bauern, die schon seit der Wende vom 5. zum 4. Jahrtausend in dem Fruchtland wohnten. Die Frage, wann das neue Volk im mesopotamischen Raum aufschien, hat die Wissenschaft noch nicht sicher beantworten können. Doch deutet der aus den Grabungsbefunden und ersten Inschriften ersichtliche merkliche Kulturaufschwung bereits auf die Anwesenheit der Sumerer im Zwischenstromland zu Beginn des 3. Jahrtausends hin. Somit entstand hier eine Hochkultur vor der der Ägypter.

Als die ältesten Städte der Sumerer gelten *Eridu*, das damals noch an der Lagune am Westende des Persischen Golfes lag, das benachbarte *Ur* und schließlich *Uruk* am Euphrat, vermutlich die größte Stadt der Oikumene im 3. Jahrtausend, die für Jahrhunderte zum religiösen und kulturellen Mittelpunkt wurde. Mit der Vergrößerung des Siedlungsbereiches gegen Norden hin entwickeln sich neue lebensstarke Gemeinwesen, darunter *Lagasch, Umma, Nippur* und später *Babylon.* Die Städte und die um sie herum liegenden Dorfgemeinschaften wuchsen zu Stadtstaaten, zu Gottesstaaten zusammen. Denn die staatliche Ordnung fand ihren Aufbau im religiösen Glauben. Alles Land und seine Bewohner galten als Eigentum der Gottheit. Diesem unsichtbaren Herrn und seinem Stellvertreter auf Erden, dem absolutistischen Priesterfürsten, der zugleich auch seine Krieger befehligte, waren alle zum Gehorsam verpflichtet. Manche sumerische Stadtkönige nannten sich *»ensi«*. Der Name bezeichnete einen untergeordneten Herrscher. Dadurch sollte das Abhängigkeitsverhältnis von Gott zum Ausdruck gebracht werden, der als eigentlicher Herr des Staates galt.

Sein Stellvertreter, der Stadtfürst, brachte ihm Opfer dar, führte im Namen des Gottes Kriege, sprach Recht, verwaltete das Gemeinwesen und den Tempelbesitz, stand also ganz im Dienste seines Stadtgottes. Der hoch über die Häuser ragende Tempel, der mit den Palästen meist auf einem künstlich angelegten Hügel stand, war nicht nur Kultstätte, sondern auch Sitz der Verwaltung und Rechtsprechung und Mittelpunkt des wirtschaftlichen Verkehrs. Hier wohnten die Priester, Beamten und Krieger, arbeiteten die Handwerker, stapelten die Bauern ihre Ackererträge für die Verteilung an das Volk und sorgten die Händler für den Tausch der überschüssigen Güter gegen notwendige Rohstoffe der Nachbarländer. Eine Wirtschaft dieser Größenordnung benötigte schon früh einheitliche Maße und Gewichte. Das Sexagesimalsystem teilte die Mine (ungefähr 0,5 kg) in 60 Teile (Sekel = ungefähr 8,4 g) und vervielfältigte sie sechzigfach zum Talent (30 kg). Wichtigste und unentbehrliche Arbeit leisteten die Männer, denen die Obsorge um die Anlage und Aufrechterhaltung des Kanalnetzes und der Feldbewässerung oblag. Aber diese zielbewußte Wasserregelung führte nicht selten zu Auseinandersetzungen mit Nachbarstaaten, die von jeder Änderung mit betroffen wurden. Man schützte sich gegen feindliche Einfälle durch gewaltige Stadtmauern von Kilometerlänge, oft mit doppelten Mauerzügen, Toren mit Verteidigungstürmen und in knappen Abständen mit Sicherungstürmen längs der Wehranlagen, so daß ein fast unüberwindlicher Schutzwall jede Stadt umgab. Er schirmte nicht nur die Kultbauten und Wohnungen, sondern auch Gärten und einen Teil der Feld- und Weideflur.

Häufig sanken Städte innerhalb kurzer Zeit zur Bedeutungslosigkeit herab; es finden sich auch Anzeichen für oftmaligen Wechsel der Wohnstätten. Diese Erscheinung findet ihre Erklärung in der natürlichen oder künstlichen Veränderung von Flußläufen. Um der Gefahr zu entgehen, durch einen mächtigeren Stadtfürsten der Wasserzufuhr beraubt zu werden, waren die Bewohner der Stromoase trotz ihrer Vorliebe für die Kleinstaaterei zum Zusammenschluß mehrerer Stadtstaaten bereit. Aber auch die Unsicherheit vor Einfällen der Beduinen und Gebirgsvölker zwang immer wieder zu geeinter Abwehr. War die Bedrängnis vorüber, trieb die Eifersucht wieder zur Absonderung. Den Sumerern lag der Gedanke des Großreiches nicht, und es kam daher auch nicht zu einer politischen Großmachtbildung. Nur auf kulturellem Gebiet erlangte dieses genial begabte Volk ein gewaltiges Übergewicht über seine Nachbarn und bestimmte auch noch das geistige Leben, als es seine politische Überlegenheit längst verloren hatte.

Die sumerische Schrift

Das größte Geschenk, das Sumer der Nachwelt hinterlassen hat, ist die Schrift, die das gesprochene Wort von den Grenzen des Raumes und der Zeit zu befreien vermag. Die Erfindung der Schrift fällt in den Anfang des 3. Jahrtausends. Sie erwuchs aus den wirtschaftlichen Bedürfnissen des Alltags, die Gebarung der Tempelverwaltung, die Abrechnungen und Listen für das Gedächtnis festzuhalten. Die Kunst des Schreibens wurde schon kurze Zeit danach von der damaligen zweiten Hochkultur, Ägypten, übernommen, wo sie allerdings ihre Eigenentwicklung durchmachte. Die

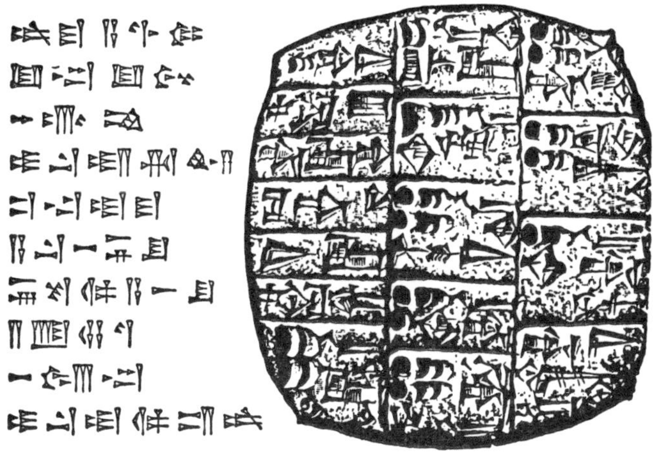

Eine Tontafel aus dem Gesetzbuch des Königs Hammurabi (1728—1686)

Schreiber Sumers, *Dubsar* genannt, und in ihrem Gefolge die von Babylon und Assur, benutzten als Beschreibstoff *Tontäfelchen* meist mit abgerundeten Ecken, anfangs kleine im Format von ungefähr 4 : 4 cm, die man bequem in der hohlen Hand halten konnte und daher im täglichen Gebrauch am meisten verwendete, später größere bis zum Ausmaß von 11 : 10,5 cm. Die Schreiber drückten die Schriftzeichen mit einem Holz- oder Rohrgriffel in den weichen, rasch trocknenden Ton und machten nachträglich die Tontäfelchen durch Brennen haltbar. Diese Schreibtechnik bewirkte beim Ansetzen der dreikantigen Griffelspitze eine Verbreiterung, die in eine Linie auslief. Das Zeichen glich also einem Keil, und dieser gab der durch Jahrtausende im Vorderen Orient als internationales Verständigungsmittel gebräuchlichen Schrift ihren Namen: *Keilschrift.* Sie ist eine dreidimensionale Schrift, ihre Übertragung ist daher nur auf Ton, Wachs, Stein oder Metall möglich. Sie wurde wie bei unseren europäischen Sprachen von links nach rechts geschrieben.

Wenn wir die ägyptischen Hieroglyphen mit der Keilschrift vergleichen, so finden wir bei den Hieroglyphen infolge der Vielfalt einprägsamer Bilder sehr bald unterschiedliche Merkmale in den Schriftzeichen heraus, wogegen uns der Wirrwarr der auf den ersten flüchtigen Blick hin ziemlich ähnlich scheinenden Keilzeichen, »zierlich wie des Vogels Tritt im Schnee«, verblüfft. Allerdings haben auch die Sumerer mit einer Bilderschrift begonnen, nur wurden die Bilder aus Gründen einer schreibtechnischen Erleichterung immer mehr schematisiert und schließlich zu einer Kombination aus drei Grundbestandteilen, dem stehenden, schrägen und liegenden Keil, gewandelt. Die Keilzeichen geben dem Gesamtbild der Schrift eine gleichmäßige und schmuckvolle Linienführung. Außerdem sind sie sehr raumsparend, so daß meist eine kleine Tontafel für einen abgeschlossenen

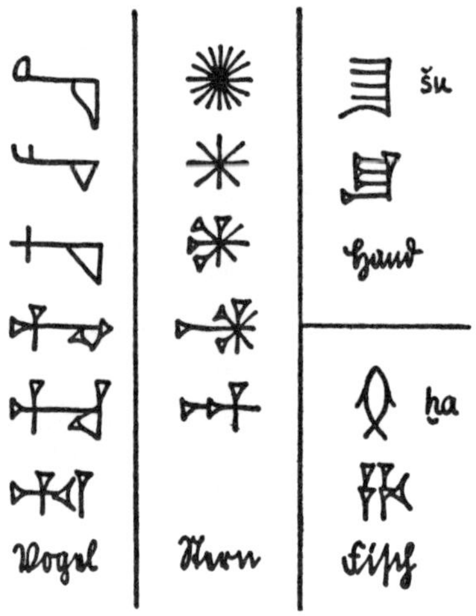

Altsumerische Bildzeichen und ihre Entwicklung zur Keilform

Wirtschaftsbericht genügte. Auf uns ist eine übergroße Fülle solcher Tafeln gekommen. Wir verdanken sie der Schreibfreude dieses Volkes, das gern alle Geschäftsvorgänge, auch den kleinsten Kauf, schriftlich festhielt. Es hatte für seine durch die wirtschaftlichen Erfordernisse bedingte, fortgeschrittene Rechenkunst, die sowohl auf dem Dezimal- als auch auf dem Sexagesimalsystem beruhte, Zeichen für ganze und Bruchzahlen erfunden, von denen wir etliche kennen.

Der für die damalige Zeit wendigen und praktischen Schrift bedienten sich auch die Babylonier und Akkader. Und sie fand in mehr oder weniger veränderter Zeichenführung auch bei den Nachbarländern Eingang. Im Osten haben die Bewohner des Landes Elam im südwestlichen Iran die Keilschrift übernommen und sie später an die indogermanischen Perser weitergegeben, die sie in die altpersische Schrift, unter Beibehaltung der Keilform, umsetzten. Im Westen eigneten sich vor allem die Hethiter die babylonische Keilschrift für die Aufzeichnung ihrer indogermanischen Sprache an.

Ähnlich wie die ägyptische Schrift hat auch die Keilschrift drei Arten von Zeichen, nämlich Wortzeichen oder Ideogramme[1], Lautzeichen und Determinativa. So ist zum Beispiel das Sternzeichen (siehe oben) gleichzeitig auch das Ideogramm für »Himmel« und »Gott«. Die Lautzeichen stellen im Gegensatz zur vokallosen ägyptischen Schrift Silben *mit Vokalen* dar. Die in der Aussprache der Wörter stummen Determinativa werden fast immer an den Wortanfang gesetzt. Da sie in allen Keilschriftsprachen überein-

[1] Siehe S. 239.

Altsumerisches Zahlzeichen und Bruchzahlen

stimmend sind, erleichterten sie nicht nur den damaligen Völkern das Lesen, sondern sind auch bis heute für die Schriftforscher eine nicht zu unterschätzende Hilfe. So schrieb man einen senkrechten Keil vor männliche Namens- und Berufsbezeichnungen, siehe Abb. auf Seite 218.

Derselbe senkrechte Keil nach den Ziffern 1, 7, 9 als Deutzeichen für die darauffolgenden männlichen Eigennamen Xerxes, Dareios, Achaimenide, andere Beispiele für stumme Deutzeichen am Anfang von Sachwörtern bringt die Abb. auf S. 219. Den letzten Schritt zur Buchstabenschrift haben die Sumerer und Babylonier *nicht* getan; er blieb den Phönikern vorbehalten, die ihr Schriftsystem um die Mitte des 2. Jahrtausends aufbauten und zu Lehrmeistern der Hebräer, Araber, Griechen, Römer und des Abendlandes überhaupt wurden.

Altpersische Inschrift des Xerxes
(1) Xerxes, der (2) König (3) große, (4) König der (5) Könige, des (6) Dareios, des (7) Königs (8) Sohn, der (9) Achaimenide

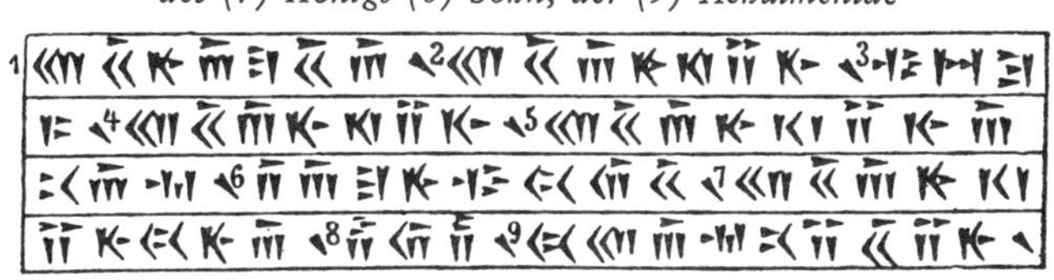

(buchstabiert) (1) *X(a)-š(a)-y(a)-a-r(a)-š(ȧ)-a* (2) *x(a)-š(a)-a-y(a)-ϑ(a)-i-y(a)* (3) *v(a)-z(a)-r(a)-k(a)* (4) *x(a)-š(a)-a-y(a)-ϑ(a)-i-y(a)* (5) *x(a)-š(a)-a-y(a)-ϑ(a)-i-y(a)-a-n(a)-ȧ-m(a)* (6) *D(a)-a-r(a)-y(a)-v(a)-h(a)-u-š(a)* (7) *x(a)-š(a)-a-y(a)-ϑ(a)-i-y(a):-h(a)-y(a)-a* (8) *p(a)-u-ç(a)* (9) *H(a)-x(a)-a-m(a)-n(a)-i-š(a)-i-y(a)*

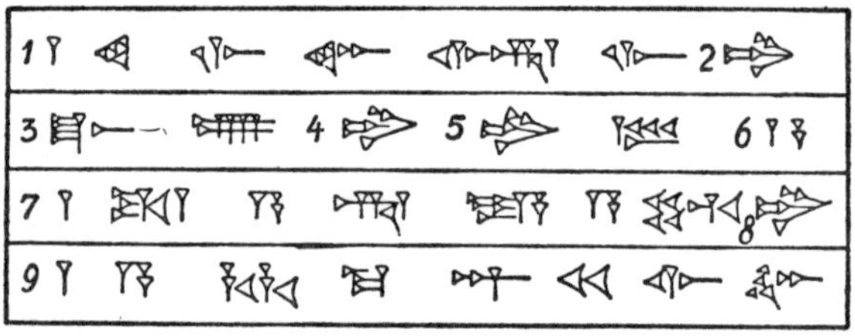

(1) ^{I}*Ḫi-ši-ʾ-ar-ši* (2) *šarru* (3) *rabû*^{ú} (4) *šar* (5) *šarrāni*^{MEŠ} (6) *mār* (7) ^{I}*Da-a-ri-ia-a-muš* (8) *šarri* (9) *A-ḫa-ma-an-niš-ši-ʾ*

Babylonische Inschrift des Xerxes
(1) Xerxes, der (2) König (3) große, (4) König der (5) Könige, der (6) Sohn des (7) Dareios, des (8) Königs, der (9) Achaimenide

Die geistige Großtat der Schrifterfindung gesetzt zu haben, bleibt das Verdienst der Sumerer. Sie haben damit die Menschen aus einer namenlosen Vergangenheit in das Licht der Geschichte geführt. Für die Sumerer selbst wurde die Schrift erst allmählich vom rein praktischen Hilfsmittel der Tempelwirtschaft zum wertvollen Behelf, Zeitereignisse dem Gedächtnis zu bewahren und sie einer künftigen Welt zu überliefern. Mit diesen Keilzeichen hat man in späterer Zeit den gesamten politischen und wirtschaftlichen Schriftverkehr Mesopotamiens und Persiens bestritten.

Die Entzifferung der mesopotamischen Keilschrift

Georg Friedrich Grotefend

Die Keilschrift war bis ins 19. Jahrhundert n. Chr. nicht lesbar, obgleich man viele persische Texte in den Ruinen von Persepolis gefunden hatte. Den ersten entscheidenden Schritt zur Entzifferung der persischen Keilschrift, womit auch das Tor zur Erschließung der mesopotamischen aufgetan wurde, machte kein Orientalist vom Fach, sondern ein deutscher Humanist und Gymnasiallehrer aus Göttingen, *Georg Friedrich Grotefend* (1775–1853), im Alter von 27 Jahren. Er hatte schon vorher wissenschaftliche Vorarbeiten getrieben und sich im Erschließen künstlich geschaffener Geheimschriften geübt. Bei einer frohen Tischrunde ging er eine Wette ein, er sei in der Lage, den Schlüssel zur Enträtselung der Keilschrift zu finden. Auf Grund einiger schlechter Kopien von persepolitanischen Inschriften und ohne die Hilfe einer Bilinguis[1] kam er bereits nach wenigen Wochen zu einem recht beachtlichen Ergebnis. Er suchte in den Inschriften nach Namen und Titulaturen von persischen Königen, die ihm aus der Geschichte bekannt waren. Schon vor ihm vermutete der Däne *Friedrich Münter* in häufig wiederkehrenden Stellen mit gleichen Zeichengruppen das Wort »König« und hielt den von links oben nach rechts unten schräg verlaufenden Keil (siehe zum Beispiel am Schluß der letzten Zeile auf S. 217) für einen Worttrenner[2]. Dieser Meinung schloß sich auch Grotefend an und

[1] Bilinguis (lat.) = zweischriftige oder zweisprachige Handschrift oder Inschrift.
[2] Er hat die Aufgabe, das Ende eines Wortes zu kennzeichnen oder die ohne Abstand aneinandergereihten Wörter zu trennen.

suchte in denselben (siehe Abb. auf S. 217, Nr. 2, 4, 5, 7, oder Abb. auf S. 218, Nr. 2, 4, 5, 8) wiederkehrenden Keilformen nach dem Wort »König«. Und tatsächlich stimmte die Vermutung. Nun galt es noch, den Namen des Königs zu finden. Die Keilgruppe Nr. 1 mußte ein Königsname sein, da ja das Wort »König« darauffolgte. Grotefend paßte der Reihe nach persische Königsnamen in die Stelle ein und untersuchte, »welche Namen sich dem Charakter der Inschrift am leichtesten anschmiegten«. Das führte ihn auf den Namen Xerxes. Im folgenden gelang es ihm als erstem, altpersische Texte zu entziffern. Weitere Funde von Keilschriften gaben Anlaß zu erheblicheren Fortschritten. Zu Grotefend gesellte sich *Julius Oppert* (1825—1905) im Auftrag der französischen Regierung. Als die Gelehrten nach einem geeigneten Namen für das Volk, das diese seltsame Schrift erfunden hatte, suchten, entschied sich Oppert für die Bezeichnung *Sumerer*. Er entlehnte sie aus dem Titel frühester Herrscher des Zweistromlandes, den »Königen von Sumer und Akkad«. Und dieser Name erhielt das Heimatrecht in der wissenschaftlichen Literatur. Die Schrift nannte Oppert nach der Cuneiform (lat. cuneus = Keil) Keilschrift.

Auf einer seiner Expeditionen in Persien entdeckte der englische Major *Henry Rawlinson* (1810—1895) bei *Behistun* die größte altpersische Felseninschrift (1847) an einer steil aufragenden Wand, 50 m über der Talsohle eingemeißelt. Er ließ sich mit Hilfe eines Flaschenzuges von dem hohen Felsen zu ihr hinab, und über der gefährlichen Tiefe hängend, kopierte er

Henry Rawlinson (1810–1895)

Wörter, die durch Determinative (jeweils das erste Keilschriftzeichen) näher bestimmt sind

1. *māt Aš-šur* „Assyrien". 2. *māt Mi-iṣ-ri* „Ägypten".
3. ^{alu}*Ni-nu-a* „Ninive". 4. ^{alu}*Kar-ga-miš* „Karkemisch".

Zwei Länder- und zwei Städtenamen mit Determinativen

^{iṣu}*e-ri-nu* „Zeder" — ^{iṣu}*e-lip-pu* „Schiff"

Ein Baum und ein Holzgegenstand mit Determinativen

^{erû}*pár-zil-lu* „Eisen" — ^{erû}*pa-a-šu* „Axt"

Ein Metall und ein Metallgegenstand mit Determinativen

die Schriftzeichen. Auf dieser Felsentafel berichtet König Dareios über das Jahr seiner Thronbesteigung (521) und über die Niederwerfung revoltierender Untertanen und Provinzen. Rawlinson hatte nur eine ganz oberflächliche Kenntnis von Grotefends Entdeckung und in Persien auch nicht die Möglichkeit, sich einschlägige Schriften kommen zu lassen. Aber es gelang ihm, unter ähnlichen Gedankengängen ebenfalls von den Königsnamen ausgehend, weit über seinen Vorgänger hinauszugelangen. Als er den ersten genauen Text der berühmten Inschrift und die vollständige Übersetzung in London vorlegte, war der Beginn zur Entzifferung der weiteren Keilschriften gemacht. Die Londoner Asiatische Gesellschaft überprüfte durch ein seltsames Experiment die Richtigkeit der Keilschriftentzifferung, indem sie an vier verschiedene Wissenschafter eine noch ganz unbekannte, weil erst jüngst ausgegrabene Inschrift schickte und sie aufforderte, den Text unabhängig voneinander zu übersetzen und an sie zurückzuschicken. Die eingesandten, in allen wesentlichen Punkten übereinstimmenden Übertragungen bestätigten, daß endlich das Geheimnis der Keilschrift gelüftet war.

Aber noch war ein Hindernis zu überwinden. Nicht alle Keilschriftarten waren einander gleich, sondern wichen in ihrer Form und ihrem Zeichenwert oft stark voneinander ab. So sieht zum Beispiel die oben angeführte altpersische Inschrift (Abb. auf S. 217) des Xerxes ganz anders aus als die inhaltlich völlig gleiche in babylonischer Keilschrift (siehe Abb. auf S. 218). Daraus ist zu ersehen, welche Schwierigkeiten zu meistern waren, wie sich manchmal Ergebnisse, die schon ganz richtig schienen, am Ende doch als falsch erwiesen. Kein Wunder, daß oft Hoffnungslosigkeit und Enttäuschung die Forscher befiel, wie wir sie aus Rawlinsons Worten herauslesen: »Ich will freimütig bekennen, daß ich mehr als einmal versucht gewesen bin, das Studium ein für allemal aufzugeben, da ich an der Erreichung auch nur irgendeines zufriedenstellenden Resultates völlig verzweifelte.«

Um so achtenswerter war endlich die Leistung. Die einzelnen Schriftarten wurden völlig entziffert. Heute sind für die Wissenschafter alle Keilschriftabarten lesbar, soweit die überlieferten Texte nicht durch die Jahrtausende undeutlich oder unvollständig geworden sind. Damit ist auch der Schlüssel zur Schrift des Sumerischen gefunden, da es mit denselben Keilschriftzeichen geschrieben wird wie die babylonische Schrift. Es mußte nur noch die Sprache erforscht werden. Auch dieses ist geschehen und sogar eine grundlegende Grammatik geschaffen worden. Wegen des Vokalreichtums gilt das Sumerische als wohllautend und klangschön. Die Herkunft dieser eigenartigen Sprache des ältesten schöpferischen Volkes im vorderasiatischen Kulturkreis ist dunkel, man kann sie mit keiner bisher bekannten in sichere verwandtschaftliche Beziehung setzen. Das Sumerische, unentbehrliches Verständigungsmittel der damals so vortrefflichen Verwaltung, des hochentwickelten Rechtswesens und Verkehrslebens, starb als lebende Sprache bald nach der Herrschaft des Königs Hammurabi (1728–1686) aus und wurde nur noch eine Zeitlang, ähnlich dem Latein, als geheiligte Kultsprache von den babylonischen Priestern verwendet und deshalb in Priesterschulen gelehrt. Da die Priester selbst die Sprache kaum mehr recht verstanden, fertigten sie Wörterverzeichnisse, Grammatiken und babylonische Übersetzungen sumerischer Texte an. Diese auf Tontäfelchen aufgezeichneten und bei den Ausgrabungen gefundenen sprachlichen Behelfe boten den Forschern die Möglichkeit, die alte Sprache zu rekonstruieren. Die von den Priestern weitervererbte Keilschrift war für die geistige Welt und das geschäftliche Leben des Alten Orients die ungleich brauchbarere Schrift als die ägyptische, wurde daher zugleich mit der mesopotamischen Kultur von den benachbarten Völkern zur Schreibung ihrer Sprachen auf frischen Tontäfelchen entlehnt und damit zu einem internationalen Hilfsmittel der damaligen Welt im wirtschaftlichen und diplomatischen Verkehr.

Die Keilschriftforschung hat das Gedächtnis an die frühesten Menschheitszeiten bis in unsere späten Tage hinübergerettet. Sie hat zu einer Wertung und Würdigung des vorzeitlichen Gutes geführt, die Grundlagen der abendländischen Geisteswelt bloßgelegt, einen sehr aufschlußreichen Beitrag zur Sprach- und Religionswissenschaft geleistet und die Weltliteratur mit kostbaren Schätzen bereichert.

Auch die Baukunst nahm einen Aufschwung. Das Dorf wich der Tempelstadt. Durch Jahrtausende wußten wir nichts von dieser hochentwickelten Architektur. Mesopotamien war ein flaches Land, von Wanderdünen immer aufs neue verweht. Nur dem aufmerksamen Beobachter mußte auffallen, daß sich da und dort aus der Ebene seltsame Hügel erhoben, oben abgeplattet, mit steilen Hängen, meist aufgerissen und von den Winterregen tief gefurcht. Die Araber nennen eine solche Erhebung *Tell.* An einem derartigen Hügel setzte der Spaten des ersten Ausgräbers an, entsprechende Hinweise aus der Bibel entzündeten die Phantasie, weckten Hoffnungen, gelegentliche zweckdienliche Fingerzeige von Eingeborenen nach zahllosen unbrauchbaren Auskünften, auch das Anbieten von Ziegeln und Tontäfelchen mit Inschriften durch die Bewohner ließ Pläne reifen und lockte zur Suche. Immer mehr gewann die Überzeugung Oberhand, die Hügel könnten nicht immer dort gewesen sein, wenn dies die Ansässigen auch noch so sehr beteuerten.

Nun zogen Expeditionen nach allen Plätzen aus, die mit einiger Wahrscheinlichkeit Erfolg versprachen. Nach und nach kamen aus den Tells Mauern, mit glasierten Ziegeln verkleidet, wie sie keine andere Baukunst je verwendet hatte, Reliefs, Skulpturen, Tore und Kammern, Höfe und Gänge, ja Tempel und Palastruinen und selbst die Steinreste ganzer vergessener wegeloser Städte mit dächerlosen Häusern zutage.

Den Mittelpunkt des Stadtbezirkes bildete der alles überragende Tempel. Das erste bezeichnende Beispiel dafür ist der *Weiße Tempel* zu Uruk (um 2800), der nach der in Resten noch erhaltenen Tünche an den übermannshohen Wänden so benannt ist. Er war ein Heiligtum des Himmelsgottes Anu, der Stadtgottheit von Uruk. Von einer Hochterrasse blickte der gewaltige, monumentale Bau, zu dem eine Freitreppe hinaufführte, weit über die umgebende Landschaft. Er ist die Grundform für eine Reihe anderer Gotteshäuser, die in den verschiedenen Städten des Zwischenstromlandes gefunden werden konnten. In der Mitte hatten diese Tempel einen großen Längsraum mit einer Vielzahl von Nebengelassen. Die Eintönigkeit der meist fensterlosen Außenmauern und der Innenwände war durch vertikale, strebepfeilerartige Vorsprünge aufgelockert, die mit ihrem wechselvollen Licht- und Schattenspiel dem Ganzen ein beschwingtes Aussehen gaben. Die hier verwendete klassische Nischenarchitektur und die Raumanordnung sind typische Merkmale mesopotamischer Bauweise dieser Zeit. Das Baumaterial waren luftgetrocknete Tonziegel. Auf die Außenflächen der Bauten trug man, um sie wetterfest zu machen, eine dicke Lehmschicht auf und benagelte sie mit Tausenden von rot-, schwarz- und weißköpfigen Stiften aus hartgebranntem Ton. Solche 10–15 cm langen und dünnen Stifte konnte man im Feuer brennen, wogegen dies bei den geballten Tonmengen der Ziegel nicht möglich war. In dem holzarmen Lande konnte man die notwendigen hohen Hitzegrade nicht erreichen. Das Stiftmosaik ahmte den Flechtmattenwandbehang nach, ohne aber eine Wiedergabe naturgegebener Motive zu sein, und wurde zum Vorbild der späteren babylonischen Wanddekoration mit farbig glasierten Terrakottaplatten.

Die Vergänglichkeit des Baumaterials hat es mit sich gebracht, daß aus dem Verfallsschutt der einstmals ausgedehnten Gebäude heute meistens nicht viel mehr als die Fundamente und einige wenige Schichten des Mauerwerkes freigelegt werden konnten. Dennoch kann der Ausgräber aus den erhaltenen Ziegeln ungefähr die Zeit der Aufführung des Gebäudes feststellen. Denn die älteste Zeit baute noch mit den sogenannten *Riemchen*, Ziegeln von ungefähr quadratischem Querschnitt mit einer Länge, die mindestens das doppelte, meistens aber ein Vielfaches der Quadratseite betrug. Später verwendete man normale Flachziegel.

Der »Weiße Tempel« zu Uruk, die Urform der späteren Zikkurat

Nicht immer wurden die Terrassenanlagen bewußt errichtet, sondern entstanden ganz allmählich aus dem Verfallsschutt früherer Bauschichten. Schließlich baute man einen mehrstufigen Turmbau mit rechteckigem oder quadratischem Grundriß, die Ecken ausgerichtet nach den vier Himmelsrichtungen, indem man einige Türme, immer einen kleineren auf einen größeren, übereinanderschichtete, bis der letzte auf seiner Plattform den Tempel trug. Man nannte einen solchen, gleichsam Himmel und Erde verbindenden Sakralbau *Zikkurat*. Das Wort gibt keine Auskunft darüber, welchen Zweck man mit diesen hohen Bauten verfolgte. Denn das Wort ist babylonischer Herkunft, kommt vom Verbum »zakaru = hoch sein« und wird zur Bezeichnung eines Berggipfels oder eines Stufenturms verwendet. Die Forscher haben Sinn und Zweck der Stufentürme verschieden gedeutet. Die einen meinten, die frühesten Bewohner der sumpfigen und von Flußwasser durchzogenen Ebenen hätten die Bauten deswegen stufenförmig in die Höhe gebaut, um sie als Wohnstätten für Gottheit und Mensch gegen Überschwemmungsgefahren zu schützen. Andere waren für eine tiefere und sinnschwerere Auslegung. Die Zikkurat sei nur ein riesiger Sockel für den Hochtempel, für die Wohnung des Gottes. In diese sollte er aus Himmelshöhen herabsteigen und sich in Menschennähe niederlassen. Diese Annahme findet ihre Bekräftigung in Herodots auf eigener Anschauung beruhendem Bericht und in der Bestätigung durch Ausgrabungen, die bei einigen Bauten die Anlage von zwei Tempeln zutage förderten. Der Tempel auf der Höhe war die Wohnung des Gottes ohne Bildnis, der zu ebener Erde der Erscheinungstempel der Gottheit mit ihrem Standbild. So sollte also der riesige Sockel die Verbindung zwischen Himmel und Erde zweifach sichern, indem er den Menschen zur Höhe hin erhob, ihn den Hauch des Ewigen spüren ließ und ihn der Gottheit nahe brachte, gleichzeitig aber auch dem Gotte das Herabkommen zum Menschen erleichterte. Das Vorhandensein von Stufentürmen wird durch eine große Zahl von Denkmälern (wie Reliefs,

Die Zikkurat

Siegel. In der Mitte ein Zikkurat, rechts und links von ihr je ein Schilfstengelringbündel, das Symbol für die Tür

Siegelzylindern), auf denen sie abgebildet sind, und durch mehrere Ausgrabungsstätten bestätigt. Insgesamt haben die Forscher bisher mehr als dreißig heilige Türme gefunden, und weitere Grabungen werden voraussichtlich die Zahl noch erhöhen. Die Höhe der Zikkurats war nicht einheitlich. Es gab Türme von 2 bis zu 5 Stockwerken. Die Siebenzahl wird zwar literarisch bezeugt, aber bis jetzt ist sie noch in keiner antiken Abbildung aufgefunden worden.
Die bekannteste und berühmteste Zikkurat Mesopotamiens war die von Babylon, die sich in sieben Stufen bis zur Höhe von 90 m erhoben hat und über Treppen und Rampen zugänglich gewesen sein soll. Als *»Turm zu Babel«* tritt sie uns schon in der Bibel entgegen:

»Wohlauf, laßt uns Ziegel streichen und brennen! Und sie nahmen Ziegel zu Stein und Erdharz zu Kalk. Und sprachen: Wohlauf, laßt uns eine Stadt und einen Turm bauen, des Spitze bis an den Himmel reiche, daß wir uns einen Namen machen! Denn wir werden sonst zerstreuet in alle Länder.«

Die Erzählung vom Turmbau und seiner Zerstörung hat die Vorstellungskraft von Malern und Bildhauern aller christlichen Jahrhunderte entzündet und sie zu immer neuen Darstellungen angeregt. Aber erst im Zeitalter des Humanismus, nach der Wiederentdeckung der Schriften von Herodot, der im ersten seiner neun Geschichtsbücher aus eigener Anschauung eine Beschreibung der Stadt Babylon mit ihrem Turm gibt, wurde es möglich, die freien Phantasiegebilde mittelalterlicher Künstler durch Darstellungen zu ersetzen, die einen gewissen Anspruch auf Ähnlichkeit mit dem einst vorhanden gewesenen Bauwerk erheben konnten. Es sei hier nur an zwei bekannte Bilder des Riesenbaues von *Pieter Brueghel d. Ä.* (1525–1569) und *Matthäus Merian* aus Basel (1593–1650) erinnert.

Rekonstruktionsversuch des »Turmes von Babel«

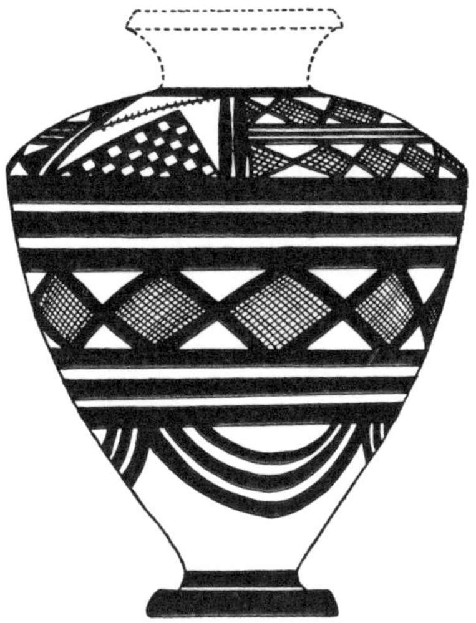

Eine Vase als Muster für die den Gefäßkörper gliedernde Verteilung des geometrischen Dekors

Die Tempelanlage war gegen die Wohnstadt durch eine Mauer abgeschlossen. Die Wohnhäuser rückten bis hart an die Einschließung heran, ließen zwischen sich und der Trennungsmauer teilweise nur eine schmale Gasse frei oder lehnten sich unmittelbar an die Ummauerung an.

Die Kultur der damaligen Zeit, in der die Tempel in den Städten erstanden, spiegelt sich auch in der Keramik und in der für Mesopotamien charakteristischen Glyptik[1] wider. Bezeichnend für die Keramik ist die nicht wahllose, sondern sinnvolle, den Gefäßkörper bewußt gliedernde Verteilung von geometrischen Mustern. Pflanzliche und tierische Darstellungen werden durch starke Stilisierung in kreisende Ornamente umgewandelt und die Fläche des hellen Tongrundes mit Farben wie Schwarz, Braun, Rot bemalt.

Die Glyptik

Neben die Keramik traten die zylinderförmigen Kleinkunstwerke aus Stein, die sogenannten *Rollsiegel,* die oft meisterhafte Gravierungen aufweisen. Wie sehr die Siegelsteinschneidekunst verbreitet war, beweist die Unzahl von solchen Stempeln, die die archäologischen Grabungen im Irak, aber auch in anderen Teilen Westasiens zutage gefördert haben. Die Funde stammen aus einem Zeitraum, der von 3500 bis 330 reicht. Die Rollsiegel fanden also schon vor der Erfindung der Schrift Verwendung, und zwar in der Tempelwirtschaft. Wenn die in Krüge und andere Vorratsgefäße abgefüllten Abgaben, wie Wein, Bier, Öl und Getreide, an den Tempel geliefert waren, dichtete man die mit Pergament oder Leinen zugebundenen

[1] Die Glyptik ist die Kunst, mit Meißel oder Grabstichel in Stein oder Metall zu arbeiten.

Behälter durch feuchten Ton ab und drückte zur Kennzeichnung des Besitzers die Siegel darauf. Zur Abrollung schob man in das Längsbohrloch des Steinzylinders einen Bronzestab. Inhaber der Siegel waren der König, die Priester und die Beamten. Als Material für die Siegel verwendete man verschiedene Steine, auch Halbedelsteine: Aragonit, Steatit, Serpentin, Hämatit, Lapislazuli.

Die Darstellungen auf den Rollsiegeln beschränkten sich nicht mehr auf Ornamente und stilisierte Andeutungen natürlicher Wesen, sondern bemühten sich um die Wiedergabe der Wirklichkeit in richtiger Proportion und körperlicher Gliederung der Gestalten. Die Figuren wurden so in den Zylinder eingeschnitten, daß sie beim Abrollen auf dem weichen Ton eine erhabene, reliefartige Darstellung auf eine rechteckige Bildfläche bis zu 16 cm Länge ergaben. Die Bilder verraten Leben und Kraftfülle in ihrer Bewegung. Der Laie fühlt sich sofort angesprochen und kann eine Beziehung zur Kunst von heute feststellen. Szenen aus der Religion, Episoden aus dem Mythos ermöglichen Rückschlüsse auf die religiöse Gedankenwelt der Bewohner Altmesopotamiens; die Darstellungen aus dem profanen Leben machen uns mit ihrem Alltag, ihrer Kleidung, ihren Freuden und Leiden, mit ihren Herdentieren und der Tierwelt auf freier Wildbahn vertraut. Sie sind ein wertvolles, bisher kaum gebührend beachtetes Stück Kulturgeschichte aus dieser Epoche.

Einen wesentlichen Beitrag zur Kunst dieser frühen Zeit boten auch die Funde bei Freilegung des Königsfriedhofes von Ur in den Jahren 1926 bis 1931, also wenige Jahre nach Auffindung des Tutanchamun-Grabes in Ägypten durch Carter. Die Entdeckung verdanken wir englischen Ausgräbern unter Führung von *Sir Leonard Wolley*. Die Funde waren eine ähnliche Sensation wie das ägyptische Königsgrab. Die Fülle von kostbaren Weihegaben, wie Waffen, Schmuck, Figuren, Leiern mit herrlicher Einlegearbeit, Schalen aus Gold und Silber, Brettspielen, gaben einen bisher unvorstellbaren Einblick in Brauchtum und Glauben des sumerischen Volkes. Hier sei nur auf die wunderbar intarsierte Stirnseite einer großen Leier hingewiesen, die in vier Bildfelder eingeteilt ist. Das oberste zeigt uns den Gott Tammuz, der als guter Hirt zwei an ihm hochspringende Rinder umarmt. Das nächste Bild (siehe S. 227) läßt einen schreitenden Schakal, gefolgt von einem Löwen, beim Servieren erkennen. Der Schakal trägt in seinen Vorderläufen, die menschliche Hände haben, ein Tischchen, auf dem ein Schweins- und ein Lammkopf sowie eine Keule liegen. Der Löwe trägt ein stattliches Gefäß und eine Muschelschale hinterher. Auf dem dritten Feld spielt ein sitzender Esel auf einer Harfe. Vor ihm steht ein Bär und stützt das Instrument. Zwischen beiden hockt ein Fuchs mit einem Sistrum. Im untersten Bild tanzt ein Skorpionmensch, gefolgt von einer Gazelle mit je einem Becher in den Händen vor einem großen Tonkrug.

Die Götterwelt Altsumers

Die Kunst von Altsumer wurzelte allein in der Religion dieses Volkes. Im Mittelpunkt des sumerischen Kultes stand eine auch in anderen Religionen verehrte Muttergottheit namens *Innin*, auch *Inanna* genannt; ihre semitische Parallele trug den Namen *Ischtar*. Sie war die Verkörperung

Einlegearbeit auf der Stirnseite einer großen Leier aus Ur

des weiblichen Prinzips, die Erde selbst, aus deren Schoß alles Lebende kommt. Neben sie trat der von der Mutter Erde geborene Sohn, das Sinnbild des Lebens, der Vegetationsgott, der wie das Samenkorn an das ewige Gesetz des Stirb und Werde gebunden war. Er war der Gottmensch *Tammuz*, in sumerischen Liedern auch als jugendlicher Geliebter der großen Göttin besungen, der sagenhafte König von Uruk, aber auch der sorgsame Heger der Herden und kraftvolle Held, der die Weidetiere gegen das gewaltigste Raubtier, den Löwen, schützte.
Wunderbar deutet ein Rollsiegel die Wesenheit des Königs Tammuz. Mit dem Stirnband, der Königsbinde, geschmückt, steht er in der Mitte der Bildfläche und hält mit beiden Händen zwei Blütenzweige mit je vier

sternförmigen Blüten vor die Brust gepreßt. Zwei Mähnenschafe strecken sich auf den Hinterbeinen den Zweigen entgegen und suchen Nahrung. Hinter den Tieren sind zwei Ringbündel aufgerichtet. Sie sind das Symbol für die Tür.

Ursprünglich schnürte man Schilfstengel zusammen und band sie an ihrem oberen, dünnen Ende zu einem Ring ein. Je ein Bündel wurde an den Seiten einer Türöffnung aufgestellt, durch die Ringe eine Stange mit einer Matte gelegt und so der Eingang abgeschlossen. Dieses Abbild der Tür wurde zum Symbol für die Muttergöttin Innin, die Schützende. Tammuz ist der Hüter der heiligen Herden, der Widder, Ziegen und Stiere, die hintereinander herschreitend dargestellt sind. Er ist zugleich der Erhalter und Ernährer, daher der Mann mit den Zweigen, an denen die Tiere fressen. Die Zweige mit den Blüten, den Rosetten, gemahnen an das Lebensbaummotiv. Tammuz ist also selbst der Lebensbaum, von dem alles Lebende seine Nahrung holt.

In den Kreis der Innin und des Tammuz gehören auch die in liebenswerten, entzückenden Kleinplastiken dargestellten Tiere. Sie sind wahrscheinlich die ersten Rundbilder aus Stein und dürften Weihegaben gewesen sein. Sie haben Bohrlöcher, damit man sie aufhängen kann. Die Plastiken stellen vorwiegend Herdentiere in Ruhestellung dar, die unter dem Schutz des Tammuz, des »Hüters des Viehhofes«, heranwachsen. Denn Tammuz tritt, wie schon gesagt, abwehrend allen Überfällen wilder Tiere auf seine Herden entgegen.

Die »Dame von Warka«

Als weiteres Zeugnis dieser bedeutsamen Kulturepoche haben wir außer den erwähnten Kleinfiguren ein Werk großen Formates, einen herrlichen *Marmorfrauenkopf* eines lebensgroßen, verlorengegangenen Standbildes aus Uruk (dem jetzigen Warka), der uns über einen Zeitraum von fast 5.000 Jahren erhalten geblieben ist. Er wurde bei den deutschen Ausgrabungen zu Uruk im Jahre 1939 gefunden und ist im Museum zu Bagdad ausgestellt. Die Nase ist zwar stark zerstört, aber der Mund mit den fest geschlossenen Lippen, mit dem nur sanft angedeuteten Doppelkinn spricht seine eigene Sprache. Der klare, durchscheinende weiße Marmor gibt der Haut einen lebendig-hellen Glanz.

Stilisierter Lebensbaum

Bei den Sumerern waren Glaube und Leben eins. Ihren Göttern gehörte das ganze Land, der unsichtbare Stadtgott wurde durch den priesterlichen Stadtfürsten auf Erden vertreten. Eine zahlreiche Priesterschaft, die rings um den aufragenden Stadttempel wohnte, lebte von den Bodenerträgen, die die fronenden Bauern an die Tempel abliefern mußten, und konnte sich daher ganz ihren geistigen Aufgaben widmen. Unter ihrer Pflege schlossen sich die verstreuten alten Mythen zu geordneten Zusammenhängen. Die darin enthaltene Vorstellungswelt findet sich wieder in der religiösen Literatur Babylons, Syriens, Israels und Griechenlands. Die Sintfluterzählung, die uns im Alten Testament begegnet, gibt es schon bei den Sumerern, allerdings in einer veränderten Fassung. Diese sumerische Version, als die älteste Überlieferung des Sintflutberichtes, wurde auf einer Tontafel aus Nippur gefunden. Sie umfaßte mindestens 300 Zeilen. 37 Zeilen des Anfanges sind verloren: Die Götter haben beschlossen, das Menschengeschlecht durch eine furchtbare Überschwemmung zu vernichten. Aber einige Gottheiten finden diesen Entschluß zu hart und wollen die Menschen vor dem Untergang bewahren. Ziusudra ist König und Priester. Er wird von einer Gottheit vor der kommenden Flut gewarnt, baut auf Anraten ein Schiff mit einem guten Dach, worin er mit den Seinen und allerlei Getier die 7 Tage und 7 Nächte dauernde Sturmflut übersteht. Die gewaltige Arche schwankt auf dem großen Wasser, bis der Sonnengott Utu hervorkommt, Himmel und Erde erleuchtend. Ziusudra öffnet eine Luke, Licht strahlt ihm ins Gesicht. Da verläßt er mit allen Menschen und dem Getier das Holzhaus, wirft sich vor Utu nieder, schlachtet einen Ochsen und bringt reichlich Schafopfer dar. Die Pflanzen erheben sich wieder aus dem Schoß der Erde. Der König aber erhält gleich einem Gotte ein Leben im fernen Westen. Dort soll er den Besuch seines Nachkommens Gilgamesch, des Lebenssuchers, empfangen. Gilgamesch war ein König von Uruk und hat der Sage nach die riesige Mauer dieser Stadt von 9,5 km Länge erbaut. Er wurde der mythische Held des größten Epos der orientalischen Antike.

Die Sintfluterzählung

Die Geschichte von der großen Flut verbreitete sich über die ganze damals bekannte Welt. Sie wurde von den Patriarchen nach Westen gebracht, als sie aus dem Zweistromland auswanderten und sich im Lande Kanaan niederließen. Jesus Christus bezog sich in seiner Lehre von den letzten Tagen auf diesen gewaltigen und klaren Einschnitt in der Menschheitsgeschichte. Bei Matthäus 24, 37—39 heißt es: »Wie in den Tagen Noahs, so wird es bei der Wiederkunft des Menschensohnes sein. In den Tagen vor der Sintflut schmausten und tranken sie, nahmen zur Ehe und gaben zur Ehe bis zu dem Tage, da Noah in die Arche ging; und sie kamen nicht zur Einsicht, bis die Sintflut hereinbrach und alle hinwegraffte[1].« In Hellas fand der Bericht von der Sintflut seinen Niederschlag in der Erzählung von Deukalion und Pyrrha[2], die als einzige der Katastrophe entgingen.

[1] Die gleiche Erwähnung findet sich bei Lukas 17, 26—27.
[2] Ovid, Metamorphosen, I, 318—415.

Das Aufblühen des kulturellen Lebens der Sumerer beruhte vorwiegend auf der ausgewogenen Herrschaft der Stadtfürsten. Ihre Pflichten waren die Obsorge für die Notwendigkeiten des leiblichen Lebens und die Pflege des Gottesdienstes und der geistigen Aufgaben. Solange diese beiden Aufgabenbereiche einander die Waage hielten, konnten die Sumerer zu einem der großen, schöpferischen Völker der Menschheitsgeschichte werden. Aber das fruchtbare Gleichgewicht wurde bald gestört, die kulturelle Entwicklung Altsumers erfuhr eine Stockung. Die Mär von seinem Wohlstand ging von Mund zu Mund, lockte die streifenden Nachbarn in den kargen Grenzgebieten an. Nach und nach schoben sich semitische Akkader im Vertrauen auf die Hilfe ihrer Waffen, aber auch in friedlicher Unterwanderung nach Sumer hinein, ständig folgten weitere Scharen und verstreuten sich schließlich über das ganze Land. Vor allem setzten sie sich in dem späteren Lande Akkad fest.

Lugalzaggesi

In diesen schicksalhaften Jahren, in denen die Schwächeren durch die Übermacht führender Schichten hart bedrückt wurden und das goldene Zeitalter in einer ohnmächtigen Vielstaaterei sein Ende gefunden hatte, nützte der Stadtfürst von Umma, *Lugalzaggesi* (um 2360), die Gelegenheit, durch rücksichtslose Zusammenfassung aller Kräfte die Idee eines sumerischen Großreiches zu erneuern. Er bezwang das benachbarte reiche Lagasch, dann Ur und Larsa sowie andere Orte und verlegte seine Residenz nach Uruk, nachdem er auch diese Stadt erobert hatte. Von der neugewählten Residenz aus drang er mit unnachsichtiger Härte bis zum Mittelmeer vor. Er hatte trotz des Widerstands von Volk und Priesterschaft ein Großreich aufgerichtet, geboren aus Gewalt und Blut. Vielleicht war es nicht nur Machtgier, die Lugalzaggesi auf die Bahn des Eroberers trieb, sondern auch das Bestreben, der neuen politischen Macht der Semiten mit einem schlagkräftigen Großstaat entgegenzutreten. Aber Lugalzaggesis Werk der Einigung des sumerischen Volkes war nicht von Dauer, denn es fand keine Stütze bei seinen Landsleuten. Es ebnete vielmehr den neuen Völkern den Weg zum Aufstieg.

Sargon I. von Akkad

Ein unbekannter Beamter aus der Stadt Kisch im Norden Sumers, aus dem Stamme der Akkader, einem Teil der großen semitischen Völkerfamilie, namens *Sargon I.* (2350–2295), wurde zum Herrn des Gebietes am Euphrat und zum Begründer des akkadischen Weltreiches. Seine Begabung und Größe machten ihn bald zu einer Gestalt der Sage. Diese erzählt, er sei – ähnlich wie ein anderer Volksführer des alten Orients, Moses, oder wie Romulus – in einem Binsenkorb auf dem Euphrat ausgesetzt, von einem Gärtner aus den Fluten gerettet und aufgezogen worden. Durch die Gunst der Ischtar, der Göttin der Liebe, aber auch des Krieges und der Jagd, errang er die Herrschaft und besiegte in einer schrecklichen Schlacht Lugalzaggesi, den er wie ein wildes Tier in einen Käfig sperrte und dem Hohn der Volksmenge preisgab. Er dehnte seine Macht weit über die Grenzen Mesopotamiens aus und schuf das erste Universalreich der Weltgeschichte vom Persischen Golf bis zur syrischen Küste und über den Taurus hinaus bis ans Schwarze Meer. Er regierte straff zentralistisch und

Das erste Universalreich der Weltgeschichte unter Sargon I.

nützte die reichen Bodenschätze, um Handelsbeziehungen zu anderen Rohstoffproduzenten anzuknüpfen. Auf seine Weisung erhielt die semitische Sprache vor der sumerischen den Vorrang, und die Schreiber mußten die auf das Sumerische abgestimmte Schrift dem Akkadischen angleichen. Der neue Herrscher fühlte sich nicht wie die sumerischen Priesterfürsten als Vertreter der Gottheit, sondern erhob sich stolz selbst zum Gott. Daneben blieb die Verehrung der alten Götter Sumers und der neuen Gottheiten der Akkader bestehen, unter denen die schon erwähnte *Ischtar* und der Sonnengott *Schamasch* die erste Stelle einnahmen.

Während der fünf Jahrzehnte der Regierung Sargons mußten er und später seine Nachfolger, unter denen sich sein Enkel Naramsin einen großen Namen machte, immer wieder Aufstände niederwerfen und die Ruhe im Reiche herstellen. Dann kam es zur Krise: die einzelnen Stadtfürsten bekämpften sich untereinander, das Reich zerfiel, ein wildes Bergvolk aus den nahen iranischen Bergen, die *Gutäer*, benützte die Wirren zu Angriffen, die um 2150 dem Reich von Akkad ein Ende machten. Für das Zweistromland war das eine Katastrophe. Die Hauptstadt wurde bis auf den Grund zerstört, und auch andere bedeutende Städte fanden den Untergang. Tempel wurden geplündert, Wohnstätten gebrandschatzt, Götterbilder zerschlagen oder weggeschleppt, Menschen in die Gefangenschaft getrieben. Den siegreichen Barbaren fiel ein Gebiet von solchem Umfang in den Schoß, daß sie es nicht einheitlich verwalten konnten. Leidvolles Schweigen legte sich für ein Jahrhundert über Sumer und Akkad, und die spätere sumerische Literatur klagt trauernd über den Untergang dieser einzigartigen Kulturepoche. »Die Drachen des Gebirges haben dem Gatten die Gattin, den Eltern die Kinder geraubt, das Königtum von Sumer in die Berge geschleppt!«

Die Gutäer

Aber aus tiefster Not gewannen die sumerischen Städte wieder die Kraft, sich zu erheben. Um das Jahr 2000 erleben wir ihre letzte Nachblüte. Der Sumerer *Gudea* von Lagasch leitete sie ein. Er wollte kein kriegerischer Held sein, sondern das durch jahrhundertealte Spannungen und durch die Schrecken der Fremdherrschaft ermüdete Land durch weise Regierung wiederaufrichten. Während seiner mehr als dreißigjährigen Herrschaft hat er als Hirt seines Volkes etliche Tempel gebaut oder erneuert und so viele Stand- und Sitzbildnisse von sich und umfangreiche Inschriften in sumerischer Sprache hinterlassen, daß seine Gestalt noch heute greifbar vor unseren Augen steht.

Gudea

Wie uns Lagasch ein Bild der Spätzeit des Sumerertums in Skulpturen und Texten zeigt, so Ur in seinen Bauten. Der Zeit innerer Sammlung und äußeren Wiederaufbaus entspricht der Hochtempel, der nun zum erstenmal aus den früheren Hochterrassen zu einer Art Tempelturm emporwächst. Solche Zikkurate entstanden in Uruk, Nippur, Umma und vor allem in Ur. In dieser Stadt herrschte *Urnammu,* der zum Begründer einer Dynastie wurde. Dieses letzte sumerische Herrscherhaus brachte seinem Land eine Zeit des Friedens und Wohlstandes. Aber es war nur noch der Abendglanz einer großen Hochkultur, die ein Jahrtausend gedauert und noch vor der ägyptischen entstanden war. Immer stärker wurde in den letzten Jahrzehnten des 3. Jahrtausends das Zwischenstromland von Westsemiten unterwandert. Sie gewannen immer größeren Einfluß auf die Politik und im Kampf um die Macht die Unterstützung der östlichen Feinde Sumers, der Elamiten. In den Kämpfen mit dem mächtigen *Elam* zerfiel Sumer wieder in unbedeutende Kleinstaaten. So verschwand um die Wende vom 3. zum 2. Jahrtausend das sumerische Volk. Nur sein Geist, sein Wesen lebte noch weiter in Religion und Sitte, Kultur und Lebensform. Mitfühlend lesen wir die Trauerklage über die Begebnisse um 1950:

Der Sturmwind stürzte Sumers alte Ordnung,
die Zeit der guten Herrscher ist dahin.
In Trümmern liegen nun des Landes Städte,
und öde sind die Hürden, sind die Pferche ...
Die Herrschaft wanderte in fremdes Land,
auf das man mit gebeugtem Rücken schaut ...
Man trieb die Menschen aus der Heimat fort
und führt' sie in der Feinde Länder weg ...
O Sumer, Land der Furcht, da Menschen zagen:
Der König ging, und seine Kinder klagen.

Die Hammurabi-Dynastie

Die großen Götter haben mich berufen.
So bin ich der Hirte, der Heil erhält.
In meinem Schoß habe ich die Menschen
des Landes Sumer und Akkad genommen:
Durch meine Lebenskraft erhielten sie Fülle.
In Frieden sorge ich für sie.

Aus dem Nachwort von Hammurabis Gesetzeskodex

Nach dem Ende der Dynastie von Ur verliert sich die Geschichte von Sumer im Dunkel. Von Westen und Osten schoben sich, fast unbemerkbar, Fremdvölker nach Mesopotamien und suchten sich in einer am nächsten gelegenen Stadt festzusetzen: die Westsemiten in der Ischtarstadt *Mari* am mittleren Euphrat, die Elamiten in *Larsa.* Die stärkere Zuwanderung erfolgte von Westen, da die Beduinen immer dazu neigten, den kargen Wüstenboden mit dem Fruchtland zu vertauschen. Ein neuer semitischer Stamm, die Amoriter, dessen eigentliches Siedlungsgebiet in Syrien und am Libanon lag, schob sich nach einer Zeit schlimmster Wirren und Fehden zwischen den kleineren Stadtherrschaften in den Vordergrund und erlangte von Babylon aus die Vorherrschaft über ganz Mesopotamien unter der Führung *Hammurabis* (1728–1686), der wohl die bekannteste und glänzendste Regentengestalt aller mesopotamischen Könige wurde und, wie man mit gutem Recht behauptet, sein Land in glückliche Zeiten führte. Von nun an gab es ein einheitliches semitisches Reich, in dem die Sumerer allmählich aufgingen. Babylon wurde die Hauptstadt des Reiches, das wir danach Babylonien nennen, die klassische babylonische Sprache wurde Verkehrssprache des Landes. Hammurabi erstrebte in weiser Beschränkung nicht ein Weltimperium im Sinne Sargons, sondern er verfolgte die Idee eines geeinten Reiches von Sumer und Akkad. Dies erreichte er auch. Er vereinigte ganz Babylonien unter seiner Führung, und seine Macht reichte vom Persischen Golf bis weit nach Mesopotamien hinein. Er sicherte den Bestand des Staates durch ein stehendes Heer. Seine Herrschaft vereinte junge, weltfrohe Tatenlust der Westsemiten mit dem altbewährten sumerisch-akkadischen Kulturerbe. Dem äußeren Glanze entsprach der innere Aufbau. Große Kanäle wurden angelegt, Städte durch Festungsmauern geschützt, Tempel erbaut und der Ackerbau gefördert. Der unbedeutende jugendliche Stadtgott von Babylon, *Marduk,* wurde als Beschützer des Königs zum Reichsgott erhöht und zugleich als Sonnengott verehrt.

König Hammurabi

Hammurabi widmete allergrößte Aufmerksamkeit den Vorgängen in seinem Land. Er beaufsichtigte selbst die pünktliche Zahlung der Steuern und Abgaben, trat für die Schwachen und Entrechteten ein. »In meinen Schoß habe ich die Menschen des Landes Sumer und Akkad genommen. In meinem Schutz habe ich sie ihre Tätigkeit friedvoll ausüben lassen, in meiner Weisheit sind sie geborgen.« In wichtigen Prozessen entschied er selbst als höchster Richter. Für diese Aufgabe brachte er umfassendes Wissen

Hammurabis Gesetzeskodex

mit: denn er hatte die jahrhundertealte Rechtsentwicklung in einem Gesetzeskodex zu einem geschlossenen System von etwa 300 Paragraphen zusammengefaßt. Durch einen glücklichen Zufall haben französische Ausgräber in den Ruinen von *Susa* in Persien eine 2¼ m hohe Dioritstele[1] gefunden. Sie zeigt oben den König, der seine Hände anbetend vor dem thronenden Sonnengott als dem Bürgen seiner Gesetze faltet, die in Monumentalschrift den Unterteil der Stele füllen. Von dieser Steinschrift wurden Abschriften angefertigt und dienten als Richtlinien für die Urteilsfindung.

Wenn wir die einzelnen Paragraphen durchgehen, so bekommen wir Einblick in den Alltag der Babylonier. Aus den dargestellten Fällen können wir sehen, daß schon damals eine enge Verquickung aller gesellschaftlichen und rechtlichen Verhältnisse stattfand. Die Bestimmungen erstrecken sich, um einige wichtige herauszugreifen, auf Eigentumsverletzungen, Pachtwesen, Wasserordnung, Eherecht, Erbrecht, Stellung der Sklaven, Körperverletzung, Vermietung. Die Strafen sind hart, wollen durch eine schwere Vergeltung der Untat ihre abschreckende Wirkung erreichen. Man spürt daraus noch das harte Gesetz der Wüste. Außer Vermögensentziehungen trifft den Schuldigen Auspeitschung, Verstümmelung oder Tod. Wir können die Härte der Strafen mit unserem modernen Humanitätsempfinden nicht in Einklang bringen. Der Rechtkodex wird eben von dem Prinzip der *Talion* bestimmt, das heißt, von jenem Strafrechtsgrundsatz, nach dem der Täter mit der gleichen Handlung bestraft wird, durch die er zum Rechtsbrecher geworden ist.

Hammurabi wollte mit seiner Gesetzgebung ein Reich des Friedens und der Sicherheit aufrichten, die Gesetze sollten jeden Geschädigten zu seinem Recht kommen lassen. Mit solchen gesetzgeberischen Maßnahmen auf allen Gebieten des Lebens hat er auch tatsächlich eine feste Grundlage für das Zusammenleben der zahlreichen Untertanen geschaffen, als kluger Politiker hat er der alten sumerisch-akkadischen Gesittung ihre letzte Vollendung gegeben und ein Reich der Wohlfahrt aufgerichtet. Es war kein leeres Wort, wenn er sich den König der Gerechtigkeit nannte, den Hirten seiner Völker, »der wie ein leiblicher Vater für die Seinen sorgt«.

Hammurabis Zeit war eine der glücklichsten Perioden Mesopotamiens. Unter ihm erhielten die beiden bedeutenden Literaturwerke des Zwischenstromlandes, das Weltschöpfungsepos und das Gilgameschepos, deren wesentlicher Kern und erste, noch locker nebeneinander gereihte Liedfassungen sicher auf die Sumerer zurückgehen, ihre klassische Form in akkadischer Sprache. Sie bilden Auftakt und Vorbild der ganzen reichen und üppig wuchernden Sagenwelt Kleinasiens und Griechenlands.

Das Weltschöpfungsepos

Das *Weltschöpfungsepos* ist halb mythischer Heldensang, halb theologisches Lehrbuch. Es bemüht sich, die überragende Rolle, die dem neuen Landesgott Marduk zugefallen ist, mit dem Mythos zu verknüpfen und theologisch zu verankern. In dramatischer Form schildert es den Kampf

[1] Die Dioritstele ist im Louvre zu Paris ausgestellt.

der sumerischen Götter gegen die schrecklichen und chaotischen Urmächte und Ungeheuer und bringt diese Götter in ihrem Streben nach Weltordnung dem Verständnis der Allgemeinheit nahe. Mit einer Apotheose der jungen Götterheroen verklingt das Weltschöpfungsepos.

Das Gilgameschepos

Das jüngere akkadische *Gilgameschepos* sammelt die sumerischen Lieder und verschmelzt sie aus Sage und Heldenlied, Märchen und Abenteurerfabel, Lehrgedicht und Weisheitsspruch zu einem geschlossenen Werk. Der Text, volkstümlich knapp gehalten, fand Platz auf 12 Tontafeln. Gilgamesch ist der sagenhafte König von Uruk, das Urbild himmelstürmender Lebenskraft und Schaffensfreude. Er läßt in harter Fron seine Männer und Frauen die erste riesige Stadtbefestigung mit doppeltem Mauerring, 900 Türmen und in einer Länge von 9,5 km aufführen.

> Er war's, der alles sah bis an des Landes Grenzen,
> der jegliches erfuhr, erlernte alle Dinge,
> der da durchschaute allzumal die tiefsten Geheimnisse,
> der Weisheit Decke, die alles verhüllt.
>
> Verwahrtes sah er, Verdecktes enthüllte er,
> von der Sintflut Vorzeit brachte er Kunde,
> ging einen fernen Weg, sich mühend und quälend,
> schrieb auf eine Tafel die ganze Mühsal.

Gilgamesch verlangt nicht nur viele und schwere Arbeit von seinen Bürgern, die als Hirten und Jäger, als Krieger und Bauleute, Schreiber und Tempeldiener vom frühen Morgen bis zum späten Abend schaffen müssen, sondern er selbst ist ihnen unermüdliches Vorbild. Er spürt Löwen, Wildstiere, die den Menschen gefährlich geworden sind, in ihrem Versteck auf und erlegt sie. Mit Bewunderung, aber auch mit Furcht schauen die Barbaren auf ihren starken und klugen König. Damit seine Kräfte gebändigt und abgelenkt würden, stellen die Götter dem übermütigen Helden den naturhaften Steppenmann *Enkidu* entgegen, der mit den Tieren lebt und mit Fellen bekleidet ist. Die beiden messen sich im Zweikampf, aber bald schließen die Ebenbürtigen Bündnis und Freundschaft. Statt sich gegenseitig zu befehden, wollen sie gemeinsam das Böse in der Gestalt des gehörnten Riesen *Chumbaba* in dem gruseligen Zedernwald bezwingen zum Wohl der Menschheit. Die Tat gelingt. Aber Enkidu hat mit dem Verlassen des gewohnten Lebenskreises in der Wildnis seine Selbstsicherheit verloren, schwermütige Träume lassen ihn ahnungsvoll des unabwendbaren Todesloses bewußt werden, und damit taucht in ihm der Gedanke an die Begrenztheit und Sinnlosigkeit des irdischen Lebens auf. Als Enkidu hinscheidet, befällt auch Gilgamesch die Angst vor dem Tode, der den Freund vom Freunde, die Eltern von den Kindern, den Mann von der Gattin trennt. Er beschließt, seinen unsterblichen Ahnherrn *Utnapischtim*, den akkadischen Noah, aufzusuchen, der als einziger unter den Menschen der Sintflut entronnen ist und nun auf der Insel der Seligen das ewige Leben führt.

Utnapischtim hat in der Stadt *Schuruppak* am Euphrat gelebt. Da hat ihm *Ea*, der Gott der Wassertiefe, anvertraut, die Götter würden bald eine alles überschwemmende Regenflut senden. Er solle ein großes Holzhaus bauen in Form eines Schiffes, mit einem guten Dach versehen und seine Verwandten sowie Tiere jeder Art in das Haus bringen. Er tut, wie ihm geheißen. Als der furchtbare Regen beginnt, tritt er ins Schiff und verschließt die Tür. Sobald nach Tagen die Regenflut nachgelassen hat, führt er die Menschen und die Tiere wieder aus der Arche und bringt den Göttern auf dem Gipfel des Berges, gegen den sein Fahrzeug getrieben worden ist, zum Dank für seine Rettung ein Opfer dar. Denn alle anderen Lebewesen sind in der Überschwemmung umgekommen. Der Gott Ea verleiht ihm die Unsterblichkeit.

Gilgamesch will Utnapischtim um das Kraut des Lebens bitten. Die Schenkin der Götter versucht, ihm die Aussichtslosigkeit seiner Fahrt zu Utnapischtim klarzumachen. Sie spricht zu ihm:

»Gilgamesch, wohin schweifst du?
Das Leben, das du suchst, wirst du nicht finden!
Als die Götter die Menschen schufen,
haben sie Tod bestimmt für die Menschheit;
das Leben haben sie in ihrer Hand behalten.«

Gilgamesch aber zieht, seinem Vorsatz getreu, in mühsamer Fahrt zu seinem Ahnherrn. Er fragt ihn nach dem Geheimnis des ewigen Lebens. Dieser entgegnet, er solle nach dem Wunderkraut am Boden des Weltmeeres suchen; wenn er das esse, werde er ewige Jugend erlangen. Der Held findet tatsächlich in der Tiefe die Pflanze und macht sich überglücklich auf den Heimweg.

»Durch sie erlangt der Mensch das Leben wieder.
Ich trage sie ins turmgekrönte Uruk,
ich selbst werde sie essen
und kehr' in meine Jugend so zurück.«

Aber bei einer Rast wittert eine Schlange den süßen Duft des Krautes und verschwindet mit dem Wundergewächs im Dickicht. Damit ist Gilgameschs Traum von der Unsterblichkeit ausgeträumt. Er muß, sosehr sich sein ganzes Inneres dagegen sträubt, erkennen, daß keiner dem Tode entrinnen kann. Wir begreifen die erschütternde Tragik der Ausweglosigkeit frühmythischer Menschen, die bei der Auseinandersetzung mit dem Todesproblem, mit den ewigen Fragen nach Wert und Unwert des Lebens vergeblich nach einer tieferen Sinnbeziehung suchten. Nur mühsam ringt sich Gilgamesch zu dem tröstenden Gedanken durch, daß ihm zwar versagt ist, in ewiger Jugend weiterzuleben, daß aber sein Werk, die riesigen Stadtmauern mit ihren monumentalen Toren und gewaltigen Türmen, die Zeiten überdauern wird, daß der Mensch nur in seinem Werk seine Ver-

ewigung finden kann. Schon in diesem frühen Werk der Weltliteratur klingt der dunkle Akkord von der Todesbestimmung alles Lebens auf, der auch in der homerischen und germanischen Heldendichtung zu finden ist. Dieser Klang wirkt um so ergreifender, da hier noch das Motiv der Schuld fehlt. Erst die Bibel rückt das menschliche Schicksal in das Spannungsfeld von Schuld und Sühne und rechtfertigt das über den Menschen verhängte Todeslos als Strafe für den Sündenfall.
Nach Hammurabi regierte in Babylon noch eine Reihe von westsemitischen Herrschern für mehr als eineinhalb Jahrhunderte. Aber sie hatten inneren Aufständen und äußeren Feinden entgegenzutreten. Das einheitliche Reich, das in schweren Kämpfen unter Sargon und Hammurabi errungen worden war, zerfiel wieder. Auf die mühsam erklommene Höhe politischer Macht und kultureller Entfaltung folgte ein jäher und kurzer Abstieg. Ursache für diesen unheilvollen Werdegang waren nicht die gewohnten, in regelmäßigen Abständen wiederkehrenden Einfälle der Nomaden aus West und Ost, sondern der Einbruch neuer Bergvölker aus Anatolien und dem Iran im Zusammenhang mit einer großen Völkerwanderung. Es waren dies die Hethiter, Churriter und Kassiten. Der Hethiterkönig Mursili I. unternahm 1531 einen überraschenden Raubzug nach dem sagenhaft reichen Babylon und plünderte es. Mit vieler Beute zog er ab. Die Dynastie der Amoriter fand ihr Ende. In den herrenlosen und ausgebluteten Raum stießen als Nutznießer die schon lange auf eine solche Gelegenheit wartenden kriegerischen Kassiten vor und setzten sich hier für einige Jahrhunderte fest.

Die Hethiter

Das Land Hatti wurde von der Pest überaus heftig bedrückt. Ihr Götter, seid mir gnädig und jaget die Pest wieder hinaus, aus der Seele aber nehmet mir die Angst.

Pestgebet des Königs Mursili II.

Die Hethiter sind das älteste indogermanische Kulturvolk. Ihren Namen haben wir aus der Bibel[1] und aus ägyptischen sowie assyrischen Quellen übernommen. Wie sie eigentlich geheißen haben, wissen wir bis heute nicht. Sie tragen ihren Namen nach dem Volk, das sie unterworfen haben, nämlich nach den Hatti. Anders als bei den Ägyptern und Persern blieb ihre historische Existenz der Nachwelt verborgen. Das Wissen um die alten Ägypter war Jahrtausende hindurch lebendig geblieben; die Perser hatten

[1] Denn der Herr hatte die Syrer lassen hören ein Geschrei von Rossen, Wagen und großer Heereskraft, daß sie untereinander sprachen: »Siehe, der König Israels hat wider uns gedinget die Könige der Hethiter und die Könige der Ägypter, daß sie über uns kommen sollen.« 2. Buch der Könige 7, 6.

Hieroglyphenhethitische Inschrift aus Karkemisch

in der griechischen Geschichtsschreibung und im griechischen Drama ihre Herolde, die ihre Taten und ihr Völkerschicksal an die Späteren überlieferten. Die Hethiter aber mußten als Volk erst von der Wissenschaft der jüngsten Zeit neu entdeckt werden.

Ihre Wohnsitze lagen im östlichen Kleinasien. Das Kernstück des Hethiterlandes war das vom weiten Bogen des Halys[1] durchschnittene Bergland, wo ihre ältesten Spuren nachweisbar sind, wo ihr erster Staat entstand und das Reich in der Stadt Hattusa[2] über 400 Jahre (1600–1200) seinen Mittelpunkt hatte. Obwohl die Hethiter nach ihrer politischen Bedeutung zu den Großmächten ihrer Zeit gezählt wurden, ansehnliche Leistungen vollbrachten und nach Erwähnung der Bibel als großes Volk galten, waren sie doch ganz aus der Erinnerung der Antike verschwunden. Selbst die weltoffenen Griechen erwähnten sie nicht, weder der Historiker Herodot noch der Geograph Strabon. Es mag vielleicht darin begründet sein, daß die Griechen sich immer nur an den Küsten aufhielten, um nie den Blick auf ihr geliebtes Meer, Zuflucht und Verbindung zur Heimat, zu verlieren. Die Hethiter wären auch bis in unsere Gegenwart verschollen geblieben, hätten sie nicht die babylonische Keilschrift übernommen und damit die Begebnisse und Gedanken ihres kultischen, politischen und wirtschaftlichen Lebens festgehalten. So stießen die Ausgräber allein in *Boghazköy* auf rund 20.000 beschriebene Tontäfelchen und Tafelbruchstücke, und Schriftforscher entzifferten sie. Die Täfelchen ergänzten auf sehr erwünschte Weise nicht nur unser historisches, sondern auch unser sprachgeschichtliches Wissen vom Alten Orient. Die Texte enthalten Königsannalen, Staatsverträge, Gesetze, Briefe, in der Überzahl jedoch Religiöses. Sie enthüllen ein Bild der Sprachenvielfalt: In der hethitischen Hauptstadt verwendete man Sumerisch für die wissenschaftliche Literatur, Akkadisch-Babylonisch für den Verkehr der

Die Schrift der Hethiter

[1] Jetzt der Fluß Kizil Irmak.
[2] Jetzt das Dorf Boghazköy oder Bogazkale (Türkei).

Siegel mit einer Bilinguis in Keilschrift-hethitisch im Kreisring und in hethitischen Hieroglyphen rings um die Königsfigur. Der Text heißt: Tarkummuwa, König des Landes Mera

Diplomaten im Alten Orient, das Protohattische, das Idiom Anatoliens in der Frühzeit, für kultische Texte und die Sprache der Churriter für Sprüche, Magie und Mythos. Außerdem wurden Inschriften in einer unbekannten Bilderschrift aufgefunden. Diese Funde stammten vorwiegend aus der Stadt *Karkemisch* im syrischen Euphratbogen. Der Gelehrte *A. H. Sayce* gab ihr in den siebziger Jahren des vorigen Jahrhunderts wegen ihrer Ähnlichkeit mit der ägyptischen Schrift kurzerhand den Namen *Hethitische Hieroglyphen.* Aber sie ist nicht so formschön wie die ägyptische, macht eher den Eindruck des irgendwie Unfertigen, Wirren. Diese Bilderschrift ist die ältere Schrift der Hethiter, besteht eigentlich mehr aus Bildsymbolen. Die Zeichen sind erhaben aus dem Stein gemeißelt. Sie wurde neben der Keilschrift weiterhin verwendet auf königlichen Siegeln und monumentalen Denkmälern. Wie die ägyptische und die Keilschrift besteht auch sie aus denselben drei Elementen, nämlich aus Wortzeichen (Ideogrammen), aus phonetischen Zeichen und teils vor-, teils nachgesetzten Determinativen. Die phonetischen Zeichen stellen klare Silben mit Bezeichnung der Vokale dar. Geschrieben wurde *bustrophedon*[1], von rechts nach links und in der folgende Zeile von links nach rechts. Die Richtung erkennt man aus der Blickrichtung der Personen und Tiere und der Schrittstellung der Füße.

Die Hethiter waren als Indogermanen in der sie umgebenden altorientalischen Kulturwelt Fremde. Woher sie einwanderten, ist unbekannt; doch ist anzunehmen, daß sie aus nördlichen Gebieten kamen. Die systematische Erschließung der hethitischen Geschichte und Kultur hat erst zu Beginn unseres Jahrhunderts eingesetzt. 1915 hat der tschechische Gelehrte *Friedrich Hrozný,* der an der Wiener Universität lehrte, mit seiner Schrift »Die Lösung des hethitischen Problems« Licht in Sprache und Schrift dieses rätselhaften Volkes gebracht und im Zusammenwirken mit deutschen Wissenschaftern die Zugehörigkeit der Hethiter zur indogermanischen Sprachfamilie einwandfrei nachgewiesen. Grabungsbefunde zeigen, daß die Hethiter bei Beginn des zweiten Jahrtausends ihre endgültigen Wohnsitze in

[1] Das griechische Wort bedeutet »ochsenwendig«, also eine Zeilenfolge, die nach Art der beim Pflügen umkehrenden Ochsen abwechselnd nach rechts und links läuft.

Kleinasien erreicht hatten, dies wahrscheinlich in langsamer Unterwanderung und in mehreren Wellen. Sie waren keine geschlossene Volkseinheit, sondern zerfielen wie die Griechen in mehrere Stämme. Schon auf ihren Wanderungen müssen sie mit den in Nordmesopotamien und Nordsyrien siedelnden Westsemiten in Fühlung gekommen sein, babylonische Sprache und Kultur kennengelernt und die Keilschrift übernommen haben.
Um 1700 kam es zu einer hethitischen Staatenbildung, und zwischen 1600 und 1500 wurde das Königtum errichtet. Als erste überragende Gestalt der hethitischen Geschichte finden wir *Labarna* auf dem Thron. Er legte sich den Titel »Großer König« bei, um sich als Gleichberechtigter neben die Fürsten der alten Großmächte zu stellen. Die Hethiterkönige waren ehrgeizig, begnügten sich nicht mit dem Besitz des ererbten Kernlandes, sondern drängten nach Syrien und Mesopotamien. Sie errangen Siege und rühmten sich der Taten. Sie hatten aus ihrer Steppenheimat eine bis dahin im Vorderen Orient unbekannte Waffe mitgebracht: den mit Rossen bespannten zweirädrigen Renn- und Kampfwagen. Mit Hilfe dieser Waffe leiteten sie eine neue Phase der vorderasiatischen Kriegsgeschichte ein und setzten sich gegenüber anderen Völkergruppen durch.
Die Hethiter kannten keinen starren Absolutismus nach Art des altorientalischen Staatenwesens. Der König war oberster Heerführer und Richter, bestimmte die Politik und vertrat als Priester nach einem genau geregelten Zeremoniell seine Untertanen vor der Gottheit. Obwohl er sich hoch über seinem Volk stehend fühlte und, wahrscheinlich vom ägyptischen Vorbild angeregt, sich den Titel »Meine Sonne« beilegte, so betrachtete er sich doch nicht als Gott. Erst nach seinem Tode wurden ihm göttliche Ehren erwiesen. In Regentenangelegenheiten fand er Unterstützung durch eine Ratsversammlung. Er war von einem Hof umgeben, der sich aus seinen nächsten Verwandten, den Priestern, hohen Offizieren und Beamten zusammensetzte. Das ganze Land war in Gaue geteilt. Mehrere Gaue wurden zu einem Verwaltungsbezirk zusammengeschlossen. An dessen Spitze standen die vom König belehnten Vasallen, die er aus den unterworfenen Herrschergeschlechtern der Kleinstaaten auswählte. Diese gaben wiederholt Anlaß zu Unruhen und Aufständen, besonders bei Abwesenheit des Königs während eines Kriegszuges. Das Volk schied sich in Freie und Unfreie. Das Verhältnis zwischen beiden Schichten scheint erträglich gewesen zu sein.

Der königliche Hof

»Der Vogel nimmt seine Zuflucht zu seinem Neste, und das Nest errettet ihn. Oder, wenn ein Knecht eine Sorge hat, so bittet er seinen Herrn. Und sein Herr erhört ihn und ist ihm freundlich gesinnt. Was ihn bedrückte, das bringt er ihm in Ordnung. Oder, wenn ein Knecht sich etwas hat zuschulden kommen lassen, das Vergehen aber seinem Herrn gesteht, damit sein Herr mit ihm verfahre, wie er will, dann wird der Herr den Knecht nicht strafen. Denn da er das Vergehen seinem Herrn gesteht, beruhigt sich der Sinn des Herrn.«

Die hethitische Stadt unterschied sich sehr wesentlich von der sumerisch-akkadischen Stadtanlage. Ausgrabungen in Hattusa, der bedeutenden Resi-

Stadtfestungen

denz und dem wichtigen Handelszentrum, haben gezeigt, daß nicht der Tempel Mittelpunkt der Siedlung war, sondern die akropolisartige, befestigte, auf leicht zu verteidigender Höhe gelegene *Burg*, umschlossen von einem Bollwerk kyklopischer Doppelmauern, gedeckt von zahllosen Türmen und stark gesicherten Toranlagen mit Löwen, die mit den Orthostaten[1] der Portalleibungen so verbunden waren, daß sie zu Trägern und Wächtern der Tore wurden. Meisterhaft paßte sich die strategische Mauerführung selbst dem schwierigsten Gelände an. Unterirdische Gänge gestatteten überraschende Ausfälle. Im Schutze einer solchen kriegerischen Anlage wohnten die Götter in den Tempeln. Bei den deutschen Ausgrabungen in Hattusa sind fünf Tempel gefunden worden. Der größte von ihnen, der Tempel des Wettergottes, ist noch gut erhalten und vermittelt im Ausmaß und baulicher Gestaltung den Eindruck eines der großartigsten Denkmäler der damaligen Zeit. Das gesamte Gebäude mit Magazinräumen ist rechteckig (160 m mal 135 m) und hat einen Innenhof sowie einen Anbau mit neun Kulträumen. Die Hethiter verwendeten keine Säulen, sondern viereckige Pfeiler als Stützen. Die Fenster waren groß, mit niedrigen Brüstungen, und schauten zur Außenseite, nicht hofwärts. Der Raum mit dem Kultbild war erkerartig aus der Mauerflucht vorgezogen, um durch Seitenfenster die Statue im hellen Licht erstrahlen zu lassen. Dieses Lichtverlangen erinnert wohl an jene Zeiten, wo die Kulthandlung noch unter freiem Himmel vollzogen wurde. Im schützenden Schatten der Burg errichteten die Menschen der höheren Gesellschaftsschichten ihre Häuser, mit zwanglos aneinandergereihten Zimmern, ebenfalls tief herabreichenden Fenstern und flachen begehbaren Dächern. Die Behausungen der ärmeren Bewohner waren bescheidene Hütten aus Holz und Lehm.

Die Götter der Hethiter

Der Berührung mit verschiedenen Völkerschaften auf ihrem Wanderweg entsprechend, verehrten die Hethiter eine Vielzahl von Götterkreisen. Die gewaltigste, am meisten verehrte und oberste Staatsgottheit war die Sonnenkönigin der alten Kultstadt *Arinna*, die Königin des Himmels und der Erde. Sie ist die berühmte Muttergottheit, deren Kult als Kýbele sich von Kleinasien über die ganze Alte Welt verbreitet hatte. Neben der Sonnengöttin stand ein männlicher Sonnengott:

Sei gegrüßt, Sonnengott!
Dem Menschen schaust du ins Herz, in dein Herz aber schaut niemand.
Wer Böses getan hat – du standest oben, o Sonnengott!
Ich wandle einen guten Weg, und jeden, der mir Böses tat, den sahest du, o Sonnengott.

Zu den beiden Hauptgottheiten des hethitischen Pantheons kommt noch der Wettergott, den die Indogermanen offenbar aus ihrer Heimat mitge-

[1] Orthostaten sind hochkant gestellte, besonders große Blöcke der untersten Steinlage bei antiken Gebäuden. Sie hatten ursprünglich den Zweck, die Erdfeuchtigkeit von den aus Lehmziegeln bestehenden Mauern abzuhalten. Später sind sie nur Schmuckformen.

bracht hatten und der als Gemahl der Sonnengöttin galt. Von Kultbildern ist uns kein einziges erhalten. Dafür haben wir etliche Reliefs, die uns männliche und weibliche Götter vorführen. Die Wände der Hauptnische im Felsheiligtum von *Yazilikaya*, das 2 km nordöstlich von der Stadt Hattusa liegt, zeigen zwei Reihen von Gottheiten, auf der westlichen Seite nur männliche, auf der östlichen Wand überwiegend weibliche. Die beiden Züge schreiten einander entgegen und treffen an der nördlichen Wand zusammen. Die Namen der Gottheiten konnte man mit Hilfe der Hieroglyphen feststellen, die zugleich als ihr Zeichen und als ihr Amulett über der einen Hand angebracht wurden.

Staatsheiligtum in Yazilikaya

Die Hethiter ließen sich, wie es im gesamten Vorderasien üblich war, stark vom Aberglauben beeinflussen, und Zauber und Mantik umschatteten mit ihren schwarzen Fittichen die Geister. Man wähnte, daß Kenntnis der Zeichen und die Kunst der Beschwörung vor den lauernden Dämonen schütze, die mit Krankheit und Unglück das Menschenleben bedrohten. Freilich war man sich bewußt, daß kein Zauberspruch von einer sittlichen Verfehlung lösen könne, daß die Götter die Sünde an Kindern und Enkeln rächten. Nur offenherziges Geständnis und aufrichtige Reue vor den Göttern könne die Gnade der Vergebung bringen. Er wahrhaft erschütterndes Zeugnis für dieses qualvolle Suchen und grüblerische Ergründenwollen des Willens der Götter sind die uns noch erhaltenen Pestgebete des Königs Mursili II.

Mursili II.

»Hattischer Wettergott, mein Herr, und ihr Götter, meine Herren, es ist so:
man sündigt.
Und auch mein Vater sündigte und übertrat das Wort des hattischen
Wettergottes, meines Herrn, ich aber habe nicht gesündigt.
Und auch über mich kam die Sünde meines Vaters.
Und ich habe sie nunmehr dem hattischen Wettergott, meinem Herrn,
und den Göttern, meinen Herren, gestanden.
Und weil ich nun meines Vaters Sünde gestanden habe,
seid mir wieder freundlich gesinnt,
und jaget die Pest wieder aus dem Lande hinaus.«

Mursili I.

Mursili I. (um 1530) wandte sich über Anatolien hinaus gegen die Hochkulturgebiete Syrien und Mesopotamien. Mit seinem kühnen Heereszug den Euphrat abwärts bis nach Babylon löschte er zwar die alte Hammurabi-Dynastie aus, konnte aber damit wegen der weiten Entfernung von seinem anatolischen Reichsland nicht dauernden Besitz sichern. Seine Eroberungen waren für die vorderasiatischen Völker ein eindrucksvoller Beweis seiner Schlagkraft. Im übrigen führten der große Kräfteverbrauch und die Unerfahrenheit der Könige im Verwalten eines Staatswesens zur inneren Zersetzung und Aufreibung der hethitischen Macht. Viel zuviel steckte das Königshaus noch in den Einrichtungen der Frühzeit und war den verwaltungstechnischen Anforderungen eines Großreiches nicht gewachsen.

Die Stellung des Königs und die Geltung der Dynastie waren in Zeiten seiner Abwesenheit stets gefährdet. Verrat und Mord bestimmten oft die Thronfolge. Es mußte also zu einer Verfassungsreform kommen, sollte der Staat gesunden und der Weg zu Wiederaufstieg und Festigung nach außen bereitet werden. Es war das große Verdienst des Königs *Telipinu* (um 1525 bis 1500), die Willkür und Zufälligkeit bei der Bestimmung eines Nachfolgers ausgeschaltet und dafür eine gesetzliche Erbfolge festgelegt zu haben. Thronfolger sollte an erster Stelle ein Sohn der ersten Frau sein, an zweiter Stelle ein Sohn aus einer allfälligen zweiten Ehe. Aus der Zeit Telipinus stammt auch die erste kodifizierte Rechtsordnung der Hethiter. Sie regelte Familienleben und Ehe. Die Familie war vaterrechtlich ausgerichtet, die Ehe eine Kaufehe, wie es im Orient üblich war. Geschwisterehe und Ehe mit Mutter oder Tochter, wie wir es von den Ägyptern gehört haben, waren bei den Hethitern entschieden untersagt. Das Strafrecht vertrat nicht als Prinzip Auge um Auge, hatte nicht Rache und Vergeltung als Richtschnur, sondern Hilfe und Rettung des Geschädigten.

Telipinu

In die Zeit des Königs Telipinu fällt die Entstehung des *Mitannireiches*, eines großen, aber nur kurzlebigen Staates zwischen dem Zagrosgebirge und dem Mittelmeer. Die Churrivölker gelten allgemein als diejenigen, die das Pferd nach Vorderasien eingeführt und seine Zucht und Pflege verbreitet haben. Sie waren auch die Mittler der Keilschrift, die sie von den Babyloniern an die Hethiter weitergaben und sie dadurch auch mit allerlei Geistesgut, etwa mit den churritischen und babylonischen Mythen und Epen (Gilgameschepos), bekannt gemacht haben. Die Mitanni beschränkten jegliche Ausdehnung der Hethiter auf den Raum südlich des Taurus, und der Schwerpunkt der Ereignisse in Vorderasien verlegte sich um 1400 nach dem Mitanniland. Über diese Periode breitet sich Dunkel. Im Staate der Hethiter müssen Umwälzungen zum Untergang des althethitischen Reiches geführt haben.

Die Churrivölker

Wo die Urkunden wieder zu erzählen beginnen, tritt uns das Hattireich unter einer neuen Dynastie entgegen. Es hatte von etwa 1430 an seine Lage wieder gefestigt und übertraf unter dem überlegenen Feldherrn und genialen Staatsmann, dem König *Suppiluliúma* (um 1350), die anderen Großmächte Vorderasiens an Umfang. Das durch innere Wirren geschwächte Mitannireich fand durch den Tod des Königs *Tuschratta* ein jähes Ende und wurde ein Teil des großhethitischen Staates. Ägypten hatte mit Tuschratta den Verbündeten verloren, für Suppiluliuma aber war nun die Gelegenheit gekommen, Nordsyrien bis zum Libanon dem hethitischen Gebiet einzugliedern. Ägypten war zu einer Abwehr unfähig, denn seine Pharaonen Amenophis III. und vor allem Amenophis IV. Echnaton lebten nur ihrem religiösen Reformwerk, kümmerten sich nicht um außenpolitische Fragen und vertrösteten ihre Vasallen mit leeren Versprechungen. Für Amenophis III. brachte es keinen unmittelbaren Nachteil, denn sein Reich stand auf dem Höhepunkt. Der Pharao verließ sich auf seine Diplomatie. Die souveränen Staaten, wie Ägypten, Assyrien, das Hethiterreich, Babylonien und Mitanni, standen durch Gesandtschaften untereinander in Verbindung,

Das neuhethitische Reich

wechselten zu Regierungsantritten und hohen Festen ihre Glückwünsche und tauschten auch Geschenke aus, unter denen besonders das ägyptische Gold gesucht war, das manche politische Verwicklung wieder zu beseitigen vermochte. Die Korrespondenz zwischen den Regierungen wurde zur Zeit des NR in Keilschrift und in der akkadischen Sprache geführt. Die Könige, deren Familien meist verwandtschaftliche Beziehungen zueinander hatten, benützten als Anrede das vertrauliche »Mein Bruder«. Zu welcher Wertschätzung der hethitische Großkönig an dem sich sonst sehr isoliert verhaltenden ägyptischen Hof anstieg, zeigt der Umstand, daß sich die Witwe des Königs Tutanchamun, Anchesenamun, von Suppiluliuma einen seiner Söhne als Gatten und damit als Pharao ihres Landes erbat (siehe S. 127). Aber im Laufe der kommenden Jahrzehnte wendete sich wieder das Blatt, als Ägypten bei seiner zunehmenden außenpolitischen Tätigkeit seit Sethos I. nach Rückgewinnung der verlorenen syrischen Besitzungen strebte, und es dadurch zu einem Zusammenstoß des Nillandes mit den Hethitern kommen mußte.
Muwatalli, der König der Hethiter (1306–1282), sah eine solche schwere Auseinandersetzung voraus, und als Ramses II. 1290 Ägyptens Thron bestieg, bot er seine gesamten Bundesgenossen in Kleinasien und Nordsyrien auf und rüstete die Streitkräfte mit allen seinen verfügbaren Hilfsmitteln, hauptsächlich mit pferdebespannten Kampfwagen aus (siehe S. 158). In der großen Schlacht bei *Kadesch* konnte der Pharao nur dadurch einer vollständigen Niederlage entgehen, daß sich die Hethiter auf die Plünderung des ägyptischen Lagers stürzten und den Sieg nicht ausnützten. Diesem Säumnis des Gegners verdankte Ramses II. die Möglichkeit, in großen Worten und prahlerischen bildlichen Darstellungen seinen Siegeszug an den Tempelwänden von Karnak, Luxor, Abydos und Abu Simbel zu verkünden. Tatsache blieb, daß die Hethiter ihren Besitz in Syrien behielten und ihn auch in der Folgezeit bewahrten, unangefochten von den Pharaonen. Der um 1250 durch einen Vertrag zwischen Ramses II. und dem Hethiterkönig *Hattusil III.* herbeigeführte und gesicherte Friede lag im Interesse beider Länder, ja er war die größte politische Tat des 13. Jahrhunderts, die der damaligen Kulturwelt eine ruhige Weiterentwicklung ermöglichte.
Denn allmählich wuchs die Macht Assyriens, das das Joch der mitannischen Fremdherrschaft abgeschüttelt und sich den hethitischen Vasallenstaat einverleibt hatte, zu bedrohlicher Größe, der man nur durch gemeinsames Vorgehen begegnen konnte. Wie hilfreich und dauerhaft das Bündnis war, bewies der Pharao Mernéphtah (1224—1204), der dem Hattivolk anläßlich einer drückenden Hungersnot mit einer Schiffsladung Getreide aushalf (siehe S. 165).
Das hethitische Volk, das seit mehr als einem halben Jahrtausend auf kleinasiatischem Boden eine neue Heimat gefunden hatte, stand im 13. Jahrhundert auf dem Höhepunkt seiner Kraft. Es fehlte im lediglich der feste Zusammenhalt, die ausgeglichene Kultur, um zu einer politischen und kulturellen Einheit zu gelangen. Sicherlich hätte es diese Aufgabe geschafft, wenn nicht verheerender Völkersturm über Kleinasien hinweggefegt wäre.

Wanderstämme vom Balkan und Bewohner der ägäischen Inseln setzten sich in einem Ausmaß, wie die Weltgeschichte es nie wieder berichten kann, zu Lande und zur See in Heersäulen und Geschwadern in Bewegung, überfluteten mit unverbrauchter Menschenkraft und den neuen, unwiderstehlichen Waffen des eisernen Zeitalters die Kulturländer des Ostens. Sie überrannten das Hethiterland, das sich bisher fast allein des Besitzes dieses unvergleichlichen Metalls erfreut hatte und von den Pharaonen darum beneidet worden war. Hattusa fiel, wurde geplündert und dem Erdboden gleichgemacht. Das Reich war vernichtet, sein Name im Buch der Geschichte ausgelöscht.

Untergang der Hethiter

Wie schon erwähnt, gelangte nach dem Untergang der Hammurabi-Dynastie in dem herrenlosen Raum Babyloniens für einige Jahrhunderte das Gebirgsvolk aus dem Kaukasus, die *Kassiten,* die sich schon lange als Knechte und Feldarbeiter unter das Volk gemischt hatten, als Eroberer zur Herrschaft. Das ganze kassitische Zeitalter hindurch blieb Babylonien historisch im Halbdunkel. Ruhe breitete sich unter den Barbarenhorden, die keine Schrift kannten und eine nirgends verstandene Sprache sprachen, über das Land, nicht die segnende des Friedens und Fortschrittes, sondern die der Erschöpfung und des Stillstandes. Die Kassiten fügten sich willig in die überlegene Kultur der Westsemiten. Was an geistigen Werten in Religion und Wissenschaft weiterlebte, war Erbe aus sumerisch-akkadischem Besitz.

Gerade das schwere Schicksal der Fremdherrschaft und der politischen Unfreiheit führte die Babylonier zur Selbstbesinnung und drängte die gelehrten Kreise der Priesterschaft im Gegensatz zu der ungebildeten kassitischen Herrenschicht zu eifriger Beschäftigung mit dem überlieferten religiösen und kulturellen Gut und zu einer stärkeren Pflege der sittlichen Haltung. Daher erklärt es sich wohl, daß schon nach einer zweihundertjährigen Fremdbesetzung die Babylonier wieder eine hohe geistige Blüte erlebten, während ihre politische Geltung ganz unbedeutend blieb. Nur auf dem Gebiete des Handels fand die heimische Bevölkerung von seiten der Fremdlinge Förderung. Die Handelsbeziehungen dehnten sich immer mehr aus, Bewaffnete schützten die Karawanenwege und begleiteten die Wagenzüge. Produkte des Landes wie Öl, Getreide, Wolle und Vieh, darunter sehr viele Pferde, aber auch Fertigwaren wie Kleidung, Schmucksachen, Rollsiegel, Wagen wurden ausgeführt. Babylonien errang sich die Stellung einer angesehenen Handelsmacht und kam seit 1150 wieder unter einheimische Herrscher. Die Kassiten, die im Laufe der Zeit im semitischen Volkstum aufgegangen waren, verblieben im Lande, wurden keineswegs unterdrückt, sondern stellten verläßliche und gute Krieger. Ihre politische Rolle aber war zu Ende gespielt.

Aberglaube und Dämonenfurcht

Die tiefe Wandlung der Religion in der Kassitenzeit konnte aber das Fortbestehen eines derben Aberglaubens nicht verhindern. Dieser Volksglaube in Verbindung mit der Vorstellung von bösen Dämonen, die Mensch und Tier grausam quälten, von Zauberei und Hexerei, Beschwörung und Wahrsagerei hatte seine Hauptursache in den seelischen Qualen der Angst,

Bedrohung, des Todesgrauens, hervorgerufen durch die furchtbaren Umwälzungen der Kriege, die entsetzlichen Nöte der Verschleppung und Gefangenschaft, durch die blutigen Greuel der Strafen und Verfolgung. Zu diesem Reich der Dämonen kamen noch unverschuldetes Unglück und Krankheit hinzu. Diese Unholde, die überall ihr Wesen trieben, sich in bösen Träumen ankündigten, aus verfallenem Gemäuer, Gräben, Erdspalten krochen, sich aus der Einsamkeit der Wüste anschlichen, die kein Graben, keine Mauer, kein Wasserlauf, keine Wand abzuhalten vermochte, sie alle suchten die alten Priester zusammenzufassen in dem siebenfachen Dämon des Bösen, der »bösen Sieben«, um sie leichter bekämpfen zu können. Das einfache Volk brauchte eine solche Handhabe magischer Texte mit genauem Wortlaut der Beschwörung und der Angabe bestimmter Handlungen, um sich Beruhigung gegen jene schreckenerregende Geisterwelt zu verschaffen, es brauchte Gegenzauber und Geisterbannung zu seinem Schutz. Und es brauchte als Sicherung vor einer dunklen Zukunft Wahrsagung und Traumdeutung. Gerade aus dem Zweistromland haben wir die stärksten Zeugnisse dieser seltsamen dunklen Vorstellungen, und das »Babylonische Traumbuch« aus unserer Gegenwart ist noch das letzte Schattengespenst einer längst versunkenen Zeit.

Das neuassyrische Reich

Ninive war eine große Stadt vor dem Herrn,
eine Stadt, drei Tagreisen zu durchwandern.
Jonas 3, 3

Im Raume des Euphrat verlagerte sich um 1200, also in der Zeit der großen Völkerwanderungen, als in Europa Italiker, Illyrier und Dorier zum Aufbruch rüsteten und zum Mittelmeer drängten, das Schwergewicht nach Norden in das Gebiet von *Assur.* Auch eine bedeutende Persönlichkeit wie *Nebukadnezar I.* (ungefähr um 1130), der nach dem Ende der Kassiten-Dynastie den Thron bestieg, konnte nicht verhindern, daß Assur nach der Oberhoheit über Babylon strebte. Auftrieb bekamen die Assyrer durch das Ende des Mitannireiches, in dessen Abhängigkeit sie lange gewesen waren. Sie gewannen unter *Assuruballit I.* die Selbständigkeit wieder (um 1340). Den Sieg verdankten die Assyrer ihrem in fortwährenden Kriegen aufs beste geschulten Heer. Es war mit allen, vorwiegend eisernen Kampfwaffen der damaligen Zeit ausgerüstet. Ein löwenhafter Mut und ein bis zu beispielloser Grausamkeit gesteigerter Fanatismus, unterstützt von unbezwingbaren, den neuen Verhältnissen angepaßten Grenzfestungen und schlagkräftigen Besatzungen, erstickten jeden Anlauf zu Aufständen im Inneren oder Angriffen von außen. Unter dem König

König Tiglatpileser I.

Tiglatpileser I. (1116—1078) rückten die siegreichen Truppen weit nach Kleinasien hinein. Zum erstenmal erschien ein Assyrerheer auf syrischem

Boden. Den König lüstete nach dem Zedernholz des Libanon. Aus nächster Nachbarschaft mußten die letzten Ramessiden dem Vorrücken Tiglatpilesers I. zusehen. Des Assyrers Interesse an Tieren benutzte der ägyptische Pharao und sandte ihm ein lebendes Krokodil, das jener in Assur zur öffentlichen Besichtigung ausstellte.
Solche Herablassung entsprach der Stellung des Königs. Tiglatpileser war nicht ein Gott wie der König von Babylon oder der Pharao, sondern nur Statthalter der Gottheit. Der Gott Assur war der eigentliche Herr des Landes, der König sein Stellvertreter, der nichts von Bedeutung unternahm, ohne seinen Auftrag einzuholen oder ihm Rechenschaft abzulegen.
Besondere Aufmerksamkeit und kriegerische Bereitschaft erforderten die Vorstöße der *Aramäer*. Unter diesem Namen pflegte man neue semitische Nomadenverbände zusammenzufassen, die von ihrem Mittelpunkt in der arabischen Wüste strahlenförmig gegen das Siedlungsgebiet des »fruchtbaren Sichelbogens« vordrangen. Schon seit der Amarnazeit hatten sie sich in friedlicher Unterwanderung mit der Bevölkerung im südlichen Tigristal vermischt, ihre Religion, Sitten und Gebräuche angenommen und später auch Kleinstaaten gegründet. In den folgenden Jahrhunderten fiel ihnen ganz Obermesopotamien zu. Das Aramäische war die Sprache Christi und einer umfassenden religiösen Literatur der christlichen Zeit und wurde darüber hinaus in vielen Mittelmeerkolonien gesprochen.
Dem Siege Tiglatpilesers I. über die Babylonier dürfte ein Großteil des kulturellen Aufschwunges Assurs zuzuschreiben sein, der sich besonders im Bauwesen bemerkbar machte. Neben Palastbauten, die als Ausdruck seiner gnadenlosen Macht als König entstanden, legte er den bedeutenden *Anu-Adad-Tempel* an, der trotz der Ausplünderung seines vorzüglichen Ziegelmaterials in den Umrissen noch die Kultraumgruppen und die Zikkurate der beiden Götter erkennen läßt.
Das kulturelle Verdienst Assyriens war nicht so groß und den benachbarten Völkern so überlegen, daß er seine Herrschaft über die vorderasiatische Welt rechtfertigen würde. Der Anspruch lag vielmehr in der religiösen Idee, in dem Glauben an den göttlichen Auftrag Assurs, für den Gott die Weltherrschaft zu erkämpfen. Damit verantworteten die Assyrer ihre raumgreifenden Eroberungszüge und zugleich ihre schonungslosen Kriegsmethoden. Ihre Angriffe waren so furchtbar, daß der ihnen vorauseilende Schrecken allein schon lähmend auf die Feinde wirkte. Auf großen Reliefs werden die siegreichen Taten des Königs, die Vernichtung des Gegners und die unmenschlich grausame Rache an Aufständischen und hartnäckigen Feinden gefeiert. Als eine dem Kriegshandwerk ebenbürtige Betätigung begegnen uns Bilder von Jagden gegen Großwild. In einem Jagdbericht Tiglatpilesers I. heißt es:

»Ich erlegte vier starke, riesige Wildstiere mit meinem mächtigen Bogen, dem eisernen Speer und meinen spitzen Pfeilen. Zehn gewaltige Elefantenbullen brachte ich zur Strecke, vier Elefanten fing ich lebend. Ihre Häute und Zähne brachte ich zusammen mit den lebenden Elefanten nach meiner

Hauptstadt Assur. Ich tötete 120 Löwen tapferen Herzens in heldenhaftem Fußkampf, 800 Löwen von meinem Streitwagen.«

Die Erinnerung an solche Löwenjagden haben assyrische Reliefs aus verschiedenen Zeiten festgehalten, Tierbildnisse, deren Ausdruck in Haltung und Bewegung von ausgezeichneter Beobachtungsgabe zeugt. Darunter sind geradezu unübertreffliche Darstellungen, wie die sterbende Löwin, die von drei Pfeilen in den Rücken getroffen, mit aufgerissenem Rachen sich nur mühsam auf den Vorderpranken fortschleppt und den Hinterleib, über den sie schon die Herrschaft verloren hat, hinter sich nachschleift. Wie oft haben solche Tierfiguren als Motive für die Bildniskunst von Kriegerdenkmälern bis in unsere Tage herauf gedient!
Auf Tiglatpilesers I. überragender Persönlichkeit und auf seinem in härtester Disziplin erzogenen Heere beruhte die Größe seines Reiches. Nach seinem Tode verblaßte der Glanz der assyrischen Macht durch die Untüchtigkeit der Nachfolger. Aber seine Weltmachtsidee lebte weiter, allerdings sollte es fast 200 Jahre dauern, bis ein ihm ebenbürtiger Herrscher den Thron Assurs bestieg.
Nachdem fast durch zwei Jahrhunderte Assyrien auf dem Weltschauplatz keine Rolle gespielt und sich die Fürsten auf reine Verteidigungskämpfe beschränkt hatten, lebte um 900 mit der Erneuerung der wirtschaftlichen und militärischen Verwaltung auch der alte Geist der assyrischen Politik wieder auf, die sich als Hauptziel die Wiedereroberung des völlig unter den Einfluß der Aramäer geratenen Mesopotamiens setzte. Das *neuassyrische Reich* von 900—612, dessen Ende mit dem Untergang Ninives gegeben war, ist gekennzeichnet durch unsagbare Kriegsgreuel und Knechtung der Nachbarvölker. *Assurnasirpal II.* (884—859) unterwarf die in Mesopotamien entstandenen kleinen Aramäerreiche völlig, so daß von dieser Seite keine Erhebung mehr möglich war. Nur die Aramäerstaaten westlich des Euphrat und in Nordsyrien lebten unbeeinträchtigt weiter. Assurnasirpal II. verlegte seine Residenz von Assur nach *Kalach* im Winkel der Mündung des *Oberen Zab* in den Tigris und machte diese Stadt zu einem kulturellen Mittelpunkt. Er schmückte seinen Palast mit herrlichen Wandreliefs, deren Ruf in der Nachwelt fortlebte. Diese Kunstbetätigung fand bei den späteren Königen Nachahmung; dazu kamen noch die Figuren von Löwen und Mischwesen als magische Hüter der Torleibungen. Assurnasirpal II. stieß bis zum Mittelmeer vor, unterwarf die phönikischen Städte Tyros und Sidon und wusch, einer alten sumerischen Überlieferung folgend, bei einem Dankopfer für die Götter seine Waffen im Meer.
Nach Jahrzehnten fortwährender kriegerischer Unruhen, durch die das Reich einen bedrohlichen Niedergang erlebte, gelangte, sicherlich durch eine gewaltsame Maßnahme, ein Mann auf den Thron, der wahrscheinlich überhaupt nicht mit der legitimen Königsfamilie verwandt war. Er legte sich als glückbringende Vorbedeutung den berühmten Königsnamen eines seiner Vorgänger bei und regierte als *Tiglatpileser III.* (745—727) das neuassyrische Großreich wie ein Usurpator. Gleich zu Beginn brach er die

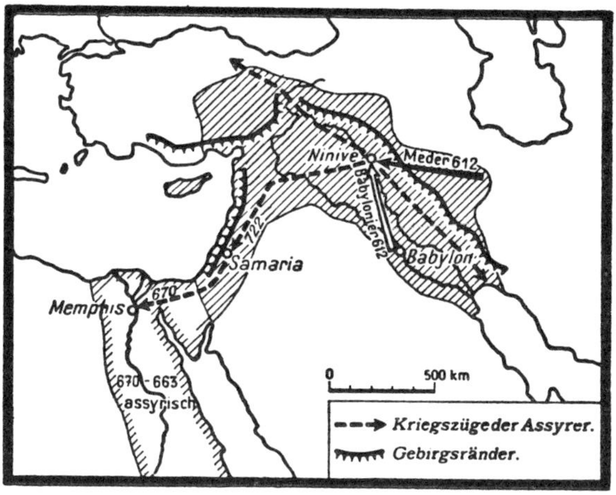

Die Kriegszüge der Assyrer

Macht der Statthalter durch eine Umgestaltung der Provinzeinteilung, vereinte die Regierungsgewalt in seiner Hand und gab seinem Volk durch Ausdehnung der Grenzen vom Mittelmeer bis zum Persischen Golf das stolze Bewußtsein, wieder in einem Weltreich zu leben.

Vordringlich fand er die Lösung des Verhältnisses zwischen Babylon und Assyrien. In zwei Kriegszügen traf er in Babylonien eine Neuordnung. Er unterwarf die noch nicht in Abhängigkeit gebrachten Aramäer, denen Babylonien schon als Beute zugefallen war. Nach dem Vorbild seiner Vorgänger wendete auch Tiglatpileser III. zur dauernden Niederhaltung bezwungener Völker das harte System der Zwangsumsiedlung, nur in viel weiterem Umfang, an und verpflanzte vor allem die Aramäer nach anderen Gegenden. Durch die Umsiedlung von Hunderttausenden bildete sich in seinem Reiche immer mehr eine Mischbevölkerung, deren Umgangssprache das Aramäische wurde, die Mundart der zahlreichsten Volksgruppe.

Den König von Babylon, der im Schatten seines Gottes Marduk lebte und eigentlich nur innerhalb der Mauern Babylons sein Herrscheramt ausübte, beließ er auf dem Thron. Das Verhältnis Assyriens zu Babylon war ein anderes als zu den übrigen Provinzen. Die Assyrer waren sich voll bewußt, wieviel sie der sumerisch-babylonischen Kultur verdankten, und die Babylonier suchten dieses Bewußtsein der Achtung vor der religiösen Sendung und kulturellen Leistung der alten Stadt bei den Assyrern wachzuhalten. Dennoch konnten die Assyrer trotz der rücksichtsvollen Behandlung Babylons nicht in ein freundnachbarliches Verhältnis zu diesem gelangen. Immer wieder stellte sich die Euphratstadt auf die Seite der Feinde Assyriens. Tiglatpileser III. versuchte für sich die Beziehung zwischen den beiden Staaten dadurch zu normalisieren, daß er nach dem Tode des babylonischen

Königs selbst den Thron bestieg, das Land aber nicht der assyrischen Herrschaft unterordnete, sondern die beiden Reiche als gleichberechtigte Staatsgebilde unter der einen Krone des assyrisch-babylonischen Königs zusammenfaßte. Eine weitere große Aufgabe war für ihn die Neuordnung Vorderasiens unter assyrischer Führung. Es gelang ihm nach hartnäckigem Widerstand, Syrien zu unterwerfen und den Norden Israels zur assyrischen Provinz zu machen. Einer der folgenden Könige, *Sargon II.* (721—705), stand im wesentlichen denselben Aufgaben gegenüber wie Tiglatpileser III.; vor allem galt es für ihn, das zu halten, was der frühere König geschaffen hatte.

Phrygier

Zu Sargons II. Zeit machte sich ein neues, ursprünglich thrakisches Volk, die *Phrygier,* in Vorderasien bemerkbar, die wohl schon an der Zerstörung des hethitischen Reiches teilgenommen hatten. Ihr kurzlebiger Staat wurde durch König *Midas* gegründet, der sich *Gordion* zur Hauptstadt wählte. An diese Stadt knüpfte sich die Sage von dem seltsamen Knoten. Wer ihn löse, würde die Herrschaft Asiens erlangen. Bekanntlich durchschnitt ihn Alexander der Große kurzerhand mit dem Schwert und erfüllte so die Prophezeiung. Das phrygische Reich fand sein Ende durch den Einfall eines neuen thrakischen Stammes, der *Kimmerier,* die im achten Jahrhundert aus ihren Sitzen an der Nordküste des Schwarzen Meeres durch die Skythen verdrängt worden waren.

Midas wurde bei den Griechen zu einem legendären Herrscher. Ihm soll der Gott Dionysos einen Wunsch freigestellt haben. Midas wünschte, alles, was er berühre, solle zu Gold werden. Nun konnte er weder essen noch trinken, weil sich alles in seinem Munde zu Gold wandelte. Auf seine innige Bitte erlöste ihn der Gott wieder von seiner unheilbringenden Wunderkraft durch ein Bad im Flusse Paktolos, der seitdem Gold führte. Midas traf einmal mit Apollon und Pan zusammen und fand den Preis, den man Apollon in einem musikalischen Wettbewerb zuerkannte, für ungerecht. Dafür bestrafte Apollon ihn, indem er ihm Eselsohren wachsen ließ. Midas verhüllte die Schande sorgsam durch eine hohe, kegelförmige Mütze mit nach vorn geneigter Kuppe, die seither die phrygische heißt und auch in späteren Zeiten, zum Beispiel als Jakobinermütze in der Französischen Revolution, getragen wurde. Midas' Friseur aber erfuhr beim Haarschneiden das Geheimnis, durfte es aber nicht ausplaudern. Um sein Herz zu erleichtern, hob er eine Grube aus und flüsterte die Neuigkeit hinein: Midas hat Eselsohren! Dann schaufelte er das Loch wieder zu. Als nach einiger Zeit an der Stelle Schilf hervorwuchs, flüsterten die Halme, vom Winde bewegt, einander das ängstlich gehütete Geheimnis zu[1].

Lydien

An die Stelle des phrygischen Reiches trat später das *lydische Reich* mit der Hauptstadt *Sardes,* das sich unter seinen Königen, unter denen *Gyges* und *Krösos* die bekanntesten waren, bis zum Halys ausdehnte. Sein Reichtum durch den goldführenden Paktolos wurde sprichwörtlich. Die phrygische Kultur überlebte das Reich des Midas und schuf während des sech-

[1] Ovid, Metamorphosen XI, 85—193.

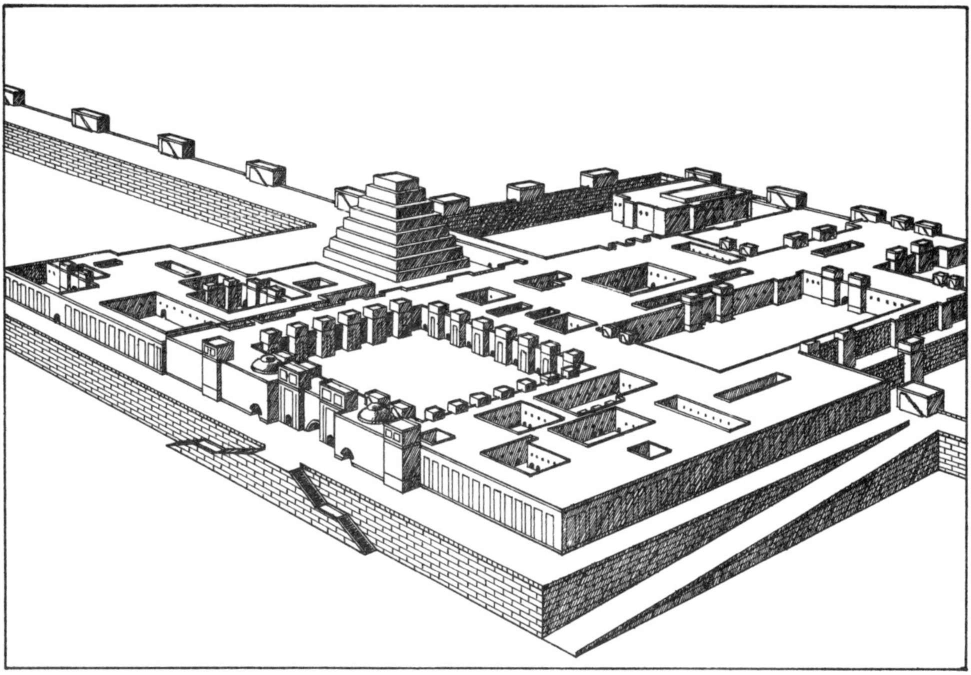

Palast des Königs Sargon II. in Chorsabad. Rekonstruktion

sten Jahrhunderts im Mittelpunkt des westlichen Anatolien großartige Grab- und Kultdenkmäler, die zu den eindrucksvollsten Monumenten des heutigen Anatolien zählen.

Sargons Lieblingsplan war es, sich eine neue Residenz zu errichten. Diesen Wunsch verwirklichte er auch und legte seine *»Sargonsburg«* an, das heutige *Chorsabad*, weniger als 20 km von Ninive entfernt. Er umgab sie mit einer Doppelmauer, stattete sie mit einem Königspalast und einer Zikkurat aus und schmückte die Bauten mit Stierkolossen und Ornamenten sowie Gemälden in Ziegelglasur. Aber mit dem Tode des Herrschers erlosch die zwar großartige, aber nicht recht lebensfähige Stadt.

König Sanherib

Sargons II. Sohn *Sanherib* (705—681) war von seinem Vater frühzeitig zu Regierungsgeschäften herangezogen worden, scheint sich aber als Mitregent mit ihm entzweit zu haben. Er verließ die noch nicht vollendete Stadt und kehrte nach Assur zurück. Aber auch diese alte Residenz seiner Vorfahren gab er auf und zog nach *Ninive* (griech. *Ninos*) auf dem linken Ufer des Tigris. Es war eine der ältesten Städte Mesopotamiens und maß sich an Glanz mit anderen Königsstädten, auch mit Assur. Seine Gründung wird nach der Genesis dem sagenhaften »großen Jäger vor dem Herrn« *Nimrod* zugeschrieben[1]. Unter Aufgebot ganz bedeutender Hilfsmittel

[1] 1. Mose 10, 11—12.

und riesiger Arbeiterheere aus allen Völkern vom Persischen Meerbusen bis zum Mittelmeer verwendete der König ein Vierteljahrhundert darauf, Ninive wieder den einstigen Glanz zu verleihen, es zu vergrößern und zu verschönern. Der kühne Baumeister schuf Tempel, begann in Ninive einen neuen Palast, der von solcher Pracht und Schönheit sein sollte, daß ihn keiner auf der Welt übertreffen könnte. Lastkähne brachten auf dem Tigris aus den Steinbrüchen die bis zu 30 Tonnen schweren Stierkolosse zum Bauplatz, eine bewundernswerte technische Leistung für die damalige Zeit. Pflasterstraßen durchzogen die Stadt, eine Doppelmauer, 25 m hoch, mit 15 Toren, umgab sie schirmend. Diese Doppelmauern bestanden aus zwei Mauerzügen, deren Zwischenraum mit Steinbrocken und Schutt angefüllt wurde. Um die Stadt herum ließ der König, der auch ein erfindungsreicher und leidenschaftlicher Gärtner war, Parkanlagen errichten. Wasseradern aus den angestauten Kanälen durchfurchten das Grün, brachten den fremden Frucht- und Zierbäumen erquickendes Naß, und Tiergehege mit seltsamen Tieren dehnten sich im Schatten der Gärten. Auch auf dem Hügelgelände bei Assur, das sich zum Anlegen von Festplätzen und Gärten nicht eignete, ließ Sanherib Grünflächen und Baumalleen anlegen, sie durch Wassergräben und Schöpfwerke künstlich bewässern, Pflanzgruben, aus dem Felsboden gehauen, mit Humus füllen und Granatapfelbäumchen oder dergleichen in regelmäßigen Abständen einsetzen. Hier mitten im Grünen entstand das Festhaus, zu dem einmal im Jahre am Neujahrsfest die Götterbilder, voran Gott Assur, aus ihren Wohntempeln in der Stadt über die gepflasterte Prozessionsstraße in die freie Natur der Gärten gebracht wurden, damit die Stadtbewohner in Gesellschaft der Götter das große kultische Fest der Erneuerung feiern konnten.

Im Bauen setzte sich der König hehre Ziele, in der Kriegführung aber war er ein Usurpator von übermächtiger Härte. Es fehlte ihm die ruhig-kalte Überlegung, die taktische Begabung. So stürmte er gegen Westen, belagerte Jerusalem, traf Vorkehrungen zum Kampf gegen Ägypten. Aber eine von Ratten verbreitete Pest raffte den größten Teil seines Heeres hinweg und zwang ihn zu eiliger Rückkehr, ohne daß er auch nur einen Fuß in die Stadt gesetzt hätte, wie es der Prophet *Jesaia* dem König *Hiskia* von Juda vorausgesagt hatte: »Der König zu Assyrien soll nicht in die Stadt kommen und keinen Pfeil drein schießen und keinen Schild gegen sie kehren und soll keinen Wall drum schütten[1].«

Mit jahrelang gespeichertem Haß wandte sich der König nun gegen Babylon. Die wiederholten Versuche, in dieser Stadt Ordnung zu schaffen, waren immer gescheitert. Er schickte seinen eigenen Sohn hin, um die politische Verwirrung zu beheben, aber dieser fand den Tod. Nun raste Sanherib und war zum Letzten entschlossen: Babylon mußte vom Erdboden verschwinden. Als er die Stadt erobert hatte (689), ließ er sie zerstören, die Tempel plündern und niederreißen, die Mardukstatue nach Assur entführen und die Stadt durch einen künstlichen Abfluß des Euphrat überfluten.

[1] 2. Buch der Könige 19, 32.

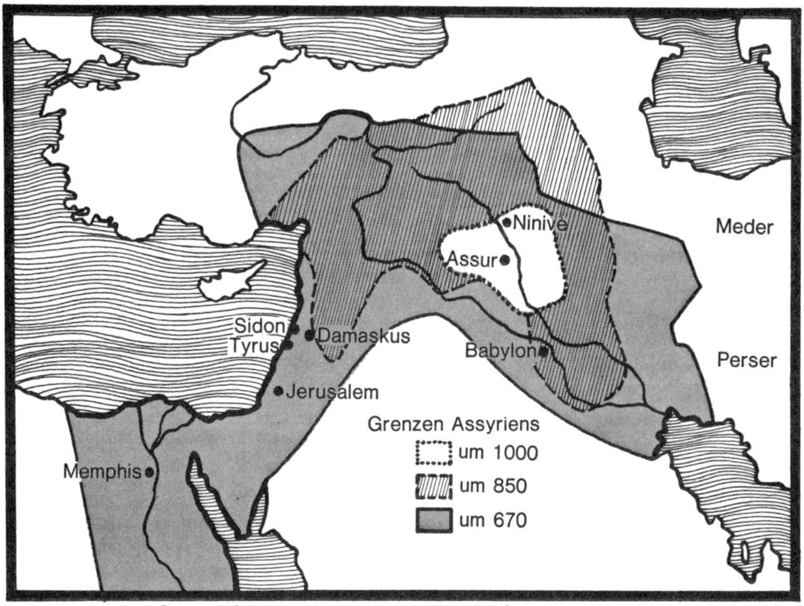

Das assyrische Reich mit seinem weitesten Umfang unter Asarhaddon und Assurbanipal

Sanheribs schonungsloses Verfahren gegen Babylon erregte Empörung. Sie dürfte zu dem gewaltsamen Ende des Königs geführt haben.

König Asarhaddon

Sein Nachfolger wurde sein Sohn *Asarhaddon* (680–669), der mit Entschlossenheit die schwierige Lage bei seinem Regierungsantritt meisterte und in langjähriger Arbeit Babylon in alter Schönheit mit seinem Marduktempel und den Stadtmauern wiedererstehen ließ. Damit hatte er auch die Weltgeltung Marduks neuerlich bestätigt. Aus wiederholten Mißerfolgen seiner Vorgänger an der mittelländischen Küste zog er die Folgerung, daß eine Besetzung nur dann gesichert sei, wenn es glänge, Ägypten niederzuwerfen, den hauptsächlichsten Anstifter der dauernden Aufstände in Syrien gegen die Assyrer, Ägypten, das bisher von den alten mesopotamischen Großreichen immer unangetastet geblieben war. Zu so weit ausgreifenden Plänen gab nicht nur die alte Überlieferung der Assyrer Anlaß, die schon früh ihr Staatswesen auf Eroberung, Morden und Plündern eingestellt hatten und die Kriegführung als eigentlichen Lebensberuf ansahen. In gewissem Maße mag schon die Knappheit an anbaufähigem Boden den Blick auf die Nachbargebiete gelenkt haben. Anfangs leistete das ganze Volk Kriegsdienst: der Bauernstand stellte das schwere Fußvolk, der Adel die Wagenkämpfer. Daneben blieb die Reiterei unbedeutend. Später hielt sich das assyrische Volk immer mehr vom Waffenhandwerk fern, den Bauern wurde erlaubt, sich mit einer Wehrsteuer loszukaufen, und Söldnertruppen aus fremden Völkern füllten die Lücken. Die Assyrer waren nur noch durch eine Adelsoberschicht im Heer vertreten.

Nach zwei frühzeitig abgebrochenen Kriegszügen erreichte das assyrische Heer endlich unter ständigen Kämpfen *Memphis* (671). Damit war die Weissagung des Propheten Jesaia in Erfüllung gegangen[1]. Auch Ägypten, »der zerbrochene Rohrstab«, teilte das Schicksal seiner Nachbarn. Aus dem schätzebeladenen Nilland schafften die Assyrer reiche Beute nach Ninive. Die Herrschaft wurde aufgeteilt unter 22 Gaufürsten, denen assyrische Statthalter beigegeben wurden. Den gewaltigen Triumph über das alte Kulturland verkündete der König auf Siegesstelen, die er in Syrien und Mesopotamien aufstellen ließ: der König, überlebensgroß, mit Krone und Zepter, in der Rechten ein Opfergefäß, mit der Linken an Nasenseilen die vor ihm knienden, klein dargestellten, um Gnade flehenden Könige von Ägypten und Sidon haltend. In Wirklichkeit allerdings hatte der Pharao *Taharka* entfliehen können, und der König von Assyrien mußte nochmals gegen das Nilland ziehen. Aber eine plötzliche Krankheit raffte Asarhaddon unterwegs dahin.

Sein Nachfolger *Assurbanipal* (668–631) ließ den Vormarsch fortsetzen, und sein Heer erreichte das hunderttorige *Theben* in Oberägypten (663). Der Fall der Hauptstadt Ägyptens fand einen erschütternden Nachhall. Aber noch unter demselben König entglitt Ägypten wieder der assyrischen Herrschaft durch die Könige von *Saïs,* die im Verein mit den kleinasiatischen Mächten die Freiheit zurückgewannen. Auch verursachte die Besetzung Ägyptens auf die Dauer ungeheure Kosten und machte ein Riesenaufgebot von materiellem Einsatz erforderlich. Es spricht für den politischen Weitblick Assurbanipals, daß er sich der Notwendigkeit anpaßte und seine Truppen aus dem Nilland zurückzog, als die Opfer dafür zu belastend wurden.

In den heimatlichen Palästen häuften sich die Reichtümer aus Beute und Tribut unterworfener Völker, noch nie hatten die Assyrer so glänzende Zeiten erlebt. Das gab Gelegenheit für das Blühen von Wissenschaft und Kunst. Assurbanipal war ein Freund der Künste. Er, der ursprünglich für das Priesteramt bestimmt gewesen war und daher eine sorgfältige Ausbildung erfahren hatte, erzählte selbst von sich: »Ich erwarb den geheimen Schatz der ganzen Tafelschreiberkunst, diskutierte im Gelehrtenkreise, kann schwierige, undurchsichtige Divisions- und Multiplikationsexempel lösen, las immer wieder die kunstvoll geschriebenen Texte im schwierigen Sumerisch und mit Mühe entzifferbaren Akkadisch und verstehe mich auf den Beruf aller Gelehrten.« Daneben vernachlässigte er aber auch seine leibliche Erziehung nicht, konnte reiten, mit dem Bogen schießen und den Streitwagen lenken. Ihm verdankte das Reich nach einer Zeit grausamer Eroberungspolitik eine Epoche kultureller Besinnung; ihm verdankte der Hof, daß er zu einem Mittelpunkt künstlerischer Blüte wurde. In geradezu leidenschaftlichem Sammeleifer ließ Assurbanipal alte Schriftwerke und Literaturdenkmäler der sumerisch-akkadischen Epoche zusammentragen. Überall waren seine Schreiber tätig, zeichneten Dichtung und wissenschaft-

[1] Jesaia 36, 6.

Asarhaddon hält zwei besiegte Könige an den Leinen

liche Prosa in sorgfältigen Abschriften in Keilschrift auf Tontäfelchen auf und bewahrten sie in der königlichen *Bibliothek.* Viel davon ist bei der Zerstörung von Ninive zugrunde gegangen, aber ein gütiges Geschick hat im Jahre 1854 n. Chr. zur Auffindung der noch vorhandenen »Bücher« geführt. Ungefähr 20.000 Stück Tontafeln sind der Nachwelt erhalten geblieben. Sie füllen mehrere Säle des Britischen Museums in London und bilden einen unschätzbar wertvollen Grundstock für die Aufdeckung der Geschichte und Kultur des Zweistromlandes. Assurbanipal beschäftigte aber auch Legionen von Steinhauern, die die Heiligtümer und Königspaläste mit *Reliefbildern* schmückten. Diese Wandreliefs galten allgemein als eine besondere Kunstleistung der Assyrer. Die Paläste zeigten wahre Bildersäle, in denen Leben und Werk der Herrscher im Wechselspiel wirklichkeitsnaher Darstellung und einer grausamen Phantasie voll dämonischer Triebkraft vor dem Auge erstanden und von einer Zeit erzählten, die nie den Frieden gekannt hatte. Erinnerungen an die weiten Züge bis zum oberägyptischen Theben, an den gewaltigen Sieg über Elam im Osten, aber auch an die Auseinandersetzungen mit den arabischen Wüstenbewohnern waren festgehalten. Kamele, die bisher im Kulturland unbekannten Reittiere, die nun auch in Assyrien ein gewohnter Anblick wurden, erschienen

König Assurbanipal gießt das Trankopfer über die auf der Jagd erlegten Löwen

in den Darstellungen. Mit besonderer Vorliebe ließ Assurbanipal, der große Liebhaber des Weidwerkes, Löwen darstellen. Die wilden Kampfszenen eröffnen uns erst den Blick in das Wesen der Assyrer, machen die überragende politisch-kriegerische Leistung des verhältnismäßig kleinen Volkes begreiflich. Ihr Gott Assur war der Streiter für den Weltherrschaftsgedanken. Er ging alljährlich zum Neujahrsfest den Weg durch das Dunkel der Unterwelt, führte den Kampf gegen die finsteren Mächte des Chaos und feierte in befreiender Auferstehung den Sieg des Rechts. Sein Vorbild soll den König zur Nachahmung entflammen; der jeweilige Herrscher soll seine Anhänger mit dem fanatischen Willen beseelen, das Licht Assurs in die Welt zu tragen und jeden Widerstand als ruchloses Verbrechen gegen den Gott niederzuwerfen. Dieser Idee des Sieges der Ordnung über alles Chaos sollte auch die Bilderwelt dienen. Aus allem Grauen endloser Kriegszüge hebt sich hier ein heller Gedanke nach einem fernen glücklichen Ziel.

An assyrischen Wänden begegnen uns auch die geflügelten Stiere mit Menschenhaupt. Wir kennen sie schon als Wächter an den königlichen Portalen. Menschenköpfige Stiere mit Adlerflügeln und Löwenbrust. Waren es diese phantastischen Wesen, die der Prophet Hesekiel[1] als Gefangener auf seiner Fahrt ins Exil in seiner Traumvision schaute?

Untergang Assyriens

Assur stand mit seinem Sieg über Ägypten, mit der Babylon aufgezwungenen Oberherrschaft und der Vernichtung des elamitischen Reiches auf dem strahlenden Gipfel seiner Macht. Dahinter aber folgte der erbarmungslose Untergang. Man möchte einen so jähen Verfall dieses gigantischen Werkes gar nicht für möglich halten, das mit solcher Anstrengung, mit solcher Grausamkeit und mit so viel Blut aufgebaut worden war. Ein neues Volk war auf der Bühne der Weltherrschaft erschienen: die *Meder*. Schon öfters hatten diese jungen, unverbrauchten Stämme Assyrien bedroht und waren

[1] Hesekiel 1, 5 ff.

Menschenhäuptiger, geflügelter Stier aus dem Palast von Chorsabad

im Wechsel von Angriff und Abwehr immer wieder zurückgewiesen worden. Als sie aber die Vorteile einer einheitlichen Führung erkannt hatten, schlossen sie sich unter dem fähigen *Kyaxares* zusammen. Inzwischen war Assurbanipal gestorben, und seine schwachen Nachfolger verloren bald die Zügel der Herrschaft aus den Händen. Kyaxares verstand es, die Skythen, die den Kaukasus überschritten hatten, und Babylon für sich als Verbündete zu gewinnen. Im Jahre 614 fiel Assur, 612 Ninive.

Die Meder verdankten den Erfolg ihrem nach assyrischem Muster ausgebildeten Fußvolk und ihrer mit allen Kampfmethoden des Angriffs und Rückzuges vertrauten Reiterei. Medien konnte als das Land der Pferdezucht eine den Nachbarn zahlenmäßig überlegene Reiterei ins Feld führen und sich damit den siegreichen Ausgang sichern. Die einst von den Assyrern überwältigten Länder schüttelten die verhaßten Ketten ab, nahmen furchtbare Rache, rotteten in einem entsetzlichen Gemetzel die Bewohner aus und zerstörten alle Städte Assyriens. Der Athener Xenophon, der nach der für Kyros unglücklichen Schlacht bei Kunaxa den Rückzug der griechischen Söldner leitete und 200 Jahre nach dem Ende Assurs durch

das Tal des Tigris zog, schildert in seiner Anabasis das einst blühende Land als einsame Wüste.
Wie hat es in der Bibel Prophet Zephanja vorausgesagt?

> Der Herr wird Ninive öde machen
> und dürr wie die Wüste.
> Und drinnen werden allerlei Tiere lagern[1].

Nach dem Ende Assurs besetzten die Meder das Bergland von Armenien und Kappadokien bis nach Westen zum Halys, während das nördliche Mesopotamien und der syrische Küstenstrich den Babyloniern zufiel. Noch einmal erblühte am Euphrat ein Reich von altem Glanze, das den Vergleich mit den stolzesten Zeiten altbabylonischer Herrlichkeit unter Hammurabi nicht zu scheuen brauchte. Es war das sogenannte neubabylonische oder chaldäische Weltreich. Den Namen führte es nach den *Chaldäern*, einem semitischen Stamm, der ursprünglich in Chaldäa, der fruchtbaren, aber von Sümpfen durchzogenen Niederung am unteren Euphrat und Schatt-el-Arab saß. Übervölkerung trieb die Menschen stromaufwärts, um sich in Babylonien zwischen den Städten anzusiedeln. In Zeiten der Schwäche versuchten mehrfach Stammesfürsten, die Herrschaft an sich zu reißen, bis die Chaldäer endlich um 630 mit *Nabopolassar*, einem begabten und politisch weitblickenden Heerführer, den Thron Babylons besetzten. Er schickte seinen Sohn *Nebukadnezar II.* (605–562) mit einem Großteil des Heeres nach Syrien, um die Westprovinzen gegen Ägypten zu sichern. Es gelang dem Sohn in der Schlacht bei *Karkemisch* am Oberlauf des Euphrat ein entscheidender Sieg über die Ägypter (605). Infolge der furchtbaren Niederlage mußten sich die Ägypter in eiliger Flucht zurückziehen, alle syrischen Fürsten unterwarfen sich. Vor Pelusium wollte sich der Pharao *Necho* dem Einmarsch der Babylonier in sein Königreich entgegenstellen; da erfuhr Nebukadnezar den Tod seines Vaters, schloß schleunigst Frieden und kehrte in Eilmärschen nach Babylon zurück. Als welch große, achtunggebietende Persönlichkeit der junge König in der Heimat galt, kann man daraus ersehen, daß es niemand wagte, ihm während seiner Abwesenheit die Herrschaft streitig zu machen.

Die Herrschaft der Chaldäer

König Nebukadnezar II.

Mit ganzer Kraft widmete sich Nebukadnezar II. in seiner 42jährigen Regierung dem Aufbau seines Landes, vereinte in sich nach dem verehrten Vorbild Hammurabis die ausgezeichneten Fähigkeiten eines begabten Feldherrn mit den Tugenden eines frommen und fürsorglichen Friedensfürsten, der durch seine leidenschaftliche Bautätigkeit die Residenz zu einer der schönsten Städte der Erde machte. Er vergrößerte den vom Vater ererbten Palast, stellte die zerstörten Tempel wieder her, baute den sagenhaften Turm von Babel, *E-temen-an-ki*, weiter, den sein Vater auf den Grundmauern des alten, mehrmals zerstörten zu errichten begonnen hatte. In ungeheuren Terrassen erhob sich der Bau, Würfelblock saß auf Würfelblock,

Die Bauten des Königs

[1] Zephanja 2, 13, 14.

sich nach oben verjüngend, sieben übereinander mit dem Tempel in höchster Höhe. 90 m dehnte sich die Grundfläche im Geviert, ebenso viele Meter reckte sich der Turmbau himmelwärts. 33 m hoch der unterste Turm, 18 m der nächste, je 6 m der dritte, vierte, fünfte und sechste, und endlich schloß der Tempel des Marduk, 15 m hoch, mit goldenem Dach und in blaue Ziegel mit goldenen Löwen gekleidet, das Ganze ab. Der Bau war massiv, aus ungebrannten Ziegeln[1], als Verkleidung diente eine Schutzschicht aus gebrannten Ziegelsteinen; die Wände schmückten Pilaster, bis zum zweiten Stock führten außen Rampen. Weithin strahlte die Zikkurat in der Reinheit ihrer Linien und der Harmonie ihrer Proportionen, ein überwältigendes Bild kyklopischer Größe und Macht für Einwohner und Fremde. Sie hätte zum achten Weltwunder werden können, Heiligtum aller, zu dessen Bau auch der König in einem Korb auf dem Kopf, alten rituellen Bräuchen folgend, Baumaterial herbeigetragen hatte und seine Söhne mit den Taglöhnern arbeiten ließ. Eine Ringmauer schloß den alten heiligen Bezirk von dem profanen Weichbild der Stadt ab. So erhob sich nun wieder der gottgeweihte Bau, dessen erster Vorgänger in grauer Vorzeit nach der Sintflut entstanden sein soll, als frevelhafte Trutzburg eines rebellischen Volkes, das entschlossen war, sogar gegen Gott selbst halsstarrig zu bestehen in sündhafter Vermessenheit. Nun sollte diese Zikkurat die Schützerin Babylons sein, jener Stadt, deren Name nach dem akkadischen Wort Bab-ilu = Tor Gottes bedeutet. Der mächtige Bau fiel während der persischen Herrschaft in Trümmer. König Xerxes hatte die Zerstörung begonnen, Alexander der Große wollte die Zikkurat wiederherstellen, ließ Schutt abräumen, aber der Krieg rief zu anderen Verpflichtungen. Später holten die Araber von dort ungezählte ausgezeichnete Backsteine für ihre Bauten. Jetzt sind nur noch die Grundmauern vorhanden, die der deutsche Gelehrte Koldewey bei der Ausgrabung Babylons freigelegt hat. Der Reisende trifft heute an der Stelle des vielleicht riesigsten Bauwerkes der altbabylonischen Welt auf ein großes Loch, gefüllt mit Sickerwasser vom Euphrat her, der ganz in der Nähe vorbeifließt.

Nord-südlich verlief die gewaltige heilige *Prozessionsstraße*, tief eingeschnitten zwischen 7 m hohen, mächtigen, zinnenbewehrten Mauern mit turmartigen, ebenfalls zinnentragenden Vorsprüngen. Am unteren Mauerteil zog sich rechts und links ein sockelförmiger Streifen hin, der, mit Kacheln belegt, zwischen Bändern oben und unten eine Reihe von Löwen zeigte, die den Fußgänger begleitete. Die Prozessionsstraße war mit rosenfarbenen Platten belegt, die Füße der Gottheit sollten gleichsam über kostbares Pflaster wandeln. Es war keine Straße des Verkehrs, sondern der heilige Prozessionsweg des Gottes Marduk.

Am Euphratufer stand der *Palast* des Königs. Da er unter assyrischer Herr-

[1] Tempel wie Wohnhäuser waren Lehmziegelbauten. Nur der König baute in Babylon die Mauern seines Palastes aus gebrannten Ziegeln. Die Tempel sind daher viel weniger durch Materialraub zerstört, allerdings zum Teil von ungeheuren Schuttmassen späterer Jahrhunderte überdeckt.

schaft gelitten hatte, ließen ihn Nabopolassar und Nebukadnezar wiederherstellen und vergrößern. Von den um 4 Höfe gelagerten Zimmern ist der Thronsaal der größte, er übertrifft die Spiegelgalerie von Versailles.
An dem babylonischen Turm vorbei führte die Feststraße zum Euphrat, über den sich eine *Steinbrücke* spannte, ein Wunderwerk der damaligen Baumeister; wahrscheinlich war sie die einzige in ganz Babylonien.
Die Stadtmauer wurde durch das monumentale *Ischtartor* durchbrochen. Es bestand aus zwei Gebäuden, die den beiden Umwallungsmauern entsprachen. Es hatte drei Durchlässe. Den mittleren Hauptdurchgang, die Portalwände und die Türme umzogen symbolische Tiere, Stiere und Drachengreife, in repräsentativen Reihen aus emaillierten Kacheln auf azurblauem Grund und von verschiedenen, darunter auch der Natur nicht entsprechenden Farben. Das Fabeltier des Drachengreifen war dem Stadtgott geweiht, seine Vorderfüße waren Löwenpranken, die Hinterbeine endeten in Vogelkrallen, Schuppen deckten den Leib, ein Horn ragte aus dem flachen Kopf, aus dem Rachen züngelte die gespaltene Zunge.
Es war ein unsagbares Erlebnis, als bei den Ausgrabungen der Deutschen Orientgesellschaft der Grabungsleiter Robert Koldewey auf die Prozessionsstraße, das Ischtartor und die Palastfront stieß. Sorgsam wurden die Bruchstücke der emaillierten Kacheln geborgen, in Körben zum Sammelplatz gebracht, gewaschen, getrocknet, numeriert, inventarisiert, gezeichnet und gemalt. Dann hüllte man die Stücke in Papier mit der entsprechenden Nummer, verschnürte sie und bettete sie mit viel Häcksel in Versandkisten. Der Abtransport erfolgte den Euphrat abwärts auf Flußkähnen, dann wurden die Kisten in einen deutschen Dampfer verladen. Sie gelangten über Hamburg, die Elbe aufwärts, auf der Havel-Spree bis unmittelbar vor die Berliner Museen. Dort wurden die Originalstücke mit Ersatzkacheln ergänzt und in mühevoller, langwieriger Kleinarbeit zusammengesetzt. Weit, weit von der babylonischen Heimat erstanden durch Forscherfleiß wieder das Ischtartor, die Prozessionsstraße und die Thronsaalfront.
Noch ein seltsames Wunderwerk ließ der baufreudige Nebukadnezar in Babylon erstehen. Sein Vater hatte, um die Beziehungen zwischen den jüngsten Verbündeten Medien und Babylon zu festigen, die Heirat seines Sohnes Nebukadnezar mit der medischen Prinzessin *Amythis* in die Wege geleitet. Um nun seiner Gattin den Aufenthalt in dem ebenen Lande erträglicher zu gestalten, wollte der junge König ihr ein Stück ihrer bergigen, baumreichen Heimat zur täglichen Erholungsfreude schenken. Er ließ also nächst seinem Palast auf mächtigen Säulen von 65 m Höhe einen Gewölbebau aus Hausteinen aufführen und darüber Terrassen von 130 m im Geviert anlegen. Auf diesem »Himmelsbalkon« ließ er Bäume und Blumen pflanzen. In den Säulen waren Schöpfwerke angebracht, mit denen Sklaven bei Tag und Nacht Wasser nach oben pumpten. Hieher, in diese künstliche, schattige Gartenpracht flüchtete die Königin vor der heißen Sonne Babyloniens und genoß ein wenig das Glück eines Aufenthalts in der kühlen Bergwelt ihrer geliebten Heimat. Der unter größtem Aufwand errichtete einzigartige Terrassenbau erweckte das Staunen aller

Babylon: Die Hängenden Gärten der Semiramis

Welt. Die Griechen, vorwiegend der Romancier *Ktesias,* brachten die Königin in Verbindung mit dem angeblichen Stadtgründer Ninives, Ninos, und mit dessen Gemahlin Semiramis. Solche Zusammenhänge verlieren sich im Grau der Sage und sind daher bis auf unsere Tage noch ungeklärt und fragwürdig. Nach dieser legendären Frau also, die nach dem Tode ihres Gatten Ninive verlassen und sich in Babylon angesiedelt haben soll, erhielt das paradiesische Dachwäldchen den Namen »Hängende Gärten der Semiramis« und wurde unter die sogenannten Sieben Weltwunder eingereiht. Semiramis flog schließlich, wie die Fabel erzählt, in Gestalt einer Taube gegen den Himmel in die Unsterblichkeit.

Durch die neuen Bauten, die königlicher Wille in Kunstbegeisterung und Geltungssucht dem Lande geschenkt hatte, ließ der große Nebukadnezar seine Hauptstadt nach den zerstörenden Stürmen der letzten Jahrhunderte wieder in ihrer altererbten Tradition würdigem Glanze erstrahlen. Aber auch in seiner Außenpolitik brauchte er den Vergleich mit den stolzesten Zeiten Altbabylons nicht zu scheuen. In bündigen Worten sagt uns dies die Bibel[1]: »Der König von Ägypten zog aber nicht mehr aus seinem Land aus, denn der König von Babel hatte vom Bach[2] Ägyptens an bis zum Euphratstrom alles erobert, was dem König von Ägypten gehört hatte.«

[1] 2. Buch der Könige 24, 7.
[2] Gemeint ist ein kleiner Grenzfluß Ägyptens gegen Nordosten.

Aus chaldäischen Quellen wissen wir wenig über die Geschichte Babylons unter Nebukadnezar. Inschriften melden nur immer recht oberflächlich von Zügen in ferne Lande. Aber fremde Berichte erzählen von jahrelangen Kämpfen in Syrien und von zwei Angriffen gegen Palästina. Schon der erste Zug endete mit der Umsiedlung eines Teiles der vornehmen Bewohnerschaft Jerusalems nach Babylonien. Als aber nachher neuerlich, trotz der besorgten Warnungen der Propheten, bestimmte Kreise am Hofe zu Jerusalem für eine ägyptenfreundliche Politik warben, erschien Nebukadnezar wieder in Syrien und Palästina. Der Überzahl seiner Krieger ergab sich eine feste Stadt nach der anderen, zum Schluß fiel auch Jerusalem und wurde völlig zerstört. Die Tempelschätze wurden geplündert, ein großer Teil der Bevölkerung weggeführt und in der Gegend von Nippur im Zwischenstromland angesiedelt.

Ende des Chaldäerreiches

Die Dynastie der Chaldäer herrschte ungefähr ein Jahrhundert. Mit dem Tod des großen Königs Nebukadnezar II. schien die Kraft der Familie verbraucht zu sein. Als letzter König erscheint *Nabonid* (555–538), ein Mann auf verlorenem Posten. Er hatte im Innern verschiedene Gegner, vor allem die Mardukpriesterschaft, und an der Ostgrenze erschienen die Perser, deren König, der große Kyros, durch die Eroberung Babyloniens sein Reich abrunden wollte. Nabonid übergab seinem Sohn *Belsazar* den Oberbefehl, aber die Perser siegten, und die babylonischen Truppen gaben jeden Widerstand auf. Kyros zog als Sieger im Triumph in die Stadt. Belsazar fand den Tod, Kyros aber wurde von den Mardukpriestern als Befreier mit Willkommensgrüßen aufgenommen:

> Die Götter, die ihre Kapellen verlassen hatten,
> hat Kyros in ihre Wohnungen zurückgebracht,
> ihren Zorn hat er besänftigt, ihrem Sinn Frieden gegeben.
> Nun herrscht die Freude für die Bewohner Babylons,
> die Ketten der Gefangenen werden gelöst,
> befreit sind die Schwachen, die von den Starken
> bedrückt worden waren.
> All schauen voll Freude auf den neuen König.

Mesopotamien wurde persisch. Aber vorerst nahm der fremde Einfluß nur von der Oberfläche des Lebens und der Kultur des Landes Besitz. Zu reich war das Erbe altbabylonischen Geisteslebens, als daß es so rasch hätte untergehen können. So viel hat das Zwischenstromland in seiner Weltoffenheit den vorderasiatischen Ländern bis zum angrenzenden jungen Europa hin geboten, und manches ist bis auf unsere Tage gekommen. Es sei nur auf die Mathematik hingewiesen. Sie hat, aufgebaut auf das Sexagesimalsystem, bis heute bestimmend die Einteilung des Jahres, des Tierkreises, des Kreises, der Maße und Gewichte geregelt. Fast kein Gebiet menschlichen Lebens gibt es, wo sich die mesopotamische Kultur nicht anregend und fruchtbringend gezeigt hätte. Nicht einmal in Stichwörtern läßt sich hier in dem engen Rahmen ein Bild von dieser Fülle geben.

Vor allem sind Religion, Literatur, Kunst und Recht zu erwähnen, wobei die Religion den Vorrang hat und in ihr die anderen Geistesgebiete Urgrund und Urzweck finden.

In den Völkerstürmen, die über dieses Land hinwegbrausten, ging vieles Kulturgut verloren, die Städte erstarben, die Bauten stürzten zusammen, die Kanäle vertrockneten, die Wüste ging zum Angriff über gegen das alte kostbare Fruchtland, und ihr Flugsand deckte im Laufe der Jahrhunderte die weiten Stromniederungen zu. Daß wir jetzt dieser längst versunkenen Welt so nahe gekommen sind, danken wir dem Spaten der Ausgräber.

»Du, der du dereinst diese Inschrift liesest,
glaube, was ich getan, halte es nicht für erlogen.
Als Ahuramazda-Bekenner schwöre ich, daß es wahr ist.
Mit dem Segen Ahuramazdas tat ich noch viel anderes,
was in dieser Inschrift nicht verzeichnet ist; es wurde
nicht vermerkt, damit der, der sie dereinst liest,
nichts für übertrieben halte, was ich getan.«

Inschrift des Königs Dareios I. am Felsrelief zu Behistun

Weltreich der Achaimeniden

Persien war ein Kulturreich,
das in seinen Zielen und seinen tragenden Ideen
weit über die früheren universalistischen Reiche
dieses Raumes hinausgewachsen war.

F. Taeger

Kyros der Große

Etwa um die Mitte des 2. Jahrtausends drangen im Zuge der indogermanischen Wanderungen die *Meder und Perser* in das Hochland ein, das jetzt Iran genannt wird. Die Meder siedelten in Westiran und hatten als Hauptstadt *Ekbatana,* jetzt *Hamadan* geheißen. Die den Medern stammverwandten Perser ließen sich im Süden Irans nieder, den sie Parsa, die Griechen *Persis* nannten, mit der Hauptstadt *Susa.* Dazu kamen unter den späteren Königen die Städte *Pasárgadai* und *Persépolis.* Seit dem 9. Jahrhundert werden medische Fürsten öfters als Gegner der Assyrer erwähnt. Durch die Kämpfe mit diesen und anderen Völkern förderten die Meder ihren politischen Zusammenschluß, und unter ihrem König *Kyaxáres* (625 bis 585) erstand ein starkes geeintes Reich, das die Freiheit zu eigenem politischem Aufstieg gewann. Aber schon ein halbes Jahrhundert danach brach die gewaltige medische Macht zusammen, die das Weltreich der Assyrer vernichtet hatte.

Kyros II. *Kyros II.*[1] aus dem Hause des *Achaímenes,* ein persischer Vasall der medischen Könige, besiegte den Sohn des Kyaxares, *Astýages,* vereinigte Medien mit Persien und machte sich um 550 mit Zustimmung des Adels zum Großkönig beider Reiche. Seitdem teilte Medien die weiteren Geschicke des Perserreiches. Wenige Jahre später brach Kyros II. nach Westen auf und griff Lydien an, dessen Reichtum aus dem goldführenden Paktolos und dem blühenden Orienthandel sprichwörtlich geworden war und dessen König *Krösos* einer der reichsten Männer des Orients war, dessen Name heute wie schon zu Ovids Zeiten zur Bezeichnung eines Reiches dient[2]. Krösos, der die dunklen, zweideutigen Orakel von Delphi für sich als günstig auslegte, ließ sich in einen Kampf mit Kyros ein und verlor dabei sein Reich, wurde aber von seinem Feind großmütig behandelt. Was

[1] Die in diesem Werke verwendeten Namensformen der Perserkönige sind die, die uns von Herodot und anderen hellenischen Schriftstellern her geläufig sind. Sonst müßten wir zum Beispiel Kurusch statt Kyros, Darajawahusch statt Dareios schreiben.

[2] Ovid, Tristia III, 7, 42.

Herodot über den Besuch Solons bei Krösos, von seinem Weisheitsspruch, Reichtum allein gebe nicht letzte Zufriedenheit und niemand könne vor seinem Tode glücklich genannt werden, sowie von Krösos' Begnadigung auf dem Scheiterhaufen durch Kyros erzählt, ist griechische Sage. Kyros behandelte den Lyderkönig milde – er nahm ihn als Begleiter und Ratgeber in sein Gefolge auf –, so wie er schon vorher den Meder Astyages mit Milde behandelt hatte.

Die jonischen Kolonialstädte Griechenlands im westlichen Küstengebiet Kleinasiens, die unter lydischer Herrschaft gestanden waren, wurden einzeln bezwungen und kamen unter einheimischen Tyrannen als Tributpflichtige unter persische Oberhoheit (546). Fast ohne Schwertstreich nahm Kyros 539 das stark befestigte Babylon mit allen seinen Reichtümern. Die letzten Jahre durchzog der Perserkönig das östliche Hochland von Iran und festigte die dortigen Grenzen. In den Steppen ostwärts des Kaspischen Meeres fiel Kyros im Kampfe gegen die Skythen. Seine Leiche wurde nach Pasargadai, der von ihm erwählten Hauptstadt, gebracht und dort beigesetzt. Sein Grabmal ist noch erhalten. Es ist ein hausförmiger Quaderbau mit steinernem Giebeldach. Ein mehrstufiger Steinsockel gibt ihm eine monumentale Wirkung.

In nur elfjährigem Kampf hatte Kyros der Große sein Weltreich geschaffen, das ganz Vorderasien bis an die Grenze Indiens umfaßte und das größte der Geschichte bis dahin darstellte. Die Erfolge beruhten auf der kriegerischen Überlegenheit der Perser und der übrigen Stämme Irans, die vor allem hervorragende und gefürchtete Reiter und Bogenschützen waren. Aber Persien war auch von Anfang an schon ein angesehenes Kulturland gewesen, das sich von den benachbarten Staaten auffällig unterschied. Der tiefste Grund für den politischen Aufstieg dürfte in den religiösen Vorstellungen der Perser gelegen haben.

Die Lehre des Zarathústra

Wie alle indogermanischen Völker dachten sich auch die Perser ursprünglich die Natur von feindlichen und freundlichen Gottheiten belebt. Im 6. Jahrhundert wurden diese Anschauungen durch *Zarathústra* (griech. *Zoroáster*) in ein gedankenreiches System gebracht. Zarathustra soll nach persischer Überlieferung um 630 geboren und Priester, wahrscheinlich in Baktrien, gewesen sein. Verfolgt von Adel und Priesterschaft, mußte er fliehen, seine Lehre aber setzte sich am persischen Hof durch. In dem Bekenntnis Zarathustras kündet sich der Glaube an den *einen* Gott an, Zarathustra predigte ein religiöses Ethos, das auf die Politik des persischen Herrscherhauses der Achaimeniden einen veredelnden Einfluß ausüben sollte. Seine Lehre überträgt den natürlichen Kampf zwischen Tag und Nacht, Licht und Finsternis, Leben und Tod auf das sittliche Gebiet. Die Weltgeschichte führt uns den dauernden Kampf der heiligen Lichtwelt gegen alles Böse vor, gleich dem Kampf Ahuramazdas, des allumfassenden lichten Himmelsgottes, gegen seinen Widersacher Ahriman, das Prinzip des Dunklen und Bösen, mit dessen Anhängern, den Dämonen.

Ahuramazda wurde auf den achaimenidischen Denkmälern immer unter

dem Sinnbild der geflügelten Sonne dargestellt, das die Perser über die Ägypter, Hethiter, Assyrer übernommen hatten; der Gott selbst hatte keine Bildnisse und Statuen, wie es bei den Gottheiten Babels und Ägyptens üblich war. Seine Liebe galt dem Licht. Daher wurden ihm zu Ehren in den Königspalästen, in den Städten und auf dem Lande Feuer entzündet, und auf Denkmälern sind Feueraltäre (Pyren[1]) dargestellt. Das mit wertvollem Holz von Zedern oder Lorbeerbäumen genährte Feuer galt als Gott wohlgefällig. Aber auch Pflanzen nahm er an. Dem Blutopfer trat Zarathustra mit Nachdruck entgegen. Er rückte seine Religion ganz ins Abstrakte mit starker Betonung des sittlichen Hintergrundes. Die Menschen sollten Gott in reiner Andacht, mit reinen Worten und Gedanken verehren. Den Menschen erwächst die Pflicht, mit dem guten Gott gegen die Mächte der Finsternis, vor allem gegen den Lügengeist, zu kämpfen und nach Kräften die Sache des Lichtgottes Ahuramazda zu fördern. Dafür sollte der Mensch am Ende aller Tage belohnt werden durch seinen Einzug in das ewigwährende Reich der Gerechtigkeit und des Friedens.
Zarathustra hat seine Glaubenslehre nicht an ein bestimmtes Volk, sondern an jeden einzelnen Menschen gerichtet. Sie ist der Idee nach durchaus eine Universalreligion, ist auf der Annahme eines guten und bösen Grundwesens aufgebaut, enthält also eine dualistische Weltanschauung. In geheimnisvollen Weihen ging Ahuramazdas Gnade auf den König über, schützte ihn und verlieh ihm den Sieg. Der Herrscher war verpflichtet, überall den neuen Geist zu verbreiten und das sittliche Gebot zu erfüllen. Es sollte ein Reich des Rechtes und der Völkerverständigung, ein Reich der Duldsamkeit und der Milde entstehen. Wer solch hohem Gebot nachstrebte, reihte sich damit in die göttliche Heilsordnung ein.
Kyros bemühte sich, seine Herrschaft im Sinne der Gotteserkenntnis Zarathustras zu lenken. Er ließ bei seinen großen Eroberungszügen immer den Geist der Humanität walten, damit Länder und Städte nicht mehr Schaden durch Plündern und Brandschatzen erlitten, als ihn die Kriegführung allein schon mit sich brachte. Er schonte die besiegten Herrscher, manche beließ er auf ihren Fürstensesseln, manche reihte er als Ratgeber in sein Gefolge ein. Besonders achtete er auf die religiösen Gefühle der Besiegten, schleppte nicht, wie es Assyrer und Babylonier getan hatten, die Götterstatuen fort, sondern stellte geraubtes Tempelgut zurück, richtete die zerstörten Heiligtümer wieder auf, ließ die Völker weiterhin zu ihren Göttern beten und tastete nicht ihre religiösen Gebräuche und ihre sonstige altererbte Kultur an. Ein Jahr nach der Eroberung von Babel (538) erlaubte er den deportierten Juden die freie Rückkehr in die Heimat. Er ließ alle Schatzkammern nach geraubtem Kultgerät durchsuchen und es nach Jerusalem zurückschaffen.
Mit diesem königlichen Erlaß hat Kyros die Juden vor ihrer Auflösung als Volk bewahrt, und es erfüllte sich die Prophezeiung Jesaias[2], daß »Kores«

[1] *πῦρ* = pyr = Feuer.
[2] Jesaia 45, 1—3.

(= Kyros) nach dem Willen Gottes die Juden aus der Gefangenschaft erlösen werde.
Kyros ordnete die ihm untertanen Völker als gleichwertige Mitglieder in seinen großen Bund, nur der Bruderstamm der Meder wurde von den Persern bevorzugt. In den besiegten Staaten beließ er die lokalen Fürsten auf ihren Thronen und gab ihnen Satrapen (Statthalter) bei. Das große Reich war in 20 Provinzen eingeteilt, die die Griechen unter Vereinfachung des persischen Ausdrucks *Satrapien*[1] nannten. Das waren Verwaltungs- und Militärbezirke. An der Spitze des Gesamtreiches stand der Großkönig. Wie alle orientalischen Staaten war auch Persien eine despotische Monarchie. Die Satrapen wurden vom König ernannt. Sie hatten hohe Machtbefugnisse, waren höchste Verwaltungsbeamte, Richter und Oberkommandanten. Sie stellten den Heerbann auf, hoben Steuern ein. Das große Machtgefühl lockte in Zeiten schwacher Zentralgewalt leicht zu Aufständen und zum Abfall. Die Satrapien mußten die Kosten für ihre Verwaltung selbst aufbringen und darüber hinaus noch eine beträchtliche Summe an den königlichen Hof abführen. Die Einnahmen setzten sich aus Geld- und Naturalsteuern, aus Hafen- und Zollgebühren und dem Ertrag der Krongüter zusammen.
Kyros, der Reiterfürst, ließ in Pasargadai ein großes Lager anlegen und übte sich dort mit seinen Getreuen in der Kunst der Reiterkampfspiele. Sein Wohnpalast lag inmitten eines großen Wildparkes, *Paradies* genannt. Es war üblich bei den persischen Herrschern und Großen, ausgedehnte Parkanlagen mit einem großen Bestand von wilden, jagdbaren Tieren zu errichten, die alle den Namen Paradies führten. Die persische Gartenkunst stand auf einer besonderen Höhe und wurde mit viel Liebe und Sorgfalt ausgeübt. Der Name Paradies gelangte über das Griechische in unseren Wortschatz.
Kyros genoß schon bei seinen Zeitgenossen großes Ansehen und galt als Ideal des mächtigen und gerechten Herrschers. Der historische Schriftsteller *Xenophon* (um 430—354) widmete ihm eine Schrift, die *Kyrupaedie*, die ein didaktischer Roman auf geschichtlicher Grundlage ist. Er zeichnet darin die Gestalt des Begründers des Perserreiches, das Wunschbild eines vollkommenen Herrschers, und zwar in allen Verhältnissen, im Krieg und Frieden, in seinen Beziehungen zu den Feinden und zu seinen Untertanen. Gleichzeitig berichtet Xenophon über Kyros' Jugend, über die Einnahme von Sardes und Babylon, und das wahrheitsgetreuer als Herodot. Damit lebte der große König in seinem Werk weiter, auch von Späteren bewundert, etwa von Cicero, und demonstrierte der Nachwelt, welcher Mittel man sich bedienen müßte, um ein Reich zu gründen, zu festigen und zum Wohlergehen seiner Bürger zu verwalten.

Die Kyrupaedie des Xenophon

Nach Kyros dem Großen erbte sein Reich der älteste Sohn *Kambyses II.* (529—522). Seine erste Tat war der Feldzug gegen Ägypten und Nubien. Schon Herodot erkennt in seinen weitreichenden Unternehmungen, wie

Kambyses II.

[1] chschathrapâwan = das Königtum schützend.

sie später auch Dareios gegen die Skythen, Xerxes gegen die Griechen begannen, das Unmaß, das von der Herrschgier ausgelöste Fortgerissenwerden ins Weg- und Grenzenlose und deckt damit den tragischen Grundzug der Geschichte Irans auf.

Kambyses sah sich zu der schon von seinem Vater geplanten Eroberung Ägyptens gezwungen, da viele griechische Stadtstaaten an der kleinasiatischen Mittelmeerküste das persische Joch abschütteln wollten und dabei in Ägypten einen willigen Bundesgenossen fanden. Tatsächlich gewann Kambyses Ägypten, und somit übertraf sein Reich sogar das Römische an Umfang. Schon sein Vater Kyros hatte es sich zur Richtschnur gemacht, die religiösen Häupter der unterworfenen Völker für sich zu gewinnen, um dadurch die persische Herrschaft zu sichern. Kambyses folgte nach der Eroberung Ägyptens diesem Beispiel und erwies den Göttern Ehre. Als aber später sein Zug nach Äthiopien wegen Proviantmangels und der nach Libyen wegen eines Sandsturmes, in dem das gesamte Heer umkam, mißlangen, ließ sich der aufbrausende Mann in seinem Jähzorn dazu hinreißen, den heiligen Apisstier zu erschlagen, und zog sich damit den unauslöschlichen Haß der ägyptischen Priester zu. Diese Verletzung des religiösen Empfindens der Ägypter dürfte bei Kambyses außer in seinem wilden und unbeherrschten Temperament auch in seiner starken Abneigung gegen den für ihn völlig unbegreiflichen und unwürdigen Tierkult seine Ursache gehabt haben. Kambyses starb auf der Rückreise in Syrien. Die Verwaltung der neuen persischen Provinz Ägypten führte ein Satrap. Fast 200 Jahre lang, bis zum Erscheinen Alexanders des Großen, blieb fortan das Nilland unter persischer Oberhoheit.

Dareios I.

Da Kambyses keine regierungsfähigen Söhne oder Brüder hinterließ, wurde ein Achaimenide einer Nebenlinie Erbe des Reiches: *Dareios I.* (521–486). Bei seiner Machtübernahme brachen überall von Ost nach West Aufstände aus. Aber er, der, wie er sagte, nach dem Willen Ahuramazdas die Herrschaft übernommen hatte, warf die Empörer mit dem Beistand des Gottes alle nieder und bestrafte sie mit äußerster Strenge, weil sie entgegen den Geboten Ahuramazdas mit ihrem Widerstand dem Bösen und der Lüge zum Siege hatten verhelfen wollen.

Dareios tritt uns in seinen Inschriften als ein überzeugter Anhänger Zarathustras entgegen. Der Großkönig fühlte sich verpflichtet, zur Aufrechterhaltung der Ordnung eine Verwaltung einzuführen, die die eroberten Länder zu einer wirklichen Einheit zusammenschloß und doch in Provinzen (Satrapien) aufgliederte, um die Völker mit Gerechtigkeit zu lenken. Sein klarer Sinn für das Mögliche und Notwendige bei seinen Einrichtungen brachte ihm den Ruf des größten Staatsmannes im Alten Orient ein. Er setzte die Maßnahmen, die Kyros zur Organisation des

Die Zentralregierung

Reiches begonnen hatte, in umfassender Weise fort, vervollständigte die Reichseinteilung in Satrapien, begrenzte genau die Machtbefugnisse der Satrapen. Diese waren vorwiegend Mitglieder des persischen und medischen Hochadels und königliche Prinzen. Sie wurden vom Großkönig ernannt. Die Satrapien mußten für ihre Ausgaben selbst aufkommen, darüber hinaus noch beträchtliche Summen in Naturalien und Geld an die königliche Kassa abliefern. Dadurch war das Reich der Achaimeniden für Jahrhunderte zur ersten Finanzmacht der *Oikumene*[1] geworden. Die Überwachung der Satrapen erfolgte durch hohe königliche Beamte, die voneinander unabhängig waren und selbst wieder von anderen Organen, den Königsboten, den *»Augen und Ohren des Königs«*, beaufsichtigt wurden. Diese waren ständig auf dem Wege, kamen unangesagt, waren mit außerordentlichen Vollmachten ausgerüstet und hatten militärische Begleiter zur Verfügung, um die sofortige Durchführung ihrer Weisungen zu erzwingen.

Verkehr und Handel

Den Zusammenhang zwischen den einzelnen Satrapien stellte ein ausgezeichnetes und ausgedehntes *Straßen- und Postnetz* sicher, das eine vorzügliche und sehr schnelle Verbindung zwischen der Verwaltungsmitte und den Grenzgebieten, aber auch für den Binnenverkehr bildete. In ununterbrochener Fahrt jagte der königliche Postwagen über die 2.683 km lange, sogenannte *Königsstraße* von Susa nach Sardes in einem Zeitraum von einer Woche. Fähren brachten die Wagen über Flüsse, Reiterstafetten standen bei Straßenabzweigungen bereit, um königliche Botschaften durch Eilboten in entlegenere Provinzstädte zu bringen. In bestimmten Abständen waren Poststationen für den Wechsel der Pferde eingerichtet. Dort gab es auch Speiseräume und Herberge für die Reisenden. Der mündliche und schriftliche Verkehr mit der Beamtenschaft des Reiches wickelte sich in der *aramäischen Sprache* ab. Sie war auch seit langem schon im Vorderen Orient die landesübliche Handelssprache. Ihre Schreibweise eignete sich am besten für das im Gegensatz zu den Tontäfelchen leichtere Beschreibmaterial des Papyrus und Pergaments. Der Handel blühte, Karawanen mit Getreide und allerlei anderen Waren zogen über die vorzüglichen Straßen. Zur Erleichterung des Zahlungsverkehrs ließ der Großkönig nach dem Vorbild der Lydier, die in ihrem Geschäftsleben die Metallbarren von wechselndem Gewicht durch Geldstücke gleichen Gewichts ersetzten, Goldmünzen prägen. Die Dareiosmünze, *Dareikos* genannt, trug auf der Kopfseite das Bild des bogenschießenden Herrschers und wurde bald, vor allem an der Mittelmeerküste, zum beliebtesten Zahlungsmittel des Welthandels. Dem geschäftlichen Verkehr sollten weitere Gebiete erschlossen werden. Als Vorbereitung dafür ließ er das ganze Flußgebiet des Indus bis zur Mündung erforschen und den Seeweg nach Indien erkunden. Als Eroberer Ägyptens setzte er den Bau des Kanals fort, der den Nil mit dem Roten Meer verbinden sollte.

Die Perser traten unter Kyros als unverbrauchtes Naturvolk aus dem Dunkel ihrer Urgeschichte. Bald einigten sie viele Stämme zu einem riesigen Staatsverband. Unter den Völkern waren alte Hochkulturen in langer, organischer Entwicklung gewachsen, zum Beispiel die Ägypter und Mesopotamier. Die Perser waren bisher den geistigen Strömungen dieser Gebiete ferngestanden, nun aber wurden sie plötzlich die Herren über Kulturreiche. Es wäre nur zu erklärlich, wenn sie in einfältiger Weise bewundernde

[1] Oikumene (Οἰκουμένη) = bewohnte Erde.

Nachahmung geübt hätten. Aber sie entgingen trotz Verwertung allseitiger Anregungen dieser Beeinflussung und fanden in ihrer Kunst einen lebendigen, eigenständigen Weg in eine kriegerisch-höfische Ordnung.

Sie bekleideten mit derselben Schmuckfreude wie die Assyrer die Wände von Palästen und Freitreppen mit farbigen Kacheln, aber es geschah in einem anderen Geist. Die ungeheure Machtanhäufung des Großkönigtums suchte vor allem in der Formensprache der gewollten Wiederholung ihre Wirkung. So schreiten an einem Fries aus Susa fünf Bogenschützen hintereinander, in gleicher Haltung, mit gleichem Ausdruck des Gesichtes; jede Kopflocke, jeder Bart, die Spitzen der Speere, die Zierlinien in den großen Pfeilköchern, der Faltenwurf der Gewänder sind bei der einen Figur wie bei der anderen. Hier wirkt nicht Vielfalt, sondern die Gleichheit der Einzelbilder. Einen ähnlichen Eindruck lösen die eng gestellten, hohen, dünnen Säulen der weiten Palasträume aus, am klarsten in dem »Hundertsäulensaal« von Persepolis. Neben der Reichshauptstadt Susa gründete Dareios die Residenz *Persépolis* nahe dem jetzigen Schiras. Auf der Palastterrasse erhoben sich die Paläste von Dareios und Xerxes, die *Apadana*, die Thronhalle, die Ratshalle, die Hundertsäulenhalle, die den königlichen Garden, den »Unsterblichen«, vorbehalten war, und das Schatzhaus. Jetzt sind nur noch Reste der steinernen Portale, Treppen, Säulen und Mauern erhalten, weil Persepolis unter Alexander dem Großen in Brand gesteckt wurde und daher alle Teile, die aus Holz oder Ziegel bestanden, verlor. Die reliefgeschmückten Freitreppenwände und die Fassaden der Bauten schmücken Prozessionen höfischer Repräsentation: die königlichen Garden mit Wagen und Pferd, die hohen Offiziere und die Völker des Reiches mit Tributgeschenken, von persischen und medischen Adeligen angeführt, defilieren vor dem König vorbei.

Die in Mesopotamien üblichen, den Königspalästen benachbarten Tempel fehlten in Persien. Denn Ahuramazda hat weder Gotteshäuser noch Bildnisse.

In den Ruinen von Persepolis, auf dem Grab des Königs, in Susa und vor allem auf dem Felsen von *Behistun* an der großen Verkehrsstraße von Susa nach Ekbátana (jetzt Hamadán) entdeckten die Forscher achaimenidische Inschriften. Die vielen an diesem Felsen vorbeiziehenden Karawanen

Die Stellung des Königs

konnten dieses Mahnmal ihres Großkönigs sehen. Unter dem mächtigen Symbol Ahuramazdas steht, alle an Größe überragend, der König, und ihm gegenüber reihen sich die neun besiegten Thronprätendenten, die Dareios die Herrschaft hatten streitig machen wollen. Diese zwei gewaltigen Motive, zu jedem Betrachter, auch dem schriftunkundigen, sprechend, künden einerseits von der unwiderstehlichen Macht und dem Triumph des von Ahuramazda erwählten Königs, anderseits von der Vernichtung alles Lügenhaften und Bösen, verkörpert in den aufständischen Usurpatoren. Dazu kommt die groß in den Felsen gemeißelte, in drei Sprachen, Altpersisch, Elamisch und Akkadisch, abgefaßte Keilschrift, die von der göttlichen Erwählung des Dareios und von seinen Taten erzählt. Im Vergleich mit früheren Königsinschriften, die seit Sargon I. immer wieder in den Königstiteln den Anspruch auf die Weltherrschaft erheben und die frühere Idee der innigen Gottverbundenheit des Herrschers zur Vergötterung vergröbern, fällt bei den Inschriften des Dareios auf, daß der persische Weltherrschaftsgedanke viel schlichter und sachlicher vorgebracht wird. Infolge der Erweiterung des Gesichtskreises der altorientalischen Welt, der zunehmenden Kenntnis von neuen Völkern bestimmt ein immer stärkerer, nüchterner Wirklichkeitssinn an Stelle prahlerischer Maßlosigkeit die Stellung des Königs. Durch die am weitesten vorgeschobenen Gebiete des Reiches umgrenzt der König klar den Umfang seiner Macht. Ebenso selbstbewußt und zugleich schlicht spricht Dareios von seinem Gottvertrauen. Ahuramazda hat ihm die Herrschaft übergeben, ist mit seiner Hilfe stets nahe. In seinem Schutz fühlen Dareios und sein Volk sich geborgen. Der Einherrschaft des höchsten Gottes entspricht die Einherrschaft des Königs als Grundtatsache der Weltordnung. Aber die Vorrangstellung Gottes bleibt gewahrt, von einer Vergöttlichung des Königs ist nicht die Rede.

Dareios ließ sich schon bei Lebzeiten nach dem Brauch der Mederkönige in die fast senkrecht abfallende Felswand von *Naksch-i-Rustam*, nahe bei Persepolis, sein Grab schlagen. Die Steinfläche zeigt eine Palastfassade. Vier Säulen mit Stierkopfkapitellen stützen eine Vorhalle. Ein Portal mit einem Gesims im ägyptischen Stil führt ins Grabinnere, wo in den Boden rechteckige Gruben geschlagen sind zur Aufnahme der Leichen der Königsfamilie. Einst deckten schwere Steinplatten sie ab. Über dem flachen Palastdach ist ein riesiger Thron in die Felswand gehauen. In zwei übereinandergeordneten Reihen tragen 30 Vertreter der Völker des Perserreiches den Königssitz. Der König steht in vollem Ornat und erhebt in anbetender Geste die Hand gegen den Feueraltar, über dem das Symbol Ahuramazdas schwebt.

Das welthistorische Ringen zwischen Persien und Hellas

Und Totenhügel werden spät den Enkeln
bis ins dritte Glied noch stummberedte Zeugen sein,
daß nicht zu hoch sich heben soll des Menschen Stolz.

Aischylos, Die Perser

In die Regierungszeit des Dareios fiel noch der Beginn der Auseinandersetzung Persiens mit Hellas. Die Politik des Riesenreiches beschäftigte sich mit zwei Hochzielen, die beide eine Überbeanspruchung der Kräfte bedeuteten. Es galt einmal, die nordöstlichen Kulturoasen gegen Einfälle der Steppenvölker zu sichern. Dieser Plan mußte wegen der weiten Ausdehnung zurückgestellt werden. Denn selbst die Beschränkung auf die Jaxarteslinie überstieg die Möglichkeiten der vorhandenen Menschen und Mittel. Das zweite Ziel war der Vorstoß nach Westen zum Besitz von ganz Vorderasien. Dareios war sich klar, daß eine dauernde Besitzergreifung der Westküste Kleinasiens nicht allein durch die Eroberung der griechischen Küstenstädte gelöst werden könnte, sondern daß der Weg zwangsläufig an die jenseitigen Ufer der Ägäis und an die des Schwarzen Meeres wies. Dareios ließ also die Meerenge am *Bosporus* von kleinasiatischen Griechen durch eine Schiffsbrücke wegsam machen und führte selbst 512 eine große persische Armee nach *Thrakien* hinüber.

Persische Angriffe gegen Europa

Mit dem Übergang war sowohl die weltgeschichtliche Größe Irans gegeben als auch der tragische Niedergang des Perserreiches vorgegeben. Nach der Unterwerfung Thrakiens setzte Dareios auch über die Donau zum Vernichtungsschlag gegen die Skythen. Aber der Feldzug stieß ins Leere, die Nomaden waren einer Entscheidung in die Weite der Steppen zwischen Donau und Don ausgewichen. Trotzdem war der Heereszug gegen die Skythen nicht vergeblich. Die Perser bauten jenseits des Bosporus einen Brückenkopf aus, standen nun in der Nachbarschaft der Festlandsgriechen, bereiteten sich zur Eroberung Attikas vor und beherrschten den Getreidehandel aus dem Schwarzmeergebiet.

Dareios kehrte danach in die Heimat zurück und wandte sich ganz dem inneren Ausbau seines Reiches zu. Es zeugt von der genialen staatsmännischen Größe des Königs, daß er nicht als der von Macht und Reichtum berauschte Barbar die alten Kulturländer zerstörend und plündernd mit seinen Heerscharen durchzog, sondern sie mit seinem Erbland in neuer Ordnung zusammenfaßte. Er achtete vor allem auf gewissenhafte und unbedingte Manneszucht seiner Kriegsleute. Die Armee hatte eine große Bedeutung und Aufgabe im Dareiosreich, setzte sich zusammen aus dem stehenden Heer von Bogenschützen, ausgerüstet mit Bogen, Köcher sowie Lanze, und den Reitern in medischer Tracht mit kurzem Ärmelrock, Hosen und Stiefeln, bewaffnet mit Bogen, Lanze und Kurzschwert. Die schwere Infanterie stellten griechische Söldner. Zum stehenden Heer gehörte auch die Leibgarde des Königs, die tausend »Unsterblichen«, unter dem Kommando des *Chiliárchen.* Im Kriegsfall mußten die einzelnen Völker des Reiches entsprechende Kontingente stellen. Die Perser waren gewiß tüchtige Krieger, aber für die Verwaltung ihres neuen riesigen Wirkungsraumes mit seiner unübersehbaren Vielfalt des Glaubens und der Zunge, der sozialen und wirtschaftlichen Unterschiede waren sie nicht gerüstet. Der dafür notwendige Schreiberstand, der in Ägypten und Mesopotamien durch drei Jahrtausende geschult worden war, fehlte im Iran und mußte erst herangebildet werden. Aber mit bewundernswertem Geschick zog Dareios fremde Untertanen heran und setzte sie mit Erfolg in das vielgliedrige Räderwerk seiner Staatsführung ein. Da das Reich an Meere grenzte, war es auch notwendig, sein zu allen Zeiten seescheues Volk an die Fahrt und Kriegführung auf dem Meere und den Überseehandel zu gewöhnen und für die Ausbildung syrisch-phönikische Schiffsvölker heranzuziehen.

Aufstände der jonischen Städte an Kleinasiens Westküste, die ihre alte Freiheit und verlorene wirtschaftliche Selbständigkeit wiedererlangen wollten, und ihre Unterstützung durch Athen und die Insel Euboia gaben

Dareios hält Kriegsrat gegen Hellas. Dareiosvase (Neapel, Museum)

Dareios den willkommenen Anlaß, sich in die Verhältnisse des griechischen Mutterlandes einzumischen. Mit einem bedeutenden Heere landeten die Perser unter *Datis* und *Artaphernes* auf *Euboia.* Nach Eroberung der Hauptstadt *Erétria* setzten sie zum Festland über und marschierten gegen *Athen.* Bei *Marathon,* 29 km vor Athen, traf die gewaltige Kriegsmacht der Perser auf das an Zahl schwächere attische Fußheer (490). Aber nachdem die gepanzerten Hopliten[1] den Pfeilhagel der Perser unterlaufen hatten, mußte der persische Bogen der griechischen Stoßlanze weichen.

Schlacht bei Marathon (490)

Das kleine Athen hatte einen glänzenden Sieg erfochten, aber der Kampf war noch nicht zu Ende. Es blieb zu erwarten, daß die Perser mit frischen Truppen Hellas überfluten würden. Tatsächlich ordnete Dareios einen neuerlichen Feldzug gegen Griechenland an, von viel weiterem Ausmaß und unter Einsatz der ungeheuren Mittel seines Weltreiches. Aber während der Vorbereitung dazu starb er.

36 Jahre hatte Dareios am inneren und äußeren Aufbau seines Weltreiches gearbeitet, das von der libyschen Grenze in Nordafrika und den Gestaden der Ägäis bis an den Indus, vom Schwarzen und Kaspischen Meer bis an den Indischen Ozean reichte. Mit bedrohlicher Zange hielt er auch die Balkanhalbinsel von Nord und Süd und vom Osten her umklammert. Sein Tod verzögerte den Beginn der Auseinandersetzung zwischen Orient und Okzident.

[1] Die Hopliten oder Schwerbewaffneten bildeten bis zum 4. Jahrhundert den maßgeblichen Bestandteil des spartanischen und attischen Heerbanns. Sie trugen Helm, Brustpanzer, Beinschienen und Rundschild und als Angriffswaffen die bis zu 3 m lange Stoßlanze und das Schwert.

König Xerxes

Auf Dareios I. den Großen folgte sein Sohn Xerxes (486—465), den schon der Vater unter dem Einfluß *Atossas*, seiner Gemahlin, in den letzten Jahren als Mitregenten herangezogen hatte. Bei seinem Regierungsantritt bedrohten Thronwirren das Reich, und Aufstände in Ägypten und Babylon mußten blutig unterdrückt werden. Erst dann konnte er das gewaltige Vorhaben seines Vaters, die Unterwerfung Griechenlands, weiterführen. Mit einer ungeheuren Heeresmacht, wie sie die Welt noch nie gesehen hatte, zog er mit Hilfe von Schiffsbrücken über den Hellespont und marschierte entlang der Küste gegen Athen, während die Flotte, bemannt mit Phönikern, Syrern und Kyprioten, den Nachschub sicherte. Die von den Athenern geplante Auffanglinie am Engpaß der *Thermopylen* wurde von den Persern überrannt, weil die kleine Schar der Verteidiger des Engpasses unter dem König *Leonidas* von Sparta trotz heldenmütiger Gegenwehr zu schwach war, die Perser aufzuhalten. Sie besetzten das von der Bevölkerung rechtzeitig geräumte Athen und äscherten es ein. Mittelgriechenland stand den Persern schutzlos offen. In dieser schweren Stunde riß der athenische Staatsmann *Themistokles* das Gesetz des Handelns an sich und zwang die zahlenmäßig überlegene Flotte des Feindes in dem engen Sund bei *Salamis* zwischen der Insel und dem Festland zum Entscheidungskampf. Die Perser konnten ihre Übermacht nicht entfalten und verloren die Schlacht im Angesicht ihres Königs, der sich am Festland einen Sitz hatte errichten lassen, um von dort dem blutigen Ringen von Schiff zu Schiff zusehen zu können (480).

Seeschlacht bei Salamis (480)

Nun überstürzten sich die Ereignisse. Heer und Flotte der Perser waren zum Rückzug gezwungen, der König kehrte nach Osten zurück und überließ die weitere Kriegführung seinem Oberbefehlshaber *Mardonios*, dem fähigsten Feldherrn des Reiches. Das persische Landheer war immer noch ein gefährlicher Gegner. Gegen diese Übermacht traten die vereinten Griechen, attische und spartanische Hopliten, unter Führung des Königs *Pausanias* von Sparta im nächsten Jahr (479) in der Ebene von *Plataiai* an. Hier und in der Seeschlacht von *Mykale* fiel die Entscheidung zugunsten der Griechen, die Entscheidung zwischen der *Polis*, der Lebensgemeinschaft freier Bürger, die sich nur dem eigenen Gesetz beugten, und dem despotisch von einem Großkönig verwalteten Weltreich. Aus diesem Sieg gewann Attika mächtigen Auftrieb, brachte aus dem Erleben der großen Zeit alle seine schlummernden Kräfte des staatlichen und geistigen Werdens zu höchster Entfaltung und stieg unter Perikles zu weltgeschichtlicher Größe empor.

Das, worum auf griechischer Seite gerungen worden war, haben vielleicht am klarsten zwei große Männer erkannt, der Dichter *Aischylos* und der Historiker *Herodot*. Beide sahen in dem Kampf ein welthistorisches Ringen zwischen den Kräften der freien Menschenwürde der Demokratie und des absoluten Despotismus. Sie sahen das Heil für Staat und Gesellschaft im rechten Maßhalten, das ja die Sprüche an den Wänden des delphischen Tempels mit unübertrefflicher Klarheit kündeten, das » Μηδὲν ἄγαν = meden agan = Nichts zu viel« und das »Γνῶθι σεαυτόν = Gnothi

Maß und Selbstüberhebung

seauton = Erkenne dich selbst«. Das ist die tiefste Weisheit: Du bist ein Mensch, bleibe dir der Schranke bewußt, die dich von den Göttern trennt; auch der Staat ist mächtiger als der Einzelmensch, der sich den Gesetzen, die ihm die Gemeinschaft gegeben hat, unterordnen muß.
Den Perser dagegen trieb die Hybris, die Überhebung. Er strebte danach, die Welt als Ganzes zu gewinnen, Kyros hatte Vorderasien unterworfen. Kambyses streckte seine Hand nach Afrika aus, Dareios und Xerxes richteten ihre Angriffe gegen Europa. Doch die Unternehmungen gegen Nubien, Karthago, Skythien, Thrakien und Griechenland scheiterten. Persien blieb zwar ein »Weltreich«, aber nur ein Reich einer erweiterten orientalischen Welt vom Indos und Jaxartes bis nach Kyrene und Jonien. Innerhalb dieser Grenzen wollten die achaimenidischen Großkönige der Welt im Sinne der zarathustrischen Religion Segen und Gedeihen bringen und damit ihre Herrschaft über die unterworfenen Völker rechtfertigen. Und sie taten dies auch durch Hebung des Ackerbaus, Pflege von Handel und Verkehr, Bau von Straßen, Bewässerungsanlagen und weitgehende Begünstigungen der alten kultischen Überlieferung. Aber es ist Schicksal allen Herrentums, daß auch die besten Grundsätze bei Fehlen jeglicher Kritik auf die Dauer nicht verhindern können, daß der Ernst sittlicher Verpflichtung verblaßt, Willkür und Mißbrauch der Macht die auf Verantwortung bedachte Herrschaft tiefer und tiefen sinken läßt.
Mit den Jahren zeigte das Reich immer mehr Zersetzungserscheinungen. Anlaß dazu gab das ständige Kräftemessen zwischen der Autorität des Großkönigs und den Machtbestrebungen seiner Adelsherren, die sich eine stets weitergehende Selbstherrlichkeit anmaßten. Mit ihr verband sich ein steigender Aufwand und Prunk, ein Verfall der Verwaltung, Intrigen und Mordpläne. Nicht einmal vor dem Königshaus und dem König selbst machte man halt. Xerxes fiel 465 dem Anschlag seines Gardeobersten zum Opfer.
Sein jüngster Sohn *Artaxerxes I. Makrocheir*[1] (465—425) errang im Streit mit einem Bruder die Nachfolge. Er war in lange Kämpfe gegen Ägypten verwickelt. Daher waren ihm bei seiner geschwächten militärischen Stellung Perikles' Friedensvorschläge sehr willkommen. Der Athener *Kallias* brachte den Friedensvertrag zustande, der fälschlich dem Feldherrn *Kimon* zugeschrieben und daher als kimonischer Friede bezeichnet wird. Dadurch war der Krieg, der mit einigen unterschiedlichen Pausen seit 492, also fast ein halbes Jahrhundert, gewährt hatte, beendet, und in Attika konnte sich Perikles den Aufgaben des Wiederaufbaus widmen. Denn in die Regierungszeit des Artaxerxes I. fällt das Goldene Zeitalter Athens.
Wie sehr das persische Reich seinem Verfall entgegenging, sehen wir aus den sich wiederholenden Streitigkeiten bei jedem Thronwechsel. Auch des Artaxerxes I. Nachfolger *Dareios II.* (425—405) ging erst aus einem Kampf um die Thronfolge als Großkönig hervor. Während seiner Regierungszeit bekämpften sich auf der Balkanhalbinsel die beiden großen Nebenbuhler

[1] Makrocheir = Langhand.

Athen und Sparta im Peloponnesischen Krieg, und Athen traf außerdem die schwere Niederlage in seinem sizilischen Feldzug (415–413). Diese notvolle Lage der Griechen gab Persien von neuem die begründete Hoffnung, sich an dem alten Erbfeind für die folgenschweren Niederlagen bei Marathon und Salamis zu rächen, worauf es ja stets wartete. Als sich Sparta nach einem Verbündeten gegen das rasch wieder aufholende Athen umsah, knüpfte es Verhandlungen mit Persien an, dessen Flotte dem kleinen attischen Geschwader weit überlegen war. Sparta führte die Besprechungen mit *Tissaphernes,* dem Satrapen von Sardes. Denn die Stellung der Satrapien hatte die Zentralregierung des Großkönigs in vielen Fällen schon überflügelt. Ein trauriges Zeichen der schleichenden Auflösung des Perserreiches. Persien sagte seine Unterstützung zu unter der Bedingung der Mithilfe Spartas bei der Wiedergewinnung der jonischen Städte. Die Verträge kamen zustande, und Persien kam es sehr gelegen, selbst als Schiedsrichter die Waagschalen jeweils zugunsten Athens oder Spartas zu senken, um keine der griechischen Mächte zu stark werden zu lassen. Wir sehen also das Perserreich von Hellas selbst als Ordnungsmacht aufgerufen, während sich Griechenland, ungeachtet seiner kulturellen Blüte, politisch selbst zerfleischte. Es dauerte aber bei dem sich fortwährend ändernden politischen Kräfteverhältnis der griechischen Stadtstaaten noch bis zum Winter 387/86, bis der Friede vollzogen wurde, besonders da sich auch in Persien die Ereignisse überstürzten. Dareios II. schickte seinen zweiten Sohn *Kyros* mit umfassender Vollmacht nach Kleinasien. Der Königssohn löste den früheren Satrapen Tissaphernes ab und spielte, von Ehrgeiz getrieben, schon damals mit dem Gedanken, an Stelle seines älteren Bruders Artaxerxes die Königsherrschaft zu erlangen. Zur Erreichung seines weitgesteckten Zieles verbündete er sich mit den Spartanern und unterstützte sie reichlich mit Hilfsgeldern. Als Dareios II. starb, übernahm sein ältester Sohn als *Artaxerxes II.* (405–358) die Regentschaft gegen den Willen seiner Mutter *Parysatis,* die ihm nicht wohlgesinnt war und die Herrschaft für ihren zweiten Sohn Kyros anstrebte. Während der Krönung versuchte Kyros einen Mordanschlag auf den Bruder, der aber mißlang. Die Mutter vermittelte für ihn, so daß er wieder nach Sardes zurückkehren konnte. Dort verstärkte der ehrsüchtige junge Mensch seine Streitmacht durch ein griechisches Söldnerheer und brach nach Osten gegen seinen Bruder Artaxerxes auf. An dem Zuge nahm Xenophon, von Kyros freundlich aufgenommen, als Freiwilliger teil, ohne eine Befehlshaberstelle innezuhaben. Kyros gab anfangs vor, er bedürfe der Hilfe der griechischen Söldner gegen feindliche Nachbarn. Erst in Kilikien eröffnete er ihnen seine wahren Pläne. Sie weigerten sich zuerst weiterzumarschieren, aber reiche Versprechungen überwanden die Bedenken. Einige Tagereisen nördlich von Babylon, bei dem Dorfe *Kúnaxa,* stieß der Zug unerwartet auf das Heer des Großkönigs. In der Schlacht fiel Kyros, nachdem die griechischen Söldner schon den Sieg erkämpft hatten (401). Die Ereignisse des Zuges und der Rückführung der Griechen in die Heimat schilderte Xenophon in seiner *»Anabasis«,* sie ist eine wesentliche Bereicherung der Länder- und Völkerkunde der Alten Welt.

Zug des Kyros gegen Artaxerxes

In Kleinasien wurde Tissaphernes, der treu zu Artaxerxes gehalten hatte, wieder mit seinem sehr einflußreichen Kommando betraut, und neuerlich tauchte der Plan auf, die jonischen Küstenstädte dem persischen Großkönig zu unterwerfen. Persien hatte leichtes Spiel, denn Athen war durch den langandauernden Krieg geschwächt, Sparta nicht stark genug, den griechischen Raum gegen Angriffe von außen zu schützen. Somit konnte Persien ohne eigene Zugeständnisse den Frieden diktieren, der als der *Friede des Antialkidas* oder der Königsfriede in die Weltgeschichte einging (387/86). Er bedeutete einen Höhepunkt persischer Macht über Griechenland, seine Bedingungen waren hart. Kleinasien mit seinen hochkultivierten Kolonien wurde endgültig an Persien ausgeliefert, dessen Satrapen in den neu unterworfenen Städten mit ausgesuchter Härte regierten. Alle griechischen Staaten erlangten volle Selbständigkeit, nur der Peloponnesische Bund unter Spartas Hegemonie blieb bestehen. Der Friede des Antialkidas gab dem Großkönig für unbestimmte Zeit bei einem wirklichen oder vielleicht nur als solchen ausgelegten Vertragsbruch die Möglichkeit des Einschreitens in Griechenland.

Allerdings war Persien für die nächste Zeit mit seinen eigenen Angelegenheiten genügend beansprucht. Die straffe Zentralisierung, auf der seine Größe beruhte, war durch die dauernden Aufstände der Satrapen, die die Befehle des schwachen Königs mißachteten, längst der Auflösung gewichen. Auch war es durch sein gespanntes Verhältnis zu Ägypten, das schon im letzten Regierungsjahr des Dareios von Persien abgefallen war, sehr geschwächt. Das stolze Reich der Achaimeniden hatte unzweifelhaft seinen Tiefpunkt erreicht.

Auf Artaxerxes II. folgte *Artaxerxes III.* (358–338), ein kraftvoller, zielbewußter Regent, aber auch ein rücksichtsloser, grausamer und hinterlistiger Gewaltmensch. Mit starker Hand schlug er die für das Reich bedrohlichen Satrapenaufstände nieder, gewann dadurch den Westen des Reiches zurück und richtete in zähen Kämpfen die Ordnung wieder auf. Unter ihm geriet Ägypten, das inzwischen rund sechzig Jahre in Freiheit gelebt hatte, durch den Sieg bei *Pelusium* endgültig in persische Hand (343). Das Pharaonenland mußte seinen seinerzeitigen Abfall schwer büßen. Die Perser zogen plündernd und verwüstend durch das Niltal. Artaxerxes traf mit grausamer Bosheit die Ägypter in ihren frommen Gefühlen, schändete ihre Tempel, ließ den Stier Apis schlachten und zwang die Priester, von seinem Fleisch zu essen.

Persien schien nach der Ordnung der inneren Verhältnisse und nach den Erfolgen seiner Außenpolitik erstarkt, aber es war in seinen Grundfesten erschüttert. Dazu lieferte Artaxerxes seine Macht allzu bedenkenlos dem gewalttätigen Wesir *Bagoas* aus. Dessen Gift und dessen Mordplänen fielen der König und seine Söhne als Anwärter der Krone zum Opfer. Bagoas wählte einen seiner Freunde, *Kodomannos,* aus einer entfernten Seitenlinie des Königshauses, den einzigen überlebenden, volljährigen Achaimenidenprinzen, zum königlichen Nachfolger. Bagoas hielt ihn für eine willfährige Kreatur. Aber er täuschte sich in ihm. Als nämlich Kodomannos ihm gefährlich zu werden schien und er ihn beseitigen wollte, zwang ihn der neue Herrscher, selbst den Giftbecher zu leeren. Als *Dareios III.* (336—330) bestieg er den Thron. Ihn hatte ein hartes Schicksal ausersehen, dem titanischen Welteroberer *Alexander dem Großen* im Kampf entgegenzutreten und an dessen Größe zerbrechen zu müssen.

Dareios III.

In den Griechen lebte die Erinnerung an die Tage von Marathon und Salamis weiter. Als später persisches Gold die Freiheit der Hellenen bedrohte und die Hegemonien Athens und Spartas zusammenbrachen, erblühte aus der ruhmreichen Vergangenheit neuerlich das Wunschbild, durch eine Heerfahrt gegen Persien erlösende Kräfte für eine Einigung und Wiedererstarkung Griechenlands zu wecken. Damit verband sich der Gedanke, den ägäischen Raum zu sichern, den Hellenen, die Vertreibung und Übervölkerung zwang, sich als Söldner nach Persien zu verdingen und dem Erbfeind Waffenhilfe zu leisten, Wohnsitz und Lebensunterhalt im eroberten Gebiet zu geben und endlich in religiöser Hinsicht für die den Göttern angetane Zerstörung ihrer Heiligtümer Vergeltung zu üben.

Diese revanchistischen Gedanken förderten den Plan der Makedonen unter *Philipp*. Nichts deutet darauf hin, daß er seine Ziele über den Mittelmeerraum hinaus ausdehnen wollte. König Philipp eröffnete den Krieg und schickte im Frühjahr 336 Vortruppen über den Hellespont, um die jonische Küste zu gewinnen. Der Gedanke der Ausweitung des Kriegszuges auf ganz Persien stammte erst von seinem Sohn Alexander. Vor ihm lag ein Weltreich, in dem die großen Achaimeniden, wie Kyros und Dareios, durch ihre wohldurchdachte, vorbildliche Organisation für seine, Alexanders, Weltherrschaftspläne ausgezeichnete Arbeit geleistet hatten. Allerdings zeigten sich in dem einst prachtvollen Bau Sprünge. Daher war rasches Handeln nötig, bevor das Weltreich im Wirrsal von Aufständen unterging. Das Kräftemessen mit dem damals größten Reich, der Vorstoß ins Fabelland des Grenzenlosen lockte den Titanen.

Der Zug Alexanders des Großen gegen Persien

Der zweiundzwanzigjährige Alexander übernahm nach makedonischem Brauch selbst die Führung der Armee. Nach verschiedenen Schätzungen und Berichten belief sich dieses Heer auf rund 40.000 Mann. Sein Plan war, möglichst rasch gegen das Herz des Perserreiches vorzurücken und dadurch die feindliche Flotte auszuschalten. Denn ihm fehlte die entsprechende Anzahl von Schiffen als Ergänzung seiner Landmacht. Ferner hatten die riesigen Rüstungen die Staatskasse geleert, und es galt daher, rasch einen Sieg zu erfechten und aus Beutegeldern den Mangel zu decken. Persien war mindestens fünfzigmal so groß wie Alexanders Reich und mag etwa zwanzigmal soviel Einwohner gezählt haben. Es umfaßte Zonen von äußerster Kälte und von heißester Glut.

Im Frühjahr 334 führte Alexander seine Streitkräfte nach Kleinasien und warf ein starkes Satrapenheer, das am *Granikosfluß* den Feind erwartet hatte. Beim Weitermarsch empfingen ihn die griechischen Städte wie einen Befreier. Inzwischen war der Großkönig von Mesopotamien aus gegen Alexander aufgebrochen, hatte ihn durch Besetzung des Golfes von *Issos* in Kilikien im Rücken gefaßt und ihm jeden Fluchtweg abgeschnitten. König stand wider König! Alexander siegte, der Perser wandte sich, vom Schrecken gepackt, zur Flucht. Unter den Gefangenen fiel dem Makedonen die Familie des Großkönigs in die Hände. Sein Feldherr *Parmenion* besetzte *Damaskos* und erbeutete dort die Heereskasse mit gewaltigen Mengen Goldes und Silbers. Dadurch hatte die finanzielle Not in Alexanders Heer ein Ende gefunden. Alexander lehnte ein Friedensangebot des Dareios ab und besetzte im weiteren die syrischen Küstenstädte. Es fehlte nur noch ein letztes Glied im östlichen Mittelmeer: die persische Provinz Ägypten. Auf dem weiteren Vormarsch gelangte Alexander gegen Ende des Jahres 332 nach *Pelusium* und wurde dort feierlich empfangen. In kurzer Zeit gewann er widerstandslos ganz Ägypten und verstand es, sich durch Einfühlung, Ehrfurcht und Duldsamkeit gegenüber der altehrwürdigen Kultur und den Göttern des Nillandes die Zuneigung der Priesterschaft zu erwerben, die ihn zu pharaonischen Würden erhob. Mit dem Zuge nach Ägypten hatte Alexander dem Großkönig genug Zeit gelassen, sein Heer zu sammeln und es durch neue Streitkräfte zu verstärken, um dann ganz Asien mit einem Schlag zu treffen. Dareios nützte auch die zweijährige Pause. Er bot, da ihm der Zugang zum Mittelmeer versperrt blieb und er daher auf Neuanwerbung griechischer Söldner verzichten mußte, vor allem aus dem Osten die wehrhafte iranische Jugend auf, verbesserte die Ausrüstung und setzte die sogenannten *Sichelwagen,* eine alte asiatische Waffe, zum Kampfe ein. Der Makedone führte sein Heer in monatelangem Marsch in westöstlicher Richtung durch Mesopotamien über die Ströme Euphrat und Tigris und stieß endlich bei *Gaugamela,* nahe bei Ninive, auf den Feind. Weit dehnte sich die Ebene am Rande der Kurdengebirge, günstig von Dareios gewählt für die Entfaltung von Massen und den Einsatz der überlegenen Reitertruppen und offensichtlich besonders hergerichtet und geebnet für den Angriff der Sichelwagen. Alexander war sich der ganzen Schwere der kommenden Entscheidung bewußt, aber seine taktisch ausgezeichnet geschulten und kampferprobten Truppen und sein mitreißendes Vorbild brachten den Feind zum Wanken, besonders als mitten in der Schlacht Dareios, kopflos wie bei Issos, in eiligster Flucht davongejagt war (331). Der Makedone setzte ihm gleich einem wilden Wetter nach, konnte ihn aber nicht mehr einholen. Eine der großen Entscheidungsschlachten der Weltgeschichte war geschlagen, die Niederlage bedeutete den Untergang des Achaimenidenhauses, Alexander hatte die Macht des Perserreiches zertrümmert.

Besetzung Ägyptens durch den Makedonenkönig

Schlacht bei Gaugamela

Während Dareios mit der Mehrzahl seiner Truppen nach Medien abzog, folgte ihm der Makedone nicht, sondern es lockte ihn, die berühmten Städte des persischen Imperiums zu besichtigen. Mit Blumengrüßen und Festesjubel empfing ihn die alte Welthauptstadt Babel, umwittert von Erinnerungen vergangener Größe und vom märchenhaften Glanze neubabylonischer Herrlichkeit aus Nebukadnezars Tagen. Marduks Tempel, von Xerxes ehedem zur Strafe wegen eines Aufstandes zerstört, ließ Alexander wieder aufrichten. In Susa fielen unermeßliche Schätze und Unmengen von Edelmetall in die Hände der Makedonen. Der weitere Weg führte in die

Persischer Sichelwagen

Persis, das am meisten gebirgige Land des ganzen Irans, von wo der Stamm der Perser vor 220 Jahren um 550 die Herrschaft im gesamten Vorderen Orient erzwungen und das erste Reich von Weltgeltung errichtet hatte. In Eilmärschen rückte Alexander auf Persepolis vor und nahm die Stadt kampflos. Aber die Bewohner mußten es schwer büßen, daß sie noch knapp vor seiner Ankunft die Paläste hatten plündern wollen. Er gab Persepolis der zügellosen Willkür seiner Krieger preis. Was den König bewog, während eines Zechgelages in den Palästen, die einst Xerxes gebaut hatte, eine Fackel in den Purpur der Vorhänge zu stoßen und dadurch das kostbare Zederngebälk in Brand zu stecken, ist unbekannt. Aber für Griechen und Perser wurden die im lohenden Feuer zu Ruinen niedergebrochenen Paläste zu einem schauererregenden Symbol: für die Griechen war es das triumphale Furioso der endgültigen Rache für den einstigen persischen Überfall auf Attika, für die Perser aber das apokalyptische Fanal, daß das Haus der Achaimeniden im Flammenmeer des Krieges in Trümmer gesunken war. Der Gedanke an die große Auseinandersetzung mit dem riesigen Perserreich traf schon nach einem vierjährigen Heereszug ins Leere. Eine neue Epoche war angebrochen. Die Zukunft lag bei dem einen, bei dem großen Alexander, dem kein Feldherr der damaligen Welt zu widerstehen vermochte.

Aber noch lebte Dareios, noch umgab ihn eine beachtliche Heeresmacht. Er überwinterte in Ekbátana und hoffte noch auf diese oder jene erlösende Wendung seines Geschickes. Als sich jedoch im Frühjahr 330 Alexander in eiligen Märschen näherte, fest entschlossen, Dareios nicht mehr entkommen zu lassen, da begannen die persischen Höflinge immer zahlreicher vom Großkönig abzufallen. Mißtrauen und Verschwörung erhoben sich gegen ihn, der seinem Gefolge kein Schützer gewesen, der in der größten Not versagt hatte. Beim weiteren Vorwärtsjagen erreichte Alexander die Nachricht, Dareios sei von seinem eigenen Gefolge gefangengenommen worden. In hetzender Hast bezwang der König mit einem kleinen Reitertrupp das letzte Stück Weges vor dem traurigen Ziel. Die meisten des Gefolges hatten Dareios verlassen, waren geflüchtet, der Satrap von Baktrien, *Bessos,* hatte Befehl gegeben, den König zu töten, er selbst war mit seinen baktrischen

Tod des letzten Achaimeniden Dareios III.

Reitern entkommen. Alexander stand in dem aufgegebenen Hoflager vor der entstellten Leiche des letzten Achaimeniden. Er nahm seinen Königsmantel ab und breitete ihn über die Leiche. Der Feind hatte ihm den Weg zur Nachfolge freigemacht. Ohne jegliches Hindernis konnte er zum Throne schreiten. Und Alexander erfaßte auch die Gunst der Stunde. Er übernahm die Rache an den Mördern und sorgte für eine feierliche Bestattung des Herrschers mit königlichen Ehren in der Felsengruft der Familie zu

Naksch-i-Rustam. So bestätigte er gleichsam durch sein Handeln den Rechtsanspruch auf die Hinterlassenschaft des Toten.
Wie die antiken Berichte erzählen, war Alexander von dem Ende seines Gegners tief erschüttert. Das Ausbreiten des Mantels war die weihevolle symbolische Gebärde der Tragik, des verzeihenden Ausklangs. Den Verzagten, den das Grauen vor dem titanenhaften Gegner gelähmt, der in seiner Furcht Mannesehre und Herrschaftsanspruch vertan hatte, umhüllte der königliche Mantel mit versöhnendem Frieden.
In den folgenden Jahrhunderten eroberte hellenistischer Geist das einstige Weltreich der Perser, erblühte aus dem frischen Nährboden der Vermischung und Verschmelzung uralter orientalischer Verwaltungs- und Ordnungskunst mit den Gedanken sittlicher Lebensformen und der Staatsauffassung der Griechen ein sinnvoll gegliederter Kosmos. Ein reiches Leben entfaltete sich, förderte Welthandel und Weltverkehr von einem bis dahin unbekannten Ausmaß in dem neuerstandenen zusammenhängenden Wirtschaftsgebiet von Griechenland bis Indien. Mit der Übernahme des griechischen Lebensstils und der Ausbreitung der griechischen Kultur nach dem Osten wanderte auch die griechische Sprache mit als wirksamstes Mittel der fortschreitenden Hellenisierung des Vorderen Orients. Allerdings begegnet sie uns in einer etwas gewandelten Form, einer aus attischen und jonischen Elementen geschaffenen allgemeingriechischen Umgangssprache, der *Koiné* (griech. = der gemeinsamen). Sie wurde Sprache des Kaufmanns, des Alltags, der Kanzleien der Diadochenreiche. Im dritten Jahrhundert entstand sogar für den Gebrauch der hellenisierten Juden in Alexandrien eine Übertragung des Alten Testaments, die *Septuaginta,* später auch des Neuen in die griechische Weltverkehrssprache. Erst durch die Übersetzung der heiligen Schriften in die Koiné konnte das Christentum seinen Siegeslauf antreten.

Palästina

So hat der Herr, Jahwe, gesprochen:
O mein Volk,
ich führe dich auf den Boden Israels.
Ezechiel

Besiedlung Palästinas

Ein schmaler Küstenstreifen zieht sich zwischen der Arabischen Wüste und dem Mittelmeer hin; er trägt *Syrien* und *Palästina.* Die Länder waren Brücke zwischen zwei Kontinenten, Durchzugsstraße wandernder und kriegführender Völker und deshalb auch mannigfach und unmittelbar mit der überaus reichen altorientalischen Geschichte ihrer näheren und ferneren Umgebung verflochten. Sie waren seit früher Zeit immer der Zankapfel zwischen den Reichen im Niltal und im Zweistromland. Nur in kleinen Stadtstaaten konnten sie die Bewohner zu Gemeinschaften zusammenschließen und mühsam zwischen den Großmächten behaupten, oft war ihre Unabhängigkeit durch größere Ereignisse der Weltgeschichte beschränkt oder gänzlich aufgehoben.

Eines dieser beiden Länder ist der Schauplatz eines Großteils der Vorgänge der Biblischen Geschichte geworden, nämlich Palästina. Der Name leitet sich sprachlich von den Philistern ab, einem Volke, das im 12. Jahrhundert die südliche Ebene des Küstengebietes besetzte und das die Israeliten *pelischtim* hießen. Auch die Römer wählten 135 n. Chr. für dieses Gebiet die Bezeichnung *provincia Palaestina,* und seitdem ist dieser Name bis heute üblich geblieben.

Dieses Gebiet umfaßt das südliche Drittel des langgezogenen Gebirgslandes zwischen dem östlichen Rande des Mittelmeeres und der Syrischen Wüste, reicht gegen Osten bis zu den Südausläufern der Höhen des Libanon und Antilibanon und westwärts bis zum Übergang des Kulturlandes in die Steppe und Wüste der Sinaihalbinsel, etwa auf der Breite des Südendes des Toten Meeres. Ein mächtiger nord-südlich gerichteter tertiärer Grabeneinbruch durchzieht das ganze Land. Auf seinem Talgrund schlängelt sich

Jordan

in zahllosen Windungen als silberner Faden der *Jordan.* Er entspringt am Fuße des Antilibanon und ergießt sich in das Tote Meer. In der Nähe seiner Mündung lag das mit Fug und Recht als die älteste Stadt der Welt bezeichnete *Jericho.* Die überaus wasserreiche Quelle war der Anlaß zur Gründung. Die Höhenunterschiede sind infolge der vielen Bergkämme zuweilen zwischen unweit voneinander gelegenen Orten beträchtlich. So liegt Jericho 250 m unter dem Meeresspiegel, während Jerusalem, nur 37 km davon entfernt, eine Höhe von 750 m aufweist. Das Tote Meer liegt 400 m unter dem Meeresspiegel, ist die tiefste natürliche Einsenkung der Erdoberfläche. Wegen seiner mineralischen Substanzen leben in seinem Wasser keine Tiere. Der Jordan teilt das ganze Gebiet in Ostjordanland und Westjordanland. Den Westteil trennt eine angeschwemmte, besonders fruchtbare Küstenebene vom Mittelmeerstrand, der von geraden Dünungen abgeschlossen ist. So vereinigt das Land in seinem engen Raum größte landschaftliche und klimatische Gegensätze, und die verschiedenen Lebensbedingungen lockten nicht zu einer gleichmäßigen Besiedlung durch eine einheitliche Bevölkerung, noch faßten sie die unterschiedlichen Zuwanderer zu einer Einheit zusammen. Fruchtbare Ebenen mit reichlicher Bewässerung wechseln mit trockener Steppen- und Wüstenlandschaft, schroffe und stark zerklüftete Gebirgsgegenden sind wenig ertragreich und für den Verkehr schwierig. Karge Weiden und armselige Ackerböden kennzeichnen den Ostabfall des Westjordanlandes. In den wasserreichen und ergiebigen Küstenstreifen schiebt sich mit umbrandeten Klippen der Bergrücken des *Karmel* ins Meer vor. Zu Füßen breitet sich gegen Norden die fruchtbare *Jezreel-Ebene* aus; an ihrem Ende die Städte Nazareth und Meggido, die letztere eine der festesten Burgen in alter Zeit. Kein Stück Erde hat so viel Blut getrunken wie der Boden Jezreels; denn nirgends sonst in dem von tiefen und steilen Talgräben zerfurchten, gebirgigen Palästina gibt es eine solche Möglichkeit, große Heerhaufen zur Schlacht zu entfalten.

Der Karmel

Wichtig für die Bewohner sind die klimatischen Verhältnisse. Palästina hat Anteil am subtropischen Klima, das bedeutet winterliche Regenzeiten und trockene Sommer. Der im Westen des Jordan gelegene Teil zeigt eine meist üppige Mittelmeerflora, während die östlichen Gebiete vorwiegend an der Steppenvegetation Westasiens Anteil haben. Infolge des durchlässigen Kalkbodens und des Fehlens einer dichteren Bewaldung trocknet das Land in den Sommermonaten überaus stark aus. Somit ist die Wasserversorgung von jeher eine wichtige Lebensfrage. Schon in altisraelitischer Zeit sammelte man das Regenwasser in Zisternen, um im Verein mit den spärlichen Quellen die Gründecke während der Sommermonate zu erhalten. Die Wasserverhältnisse beeinflußten auch die Verteilung der menschlichen Siedlungen und die Einteilung der Arbeiten im Jahresablauf. Damit fiel, wie schon die Bibel erwähnt[1], das Erntefest in das Ende der Regenzeit bei Sommerbeginn und das Fest der Einsammlung des Obstes, der Weintrauben, Feigen und Oliven in den Herbstbeginn.

Trotz der langen Meeresküste auf der Westseite erzog die Seeluft die Bewohner Palästinas nicht zu weitläufiger Seefahrt wie ihre Nachbarn, die Phöniker. Der Hauptgrund mag wohl darin zu suchen sein, daß die Phöniker vorzügliche Häfen hatten, wogegen die gradlinige palästinische Flachküste keine natürlichen Anlegeplätze bot, die zu Seefahrt und Seehandel einluden beziehungsweise fremde Schiffer hätte anlocken können. Nur am Nordende der Bucht von Karmel lag *Akko*, die aus dem Alten Testament bekannte Küstensiedlung aus altorientalischer Zeit. Jetzt heißt

[1] 2. Mose 23, 16.

das Dorf Akka und hält in den bleichen Trümmern seiner sagenumwobenen Festung noch die Erinnerung an Akkon fest, das sich im dritten Kreuzzug nach zäher und langer Abwehr dem englischen König Richard Löwenherz ergeben mußte. Ungeschützt und offen ist Palästina nach Osten und nach Süden. Daher war es verständlich, daß die benachbarten Hirtenvölker bei jeder sich bietenden Gelegenheit aus den Steppen und Wüsten gegen das begehrte Kulturland vorstießen und dort Weideplätze für ihre Herden suchten. Auf diese Weise wanderten kleine Gruppen, aber auch große Stämme im Laufe der Zeit in Palästina ein und erlangten für die Geschichte dieses Landes entscheidende Bedeutung. Außerdem führten die Durchgangswege für den Handelsverkehr, aber auch für Kriegszüge von Ägypten nach Vorderasien oder umgekehrt notwendigerweise durch dieses Gebiet. Der Menschenzuwachs erschwerte die Lebensverhältnisse. Denn Palästina konnte nur eine Bevölkerung von beschränkter Dichte ernähren, war kein Überschußgebiet, und seine Bewohner mußten stets »im Schweiße ihres Angesichts ihr Brot essen«. Wenn trotzdem in der Bibel Palästina als ein »gutes Land« gepriesen wird, das »von Milch und Honig fließt«, so kann diese Meinung nur aus dem Vergleich mit der umgebenden Steppenlandschaft entstanden sein. Fleischgenuß war an Festtagen oder bei besonderen Gelegenheiten üblich. Wild wurde in den Bergländern gejagt, der Fischfang war an der Meeresküste und im See *Genesareth* lohnend. Daher war das Seeufer mit Ortschaften besetzt. Aber auch die Schönheit des Sees zog die Menschen an, ließ sie hier Häuser bauen. *Herodes Antipas*, Vierfürst von Galiläa, errichtete am See seine Hauptstadt. Er gab ihr nach dem Kaiser *Tiberius*, seinem großen Gönner, den Namen *Tiberias*. Petrus, der Fischer, lebte an dem See. Hier sprach Jesus seine Gleichnisse, hier wirkte er fast alle seine Wunder, hier unter den Palmen genoß er die wenigen Stunden irdischer Freude, die ihm sein armes Menschendasein gewährte. Jetzt ist Tiberias klein, unscheinbar, in der Einsamkeit der Dörfer und Ruinen schläft eine große Vergangenheit.

Die erste Bevölkerung des Landes, zu der unsere Kenntnis zurückreicht, also seit Beginn der Bronzezeit im dritten Jahrtausend, waren Bauern semitischer Zunge. Sie faßt die Wissenschaft als Kanaanäer zusammen. Sie stellten allerdings nicht die Urbevölkerung, von der wir nichts wissen. Sie muß in den Kanaanäern aufgegangen sein und auch ihre Sprache angenommen haben, bis diese viel später durch das Aramäische völlig verdrängt worden ist.

Die Kanaanäer

Die Stadtfürsten der Kanaanäer wohnten in kleinen, befestigten Städten auf Anhöhen. Brunnenschächte und Gänge quer durch Felsen sicherten die Wasserversorgung im Falle einer Belagerung. Die Töpferwaren und Schmuckgegenstände, die die Ausgrabungen zutage förderten, sind keine Originalarbeiten, sondern Einfuhrartikel oder Nachahmungen aus der Ägäis, Mesopotamien oder Ägypten. In *Ugarit*, einer im Norden gerade gegenüber dem ausgestreckten Finger von Kypern gelegenen, ursprünglich phönikischen Stadt, fand man Tontafeln der dortigen Schreiberschule mit religiösen Texten in Alphabetschrift. Sie preisen den *Baal*, einen Gott des Lebens, den Sieger über Winter, Tod und über die Dämonen des Bösen.

Ugarit, eine uralte Stadt, die schon im 5. Jahrtausend bewohnt war, wurde, nachdem sie schon aus den Amarnatafeln bekannt war, erst 1929 bei Ausgrabungen auf dem bis dahin unbeachteten Tell *Ras Schamra* entdeckt und bot eine Fülle Material für die Kenntnis der kanaanäischen Kultur.

Der Küstenstreifen am Mittelmeer stand jahrhundertelang unter ägyptischer Herrschaft. Aber mit dem Niedergang der Macht des NR endete auch die Oberherrschaft der Pharaonen über das nächstbenachbarte Palästina, und das Land war nun seinem eigenen Schicksal überlassen. Als die Wogen der großen »Seevölkerflut« über die Ägäis bis an die libysche Küste und an die Gestade Vorderasiens brandeten, nahm die wohl bedeutendste und am weitesten nach Süden vorgestoßene indogermanische Volksgruppe, die *Philister*, den südlichen Teil der palästinischen Küstenebene in Besitz. Sie brachte das Eisen nach Palästina, dessen Bewohner sich bisher nur der Bronze bedient hatten. Ihr Staat war eine *Pentapolis*, ein Fünfstädtestaat, und sollte mehrere Jahrhunderte überdauern. Es waren fünf bronzezeitliche Städte, die die Philister als ihre Herrensitze erwählten, darunter *Gaza* und *Askalon*. Die Philister waren ein sehr kriegerisches Volk; ihre straffe Organisation, ihre Waffen, ihre Wagen und Schiffe machten sie zu ernst zu nehmenden Gegnern.

Die Philister

Die Hafenorte am östlichen Mittelmeerufer waren nicht nur Mittelpunkte einer hochentwickelten Wirtschaft, sondern auch Stätten gehobenen geistigen Lebens. Ein sehr wesentliches Element aller Bildung und ihrer Weitergabe und Verbreitung war die in dem spätbronzezeitlichen Syrien-Palästina gemachte Entdeckung einer reinen *Lautschrift*. Die bisher verwendeten Schriftsysteme des Alten Orients, die sumerische Keilschrift mit ihren späteren Abarten und die ägyptische Hieroglyphenschrift, waren zu schwierig mit ihren Hunderten von Schriftzeichen, so daß nur wenige Spezialisten der Schreibkunst sie schreiben und lesen konnten. Erst die Erfindung der alphabetischen Lautschrift mit 30 oder gar weniger Zeichen gab breiteren Schichten die Möglichkeit, sich die Kunst des Schreibens und Lesens anzueignen. Diese Schrift, die die Mutter aller heute auf der Erde gebrauchten alphabetischen Schriftarten ist, gleicht unserem System, bloß mit dem Unterschied, daß nur die Konsonanten geschrieben wurden, wobei jeder Buchstabe einen Konsonanten bezeichnete. Erst die Griechen führten später besondere Zeichen für die Vokale ein. Die syrisch-palästinischen Inschriften haben den Entzifferern daher auch keine Schwierigkeiten bereitet. Die Erfindung dieser Schrift dürfte um 1200 erfolgt sein. Als die israelitischen Stämme in Palästina einwanderten, fanden sie zwar nicht jene hochentwickelte Kultur wie in Ägypten oder in Mesopotamien vor, aber die häufige Berührung mit Menschen verschiedener Art, Herkunft und Geistesstufe hat das Leben reich und vielgestaltig befruchtet, und die Erfindung der Alphabetschrift leistete einen Beitrag zur kulturellen Entfaltung.

Die Schrift

In der Bronzezeit war Palästina nur dünn besiedelt. Dies bildete einen großen Anreiz, als sich um 1300 die Versuche semitischer Nomaden verdichteten, von Osten her in das Kulturland vorzudringen und sich in Palästina Wohnsitze zu suchen. Sie besetzten zuerst verschiedene Teile des westjordanischen Gebirges sowie das Mittelstück des ostjordanischen Hochlandes. Die fruchtbaren Ebenen verblieben in den Händen der in den Städten siedelnden älteren kanaanäischen Bevölkerung. Den Aufbruch des hebräischen Volkskerns aus Südmesopotamien verbindet der biblische Bericht mit der Person des Patriarchen *Abraham*, der auf Gottes Ruf nach Kanaan zog[1].

Besiedlung Palästinas durch die Israeliten

Die israelitische Landnahme dürfte längere Zeit gedauert und sich zunächst in friedlicher Weise vollzogen haben. Hirten suchten mit ihren Herden in der Trockenzeit die abgeernteten Felder des Kulturlandes auf und kehrten eines Tages nicht mehr zu ihren Winterweiden in der Steppe und Wüste zurück, sondern wurden im Kulturland seßhaft und nahmen im Laufe der Zeit unter dem Einfluß der alten städtischen und bäuerlichen Kultur Kanaans die Lebensformen des Landmannes oder des Stadtbewohners an. Auf dem neuen Boden fanden sich die einzelnen Stämme zu einem festen und dauernden Volksverband unter dem Namen *Israel* zusammen.

Diese Landnahme gehört in den Zusammenhang einer größeren Wanderbewegung. Aus der syrisch-arabischen Wüste erfolgten Züge gegen die umrandenden Kulturländer, und es setzten sich in der unmittelbaren Nachbarschaft der Israeliten an den Ost- und Südgrenzen des Ostjordanlandes die Völkergruppen der Ammoniter, Moabiter, Edomiter fest, während sich im Osten Syriens die Aramäer niederließen. Alle brannten darauf, auch in das Kulturland einzudringen, und die Bibel berichtet häufig von den Raubzügen dieser Stämme in das palästinische Land.

Eine Zeit der Not, vor allem der Hungersnot infolge Regenmangels, muß den Anlaß gegeben haben, daß Teile der israelitischen Einwanderer einen Ausweg suchten und in dem fruchtbaren und von gelegentlichen Regenperioden unabhängigen Niltal seßhaft werden wollten. Die ägyptischen Grenzbeamten machten ihnen nicht viel Schwierigkeiten, brauchten doch die Könige genug Arbeitskräfte für die Ziegelbereitung und den Städtebau. Besonders unter dem großen Bauherrn Ramses II. scheinen viele Zuwanderer damit beschäftigt worden zu sein, Steine herbeizuschleppen zum Bau der Deltastädte Pithom und Ramsesstadt.

Wenn man der zeitlichen Festlegung trauen darf, so mag der Aufenthalt in Ägypten und der Auszug aus diesem Lande in das 13. Jahrhundert fallen. Die Israeliten mußten in schwerer Fron arbeiten und sollten in Ägypten gegen ihren Willen festgehalten werden. Wie lange der erzwungene Aufenthalt im Nillande gedauert haben mag, dafür fehlen übereinstimmende Angaben. Nur in schwerer Auflehnung gegen die Pharaonenbedrückung gelang es ihnen, ihre alte Freiheit zurückzuerlangen. Aber der Auszug, der wohl eher einer Flucht glich, brachte sie im Schilfmeer in schwere, scheinbar ausweglose Gefahr, eine ägyptische Streitwagengruppe setzte ihnen nach

[1] 1. Mose 12, 1: Der Herr sprach zu Abraham: »Zieh aus deiner Heimat, von deiner Verwandtschaft, deinem Vaterhaus in das Land, das ich dir zeigen werde. Ich mache dich zum großen Volk ...« Abraham brach auf, wie der Herr ihm geboten hatte.

und griff sie an. Nur der mächtigen Hand Gottes dankten sie es, wie der Pentateuch berichtet, daß sie dem Angriff der Ägypter entkamen und aus dem Meer wieder herausfanden. Dieses große, entscheidende Ereignis empfanden die Flüchtlinge als ein so wunderbares Gnadengeschenk Gottes, daß es in der Überlieferung der Stämme weiterlebte als gemeinsamer und unvergeßlicher Besitz und als wesentliches Stück ihres Gottesglaubens.

Der bedeutende Mann, der schon bei seinem ersten Auftreten unter den in Ägypten fronenden Israeliten eine führende Rolle spielt und, als Haupt des Volkes auf seiner Wanderung von Gott auserwählt, immer wieder aufscheint, ist *Moses*. Wie bei allen großen Männern hat auch ihn die ausschmückende Legende mit manch wundersamen Zügen umkleidet. So wurde er, als Kind in den Nil ausgesetzt, gefunden und von der Tochter des Pharao an Sohnes Statt angenommen. Er trug einen Wunderstab bei sich, schmückte sein Haupt mit Hörnern als Zeichen seiner besonderen Würde, erreichte ein übermenschliches Alter und starb in Einsamkeit auf Bergeshöhe. Die geschichtlichen Züge in der Gestalt des Moses aufzuhellen, stößt auf größte Schwierigkeiten, da außerbiblische Berichte aus jener Zeit keinerlei Hinweise auf Abkunft, Persönlichkeit und Ursprünge seiner religiösen Gedanken bieten. Je weniger aber das Geschehen quellenmäßig deutbar und faßbar ist, um so mehr gewinnt es für die Religion des israelitischen Volkes an Bedeutung, das seine Geschichte entscheidend mitbestimmt hat. Alles Geschehen steht in engster Verbindung mit seinem Gott *Jahwe*, dessen geheimnisvoller Name bis heute noch unerklärt ist. Dieser Gott hat mit dem israelitischen Volk einen Vertrag geschlossen. Die Durchführung des Vertrages ist die Geschichte, das Volk ist das Werkzeug Gottes. Es werden ihm Glück und Erfolg zuteil, wenn es die Gebote erfüllt, es wird mit Unglück und Verderben bestraft, wenn es ungehorsam ist.

Moses

Die Überlieferung erzählt von der Verkündigung der Zehn Gebote, des *Dekalogs*, auf dem Berge Sinai während des Zuges von Ägypten nach Kanaan. Die ersten drei Gebote charakterisieren Gott als höchstes, über alle Geschöpfe der Natur erhabenes, rein geistiges, einziges Wesen, das neben sich keine anderen Götter duldet. Diesem unendlichen Gott kann der Mensch nicht mit den herkömmlichen Opfern dienen, sondern nur in reinem Geiste, frei von Fehl und Sünde. Wie wunderbar verdeutlichen solchen wahren Gottesdienst die Worte des 50. Psalms:

> Höre, mein Volk, und laß mich reden.
> Gott, dein Gott, bin ich ...!
> Opfere Gott Dank,
> so wirst du dem Höchsten deine Gelübde bezahlen!
> Und rufe mich an am Tage der Not:
> Ich will dich erretten, und du sollst mich preisen!

Von dieser hohen Gottesauffassung nehmen die weiteren Vorschriften des vierten bis zehnten Gebotes ihren Ausgang, die die inneren Beziehungen der menschlichen Gemeinschaft regeln.

Der neue Gottesbegriff bedeutete eine Umwälzung für die Welt des Orients und erfüllte das israelitische Volk mit tiefster Verehrung für seinen Jahwe-Boten. Unvergessen lebte Moses weiter als Mittler göttlicher Offenbarung und fand noch in späten Tagen seine Gestaltwerdung in der Kolossalfigur einer des größten Künstler: Michelangelo.

Moses selbst erlebte nicht mehr den Einzug seines Volkes nach Palästina. Sein Nachfolger *Josua* führte das israelitische Volk über den Jordan nach Sichem, von wo aus die Landnahme langsam teils in friedlicher Auseinandersetzung mit der bodenständigen kanaanäischen Bevölkerung, teils unter dem Druck kriegerischer Handlungen ungefähr in der zweiten Hälfte des 13. Jahrhunderts erfolgte. Das Wandervolk, geeint im Bewußtsein gemeinsamer Herkunft und im Glauben an seinen Gott, besiegte die früheren Bewohner, wuchs aber in die überlegene, aus ägyptischen, kretischen und babylonischen Einflüssen bereicherte heimische Kultur der Kanaanäer hinein und übernahm die altsemitische Schrift. Die Verschmelzung der alteingesessenen Kanaanäer mit den jungen hebräischen Nomadenstämmen, die nun die politische Führung antraten, gilt als die weltgeschichtlich bedeutsame Geburt des späteren jüdischen Volkes.

Allerdings bestand für die breite Masse der Einwanderer die dauernde Versuchung, dem alten kanaanäischen Baalskult zu huldigen, und nur dem Eifer der *Propheten* war es zu danken, daß dem Volk immer wieder der eigene Gottesglaube ins Gedächtnis gerufen und es vor Knechtung niederer Schichten und vor übersteigerter Habgier gewarnt wurde. »Wehe denen, die Haus an Haus reihen und Acker an Acker rücken, bis kein Platz mehr bleibt, und ihr allein im Lande geblieben seid!« mahnt der Prophet Jesaja. Bei der Einrichtung der israelitischen Stämme auf dem neuen Boden, wobei sie kleine befestigte Städte bauten oder besetzten, kam es immer wieder zu ernsten Streitigkeiten mit den alten Einwohnern. Dabei fehlte den Eroberern eine einheitliche Führung. Wenn es nottat, trat an die Spitze eines Teiles von Palästina ein fähiger und tatbereiter Mann, den man *Richter* nannte. Die Richter verdankten ihre Vollmacht nicht ihrer vornehmen Abstammung, sondern vor allem einer göttlichen Berufung, ihrem Charisma. Sie behielten ihre leitende Stellung auch nach Beendigung der Kämpfe. Die Bibel nennt als Richter Männer wie *Gideon, Jephta, Simson,* aber auch eine Frau, die Prophetin *Debórah,* und bezeichnet damit eine Epoche der hebräischen Geschichte.

Die Richter

Die Kämpfe, die die Israeliten in ihren neuen Wohnsitzen zu führen hatten, galten nicht nur den Kanaanäern, sondern auch den Stämmen auf der offenen Ostseite des Landes und den Nomadenhaufen, die wiederholt einfielen, seitdem sie das Kamel zum Haustier gemacht hatten und mit ihm, unabhängig von Wasserstellen, größere Strecken schnell durchqueren konnten.

Am bedrohlichsten für die Existenz waren aber die ungefähr gleichzeitig in Palästina erschienen *Philister,* die die Küstenebene besetzt hatten und sich mit ihrer starken kriegerischen Macht immer weiter im Lande ausbreiteten.

Das Königtum in Israel

Des Menschen Herz erdenkt sich seinen Weg,
Aber der Herr allein gibt, daß er fortgehe.
Salomo

Gerade diese Gefahr sollte sich jedoch zum Heile auswirken. Die zersplitterten Stämme schlossen sich endlich zur Sicherung ihres Lebensraumes unter Führung *Samuels,* des letzten und bedeutendsten Richters, zusammen. Die Philister siegten zwar in zwei Schlachten und erbeuteten dabei sogar das Stammesheiligtum, die *Bundeslade.* Aber die unmittelbare Bedrohung gab Israel die Kraft zum Widerstand und zur Abwehr und einte es zu starker politischer Gemeinschaft in Form eines Königtums. Auf Wunsch des Volkes und auf Drängen der Ältesten salbte Samuel *Saul* zum König (um 1020).

König Saul

Saul stammte aus angesehener Familie und hatte sich im Kampf gegen die Ammoniter, einen Nachbarstamm im Osten des Jordan, bewährt. Man erhoffte von ihm auch Erfolge gegen die Philister. Und tatsächlich gelang es ihm, in überraschenden Überfällen den Feind zunächst bis an die Grenzen seines Landes zurückzuwerfen. Damit war freilich noch nicht die Entscheidung gefallen. Die Philister holten sehr bald zum Gegenstoß aus und zersprengten den feindlichen Heerbann. Ihr Sieg war vollständig. Saul, der sich von Gott verlassen glaubte und von Argwohn gegen seinen in der Gunst des Volkes stehenden Waffenträger David gepeinigt war, gab sich den Tod, um nicht lebend in die Hände der Gegner zu fallen. Das Gebiet der Israeliten wurden in noch weiterem Umfang als vorher besetzt. Saul hinterließ sein Reich in trostlosem Zustand.

Noch unter der Regierung Sauls gewann ein junger Mann großen Einfluß, sei es, weil er durch sein Harfenspiel den schwermütigen König aufmunterte, sei es, weil er sich im Kampf mit den Philistern durch seine Tapferkeit gegen den Stärksten, den Riesen *Goliath,* ausgezeichnet hatte. Nach dem Tode Sauls wurde *David,* 30 Jahre alt, König von Juda, dann auch König des vereinigten Reiches Israel.

König David

David sicherte das Reich nach außen und machte das alte *Jerusalem,* das schon seit dem dritten Jahrtausend bestand, zur Hauptstadt seines Reiches. Es war eine von starken Mauern umsäumte, auf dem Zionsberg gelegene Festung, deren Altstadt noch heute steil und unzugänglich aus den umliegenden Tälern aufragt. Dorthin brachte er in feierlicher Prozession das altverehrte Stammesheiligtum, die Bundeslade, Sinnbild des Wandels von dem schweifenden Nomadenleben zum festen Sitz schollengebundenen Bauerntums. David umgab sich mit einer Leibwache, den sogenannten *»Krethi und Plethi«,* ein Name, der vermutlich auf ihre Herkunft von den Kretern und Philistern deutet. Die Wahl dieser kampferprobten Söldner erwies sich als klug, da diese heimatlos gewordenen Männer ihm treu ergeben waren.

David führte während seiner Regierungszeit viele Kriege und machte sein

Reich zum mächtigsten Staat zwischen Ägypten und Assyrien. Dies verdankte er seinem zielbewußten Vorgehen, seiner politischen Klugheit und seiner außergewöhnlichen Begabung. Die Überlieferung schreibt ihm auch künstlerische Fähigkeiten im Spiel der Harfe und als Liederdichter zu. Er folgte zwar in seiner religiösen Lyrik auch der sehr schablonenhaften altorientalischen Übung des Parallelismus der Glieder und der Bildsprache, aber er erfüllte seine Dichtungen ganz mit dem Geiste der neuen Religion und hob sie dadurch über die religiöse Liedkunst seiner Zeit hinaus. Viele dieser Lieder sind in das *Buch der Psalmen* aufgenommen worden, jener Poesie, die dem Menschen aus seiner Verlorenheit in der Welt durch gläubiges Vertrauen auf Gott als Helfer und Befreier von aller Sündenschuld neue Wege wies im Gegensatz zur Dichtung der übrigen orientalischen Umwelt.

König Salomo

Nachfolger und glücklicher Erbe des starken Staates wurde Davids Sohn *Salomo* (etwa 970–930). Er wich jeder kriegerischen Auseinandersetzung mit den Nachbarn aus, auch um den Preis des Verlustes einiger Landerwerbungen Davids. Aber er häufte einen Reichtum in seinem Lande auf, der sprichwörtlich wurde. Dazu verhalf ihm der Handel. Durch sein Land führten die Karawanenwege von Mesopotamien nach Ägypten. Er kontrollierte die Straßen, sicherte sie gegen Räuber und hob dafür hohe Zölle ein.

Der Tempel von Jerusalem. Rekonstruktion

Er trieb selbst Handel mit Pferden und Streitwagen zwischen Nord und Süd, und das in solchem Ausmaß, daß er eigene Handelsniederlassungen dafür errichten mußte. Die Ausgrabungen in *Megiddo* haben die alten Berichte bestätigt.

Der von seinem Reichtum umgebene König Salomo wird von der Überlieferung als der große Weise verherrlicht. Zahlreiche Legenden hat die menschliche Phantasie um ihn gewoben, so die vom Urteilsspruch im Rechtsstreit zweier Frauen um ein Kind oder die vom Besuch der Königin von Saba. Ihm werden auch Bibelbücher, wie zum Beispiel das Buch der »Sprüche«, zugeschrieben.

Die Friedenszeit, die seiner Regierung beschieden war, und der wachsende Reichtum verleiteten Salomo, nach dem Beispiel Ägyptens das Volk zum Frondienst heranzuziehen und die Hauptstadt mit aller Pracht baulich auszugestalten. Dadurch kam es zum Bau des weltberühmten *Tempels* von Jerusalem. Tyros lieferte dazu kostbares Material, Gold und Zedernholz sowie kunstfertige phönikische Baumeister und Erzgießer. Der Tempel entstand in siebenjähriger Arbeit an der Stelle, wo heute die sogenannte *Omarmoschee* (oder der Felsendom) steht, auf einer Felsplatte des Berges *Moria.* Er war ein rechteckiger Quaderbau, 4 m mal 10 m im Grundriß und 15 m hoch in drei Stockwerken mit Seitenräumen rings um den eigentlichen Tempel. Er umschloß eine Vorhalle, den Tempelraum mit dem goldenen siebenarmigen Leuchter, dem Tisch für die Schaubrote und dem Räucheraltar, dahinter das Allerheiligste mit der goldbeschlagenen Bundeslade zwischen zwei mächtigen Cherubim, deren Flügel eine Länge von $2^1/_2$ m hatten. Der Platz zwischen den Engeln war leer. Nach frommem Glauben thronte dort unsichtbar Gott selbst. Ein Bildnis fehlte. Mit Staunen stellte dies später Pompeius fest, als er bei der Eroberung Jerusalems in das Allerheiligste eindrang. Der innere Vorhof, mit Brandopferaltar und großem Reinigungsbecken, dem sogenannten »ehernen Meer«, war für die Priester bestimmt, der äußere Vorhof diente dem Volke.

Die Angleichung der Hofhaltung Salomos an die der umliegenden orientalischen Großreiche brachte Prunkentfaltung und Aufwand in das Land. Schon regten sich mahnende Stimmen gegen solche Verschwendung. Weit leuchtete der prachtvolle Tempel an der großen Verkehrsstraße, staunend blickten die Wanderer zu ihm auf und trugen die Kunde von dem Wunderwerk in ferne Länder. Der Bau rief den Unwillen all jener hervor, die den alten Gott des großen Gesetzgebers verehrten. Sie fühlten die religiöse Überlieferung bedroht.

Die Spaltung des Reiches

Nach Salomos Tod brach das Reich Davids in zwei Teile auseinander. Der alte, scheelsüchtige Wettstreit zwischen den Stämmen, die große Unzufriedenheit mit dem schweren Steuerdruck führte zur Spaltung in ein größeres und militärisch mächtigeres Königreich im Norden, *Israel,* das zehn Stämme umfaßte, und in ein kleineres Königreich im Süden, *Juda,* das sich auf die restlichen Stämme Benjamin und Juda beschränkte und mit seiner Hauptstadt Jerusalem den Mittelpunkt alter Überlieferung wahrte. Die Spaltung begleitete ein tiefer Niedergang des religiösen Empfindens bis zu einem unwürdigen Götzenkult. Je stärker sich aber dieser Verfall bemerkbar machte, desto lauter wurde der Unwillen der Rechtgläubigen, die sich mit altväterlicher Strenge an die Religion und Sitte der Ahnen klammerten. Bei dem allmählichen Erstarken der Großmächte in der orientalischen Umwelt waren die jüdischen Staaten dem Untergang geweiht.

Aber gerade die Epoche äußerer Bedrohung und innerer Kämpfe wurde bedeutsam für die religiöse Entwicklung. Immer wieder traten Männer auf, die, von Jahwes Geist erfüllt, dem Volk die gegenwärtige Lage darlegten und die Zukunft voraussagten. Es waren die Propheten, die die politische Not als Folge der Verunreinigung des Glaubens hinstellten. Sie stellten in nimmermüden Mahnreden und schonungslosen Anklagen all ihr Fürchten und Hoffen, ihren Widerstandswillen und ihre Opferbereitschaft dem Volk vor Augen und richteten es aus seiner Verzweiflung auf. Konnten die Propheten damit auch nicht den unbarmherzigen Gang der Geschichte aufhalten, so stärkten sie doch die religiösen Kräfte im Volke, so daß das Judentum als religiöse Gemeinschaft auch die bevorstehenden Niederlagen im staatlichen Existenzkampf überwand und sich trotz einer jahrtausendlangen Zerstreuung über die Welt als Volk erhalten hat.

Die Propheten

Im Staate Israel begegnet uns seit dem ersten König *Jeroboam I.* (930–910) eine rasch wechselnde Reihe von Herrschern, von denen manche keines natürlichen Todes starben. Unter dem Druck äußerer Bedrohung oder innerer Machtkämpfe stürzte ein Machthaber den anderen. Auf seinem Siegeszug durch Syrien unterwarf der mächtige assyrische König Tiglatpileser III. Israel, um sich damit den Weg nach Ägypten zu öffnen. In den folgenden Jahren bekämpften sich die Anhänger der ägyptenfreundlichen Richtung und die, die ihr Heil in einer Annäherung an Assyrien sahen, bis endlich der assyrische König Salmanassar V. vor Samaria erschien und sein Nachfolger Sargon II. die Stadt nach dreijähriger Belagerung 722 einnahm. Eine stolze, mächtige Prunkinschrift am Eingangstor von Sargons II. Residenz Chorsabad kündete von diesem Sieg: »Ich belagerte und eroberte Samaria. Ich führte 27.290 Menschen, die da wohnten, als Gefangene weg. Ich ergriff Besitz von 50 Streitwagen, die sich dort befanden. Den übrigen gab ich ihren Anteil zurück. Ich machte meinen Feldherrn zu ihrem Gebieter und legte ihnen den gleichen Tribut auf wie der vorige König.« Auf die Eroberung folgten Massenverschleppungen der vornehmen Bevölkerung nach Mesopotamien; die Vertriebenen verschwanden spurlos. Im israelitischen Nordreich wurden Fremdvölker angesiedelt. Samaria wurde die Hauptstadt einer assyrischen Provinz. Aus dem Völkergemisch, das dort nun wohnte, entstand das Volk der *Samaritaner*.

Eroberung Samarias durch die Assyrer

Mit dem Fall Samarias hatte sich das assyrische Weltreich an die Grenzen Judas geschoben, und es war nur mehr eine Frage der Zeit, wann sich dessen Schicksal erfüllen würde. Im Laufe der folgenden Jahrzehnte fand Assur sein Ende, und Babel trat auf den Plan. Die Heerhaufen des Königs Nebukadnezar II. erschienen vor Jerusalem und schleppten den König *Jojachin* von Juda mit einem Teil der vornehmen Bürgerschaft in die Hauptstadt am Euphrat (597). Unter den Gefangenen war auch der Prophet

Ezechiel. Er sah in seinen Visionen, wie die Bewohner Jerusalems, angesichts des Triumphes des Nebukadnezar an der Macht Jahwes verzweifelnd, Zuflucht bei fremden Göttern suchten. Tatsächlich brach für das zurückgebliebene Volk in Jerusalem eine wirre Zeit des *Synkretismus*, der Religionsmischung ein, der alte Glaube verfiel, der im Lande verbliebene Prophet *Jeremias* warnte vergeblich. Nebukadnezar erschien neuerlich vor Jerusalem, nach dreijähriger Belagerung wurde Jerusalem 587 erobert und völlig zerstört, Tempel und Königspalast durch Brand vernichtet, ein großer Teil der Bevölkerung nach Babylon deportiert. Der König *Zedekia* erlitt ein furchtbares Schicksal. Vor seinen Augen wurden seine Söhne auf Befehl Nebukadnezars getötet, er selbst geblendet und in die Gefangenschaft nach Babylonien geführt.

Eroberung Jerusalems durch Nebukadnezar

Das babylonische Exil bedeutete für die verschleppten Bewohner eine völlig neue Art der Lebensführung. Der Staat war untergegangen, aber die Gemeinschaft des Volkes blieb. Sie wurde schon äußerlich dadurch gefördert, daß die Israeliten in geschlossenen Gruppen beisammen wohnen durften. So blieb das Volk bestehen, frei von allen politischen Bindungen, zusammengehalten durch die gemeinsame religiöse Überlieferung und das gemeinsame geschichtliche Schicksal. Die Verehrung des Gottes Jahwe gewann durch die großen israelitischen Propheten (Jeremia, Jesaia) immer mehr an Bedeutung. Sie forderten das israelitische Volk auf, es möge sich aus den Händeln dieser Welt heraushalten, seine Blicke auf Gott lenken, den großen Richter, der Gerechtigkeit und Reinheit des Lebenswandels verlange und die Sünde bestrafe. Viele Klagen wurden laut, aber die Propheten wiesen von den unglückseligen Vorgängen der Gegenwart immer wieder in eine lichtvolle Zukunft. Ihre Predigt mündete meist mehr oder weniger deutlich in den Messiasgedanken. Der Gesalbte[1] Gottes werde ein neues unvergängliches Gottesreich der Liebe und des Friedens herbeiführen. Auch hielten die Propheten in dem nach Babylonien verschleppten Volk die Hoffnung auf baldige Heimkehr wach und gaben in einer bis ins einzelne gehenden visionären Schau Anweisungen für die Rückkehr und Neuanfang, für den Wiederaufbau des Tempels und die Führung der künftigen Gemeinschaft.

Die babylonische Gefangenschaft

Die Stunde des Endes der babylonischen Gefangenschaft schlug früher, als Juda es zu hoffen gewagt hatte. Dem Reiche Babels, dem »Koloß mit tönernen Füßen«, nahte der Untergang. Die Bibel erzählte uns im Buche Daniel von der Geisterhand, die bei einem wüsten Gastmahl *Belsazars*, des Königs von Babylon, die rätselhaften Worte *»Mene, Tekel, Upharsin«* an die Wand schrieb und die der Prophet Daniel so deutete: »Er hat gezählt, gewogen, geteilt – der Perser!« Mit diesem Zauberspruch kündete er den Fall Babylons und die künftige Herrschaft des Perserkönigs Kyros an. 539 eroberten die Achaimeniden Babylon, und ein Jahr später gab Kyros der Große den vertriebenen Hebräern die Erlaubnis zur Rückkehr und zum Wiederaufbau des Tempels, und er lieferte ihnen die geraubten Tempelgeräte aus. Allerdings blieb nach der Verkündigung des Edikts ungefähr die

Rückkehr aus dem Exil

[1] Messias, von hebr. maschiach = der Gesalbte.

Hälfte der Juden in Babylonien zurück, ein Beweis dafür, daß ihre Lage in der Fremde erträglich war.
Die Heimgekehrten gingen unter der Führung von *Esra* und *Nehemia* an die Neubildung der hebräischen Gemeinde in Palästina. Der Tempel in Jerusalem wurde wiederaufgebaut (515). Er war größer als der Tempel Salomos. Der wesentlichste Unterschied zwischen dem alten und neuen Heiligtum bestand darin, daß die Bundeslade fehlte und der Abstand zwichen dem Allerheiligsten und dem betenden Volk vergrößert wurde, bezeichnend für die neue Epoche der jüdischen Religion, in der der Umgang zwischen Jahwe und seinem Volke allmählich an Unmittelbarkeit einbüßte. Mit dem Tempel erstand den Israeliten in Palästina und in der Diaspora in Ägypten und Mesopotamien wieder das alte Symbol nationaler und religiöser Einheit.

Freiheitsbewegung und Fremdherrschaft

Visae per caelum concurrere acies,
rutilantia arma et subito nubium
igne conlucere templum.
Kampfreihen sah man am Himmel zusammenstürmen,
rötlich schimmernde Waffen und plötzlich vom
Flammenschein der Wolken den Tempel hell erleuchtet.
Tacitus

Der Hohepriester

Aber die Israeliten hatten nun völlig neue Wege zu gehen. Die Könige blieben entthront, die Propheten waren verstummt. An ihre Stelle traten Statthalter fremder Mächte und *Hohepriester,* denen neben ihren religiösen Aufgaben auch die weltliche Verwaltung anvertraut war. In der Schrift- und Umgangssprache der gebildeten Kreise verdrängte das Aramäische weitgehend das überlieferte Hebräisch. Erbe des Perserreiches wurde um 330 Alexander der Große, und nach ihm besetzten für ein Jahrhundert die Ptolemaier, dann die Seleukiden Palästina. Die schon vor dem Alexanderzug begonnene friedliche Durchdringung des Judentums mit hellenistischem Kulturgut wurde nun noch ausgiebiger fortgesetzt. Besonders in der ägyptischen Diaspora gaben die Juden schon früh die heimische Sprache zugunsten des Griechischen auf. Da das Hebräische bald nicht mehr verstanden wurde, übertrug man die heiligen Schriften für den Gebrauch in der Synagoge in die Koine. In dem weiten Raum des Seleukidenreiches lebten die Juden in einer gewissen Unabhängigkeit. Sie standen wie vorher unter der Führung eines Hohenpriesters, dessen Ernennung und Absetzung Vorrecht des Großkönigs war. Für diesen war der hohe geistliche Würdenträger der Juden nur sein Bevollmächtigter, der für den Eingang und die Weiterleitung der Steuern an ihn, die Stellung der Soldaten und den diplomatischen Verkehr zu sorgen hatte. In allen übrigen Angelegenheiten, beson-

ders in religiöser Hinsicht, handelte der Oberpriester völlig frei und unabhängig, so daß nur ein Konflikt ausbrechen konnte, wenn sich ein Seleukidenkönig in innere Fragen oder gar in den Kultbereich einmischte. Anlaß zu solcher Einmengung gaben innere Streitigkeiten zwischen dem liberal gesinnten Judentum, das, von griechischer Philosophie beeinflußt, für eine gewisse Angleichung an die übrige orientalische Umwelt eintrat, und den gesetzestreuen orthodoxen Juden, die trotz der damit verbundenen materiellen Benachteiligung an der bisher streng gehüteten Sonderstellung festhielten.
Als die liberale Minderheit *Antiochos IV. Epiphanes* (175—164) in den Konflikt hineinzog und der König so weit ging, den Tempel in Jerusalem zu plündern und zu entweihen, ja Jerusalem überraschend zu besetzen und den jüdischen Kult bei Todesstrafe zu verbieten, da ergriff eine ungeheure Erregung das Volk. Eine offene Erhebung wagte zunächst zwar niemand, man sah in diesem Unheil nur die Strafe für die eigene Sünde und schöpfte aus gläubiger Reue die felsenfeste Hoffnung auf eine neue Wendung.
Diese ergab sich durch die mutige Tat eines Priesters, *Mattathias.* Er stieß einen königlichen Beamten und einen Juden nieder, der ein heidnisches Opfer darbrachte, stürzte den Altar um und floh mit seinen vier Söhnen ins Gebirge. Dort scharte er glaubenstreue Männer um sich. Sein Sohn *Judas,* mit dem Beinamen *Makkabäus,* übernahm die Führung der Aufständischen und erschöpfte in einem Guerillakrieg, der alle Vorteile des Bodens zu nützen wußte, die Heere des Königs Antiochos. Dieser sah sich gezwungen, eine Amnestie für die Makkabäer und ihre Anhänger zu erlassen, und gestattete auch wieder religiöse Freiheit. Doch bedeutete das Edikt noch keine Wiederherstellung des Tempels. Erst als Judas Makkabäus mit Waffengewalt Jerusalem eingenommen hatte, wurde der Tempel von der Verwüstung gereinigt und neu geweiht.

Judas Makkabäus

Nach der zurückeroberten Unabhängigkeit brach neuer innerer Zwiespalt aus. Dieser rief die Römer auf den Plan, die unter *Pompeius* (63) Jerusalem eroberten und Palästina zu einem römischen Protektorat machten. Im Jahre 40 wurde durch Senatsbeschluß Herodes zum König von Judaea ausgerufen. Er wollte, obwohl er nur in einem von Rom genau bestimmten Rahmen Handlungsfreiheit besaß, doch als mächtiger Herrscher gelten und sich im Antlitz Jerusalems durch viele Bauwerke verewigen. Er befestigte die Stadt, ließ einen prunkvollen Königspalast aufführen und änderte auch das ehrwürdige Glaubensheiligtum zu einem terrassenförmig ansteigenden Neubau in griechischem Stile um, der erst unter Herodes Agrippa II. im Jahre 64 n. Chr. vollendet wurde, nur sechs Jahre vor seiner Zerstörung.

Herodes, König von Judaea

Herodes war mit finanzieller und militärischer Hilfe Roms der König von Judaea geworden. Er blieb bis an sein Lebensende dieser Weltmacht treu, von der das jüdische Volk frei sein wollte. Seine verschwenderische Hofhaltung und seine großen, maßlosen Bauvorhaben belasteten die bescheidenen Mittel des Landes so sehr, daß er überall Haß erntete. Besonders die Priester, denen er alle Macht genommen hatte und deren Führer er selbst ernannte, verschworen sich gegen ihn und empfanden Groll gegen seinen offensichtlichen Plan, Judaea durch Einführung griechischer Lebensart und Kultur zu einem hellenistischen Staat zu machen. Während seiner ganzen Regierungszeit war er Anschlägen seiner Gegner, ja sogar seiner nächsten Verwandten ausgesetzt. Er wehrte sich mit grausamen Gegenmaßnahmen, verfolgte die Verschwörer mit Gefängnis und Hinrichtung und rottete in manchen Fällen die ganze Familie eines Aufrührers aus. Im Alter wurde er von schweren Krankheiten gepeinigt und fand ein armseliges Ende. Seine Feinde sagten von ihm, er habe »wie ein Fuchs den Thron erschlichen, wie ein Tiger geherrscht und wie ein Hund seine Tage beschlossen«.

Die jüdische Religion erstarrte unter dem harten Gebot der Selbstbehauptung immer mehr und verlor sich in den spitzfindigen, volksfremden Schulstreitigkeiten der Pharisäer. Gegen diese überfeinerte Dialektik bewahrten aber fromme Herzen das ergreifende Erbe der Propheten und fanden ihren Glauben in immer neuen Wundern bestätigt. Der religiöse Eifer und die Hinwendung zu Gott steigerte sich um so mehr, je drückender die ständigen Streitigkeiten mit den römischen Statthaltern wurden und je mehr sich die Widerstände gegen die Fremdherrschaft verstärkten. Die Bedrohung der Heimat durch einen bevorstehenden Krieg veranlaßte einzelne Gruppen sogar zur Flucht in siedlungsferne Einsamkeiten. Die aufsehenerregenden Funde von Handschriften am Nordwestufer des Toten Meeres zeugen von diesen Flüchtlingen.

Die Schriftrollenfunde in den Höhlen von Qumran

Hirten warfen nach umherschweifenden Ziegen, die an hügeligen Hängen weideten, mit Steinen, und zufällig traf ein Wurfgeschoß einen Felsspalt. Der seltsame splitternde Klang lockte die Neugierigen in die Höhle, und sie fanden dort Tonkrüge mit ledernen Schriftrollen. Als die Beduinen sie zum Verkauf anboten, gelangte der Fund in die Hände von Schriftkundigen. Die Rollen wurden als Urkunden erkannt, die in hebräischer Schrift und Sprache geschrieben waren. Das Gelände wurde systematisch abgesucht. Man fand in vielen anderen Höhlen weitere Rollen. Es handelte sich um Handschriften von einzelnen Teilen des Alten Testaments, die aus dem ersten Jahrhundert vor Christus stammten und deren Texte mit dem uns überlieferten aus dem neunten Jahrhundert nach Christus übereinstimmt. Die Funde eröffnen für die Wissenschaft ein reiches Arbeitsfeld. Vielleicht werden sie, wenn sie alle entziffert sind, noch manch neues Licht auf die Geschichte dieses Volkes werfen, in dessen prophetischem Glauben sich immer wieder in bewegten und inbrünstigen Worten die Erwartung der Heilsbotschaft ankündigte, die auch endlich in der Geburt des mächtigsten religiösen Mahners der Menschheitsgeschichte in Erfüllung ging.

Im Jahre 70 n. Chr. marschierten die Legionen unter *Titus* nach schweren Kämpfen gegen die sich mit erbitterter Hartnäckigkeit wehrenden Bewohner in Jerusalem ein, zerstörten die Stadt völlig durch Brand, und auch der Tempel wurde ein Raub der Flammen. Auf seinem Triumphzug in Rom führte Titus den siebenarmigen goldenen Leuchter und die Tafel der Schaubrote aus dem Tempel mit. Noch heute, nach Jahrhunderten, können wir diesen Festzug auf dem Reliefband der Innenseite des Titusbogens auf der Höhe der Velia in Rom bewundern.

Aber aus den Trümmern der Brandstätte Jerusalems erhob sich die Botschaft einer jungen Religion, eines neuen messianischen Reiches, von voraussehenden Männern aus dem jüdischen Volke schon lange angekündigt. Der neue Glaube überschritt bald die bescheidenen Grenzen seines Geburtslandes, breitete sich über das müde gewordene Abendland aus und trug das von einer hohen Sittlichkeit und einer überzeitlichen Kraft getragene Evangelium der allumfassenden Liebe durch die Welt und durch die Jahrhunderte.

Phönikien

Nec tam aversus equos tyria sol iungit ab urbe.
Nicht so fern von der Tyrier Stadt schirrt Sol seine Pferde.

Vergil

Land und Leute

Ein schmaler, von Meer und Gebirge eingezwängter Küstenstreifen des heutigen Syrien war der Lebensraum der *Phöniker*. Er erstreckte sich ungefähr von der Orontesmündung im Norden bis zum Karmelgebirge im Süden. Das Meer brandet an die Vorgebirge und Buchten im Westen, im Osten verriegelte der steil abfallende Libanon die Zugänge ins Landesinnere. Ungeheure Wälder bedeckten die gebirgigen Hänge, Eichen, Pinien, Zypressen und vor allem die kostbaren und vielgesuchten Zedern entfalteten sich hier in schönster Pracht. Aber die Axt schlug rücksichtslos Narben in die Waldungen; heute sind die Gebirgslehnen fast ganz abgeholzt. Die letzten Zedern stehen unter Naturschutz, mühsam unternimmt man Aufforstungsversuche. Der knappe, aber gut bewässerte Ackerboden wurde im Altertum mit Getreide, Gemüse und Obstpflanzungen bebaut, aber der Ertrag reichte nicht aus, um die Bevölkerung zu ernähren. So lenkte schon dieser Mangel die Augen der Bewohner über die Grenzen ihrer Heimat.

Herkunft und Name des Volkes

Woher die Bevölkerung Phönikiens stammt, ist bis heute nicht geklärt. Sicher ist nur, daß die Phöniker kein autochthones Volk waren. Nach den neuesten Forschungen setzten sie sich aus Völkerelementen verschiedenen Ursprungs zusammen. Sie drangen in historischer Zeit in das Libanonvorland ein. Der Hauptteil der Bevölkerung dürfte der am weitesten nach Nordwesten vorgerückte Schub einer größeren Gruppe von Kanaanäern gewesen sein. Den Namen Phönikien, den die Hellenen diesem Land gaben, führt man auf das griechische Wort φοινίξ = phoinix zurück, das sowohl Palme heißt, als auch die Purpurfarbe bezeichnet. Da aber die Palme dort nur selten vorkommt, dürfte die zweite Erklärung mehr Wahrscheinlichkeit haben und auf die dort hochentwickelte *Purpurfärberei* hindeuten. In den Gewässern Syriens gab es damals eine Unmenge von Purpurschnecken. Sie wurden gesammelt, aus dem Gehäuse genommen, gesotten. Nachdem man die Fleischteile herausgeschöpft hatte, tauchte man die zu färbenden Stoffe in die Brühe und trocknete sie nachher in der Sonne. Dabei entwickelte sich das prachtvolle Rot, eine begehrte Handelsware der damaligen Zeit. Die elegante Welt schätzte die in Tyros gefärbten Stoffe. Man hat am Inselstrand von Tyros noch Bänke mit Konglomeraten von Abfällen ehemaliger Purpurfärbereien gefunden.

Verschiedene bis an die Küsten vorspringende Höhenzüge machten das Land

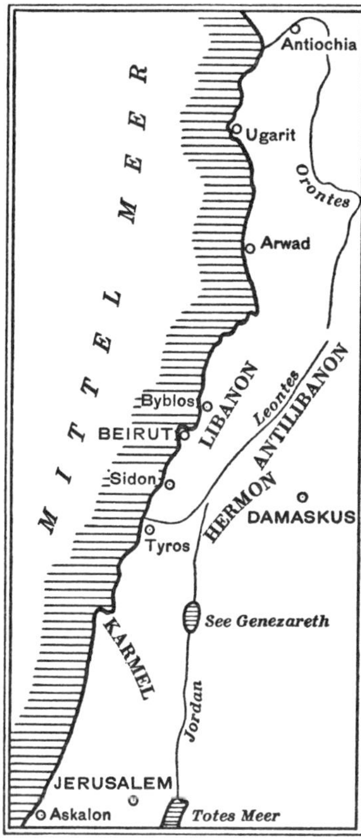

Phönikien

in seiner Nord-Süd-Richtung unwegsam, so daß es in einzelne, in sich abgeschlossene Teilgebiete zerfiel. Dieser Umstand behinderte auch die Bildung eines größeren Staatswesens. Es entwickelten sich nur kleine Reiche, deren Mittelpunkt die jeweils zu dem Gebiet gehörige Hafenstadt war. Geführt wurden die Stadtgemeinden von Königen, denen ein Rat von adeligen Grundeigentümern und Kaufleuten (Suffeten) beigegeben war. Die Städte neigten nicht zum Zusammenschluß, sondern wahrten eifersüchtig ihre Eigenständigkeit. Nur zeitweilig übernahm die Inselfeste *Tyros* die Führung. Nach Tyros war *Sidon* die wichtigste und reichste Stadt, nach der sich das ganze Volk *Sidonier* nannte.

Religion und Kunst

Die Phöniker verehrten eine Vielfalt von Gottheiten. Ihre Religion erhielt sich bis in die christliche Zeit und breitete sich über den heimischen Bereich hinaus bis in ferne Gegenden aus. Jede Stadt hatte ihren Hauptgott, ihren Baal, der verschiedene Namen trug. So hieß der Baal von Tyros *Melkart*, von Sidon *Eschnum*. Neben der männlichen Gottheit verehrten die Bewohner von Sidon auch die Göttin *Astarte*. Sie trug bei den Babyloniern den

Namen Ischtar. Ihr Kult verbreitete sich durch die Phöniker über Kypern und Kreta bis nach Karthago und Sizilien. Sie galt als orientalische Fruchtbarkeitsgöttin. Als Wohnsitz der Gottheiten verehrte man Gewässer, Bäume und Berggipfel. Die Kulthandlung vollzogen die Phöniker in einer geheiligten Einfriedung, wo eine Kapelle und davor ein Opferaltar standen.
Von der *Kunst* Phönikiens ist durch Ausgrabungen viel auf uns gekommen: Sarkophage, Skulpturen, Malereien. Aber die Funde zeigen wenig Sinn für Qualität und Originalität, ägyptischer und mesopotamischer Einfluß machen sich stark bemerkbar. Von allen Zweigen der Kunst ist noch die Keramik am besten vertreten. Zu erwähnen sind vor allem Statuetten aus Terrakotta und andere Totengaben. Immer wieder begegnen uns Figuren der Göttin Astarte. Aber auch die Keramik und die Glyptik zeigen das mühevolle Streben, die verschiedensten Einflüsse, ägyptische, babylonische, assyrische, hethitische und griechische, in harmonischen Einklang zu bringen. Berühmt waren die Glashütten von Sidon, die im Gegensatz zu Ägypten durchsichtiges farbloses Glas und durchscheinendes farbiges Glas erzeugten.

Die Phöniker, Mittler der Buchstabenschrift

Ein großes Verdienst um die Kultur der damaligen Zeit erwarben sich die Phöniker dadurch, daß sie um die Mitte des zweiten Jahrtausends ein alphabetisches *Schriftsystem* schufen, den Ballast der vielen Schrift- und Hilfszeichen, den die Ägypter, Sumerer und Babylonier in ihren Schriften mitschleppten, beseitigten und mit ihrem einfachen Alphabet von 22 Buchstaben die Schrift erst für den Gebrauch weiterer Kreise zugänglich machten. Zugleich wurden sie zu Lehrmeistern der Israeliten, Araber und des ganzen Abendlandes, eine Mittlerleistung, die nicht hoch genug eingeschätzt werden kann.
Aber auch im weiteren Mittelmeerraum sind sie als Mittler aufgetreten, und in dieser Rolle hat sich das kleine unbedeutende Volk höchste Verdienste für die ganze Menschheit erworben.

Die Kolonisation Phönikiens

Die Phöniker trugen die Kultur, Wissenschaft,
Technik, Künste und Kulte Ägyptens und des Vorderen Orients
in jedes Mittelmeergebiet,
sie übertrafen die Griechen in der Schiffsbaukunst.

Will Durant

Die Phöniker, Schiffer und Handelsleute

Der phönikische Raum hat seine Bewohner schon früh dazu getrieben, die günstige Lage ihres Gebietes zwischen Land und See zu nützen. So konnten sie sich trotz ihrer bescheidenen politischen und kulturellen Stellung im vorderasiatischen Völkerkreis behaupten und als Schiffer und Kaufleute ein wertvolles Verbindungsglied zwischen dem Orient und dem erst erwachenden Abendland werden. Die vorzügliche Lage ihrer Hafenstädte förderte solches Unterfangen. Im Gegensatz zu Palästina hatte Phönikien ausgezeichnete Anlegeplätze. Die wichtigsten waren Byblos, Sidon und Tyros. Eine uralte Siedlung war *Ugarit.* Das Bestehen dieser Stadt läßt sich schon für das fünfte Jahrtausend nachweisen. Ihre Blüte erlebte die Stadt im 15. und 14. Jahrhundert. Aus dieser Zeit ist der Name eines Königs überliefert. Er erwarb sich große Verdienste um die Erweiterung seiner Stadt und um die Errichtung von Bibliotheken, in denen er Tontafeln, beschrieben mit ugaritischer und babylonischer Schrift, in großer Menge häufte: Die Stadt dürfte in den wildbewegten Zeiten des Einfalles der Seevölker im 12. Jahrhundert zugrunde gegangen sein. Über das umfangreiche Stadtgebiet baute sich im Laufe der Jahrtausende ein Tell auf, der jetzt *Ras Schamra* genannt wird. Von einem pflügenden Bauern wurde dort 1928 zuerst ein Grab aufgedeckt. Weitere Erforschungen des Hügels führten zur Erschließung der großen antiken Stadt Ugarit und zu reichen Funden von Tontäfelchen, die wertvolle Einblicke in die kulturellen Verhältnisse und in das wirtschaftliche Gefüge einer längst dahingeschwundenen Zeit gaben. Noch läßt die Fortführung der Grabungsarbeiten weitere Ergebnisse erwarten. Die Stadt *Byblos,* die schon im vierten Jahrtausend zu stattlichem Umfang angewachsen war, ist uns im Zusammenhang mit der ägyptischen Geschichte begegnet. Wiederholt hat sie im Auftrage ägyptischer Pharaonen Transporte mit ihren Schiffen durchgeführt und war ein Hauptlieferant von Zedernholz für ägyptische Tempelbauten, Mumiensärge und Schiffe. Die Stadt hatte ein wechselvolles Schicksal, erholte sich nach Zeiten des Niedergangs immer wieder, hielt auch den Angriffen der Seevölker, die ihr viel Schaden zufügten, stand und errang im 10. und 9. Jahrhundert einen führenden Platz unter den syrischen Hafenplätzen.

Die bedeutendste Stadt war Tyros. Zur Zeit ihres Königs *Hiram* (um 900) gewann sie die Oberhand über Sidon und Palästina. Wiederholt wurde sie von den Assyrern belagert, mußte Tribut zahlen, machte sich frei, wurde aber bald wieder niedergeworfen. Eine Stele hat dieses Ereignis festgehalten. Der überlebensgroße assyrische König Asarhaddon hält zwei Könige, darunter den Stadtfürsten von Tyros, an Schnüren fest, die durch ihre Nasen gezogen sind. Endgültig in fremde Herrschaft kam Tyros erst durch den babylonischen König Nebukadnezar II. Zur Zeit der Perserherrschaft fiel ganz Phönikien. Nach dem Sturze Babylons wurden die Phöniker ein Bestandteil des persischen Reiches, mußten dieses im Kampf gegen die Griechen unterstützen und ihre Schiffe zur Verfügung stellen. Erst als Alexander an der syrischen Küste erschien, begrüßten ihn die Phöniker als Befreier und öffneten ihm die Tore. Nur Tyros leistete hartnäckig Widerstand. Alexander ließ einen Damm zur Stadt aufrichten, die auf einer Insel lag, und brachte sie nach sieben Monaten in seine Gewalt. Seither war Phönikien nicht mehr frei und kam schließlich unter römische Herrschaft.

Ihre eigentliche geschichtliche Leistung vollbrachten die Phöniker als Seefahrer. Sie befuhren mit Erfolg die Meere. Erst die günstigen Gewässer der Ägäis, wo die Inseln erwünschte Ankerplätze und Richtungsweiser auf der Fahrt wurden. Später richteten sie ihre Reisen auf weitere Ziele. Ihr Sinn war auf eine Aufschließung der Welt und Niederlassung an fernen

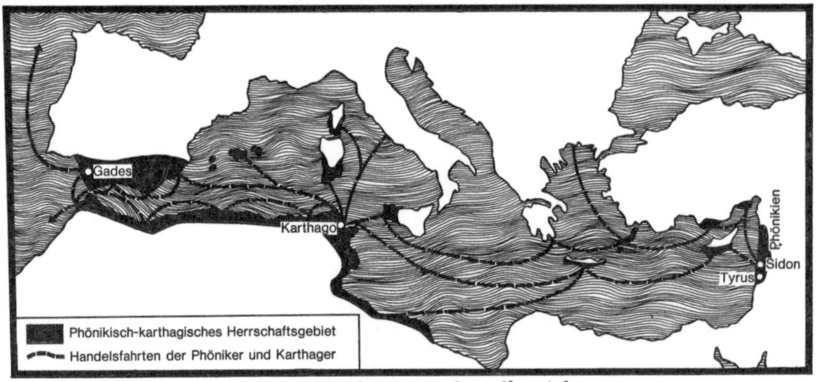

Der phönikische Kolonialbereich

Küsten bedacht, sie fuhren durch das Mittelmeer bis zu den Säulen des Herakles, den Endmarkierungen dieser Welt aus der Sicht der Griechen. Aber ihre Erkundungs- und Handelsreisen machten auch hier nicht halt. Sie stießen furchtlos in mythische Weiten vor, gelangten bis zur Bretagne und zur Bucht von Kamerun.

Auf ihre Schiffe luden sie alle Waren, die der Handel verlangte: Gold, Kupfer, Tonwaren, Holz, Getreide, Sklaven, Papyrus, Purpurstoffe, Glas. Auf den Inseln und am Küstensaum des Mittelmeeres legten sie ihre Kolonien an. So wurden sie Sendboten des Orients bis an die äußersten Grenzen des Mittelmeeres. Noch fuhr kein anderes Volk in solchem Ausmaß und mit solchem Wagemut auf hoher See. Sie ließen sich nieder auf Kypern, Rhodos, auf vielen anderen Inseln, in Utika, Karthago (zu Beginn des 9. Jahrhundert), Malta, Panormus (Palermo), Gades, um nur die wichtigsten Faktoreien zu nennen. Daß es den Phönikern vor allem um die Ausdehnung ihres Handels ging und nicht um imperialistische Zielsetzung, zeigte sich daran, daß einige ihrer recht blühenden Niederlassungen an die alten Landesbewohner Tribute zahlten, für sich jedoch jede fremde Einmischung in ihren Lebensraum ablehnten. Eine solche war zum Beispiel Karthago. Diese Stadt war nicht die älteste, aber die mächtigste Kolonie, sie hatte den günstigsten Platz, an der kürzesten Verbindungsstrecke nach Sizilien und Italien, hatte ein großes und erträgnisreiches Hinterland und wurde so als die wirtschaftlich bedeutendste zur Vormacht aller phönikischen Ansiedlungen im westlichen Mittelmeer. Diese Stadt gab auch ein Beispiel dafür, daß die Phöniker Angriff und Eroberung nicht als Äußerung ihres Lebenswillens empfanden.

Aber wenn es galt, die Freiheit zu wahren, zeigte dieses Volk genug Tüchtigkeit, ja todesverachtenden Mut. Dafür diente nicht nur das schon erwähnte Beispiel von Tyros; auch die Kolonien wollten da nicht hinter dem Mutterland zurückstehen.

Aus den Reihen der Phöniker sind große Feldherrngestalten hervorgegangen, etwa *Hamilkar Barkas,* der Führer der Karthager im 1. Punischen

Krieg (264–241) und Schöpfer des karthagischen Reiches in Spanien, und sein noch größerer Sohn, *Hannibal,* der Feldherr des 2. Punischen Krieges (218–201).

Zwar hat das jahrhundertlange Ringen zwischen Rom und Karthago 146 mit Karthagos Untergang geendet, sein Fall war jedoch – wie der von Tyros unter Alexander – von so gewaltiger tragischer Größe, daß er heute wie damals Achtung, ja Ehrfurcht vor dem Besiegten erweckt.

Das phönikische Heimatland fand sein Ende, als es römische Provinz wurde. Anderwärts wurden die Phöniker, die durch Jahrhunderte das meerbeherrschende Handelsvolk waren, zurückgedrängt und auf ihren syrischen Raum, auf die nordafrikanische Küste und auf die Tochterstädte in Spanien und Sizilien verwiesen. Ein neues Volk hatte seine Segel auf dem Mittelmeer hochgezogen und fuhr jetzt auf den alten Seestraßen – die Griechen.

ZEITTAFEL

ÄGYPTEN

(Die Zeitangaben bis zur 17. Dynastie sind nur als ungefähr zu betrachten.)

JUNGSTEIN- UND KUPFERSTEINZEIT (5000–2900)

ALTES REICH (2900–2040)

2900—2750	1. und 2. Dynastie: Thinitenzeit, König Menes
2750—2700	3. Dynastie: König Djoser
2700—2550	4. Dynastie: Snofru, Cheops, Chephren, Mykerinos
2550—2190	5. und 6. Dynastie: Sahure, Phiops II.
2190—2040	7.—10. Dynastie: Erste Zwischenzeit

MITTLERES REICH (2040—1537)

2040—1991	11. Dynastie: König Mentuhotep
1991—1786	12. Dynastie: Amenemhet I.—IV., Sesostris I.—III.
1786—1537	13.—17. Dynastie: Zweite Zwischen- und Hyksoszeit

NEUES REICH (1536—1085)

1536—1308	18. Dynastie: Amenophis I.—IV., Hatschepsut, Thutmosis III., Echnaton, Tutanchamun, Haremheb
1307—1171	19. Dynastie: Ramses I., Sethos I., Ramses II.
1171—1085	20. Dynastie: Sethnacht, Ramses III.—XI.

SPÄTZEIT (1085—332)

1085—950	21. Dynastie: Spaltung in Theben und Tanis (Psusennes)
950—730	22. und 23. Dynastie: Königshaus der Bubastiden, der König Scheschonk, ein libyscher Söldner
730—663	24. und 25. Dynastie: Äthiopier und Assyrer im Kampf um die Herrschaft in Ägypten
663—525	26. Dynastie: Saïtenzeit, Könige Psametich, Amasis
525—404	27. Dynastie: 1. Perserzeit, Könige Dareios I., Xerxes
404—341	28.—30. Dynastie: Ägypten im Kampf gegen die Perser
341—332	21. Dynastie: 2. Perserzeit, König Artaxerxes III.

DIE GRIECHISCH-RÖMISCHE ZEIT (332—30)

332—323	Alexander der Große
323—30	Die Ptolemaier
30	Ägypten wird kaiserliche Provinz

SUMER — BABYLONIEN — ASSYRIEN

um *3000—2300*	Ältestes Sumer, Stadtstaaten wie Ur, Uruk, Lagasch, Nippur, Larsa, Umma, Schuruppak
um *2360*	Lugalzaggesi, Versuch einer Reichseinigung
um *2350*	Sargon I., Begründer des Großreiches von Akkad
um *2000*	Gudea von Lagasch. Letzte Nachblüte und Untergang von Sumer
um *1830—1530*	Hammurabi-Dynastie. König Hammurabi (1728 bis 1686), Begründer des Babylonischen Reiches. Herausgeber eines Gesetzbuches
um *1530—1150*	Kassitenherrschaft, Blütezeit der Mitanni. Emporkommen von Assur
um *1340*	Assuruballit I., Beginn des mittelassyrischen Reiches
1116—1078	Tiglatpileser I., König der Assyrer
905—612	Das neuassyrische Reich. Tiglatpileser III., Sanherib, Asarhaddon, Assurbanipal, Zerstörung Ninives 612
605—538	Das Chaldäerreich. Nebukadnezar II., Nabomid. Eroberung Babylons durch Kyros den Großen

DIE HETHITER

um *1700*	Hethitische Reichsgründung
um *1600—1400*	Das alte Hattireich. Hattusa (= jetzt Boghazköy oder Bogazkale) Hauptstadt des Reiches
um *1530*	König Mursili I. unternimmt einen Zug gegen Babylon
1525—1500	König Telipinu schafft eine kodifizierte Rechtsordnung
um *1400*	Untergang des alten Hattireiches
um *1400—1200*	Das neue Hattireich
um *1350*	König Suppiluliuma, Neubegründer des Reiches Heiratspläne mit Ägypten. Untergang des Mitannireiches, wird ein Teil des großhethitischen Reiches
1306—1282	König Muwatalli. Schlacht gegen König Ramses II. bei Kadesch (1286)
um *1200*	Untergang der Hethiter durch den Ansturm der »Seevölker«

PERSIEN

625—585	Kyaxares, Begründer des Mederreiches
585—529	Kyros II., Schöpfer des persischen Großreiches
529—522	Kambyses II. erobert Ägypten (525)
521—486	Dareios I. im Kampf mit Griechenland. Marathon (490)
486—465	Xerxes. Schlacht bei Salamis (480)
336—330	Dareios III. Alexander der Große vernichtet das Perserreich

PALÄSTINA

um *1300—1200*	Landnahme Palästinas durch nomadische Stämme
um *1200*	Moses
um *1020*	Saul, erster König der Juden
um *1000*	König David. Jerusalem wird Residenz
973—933	König Salomo. Bau des ersten Tempels in Jerusalem
um *925*	Teilung des Reiches in Juda und Israel
722	Ende des Reiches Israel. Assyrische Gefangenschaft
587	Ende des Reiches Juda. Zerstörung Jerusalems durch Nebukadnezar II. Babylonische Gefangenschaft
539—167	Die Juden unter der Herrschaft Persiens, Alexanders des Großen, der Ptolemaier und Seleukiden
167—130	Befreiung der Juden durch die Makkabäer
63	Palästina kommt unter römische Oberhoheit
40	Herodes, vom römischen Senat als König in Palästina eingesetzt
70 n. Chr.	Zerstörung Jerusalems durch Titus

Namen- und Sachregister